汽车发动机电子控制系统检修图解

朱　帆　主　编

金盾出版社

内 容 提 要

本书详细介绍了汽车发动机电子控制系统的检测，主要内容包括汽车发动机电子控制系统的常用检测方法，主要传感器的识别与检测，汽油喷射系统、点火控制系统、怠速控制系统、排放控制系统、进气控制系统、电子防盗系统的检测，以及部分车型的实车检测。

本书图文并茂，实用易学，可供汽车维修人员阅读与使用，也可作为汽车职业院校的教学参考用书。

图书在版编目(CIP)数据

汽车发动机电子控制系统检修图解/朱帆主编. —北京：金盾出版社，2009.5
ISBN 978-7-5082-5612-2

Ⅰ. 汽…　Ⅱ. 朱…　Ⅲ. 汽车—发动机—电子系统：控制系统—车辆修理—图解　Ⅳ. U472.43-64

中国版本图书馆 CIP 数据核字(2009)第 028228 号

金盾出版社出版、总发行
北京太平路 5 号(地铁万寿路站往南)
邮政编码：100036　电话：68214039　83219215
传真：68276683　网址：www.jdcbs.cn
封面印刷：北京金盾印刷厂
正文印刷：北京金盾印刷厂
装订：永胜装订厂
各地新华书店经销
开本：787×1092 1/16　印张：14.75　字数：396 千字
2009 年 5 月第 1 版第 1 次印刷
印数：1～10 000 册　定价：29.00 元

前　言

从现代汽车技术的发展方向看，人们对汽车的安全、环保、节能和防盗等性能的重视程度越来越高。目前，汽车发动机已实现了汽油喷射、点火、怠速、排放、进气等综合控制，并采用了电子节气门系统、电子防盗系统和多路信息传输（CAN-BUS）等，使得汽车发动机电子化和智能化的应用水平不断提高。这使得传统的汽车维修技术和工艺已不适应现代汽车维修的需要，从而对汽车维修人员提出了更高的要求。汽车在使用中，发动机电子控制系统的故障率一般较低，发动机的故障通常是由管路堵塞、线路连接不良和部件损坏，以及在更换某些部件时没有按规定程序进行操作引起的。汽车维修人员只有具备了必要的汽车发动机电子控制系统的有关知识和基本检测技能，才能在维修中对汽车发动机电子控制系统的故障进行快速准确地诊断。

在编写本书时，充分考虑了汽车维修人员的实际情况，力求图文结合，简明易懂，数据齐全，应用性强。汽车发动机电子控制系统的故障诊断的手段是检测，以在用常见车型为对象，熟悉其系统的结构特点、部件的功能、线路的连接，是检测的基础。而检测项目明确、检测方法正确、检测程序合理，就会收到事半功倍的效果。愿此书能为汽车维修人员尽快提高汽车发动机电子控制系统的检修技能提供一点帮助。

本书对汽车发动机电子控制系统的检测进行了详细阐述，以汽车发动机电子控制系统常用检测方法为基础，重点介绍了主要传感器的识别与检测，以及汽油喷射系统、点火控制系统、怠速控制系统、排放控制系统、进气控制系统、电子防盗系统的检测，且汇编了部分车型的实车检测资料。

在本书编写过程中，参考了大量有关书刊，采纳了一些汽车维修人员的意见和建议，陶燕平参与了部分图文编录，在此，一并表示诚挚谢意。

因编者水平所限，书中难免有不当之处，恳请业内专家和广大读者批评指正。

编　者

目　录

附录

第一章　发动机电子控制系统的组成与工作模式

第一节　发动机电子控制系统的组成与功能

电子控制技术在汽车发动机上的应用范围不断扩大，现在，汽车发动机已普遍采用多项目的电子控制系统，即发动机管理系统，将多种控制功能集中到一个电子控制单元（简称发动机ECU）上，可以实现对发动机综合控制，以及与自动变速器（AT）、驱动防滑系统（ASR）、行驶稳定系统（ESP）、巡航控制系统（CCS）、空调系统（A/C）等协调控制，提高了发动机的动力性、经济性、排放性，保证了行驶安全，改善了乘坐舒适性。

一、发动机电子控制系统的组成

下面以富康轿车TU5JP/K型发动机MP5.2电子控制系统为例说明发动机电控系统的组成，如图1-1所示。它包括汽油喷射控制系统、点火控制系统、怠速控制系统、汽油蒸发排放控制系统、三元催化转换器与空燃比闭环控制系统、电子防盗系统、自诊断系统等。此外，如广州本田雅阁轿车F23A3型发动机电子控制系统还有进气控制系统（VTEC）、废气再循环控制系统（EGR）等。

不同车型发动机电子控制系统的控制项目、工作方式，以及各部件的类型、结构、安装位置等都有一些差异，在对发动机电子控制系统进行检测时应注意辨别。

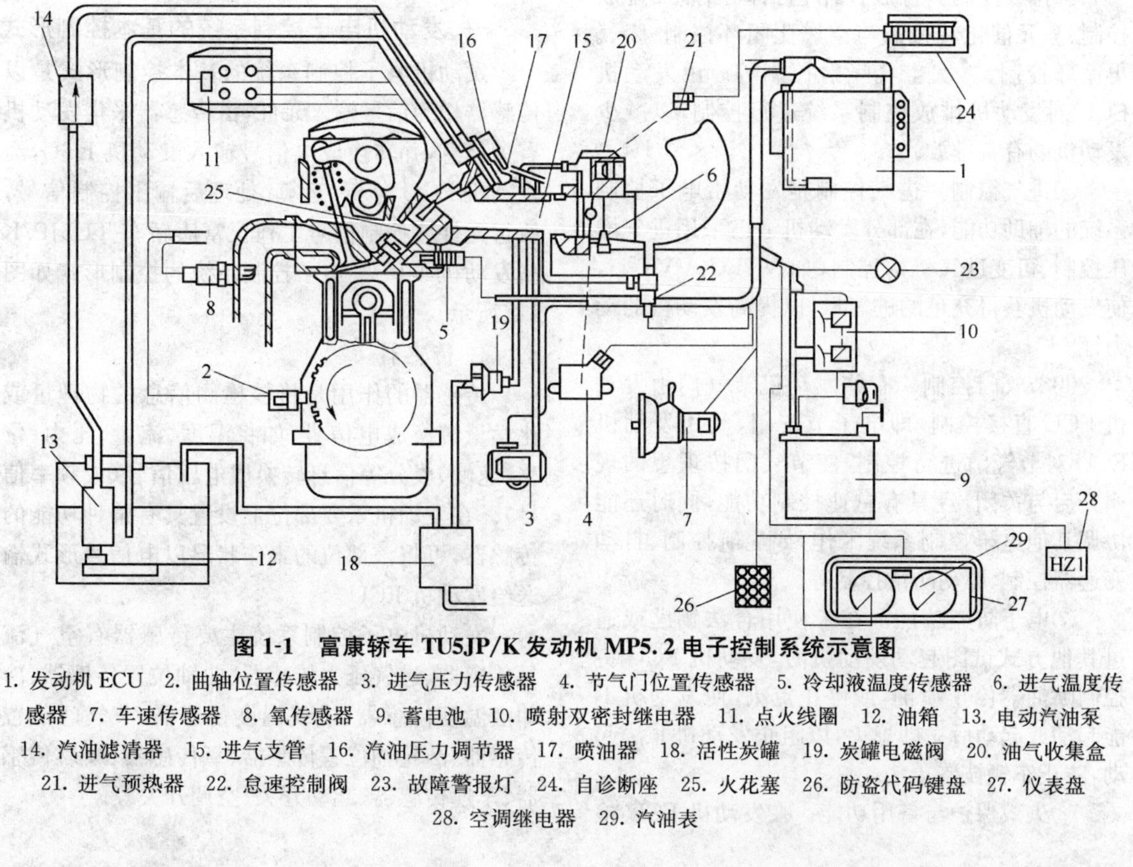

图1-1　富康轿车TU5JP/K发动机MP5.2电子控制系统示意图

1. 发动机ECU　2. 曲轴位置传感器　3. 进气压力传感器　4. 节气门位置传感器　5. 冷却液温度传感器　6. 进气温度传感器　7. 车速传感器　8. 氧传感器　9. 蓄电池　10. 喷射双密封继电器　11. 点火线圈　12. 油箱　13. 电动汽油泵　14. 汽油滤清器　15. 进气支管　16. 汽油压力调节器　17. 喷油器　18. 活性炭罐　19. 炭罐电磁阀　20. 油气收集盒　21. 进气预热器　22. 怠速控制阀　23. 故障警报灯　24. 自诊断座　25. 火花塞　26. 防盗代码键盘　27. 仪表盘　28. 空调继电器　29. 汽油表

二、发动机电子控制系统的主要功能

①汽油喷射控制。电子控制汽油喷射包括电动汽油泵控制、喷油正时控制、喷油量控制。在发动机运行中，发动机 ECU 控制电动汽油泵工作，通过汽油压力调节器调压，为喷油器提供一定压力的汽油，并根据发动机的运行条件，控制喷油器的喷油正时和喷油量（喷油持续时间），使发动机在各种工况下均能获得最佳空燃比的混合气。

②点火控制。电子控制点火包括点火提前角控制、通电时间控制、爆燃控制。在发动机运行中，发动机 ECU 对点火提前角进行控制，使发动机在各种工况下获得最佳点火提前角，实现精确点火，且有效控制发动机爆燃。

③怠速控制。怠速控制是发动机电子控制系统的辅助功能。在发动机起动、暖机过程（预热）、正常怠速、快怠速（怠速时负荷增加）等情况下，发动机 ECU 控制怠速执行机构工作，通过调节怠速进气量，使发动机在怠速工况下稳定运转。

④排放控制。排放控制包括汽油蒸发排放控制、三元催化转换器与空燃比闭环控制、废气再循环控制、二次空气喷射控制等。由发动机 ECU 对发动机排放控制系统进行控制，以减少发动机的有害排放。

⑤进气控制。进气控制是发动机电子控制系统的辅助功能，在部分发动机上已采用进气增压控制、可变进气机构控制（如 VTEC、VVT-i），使发动机获得充足的进气量，以提高发动机的动力性。

⑥节气门控制。有些发动机节气门由发动机 ECU 直接控制，即电子节气门，利用发动机 ECU 对节气门进行控制，使节气门按理想的规律开启与关闭，且具有怠速控制功能，同时还能协调其他电子控制系统工作，如巡航控制、自动变速器控制、驱动防滑控制等。

⑦电子防盗功能。在未使用合法钥匙或通过其他方式试图起动发动机时，发动机 ECU 将控制喷油器停止喷油，或停止点火，使发动机不能起动或起动后立即熄火，以阻止发动机非法起动，防止车辆被盗。

⑧失效保护与备用功能。在发动机 ECU 检测到传感器或线路出现故障时，将按照发动机 ECU 内设定的程序和数据使发动机继续工作或停机，对发动机进行失效保护。在发动机 ECU 出现故障时，备用系统以设定的信号控制发动机工作，使发动机转入强制运行状态，以维持发动机基本工作性能，使车辆能缓慢行驶，也称为“跛行”。

⑨自诊断与报警功能。发动机 ECU 能对发动机电子控制系统的工作情况进行监测。当发动机 ECU 检测到电子控制系统的故障时，发动机故障警报指示灯会亮起，以提示驾驶人发动机有故障，并以设定的故障代码存储故障信息，对发动机进行检修时，维修人员可以读取故障信息来了解故障类型与范围，还可以使用检测仪通过自诊断系统读取发动机运行数据参数，对执行元件进行诊断等。

第二节 发动机电子控制系统的工作模式

一、发动机电子控制系统的基本控制形式

发动机电子控制系统的基本控制形式是以传感器作为信号输入元件，由传感器采集发动机有关信息，并转换成电信号输入发动机 ECU，经发动机 ECU 分析、运算、处理后输出控制信号，执行元件按控制信号工作。富康轿车 TU5JP/K 型发动机 MP5.2 电子控制系统的控制形式如图 1-2 所示。

1. 传感器

传感器的作用是将被检测信息的物理量或化学量转换成电信号，如将温度、流量、压力、位移、速度、成分等信息转换成电压信号（或频率信号）。在发动机重要部位上设置具有某种功能的传感器，可将该部位的工作状况以电信号形式输送给发动机 ECU。

发动机电子控制系统主要传感器有空气流量传感器、进气压力传感器、曲轴位置传感器、冷却液温度传感器、进气温度传感器、节气门位置传感器、凸轮轴位置传感器、氧传感器、爆燃传感器、车速传感器、起动开关、空调开关等。

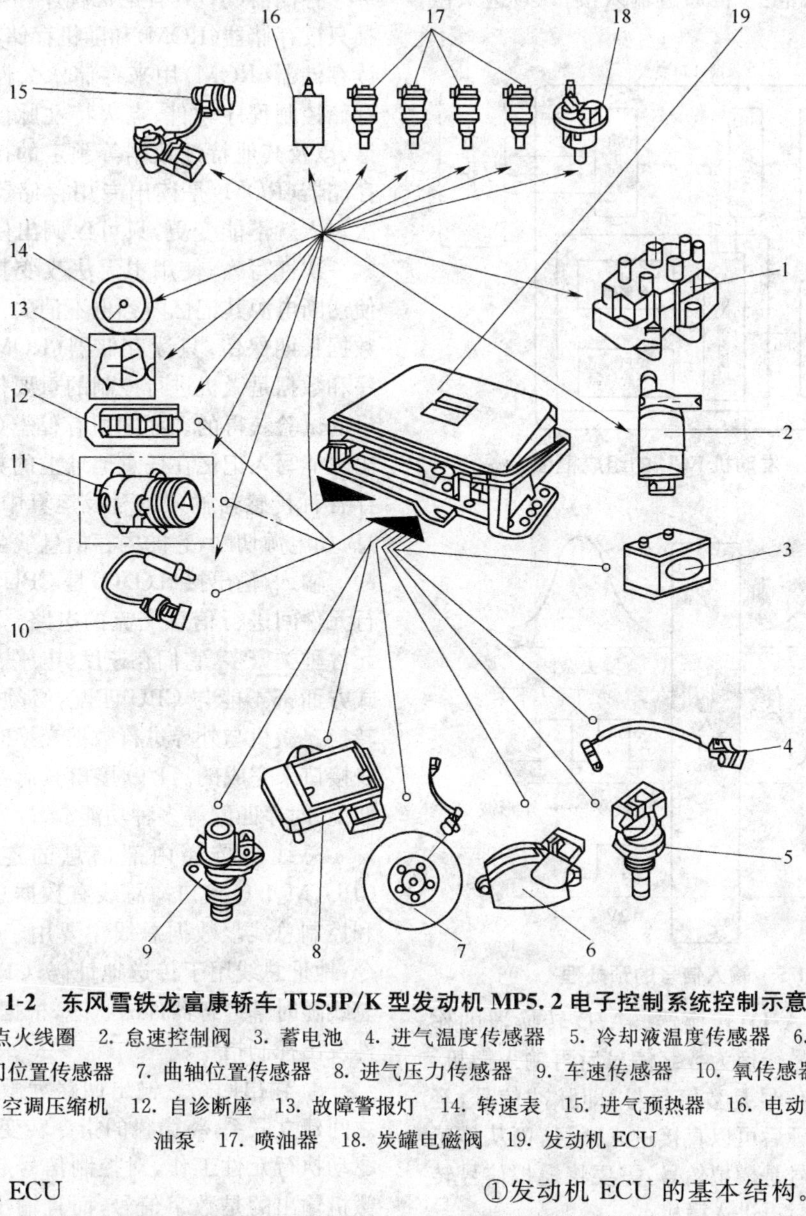

图 1-2　东风雪铁龙富康轿车 TU5JP/K 型发动机 MP5.2 电子控制系统控制示意图

1. 点火线圈　2. 怠速控制阀　3. 蓄电池　4. 进气温度传感器　5. 冷却液温度传感器　6. 节气门位置传感器　7. 曲轴位置传感器　8. 进气压力传感器　9. 车速传感器　10. 氧传感器　11. 空调压缩机　12. 自诊断座　13. 故障警报灯　14. 转速表　15. 进气预热器　16. 电动汽油泵　17. 喷油器　18. 炭罐电磁阀　19. 发动机 ECU

2. 发动机 ECU

发动机 ECU 是发动机电子控制系统的控制中枢，由一个发动机 ECU 进行多项目的集中控制。富康轿车 TU5JP/K 型发动机 MP5.2 电子控制系统的 ECU 如图 1-3 所示。

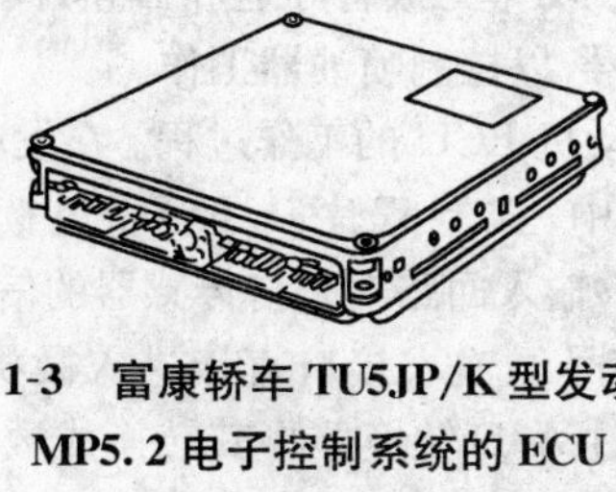

图 1-3　富康轿车 TU5JP/K 型发动机 MP5.2 电子控制系统的 ECU

①发动机 ECU 的基本结构。发动机 ECU 的内部组成（实线框）如图 1-4 所示，它主要由输入回路、模/数（A/D）转换器、微机和输出回路等组成。此外，还有电源、电磁干扰防护、自检、后备系统等电路。

a. 输入回路。输入回路的作用是将各传感器输入的信号进行预处理，如图 1-5 所示。从传感器来的信号，首先进入输入回路，在输入回路里，对输入信号进行预处理，模拟信号（如发动机冷却液温度传感器信号）在去除杂波后送入模/数（A/D）转换器，数字信号（如曲轴位置传感器信号)转换成输入电平,再通过输入接口(I)进入微机。

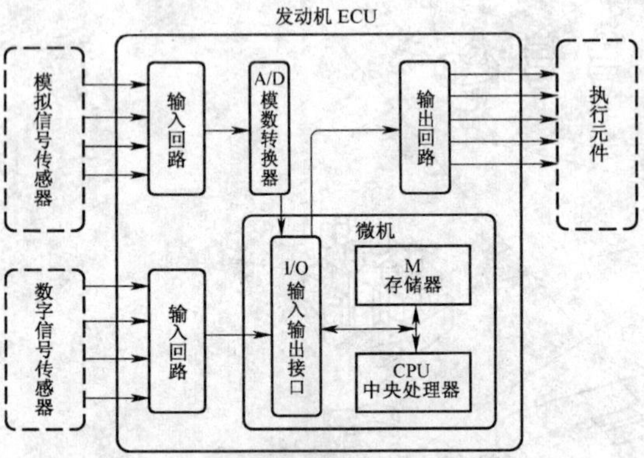

图 1-4 发动机 ECU 的组成框图

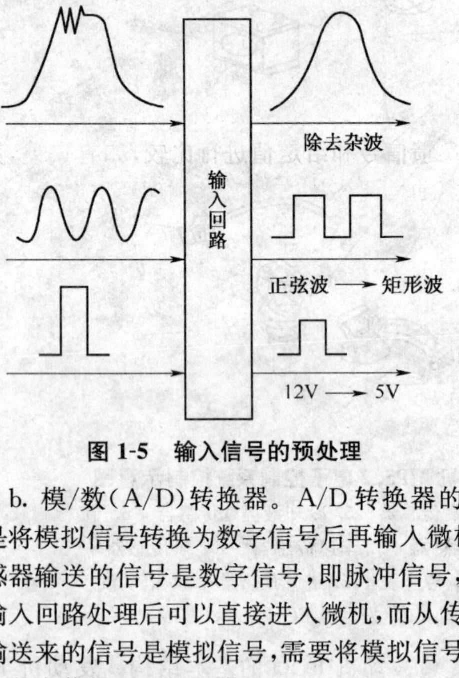

图 1-5 输入信号的预处理

b. 模/数(A/D)转换器。A/D 转换器的作用是将模拟信号转换为数字信号后再输入微机。传感器输送的信号是数字信号,即脉冲信号,经过输入回路处理后可以直接进入微机,而从传感器输送来的信号是模拟信号,需要将模拟信号转换为数字信号后再进入微机。

c. 微机。微机是发动机 ECU 的中心,它能根据需要把各种传感器的信号用内存的程序和数据进行运算处理,并把处理结果(如喷油信号、点火正时信号)送往输出回路。

微机是由中央处理器(CPU)、存储器(M)和输入/输出接口(I/O)组成的。存储器(M)和 I/O 接口以 CPU 为中心,通过信息传输总线连接起来。由运算器、寄存器和控制器组成,通过 I/O 接口向各个部分发出指令,并进行参数检测、数据处理、控制运算与逻辑判断。

存储器(M)具有记忆程序和数据的功能,包括只读存储器(ROM)和随机存储器(RAM)。只读存储器(ROM)用来存储永久性信息资料,如存储控制程序软件、点火特性脉谱、喷油特性脉谱,以及其他特性数据等预定的控制参数;只读存储器(ROM)是读出专用存储器,它的内存一次写入就不能变更,只可以调出使用,由制造厂家一次性写入,使用中无法改变其中的内容,即使切断电源其记忆内容也不消失,适用于程序和数据长期保留;只读存储器(ROM)中存储的程序和数据是微机进行控制的重要依据,是通过大量的试验获得的。而随机存储器(RAM)既能读出也能写入记忆在任意地址上的数据,它用来暂存各种传感器输入信号及运算中数据和故障信息,如电源切断,它的内存信息就会消失。

输入/输出接口(I/O)是 CPU 与传感器和执行元件间进行信息交流的电路。传感器和执行元件种类繁多,它们在速度、电平、功率等信息形式方面都不能与 CPU 匹配,必须经过 I/O 接口转换。微机与外界进行数据交换时,都是通过 I/O 接口来完成的。I/O 接口具有数据缓冲、电平匹配、时序匹配等多种功能。

总线是传递内部信息的连线,用来连接 CPU、M、I/O 接口。总线有数据总线、地址总线和控制总线。数据总线主要用于传送数据与指令;地址总线用于传送地址码;CPU 则通过控制总线随时掌握各器件的状态,根据需要向有关器件发出控制指令。

d. 输出回路。输出回路为微机与执行元件之间建立联系,将微机的指令转变为控制信号来驱动执行元件工作,对控制信号起着放大作用。微机输出的是数字信号,而且输出电压也低,用这种输出信号一般不能驱动执行元件,需要将其转换成可以驱动执行元件的输出信号,如喷油器控制信号输出回路,如图 1-6 所示,微机作出的喷油指令使功率三极管导通和截止,向喷油器提供驱动信号,以控制喷油器工作。

②发动机 ECU 的工作过程。在发动机 ECU 工作过程中,控制程序从 ROM 里读出,进入 CPU 运行;输入回路对来自传感器的信号进行处理,数字信号经输入接口直接进入微机,而模拟信号要通过 A/D 转换器将其转换成数字信号再

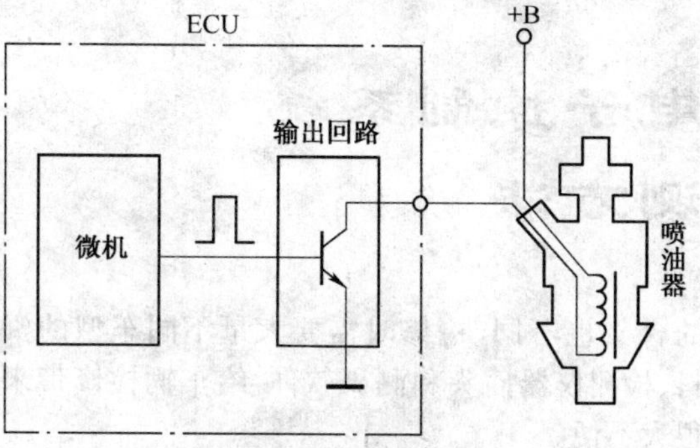

图 1-6　喷油器控制电路

进入微机，这些信息暂时存储在随机存储器(RAM)内；根据指令取出所需信息，送入 CPU，与从 ROM 读入到 CPU 的数据进行比较运算后作出控制指令；控制指令经输出接口(O)送入输出回路，控制执行元件工作。

3. 执行元件

执行元件是具有执行某项控制功能的部件，由发动机 ECU 控制，如各种电磁式控制阀(喷油器、活性炭罐控制阀、怠速调节阀)、步进电动机式控制阀(怠速控制阀、电动节气门)、继电器、点火器、点火线圈等。

二、发动机电子控制系统的控制方式

①开环控制。发动机电子控制系统的某些控制过程采用开环控制，如发动机在起动或大负荷时喷油量控制即采用开环控制，如图 1-7 所示，发动机 ECU 根据输入信号确定喷油量，由喷油器喷出适量汽油，以形成发动机起动或大负荷所需空燃比的混合气。

在发动机 ECU 与空燃比(被控对象)之间只有正向控制作用而没有反馈控制作用，控制的结果是否达到预期目标对其控制过程没有影响，控制精度取决于元件的精度与特性调整的精度，控制精度不高。

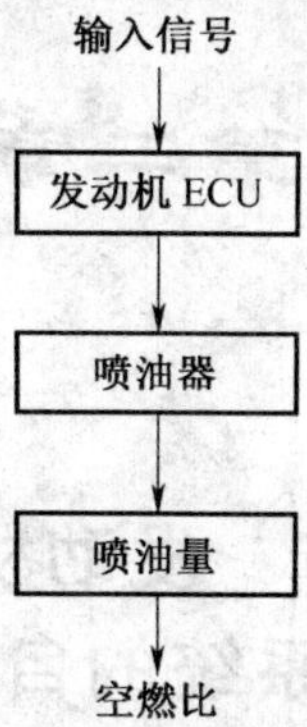

图 1-7　空燃比开环控制示意图

②闭环控制。发动机电子控制系统的大部分控制过程采用闭环控制，如发动机的爆燃控制、理论空燃比控制、怠速控制、废气再循环控制等即采用闭环控制。空燃比闭环控制如图 1-8 所示，氧传感器对空燃比(废气中氧含量)进行测量，并将信号反馈给发动机 ECU，发动机 ECU 将反馈信号和给定值进行比较，如有偏差，则进行喷油量调节，使空燃比达到理论空燃比。

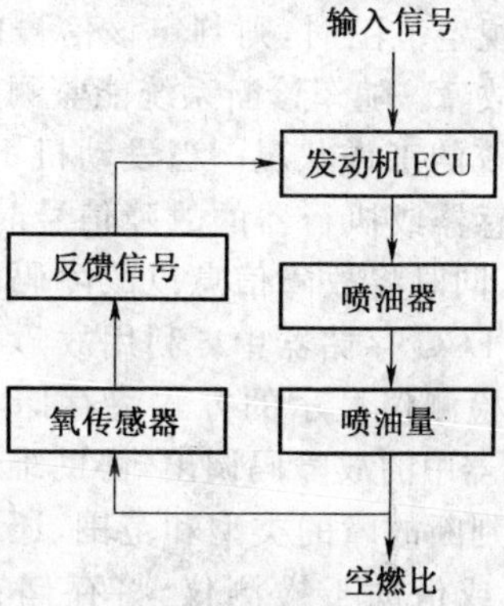

图 1-8　空燃比闭环控制示意图

闭环控制也称为反馈控制，发动机 ECU 与空燃比(被控对象)之间不仅存在正向控制作用，而且存在反馈控制作用，控制精度高。

第二章 发动机电子控制系统的常用检测方法

第一节 发动机电子控制系统的自诊断

一、自诊断的功能与特点

发动机电子控制系统具有自诊断功能，即随车诊断系统，它可在发动机电子控制系统出现故障时将故障信息存储起来，并以特定的方式显示故障信息，为发动机电子控制系统的检修提供方便。

在发动机电子控制系统正常工作时，发动机 ECU 输入信号与输出信号的电平都是在规定范围内变化的，当某信号在一段时间内不变化或超出规定范围时，则判定该信号的元件或线路出现故障。随车诊断系统能监测发动机电子控制系统的工作状况。当发动机 ECU 检测到来自传感器或执行器的故障信号时，故障报警灯会亮，同时将故障信息以故障码的形式存入发动机 ECU 存储器中。利用故障报警指示灯闪烁或检测仪显示的方式将存储在发动机 ECU 存储器中的故障码调出，协助维修人员快速准确地判断故障的类型和范围，还可以采用人工方法或借助于检测仪，将存储在发动机 ECU 存储器中的故障码清除。随车诊断系统可直接监测传感器的信号，而对于执行元件需要设置专用回路来监测。

1. 第一代随车诊断系统（OBD-Ⅰ）

20 世纪 80 年代，在汽车电子控制系统中已采用随车诊断系统，即第一代随车诊断系统（OBD-Ⅰ）。通过仪表盘上“故障报警指示灯”来提醒驾驶人注意电子控制系统是否发生故障，具有存储和传输故障码的功能，以及监测排放控制系统元件（氧传感器、废气再循环阀、炭罐电磁阀等）的功能。第一代随车诊断系统的诊断座的外形、大小、端子数和在车上的安装位置因车型不同而异，读取与清除故障码的程序不同，故障码的含义也不同，检修时需要大量不同车型的资料、检测仪器插头和测试软件，给车辆检修带来很大不便。

2. 第二代随车诊断系统（OBD-Ⅱ）

20 世纪 90 年代初期，随车诊断系统已逐步统一，即采用第二代随车诊断系统（OBD-Ⅱ）。第二代随车诊断系统由美国汽车工程师学会（SAE）提出，经美国环保局（EPA）和美国加州资源协会（CARA）认证通过。20 世纪 90 年代后期，在美国生产的汽车和进口到美国的汽车的随车自诊断系统必须符合第二代随车诊断系统标准。目前，世界上各大汽车公司全面采用了第二代随车诊断系统。由于标准统一，只需通过同一接口即可对各种车辆进行检修，方便快捷。

①采用统一形式的 16 端子的诊断座，如图 2-1所示，诊断座各端子的含义见表 2-1。诊断座通常安装在驾驶室仪表板下方。

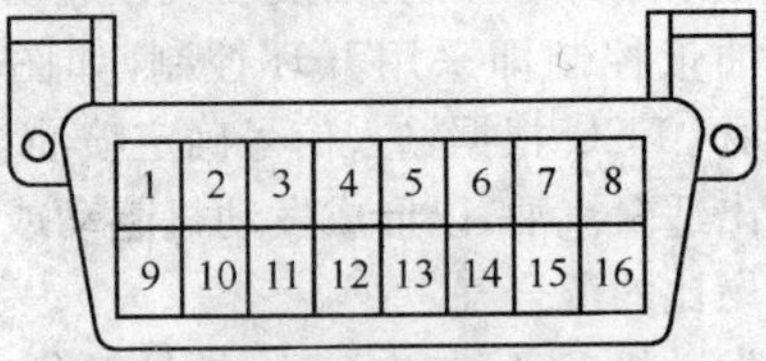

图 2-1 第二代随车诊断系统 16 端子诊断座

表 2-1 第二代随车诊断系统 16 端子诊断座端子的含义

端子	用　途	端子	用　途
1	制造厂自行规定	9	制造厂自行规定
2	美国款车辆诊断用	10	美国款车辆诊断用
3	制造厂自行规定	11	制造厂自行规定
4	电源搭铁	12	制造厂自行规定
5	信号回路搭铁	13	制造厂自行规定
6	制造厂自行规定	14	制造厂自行规定
7	欧洲款车辆诊断用	15	欧洲款车辆诊断用
8	制造厂自行规定	16	电源正极

②采用统一含义的故障代码。

故障代码的组成，以 P0120 为例，表示节气门位置传感器信号不良。

第一部分用英文字母表示：P —发动机与变速器；B —车身；C —底盘；U —多路传输。

第二部分用数字表示：0 —美国汽车工程师学会(SAE)定义的故障码；1～8 —制造厂自定义的故障码。

第三部分用数字表示：1、2 —燃料与进气系统的故障；3 —点火系统的故障；4 —排放控制系统的故障；5 —怠速控制系统的故障；6 — ECU 与执行元件的故障；7、8 —电子控制自动变速器的故障。

第四部分用数字表示：01、02、03…—制造厂对故障编制的顺序号。

③具有数据通信传输和分析功能，即 DLC (Data Link Connector)。

欧洲统一标准(ISO)数据传输线用端子“7”和端子“15”；美国统一标准(SAE)数据传输线用端子“2”和端子“10”。

利用 DLC 功能，可以通过检测仪读出某车型各控制系统的有关资料，方便检修中参数的查找。

④具有行车记录功能，可获得故障车辆行驶中有关数据资料，快捷分析出故障原因。

⑤具有利用仪器读取和清除故障码的功能。

⑥具有记忆和重新显示故障码的功能。

二、自诊断的测试工具

1. 专用型检测仪

专用型检测仪指只用于检测某车系故障的诊断仪器，也称为原厂检测仪。专用型检测仪具有故障码读取与清除、数据显示、执行元件诊断、诊断提示、参数修改、匹配与设定、编码、防盗密码设置与更改等功能。

(1)各车系配用的专用型检测仪

①欧洲车专用型检测仪有奥迪/大众车系专用的 V · A · G1551 故障阅读仪、V · A · G1552 车辆系统测试仪、V · A · S5051 诊断仪；奔驰车系专用的 STAR 2000；宝马车系专用的 Group Test One(GT-1)；沃尔沃车系专用的 VADIS 等。

②美国车专用型检测仪有通用车系专用的 TECH-Ⅱ；克莱斯勒车系专用的 DRB-Ⅲ；福特车系专用的 SUPER STAR-Ⅱ等。

③日本车专用型检测仪有日产车系专用的 Consult-Ⅱ；三菱车系专用的 MUTⅡ；丰田车专用的 INTELLIGENT TESTER 等。

④韩国车专用的 CARMAN。

(2)V · A · G1552 检测仪

奥迪/大众系列车型专用检测仪，功能强、体积小、质量轻、车内使用方便，但由于需要使用代码操作，英文显示，要求维修人员操作必须十分熟练，并具有一定的英文基础。V · A · G1552 包括测试仪、测试卡和测试电缆，如图 2-2 所示。

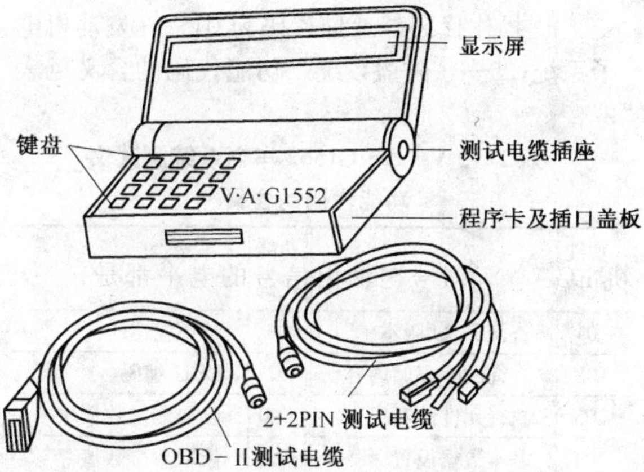

图 2-2 V · A · G1552 测试仪与测试电缆

a. 测试仪。测试仪上部为显示屏，用于显示信息，两行显示，每行能显示 40 个字符，显示屏的显示如下：

Test of Vehicle systems	HELP
Select function ××	

中文：

车辆系统测试	帮助
选择功能 ××	

测试仪下部为键盘、测试卡插座和测试导线插孔，键盘用来操作测试仪，键盘功能见表 2-2。

表 2-2 V · A · G1552 测试仪键盘功能

符号	键 名	主要功能
0～9	数字输入键	用于输入数字
C	清除键	用于清除输入的内容或终止正在运行的程序
Q	确认键	用于执行程序
→	向前移动键	用于向前移动内容或程序

续表 2-2

符号	键 名	主要功能
↑↓	修正键	用于修改数值或浏览数据
HELP	帮助键	获得操作上帮助信息

b. 测试卡。测试卡为 V·A·G1552 车辆系统测试仪操作软件，控制测试仪的所有功能。当有新车型上市，软件需要更新，即更换测试卡。

c. 测试电缆。OBD-Ⅱ测试电缆用于V·A·G1552测试仪与16端子诊断座的连接。2+2PIN测试电缆用于奥迪两个2端子诊断座与测试仪连接。

d. 操作代码。地址代码为01——发动机电子系统；25——防盗系统。功能代码的含义见表2-3。

表 2-3 V·A·G1552 车辆系统测试仪功能代码的含义

功能代码	含 义	功能代码	含 义
01	查询 ECU 版本	06	结束输出
02	查询故障存储内容	07	ECU 编码
03	执行元件诊断	08	读取测量数据块
04	基本数据设置	09	读取单个数值
05	清除故障存储内容	10	匹配

2. 通用型检测仪

通用型检测仪可测试的车型较多，适应范围较广，具有故障码读取与清除、数据显示等一般功能，但无法执行某些专用检测仪具备的特殊功能。除16端子标准诊断插头外，还需要配备不同车型的诊断插头，以及安装不同车型的测试软件。

常用国产通用型检测仪有元征 X-431 电眼睛、金德 K81、金奔腾、修车王、车博士等。进口通用型检测仪有德国 D91、美国红盒子 MT2500等。

三、自诊断的基本测试内容

①故障码读取与清除。利用故障码来诊断发动机电子控制系统的故障是最常用的自诊断测试方法。将发动机 ECU 存储器中的故障码读出，根据故障码的含义即可知道故障的部位与原因，为诊断与排除发动机电子控制系统故障提供参考依据。读取故障码的方法有利用人工方法读取和利用检测仪读取两种。采用第一代随车诊断系统（OBD-Ⅰ）的车辆通常可按特定的程序读取故障码，对于具体车型的故障码读取程序需要参照有关资料进行操作，而采用第二代随车诊断系统（OBD-Ⅱ）的车辆需要利用检测仪读取。清除故障码时，利用检测仪清除故障码的功能来清除，也可以断开发动机 ECU 电源来清除，如拔下发动机ECU的熔断器，或拆下蓄电池负极电缆，故障码会自行清除。

②执行元件诊断。在发动机停转或运行时，通过检测仪向执行元件发出指令，使执行元件动作或停止动作来监测执行元件的工作情况，用以判断执行元件及其线路有无故障。如在发动机停转时，通过检测仪激活电动汽油泵、喷油器等工作，当检测仪发出指令后，电动汽油泵应运转，用手触摸喷油器应有振动，否则，说明电动汽油泵、喷油器或其线路有故障；在发动机运行时，通过检测仪控制某个喷油器停止喷油，发动机转速应降低，否则，说明该喷油器或其线路有故障。

③数据传输。将检测仪与自诊断座连接，通过检测仪显示数值参数与状态参数，通常称为数据通信或读取数据流。维修人员根据发动机运行状态数据和显示数据的变化情况，可以判断发动机电子控制系统的工作是否正常，将某工况下的数据与标准数据进行比较，即可判断出故障类型与故障部位。利用数据流诊断故障的方法称为数据流分析法，可以充分发挥检测仪的作用，要求维修人员不但要熟悉仪器的使用，还要对数据进行准确分析。

④发动机 ECU 编码。在有些发动机 ECU 中存储了多套软件，每一种编码代表了不同的软件，通过编码可以使一个发动机 ECU 在不同配置的车辆上使用。如奥迪、大众系列车型的发动机在更换发动机 ECU 和改变了车辆的配置时，需要进行发动机 ECU 编码，否则，会因发动机 ECU 编码不正确导致发动机排放值升高、油耗增加、工作不良，以及换档冲击，甚至损坏部件。根据车型和配置不同确定编码，如桑塔纳2000GSi 型轿车 AJR 型发动机的 ECU 编码为08001，且必须通过检测仪进行编码操作。

第二节　发动机电子控制系统的电路检测

一、发动机电子控制系统的基本电路

发动机电子控制系统电路是以发动机 ECU 为中心，由发动机 ECU 电源电路与搭铁（接地）电路、传感器电路和执行元件电路构成。发动机电子控制系统电路较复杂，应以基本电路为基础，参照电路图对发动机电子控制系统电路进行分析，以便快速、准确地检测发动机电子控制系统电路。

1. 发动机 ECU 电源电路与搭铁电路

发动机 ECU 与汽车电源连接的电路称为发动机 ECU 电源电路，如图 2-3 所示。其中，与汽车电源直接连接的电路为常电源电路，用于发动机 ECU 保存数据信息，如存储故障码和记忆学习修正值，而在点火开关控制下直接或间接（通过继电器）向发动机 ECU 提供电源的电路为主电源电路，为发动机 ECU 正常工作提供所需电源。发动机 ECU 通过车体与汽车电源的负极连接的电路称为发动机 ECU 搭铁电路，以使发动机 ECU 与汽车电源构成回路，以及使传感器工作电源、信号构成回路，发动机 ECU 通常有数条搭铁电路。

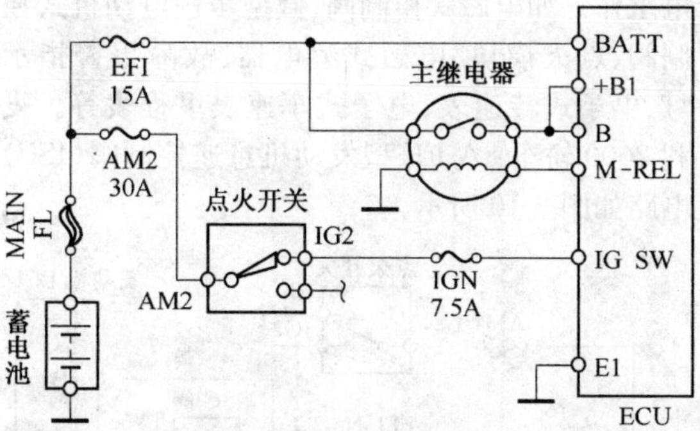

图 2-3　发动机 ECU 电源电路与搭铁电路

2. 传感器电路

①有源传感器电路。有源传感器电路一般分为电源线、信号线和搭铁线，如压敏电阻式进气压力传感器即为有源传感器，其电路如图 2-4 所示。其中传感器的电源线和信号线与发动机 ECU 连接，由发动机 ECU 向传感器提供工作电源（通常为 5V），传感器通过信号线将信号送入发动机 ECU，传感器的搭铁线接发动机 ECU，通过发动机 ECU 搭铁。

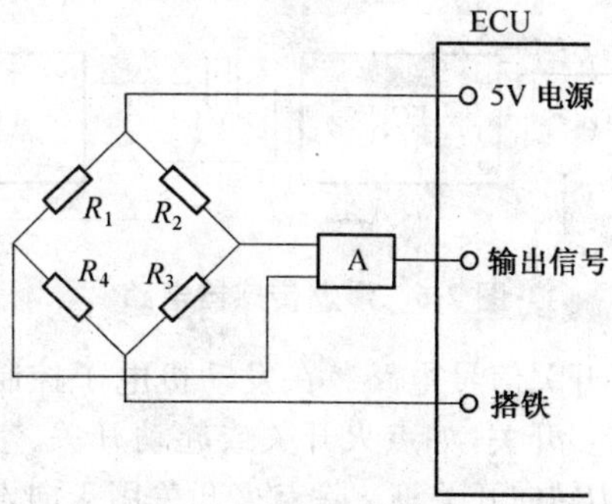

图 2-4　压敏电阻式进气压力传感器电路

有源传感器还有电位计式（滑动电阻式）节气门位置传感器、霍尔效应式曲轴位置传感器、光电式曲轴位置传感器、热线式与热膜式空气流量传感器、卡门漩涡式空气流量传感器、叶片式空气流量传感器、霍尔效应式凸轮轴位置传感器等。

热敏电阻式冷却液温度传感器和热敏电阻式进气温度传感器也为有源传感器，但只有两条导线，热敏电阻与发动机 ECU 内电阻串联，由发动机 ECU 提供电源与搭铁，如图 2-5 所示。

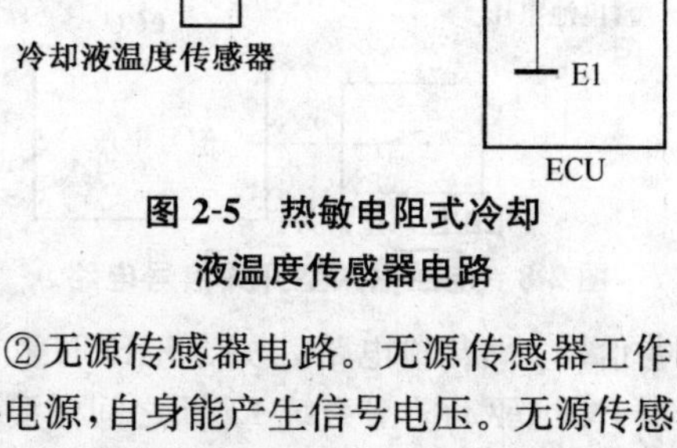

图 2-5　热敏电阻式冷却液温度传感器电路

②无源传感器电路。无源传感器工作时不需要电源，自身能产生信号电压。无源传感器电路一般分为信号线和搭铁线，传感器通过信号线将信号送入发动机 ECU，传感器的搭铁线接发动机 ECU，通过发动机 ECU 搭铁。

无源传感器因其信号微弱，为防止电磁干扰引起信号失真，通常信号线需要加屏蔽层，加屏蔽线的爆燃传感器电路如图 2-6 所示。无源传感器还有电磁感应式曲轴位置传感器、电磁感应式车速传感器、氧传感器等。

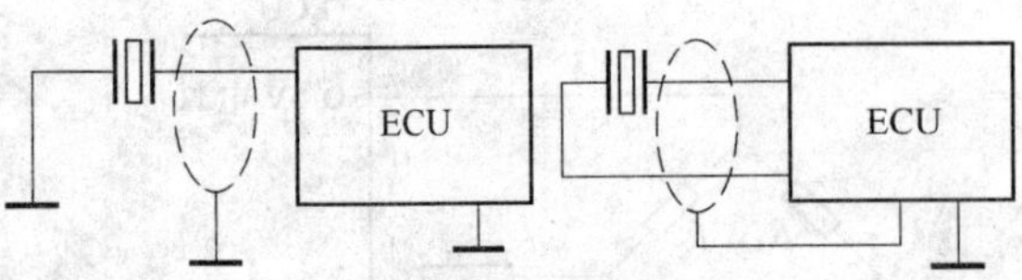

图 2-6 爆燃传感器电路

③开关信号电路。在发动机电子控制系统中有许多开关,如点火开关或起动开关、空调开关、动力转向开关等。除点火开关用于向发动机 ECU 提供电源外,其他开关用于向发动机 ECU 提供影响发动机工况的工作信号。开关只提供接通和断开两种电信号。开关有搭铁型(动力转向开关)、电压输入型(空调请求开关)和信号输入型(防盗钥匙)三种型式。

搭铁型开关信号电路如图 2-7 所示,开关接通时电压为 0V,开关断开时电压为参考电压(12V 或 5V)。电压输入型开关信号电路如图 2-8所示,开关接通时电压为蓄电池电压(12V),开关断开时电压为 0V。

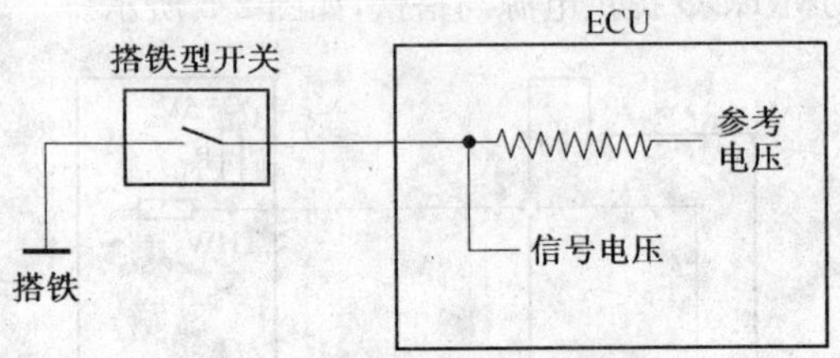

图 2-7 搭铁型开关信号电路

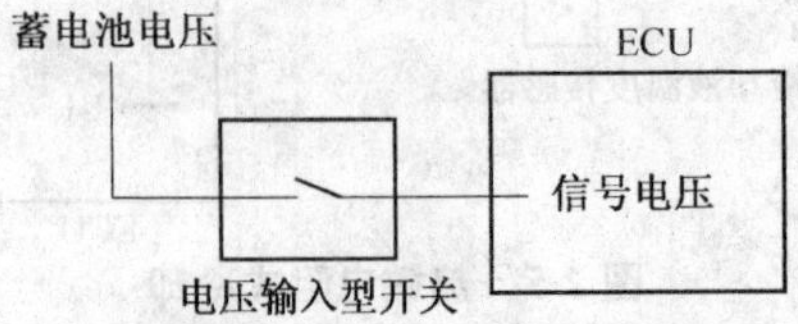

图 2-8 电压输入型开关信号电路

④信号多路传输电路。发动机 ECU 和自动变速器 ECU、驱动防滑系统 ECU 之间需要传输信号以实现数据共享时,可采用局域网的信号多路传输系统(CAN-BUS)。由几个 ECU 共用的同一个传感器向一个 ECU 输送信号,然后由这个 ECU 通过信号多路传输电路向其他 ECU 传输所需的信号,同时通过多路传输电路使相关的几个控制系统协调工作。如自动变速器换档时,需要发动机 ECU 配合控制,通过减少喷油量与减小点火提前角来改善换档品质。宝来轿车动力传动控制系统在发动机 ECU 和自动变速器 ECU 之间即采用多路传输系统,其信号多路传输电路如图 2-9 所示。

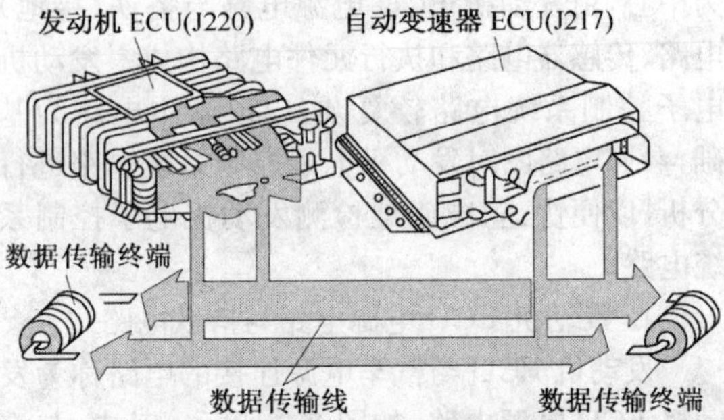

图 2-9 宝来轿车动力传动系统信号多路传输电路

3. 执行元件电路

发动机 ECU 对执行元件的控制方式,按有无继电器可分为直接控制和间接控制,对于较小功率的执行元件采用直接控制,而对于功率较大的执行元件,一般通过继电器进行间接控制。

①执行元件直接控制电路。执行元件直接控制电路分为电源电路和搭铁电路,发动机 ECU 通过控制执行元件的搭铁来使执行元件通电工作。如电磁式控制阀、微型步进电动机式控制阀、点火模块、电磁式继电器、故障报警指示灯、电子式转速表、电子式车速表里程表等。夏利 2000 轿车 8A-FE 型发动机怠速控制阀(ISC)电路如图 2-10 所示。

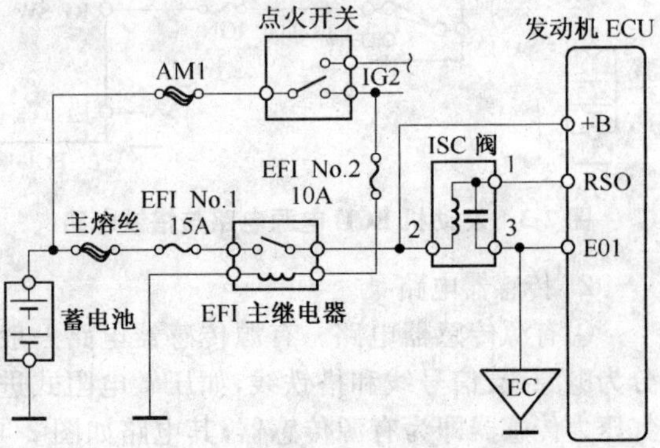

图 2-10 夏利 2000 轿车 8A-FE 型发动机怠速控制阀(ISC)电路

②执行元件间接控制电路。执行元件间接控制电路包括继电器电磁线圈电路和大功率元件电路，发动机 ECU 直接控制继电器电磁线圈通电，使其触点闭合（常开式继电器），以向大功率元件传送电源，大功率元件便通电工作。因电动汽油泵的功率较大，发动机 ECU 通过控制汽油泵继电器来控制电动汽油泵工作，其电路如图 2-11 所示。

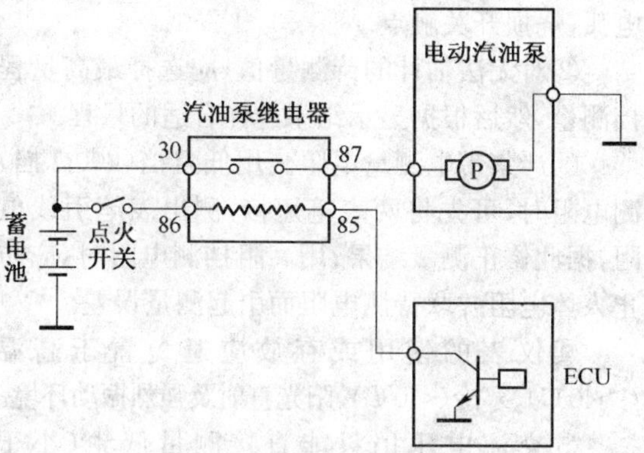

图 2-11　电动汽油泵电路

二、常用检测工具与使用

1. LED 测试灯

LED 为发光二极管，用两只 LED 和一个 300Ω 电阻器制作一个 LED 测试灯，如图 2-12 所示。两只 LED 反向相接，使用时不受电源极性的影响。

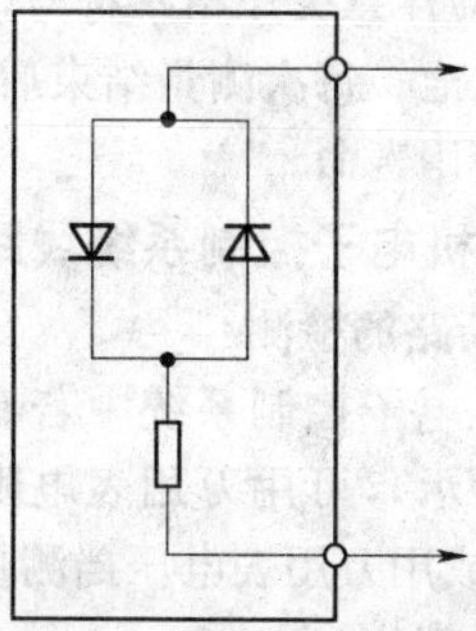

图 2-12　LED 测试灯示意图

LED 测试灯是检测发动机电子控制系统电路简单而实用的工具，可以用于电源电路的检查，或代替某些执行元件，通过其发光来判断电路的状况，还可用于某些车型读取故障码，也可作为跨接线使用。

在检查电源电路时，拔下某元件（如喷油器）插头，将 LED 测试灯接在该元件插头电源端子与搭铁点之间，如果 LED 测试灯亮，则电源电路正常。在代替执行元件时，拔下该元件（如喷油器）插头，在该元件插头与端子之间接上 LED 测试灯，若 LED 测试灯闪烁，表明执行元件电路与信号正常。

2. 数字万用表

数字万用表是检测发动机电子控制系统电路的必备工具，测量结果以液晶显示（LCD）屏显示，输入阻抗大（约 10MΩ），不会对被测元件造成损害。常用于直流电压、交流电压、直流电流、交流电流、电阻、晶体管（二极管、三极管）等测量。

(1)数字万用表的基本结构

DT-830 型数字万用表的面板如图 2-13 所示，包括 LCD 显示（液晶）屏、电源开关、量程选择开关、晶体管 h_{FE} 插口、输入插孔（表笔插孔），后盖下方有一个电池盒，使用 9V 干电池。

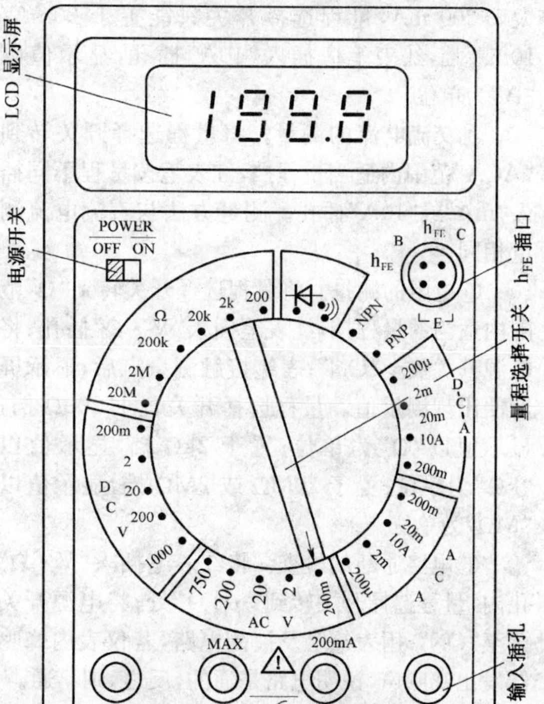

图 2-13　DT-830 型数字万用表面板

(2)数字万用表的操作方法

①直流电压的测量。将量程选择开关转到“DCV”范围内适当量程挡；黑表笔插入“COM”插孔（以下各种测量都相同），红表笔插入“V·Ω”插孔；将电源开关拨至“ON”；表笔接触测量点后，显示屏上便出现测量值。量程开关置于200mV挡，显示值以“mV”为单位，其余四挡以“V”为单位。

②交流电压的测量。将量程选择开关转到“ACV”范围内适当量程挡。表笔接法与测量方法与直流电压测量相同。

③直流电流的测量。将量程开关转到“DCA”范围内适当量程挡；当被测电流小于200mA，红表笔应插入“mA”插孔；将电源开关拨至“ON”；把仪表串联接入测量电路，即可显示读数。若量程选择开关置于200mA、20mA/10mA、2mA挡时，显示值以“mA”为单位，置于200μA挡，显示值以“μA”为单位。当被测电流大于200 mA，量程选择开关只能置于20mA/10mA挡，红表笔应插入“10A”插孔，显示值以“A”为单位。

④交流电流的测量。将量程选择开关转到“ACA”范围内适当量程挡，红表笔按量程不同插入“mA”或“10A”插孔。测量方法与直流电流测量相同。

⑤电阻的测量。将量程选择开关转到“Ω”范围内适当的量程挡，红表笔插入“V·Ω”插孔；将电源开关拨至“ON”；表笔接触测量点后，显示屏上便出现测量值。量程选择开关置于200Ω挡，显示值以“Ω”为单位；置于2kΩ挡，显示值以“kΩ”为单位；置于20MΩ或2MΩ挡，显示值以“MΩ”为单位。

⑥电路通断的检查。将红表笔插入“V·Ω”孔内，量程选择开关转到“·)))”处；将电源开关拨至“ON”；用表笔触及被测电路，若仪表内蜂鸣器发出鸣叫声，说明电路是通的，反之，则不通。

⑦二极管的测量。将量程选择开关转到二极管符号挡；红表笔插入“V·Ω”插孔，黑表笔插入“COM”插孔；将电源开关拨至“ON”。将表笔接至二极管两端，若红表笔接二极管正极，黑表笔接二极管负极，显示值为“000”，说明二极管是好的；显示值为“1”，说明二极管损坏（断路）。

⑧三极管h_{FE}的测量。将被测三极管的三个管脚插入相对应的E、B、C孔内，根据被测三极管类型转动量程选择开关选择“PNP”或“NPN”挡，便已接通表内电源，显示屏上显示三极管的h_{FE}数值。

(3)数字万用电表使用注意事项

①测量前，应校对量程开关位置及两表笔所接的插孔，确认无误后再进行测量。严禁在测量高电压或大电流时转动量程选择开关，以免产生电弧，烧损开关触点。

②对无法估计的待测量值，应选择最高量程挡测量，然后根据显示结果选择合适的量程。

③严禁带电测量电阻。用低阻挡（200Ω挡）测电阻时，可先将两表笔短接，测出表笔引线电阻，据此修正测量结果；用高阻挡测电阻时，应防止人体电阻并联待测电阻而引起测量误差。

④仪表的使用或存放应避免置于高温（>40℃）、寒冷（<0℃）、阳光直射及强烈振动环境。

⑤交流电压挡只能直接测量低频（小于500Hz）正弦波信号。

⑥在使用各电阻挡、二极管挡、通断挡时，红表笔接“V·Ω”插孔（表内电源的正极），黑表笔接“COM”插孔。这与指针式万用表在各电阻挡时的表笔带电极性恰好相反，使用时应特别注意。

⑦仪表测量误差增大，常常是因为电源电压不足，测量时应注意欠压指示符号，若显示“←”，应及时更换电池。每次测量结束后应关闭电源，以延长电池使用寿命。

三、发动机电子控制系统线路的检测

1. 线路断路的检测

在发动机电子控制系统中若有线路断路时（如图2-14所示），可用万用表电阻挡检查线路的导通情况，或用万用表电压挡测量线路的电压来确定断路的部位。

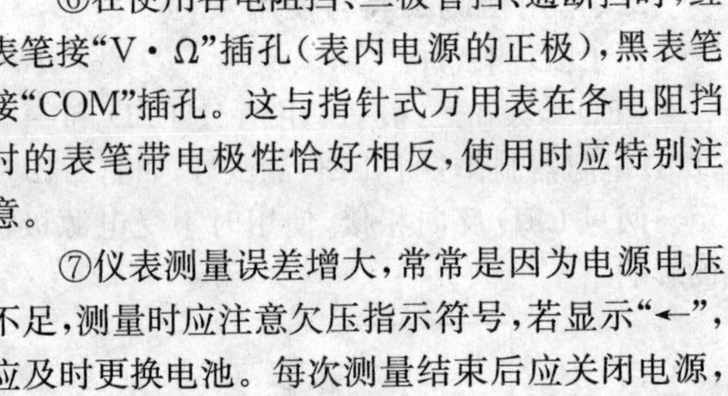

图2-14　线路断路的部位

①检查线路的导通。检查线路的导通时，可用万用表电阻挡测量线路的电阻，如果电阻值小于0.5Ω，则说明线路导通；如果电阻值为∞，则说明线路断路，如图 2-15 所示。

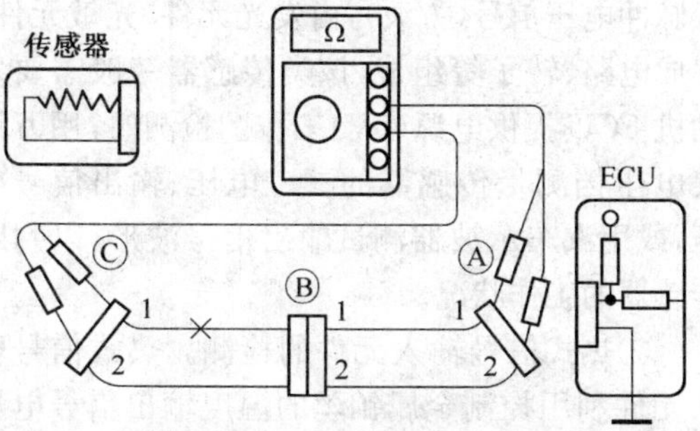

图 2-15 检查线路的导通

a. 拔下 ECU 插头 A，拔下传感器插头 C。用万用表电阻挡检查 ECU 插头Ⓐ和传感器插头Ⓒ之间的线路是否导通。如果 ECU 插头Ⓐ1 端子和传感器插头Ⓒ1 端子之间不导通，而 ECU 插头Ⓐ2 端子和传感器插头Ⓒ2 端子之间导通，可以判定 ECU 插头Ⓐ1 端子和传感器插头Ⓒ1 端子之间的线路断路。

b. 断开导线连接器Ⓑ，用万用表电阻挡分别检查 ECU 插头Ⓐ和导线连接器Ⓑ、导线连接器Ⓑ和传感器插头Ⓒ之间的线路是否导通。如果 ECU 插头Ⓐ1 端子和导线连接器Ⓑ1 端子之间导通，而导线连接器Ⓑ1 端子和传感器插头Ⓒ1 端子之间不导通，可以进一步判定导线连接器Ⓑ1 端子和传感器插头Ⓒ1 端子之间的线路断路。

②测量线路的电压。在有电压的线路中，可用万用表电压挡测量线路的电压来检查线路断路，如图 2-16 所示。

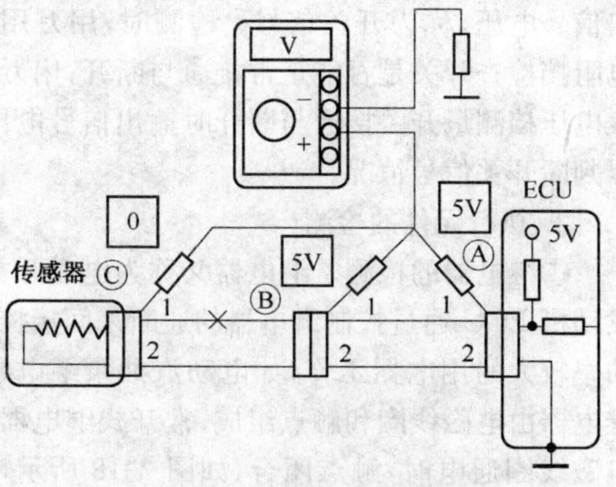

图 2-16 测量线路的电压

用万用表电压挡分别测量 ECU 插头Ⓐ1 端子、导线连接器Ⓑ1 端子和传感器插头Ⓒ1 端子与搭铁点之间的电压是否有 5V 电压。如果 ECU 插头Ⓐ1 端子与搭铁点之间的电压值为 5V，导线连接器Ⓑ1 端子与搭铁点之间的电压值也为 5V，传感器插头Ⓒ1 端子与搭铁点之间的电压值为 0V，则可判定在导线连接器Ⓑ1 端子和传感器插头Ⓒ1 端子之间的线路断路。

2. 线路短路的检查

检查线路的短路时，可用万用表电阻挡检查线路是否与搭铁点或搭铁线导通，以此来判断短路的部位，如果电阻值小于 0.5Ω，则说明线路短路；如果电阻值为∞，则说明线路无短路，如图 2-17所示。

图 2-17 线路短路的检查

①拔下 ECU 插头Ⓐ，拔下传感器插头Ⓒ。用万用表电阻挡分别检查 ECU 插头Ⓐ1 端子、2 端子与搭铁点之间是否导通。如果 ECU 插头Ⓐ1 端子与搭铁点之间导通，ECU 插头Ⓐ2 端子与搭铁点之间不导通，则可判定 ECU 插头Ⓐ1 端子与搭铁点之间的线路短路。

②断开导线连接器Ⓑ，用万用表电阻挡分别检查 ECU 插头Ⓐ1 端子和导线连接器Ⓑ1 端子与搭铁点之间线路是否导通。如果 ECU 插头Ⓐ1 端子与搭铁点之间线路不导通，导线连接器Ⓑ1 端子与搭铁点之间的线路导通，则可判定导线连接器Ⓑ1 端子和传感器插头Ⓒ1 端子之间的线路短路。

四、发动机电子控制系统元件的检测

1. 信号输入元件的检测

信号输入元件种类较多，不同车型的发动机

采用的信号输入元件的类型与数量有所差别，常用信号输入元件见表2-4。

表2-4 常用信号输入元件

类型	信号输入元件
滑动电阻式	节气门位置传感器、EGR阀位置传感器、加速踏板位置传感器
热敏电阻式	冷却液温度传感器、进气温度传感器
压敏电阻式	进气压力传感器
压电效应式	爆燃传感器
电磁感应式	曲轴位置传感器、凸轮轴位置传感器、车速传感器
霍尔效应式	曲轴位置传感器、凸轮轴位置传感器、车速传感器
光电效应式	曲轴位置传感器
热式	热线式空气流量传感器、热膜式空气流量传感器
氧浓度差式	氧传感器
开关式	怠速开关、起动开关、空调开关、动力转向开关

①电阻式信号输入元件的检测。电阻式信号输入元件利用电阻的变化输出电压信号，可采用滑动电阻、热敏电阻、压敏电阻等制成具有一定功能的传感器，该类传感器一般需要发动机ECU提供参考电压(5V)工作。检测时，用万用表电阻挡测量其电阻值随工作条件的变化来判断传感器是否损坏。但对于进气压力传感器，因其内部不是单一的电阻，不能直接测量电阻值。用万用表电压挡测量传感器的参考电压、输出信号电压来判断传感器的工作状况。

②电磁感应式信号输入元件的检测。电磁感应式信号输入元件利用电磁感应原理产生交流电压信号，由感应线圈、永久磁铁和转子组成。检测时，用万用表电阻挡测量感应线圈的电阻值来判断传感器内部是否断路或短路；用万用表电压挡测量输出信号电压，或用汽车示波器测试输出信号波形，以判断传感器的工作状况。

③霍尔效应式信号输入元件的检测。霍尔效应式信号输入元件利用霍尔效应原理产生高低脉冲电压信号(方波)，由霍尔元件、集成电路、永久磁铁和转子组成，该类传感器一般需要发动机ECU提供电源(5V)工作。检测时，用万用表电压挡测量传感器的参考电压、输出信号电压，或用汽车示波器测试输出信号波形，以判断传感器的工作状况。

④光电效应式信号输入元件的检测。光电效应式信号输入元件利用光电效应原理产生高低脉冲电压信号(方波)，由发光元件、光敏元件、集成电路、转子等组成，该类传感器一般需要发动机ECU提供电源(5V)工作。检测时，用万用表电压挡测量传感器的参考电压、输出信号电压，或用汽车示波器测试输出信号波形，以判断传感器的工作状况。

⑤热式信号输入元件的检测。热式信号输入元件利用控制金属铂丝的温度输出信号电压(如热线式或热膜式空气流量传感器)，该类传感器一般需要发动机ECU提供电源(5V)工作。检测时，用万用表电压挡测量传感器的电源电压、输出信号电压，以判断传感器的工作状况。

⑥压电效应式信号输入元件的检测。压电效应式信号输入元件利用压电陶瓷的压电效应输出信号电压，如爆燃传感器。在检测时，用万用表电阻挡检查传感器内部的绝缘性来判断传感器是否损坏；用汽车示波器测试输出信号波形，以判断传感器的工作状况。

⑦氧浓度差式信号输入元件的检测。氧浓度差式信号输入元件利用发动机排气中氧含量与大气中氧含量之差产生信号电压，如氧传感器。在检测时，用万用表电压挡测量传感器的输出信号电压的变化，或用汽车示波器测试输出信号波形，以判断传感器的工作状况。

⑧开关式信号输入元件的检测。开关式信号输入元件利用开关的闭合与断开两个状态输出信号电压，称为开关信号。检测时，用万用表电阻挡检查开关是否能正常接通与断开；用万用表电压挡测量开关接通与断开时输出信号电压，以判断开关信号情况。

2. 执行元件的检测

①继电器的检测。继电器又称为电磁开关，发动机ECU通过控制继电器的通断来间接控制功率较大的用电器工作，如电动汽油泵继电器。继电器由电磁线圈和触点组成，常开式继电器在电磁线圈通电时，触点闭合，如图2-18所示，而常闭式继电器在电磁线圈通电时，触点断开。

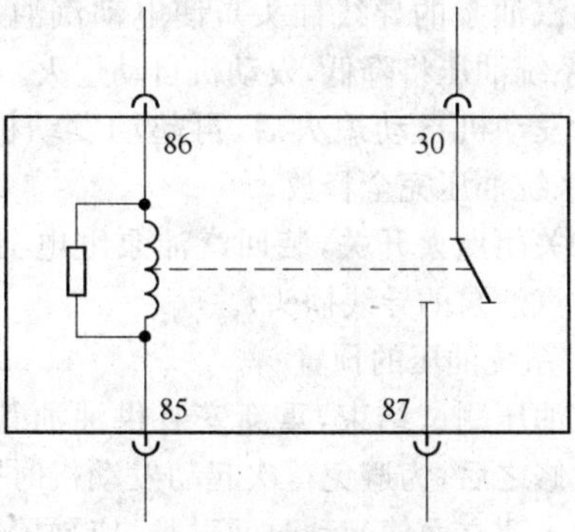

图 2-18 常开式继电器

30—接蓄电池 85—接发动机 ECU 86—接点火开关 87—接用电器

当打开点火开关或起动发动机时，如用手触摸继电器能感觉到继电器动作的振动，或能听到继电器动作的“咔嗒”声，说明继电器正常动作。

从继电器盒中拔下继电器，用万用表电压挡测量继电器常电源插孔应有约 12V 电压(蓄电池电压)，如果无电压，应检查继电器常电源线路是否断路或短路。用万用表电阻挡测量继电器电磁线圈的电阻值，如电阻值太小或太大，说明继电器电磁线圈短路或断路。用蓄电池直接给继电器电磁线圈通电与断电，观察继电器应动作，或用万用表电阻挡检查继电器触点应正常闭合与断开。

②电磁式控制阀的检测。电磁式控制阀在发动机 ECU 控制下接通与断开油路、气路，常用电磁阀有喷油器、怠速电磁阀、炭罐电磁阀、EGR 电磁阀等。电磁阀由电磁线圈、衔铁和阀门组成，其中衔铁和阀门连接在一起。电磁线圈通电时产生吸力，衔铁带动阀门移动，电磁阀开启；电磁线圈断电时吸力消失，衔铁带动阀门移动，电磁阀关闭。

当电磁阀开启或关闭时会有振动，可以用手触摸感觉电磁阀是否振动，或查听电磁阀是否有振动声响，以判断电磁阀的工作状态。

检测时，拔下电磁阀插头，用万用表电阻挡测量电磁阀电磁线圈的电阻值，如电阻值太小或太大，说明电磁阀电磁线圈短路或断路。用蓄电池直接给电磁线圈通电，电磁阀应正常动作，否则，说明电磁阀损坏，或阀门卡滞。用万用表电压挡测量电磁阀插头电源端子应有约 12V 电压(蓄电池电压)，如果无电压，应检查电磁阀电源线路是否断路或短路。将 LED 测试灯连接在电磁阀插头端子之间，观察 LED 测试灯是否按电磁阀的正常工作状态闪烁，如 LED 测试灯常亮或不亮，说明电磁阀信号线路短路或断路，也可能是发动机 ECU 控制功能失效。

③步进电动机式控制阀的检测。步进电动机式控制阀用于某些发动机怠速控制、节气门控制、废气再循环控制等，主要由直流电动机、传动机构和阀门组成，由发动机 ECU 控制步进电动机转动，通过传动机构带动阀门动作。

检测时，拔下步进电动机插头，用万用表电阻挡测量步进电动机电磁线圈的电阻值，如果电阻值太小或太大，说明步进电动机电磁线圈短路或断路。用蓄电池直接给步进电动机通电，观察步进电动机式控制阀是否正常动作，否则，说明步进电动机损坏，或阀门卡滞。用万用表电压挡测量步进电机插头电源端子应有约 12V 电压(蓄电池电压)，如果无电压，应检查步进电动机电源线路是否断路或短路。用万用表电阻挡检查控制信号线路是否断路或短路。

3. 控制元件的检测

发动机 ECU 是发动机电子控制系统的核心部件，在正常使用情况下其故障率较低，不要轻易怀疑发动机 ECU 有故障而拆开发动机 ECU 进行检查或更换。如怀疑发动机 ECU 有故障，应先检查发动机 ECU 的电源和搭铁，如发动机 ECU 电源电压小于 10V，或搭铁不好，将无法正常工作。如果发动机 ECU 的电源与搭铁正常，可基本判定发动机 ECU 损坏。

①发动机 ECU 外部电源的检测。发动机 ECU 外部电源包括常电源和主电源，如果常电源电路断开，发动机 ECU 会丢失记忆，使发动机短时间工作不好，而主电源电路断开，发动机 ECU 不能产生控制作用，使发动机不能起动或熄火。检测发动机 ECU 外部电源时，应按发动机 ECU 外部电源电路的检测方法进行。

②发动机 ECU 内部电源的检测。发动机 ECU 内部电源电路将接入的 12V 电源电压转变为恒定的 5V 电压，为有源传感器提供电源或参考电压。如果发动机 ECU 内部电源电路工作不正常，会导致有源传感器无信号输出，使发动机

工作异常。检测发动机 ECU 内部电源电路时,可通过测量有无 5V 电压输出,无 5V 电压输出,表明内部电源电路工作不良;如拔下节气门位置传感器(或其他有源传感器),打开点火开关,用万用表电压挡测量节气门位置传感器插头电源端子应有约 5V 电压。

③发动机 ECU 搭铁的检测。发动机 ECU 搭铁不良,会使某些传感器无信号电压,执行器不动作。检查发动机 ECU 搭铁时,关闭点火开关,拔下发动机 ECU 插头,用万用表电阻挡检查发动机 ECU 插头搭铁端子与搭铁点之间是否导通,如不导通,应进一步检查搭铁处导线是否松脱、虚接,或搭铁导线是否断开。

第三节 发动机电子控制系统的油压测量

只有在正常的系统油压(即汽油压力)下,发动机 ECU 才能精确地控制喷油器的喷油量。通过油压可以判断供油系统的工作状况及电动汽油泵、汽油压力调节器的工作性能。油压测量是发动机电子控制系统的一项基本检测项目和常规诊断手段。

利用汽油压力表及专用的油管接头来测量发动机的系统油压,汽油压力表的量程通常为 1MPa 左右,汽油压力表如图 2-19 所示。

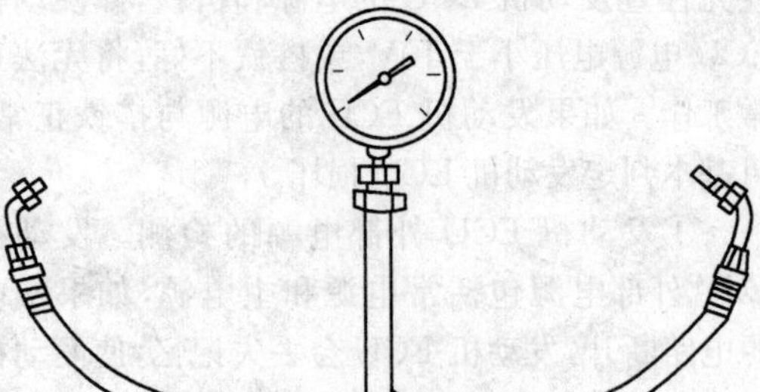

图 2-19 汽油压力表

在供油系统管路上连接与拆卸汽油压力表时,一般要进行系统油压的释放与预置。

一、系统油压的释放与预置

1. 系统油压的释放

①起动发动机。

②在发动机运转中拔下汽油泵继电器(或拔下电动汽油泵的导线插头),使电动汽油泵停止泵油,系统油压将降低,发动机自动熄火。

③发动机自动熄火后,再起动发动机 2～3 次,使系统油压完全释放。

④关闭点火开关,装回汽油泵继电器(或插上电动汽油泵的导线插头)。

2. 系统油压的预置

在油压测试结束,重新安装供油油管后,或部件检修之后,为避免首次起动发动机时因系统油压尚未建立而使起动时间过长,应预置系统油压。其操作方法是将点火开关反复打开和关闭数次,使电动汽油泵泵油,以建立正常的系统油压,为发动机顺利起动作准备。

二、汽油压力表的连接与拆卸

1. 汽油压力表的连接

①释放系统油压。

②关闭点火开关,拆下蓄电池负极搭铁线。

③拆下汽油分配管上的供油油管或检修孔螺栓。拆卸时在油管连接处放置托盘,并用抹布盖住油管连接处,防止油管中残余汽油喷出或流到发动机上。对不同车型的发动机应根据供油系统的特点来确定汽油压力表安装位置,要便于安装和观察,如图 2-20、图 2-21 所示。

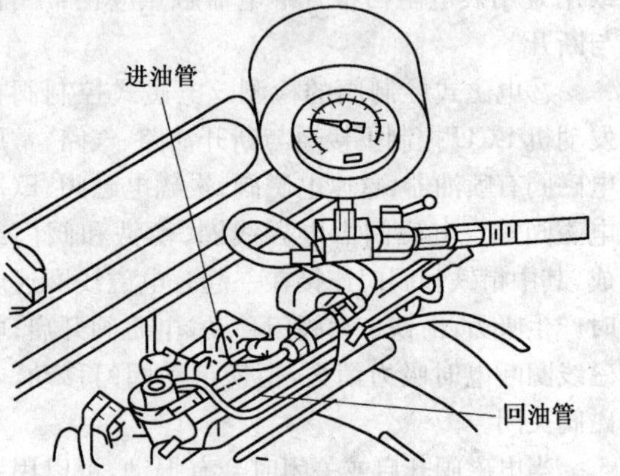

图 2-20 汽油压力表安装在进油管上

④将汽油压力表安装在供油油管上或检修孔上。

⑤装上蓄电池负极搭铁线。

2. 汽油压力表的拆卸

①释放系统油压。

②关闭点火开关,拆下蓄电池负极搭铁线。

③卸下汽油压力表。

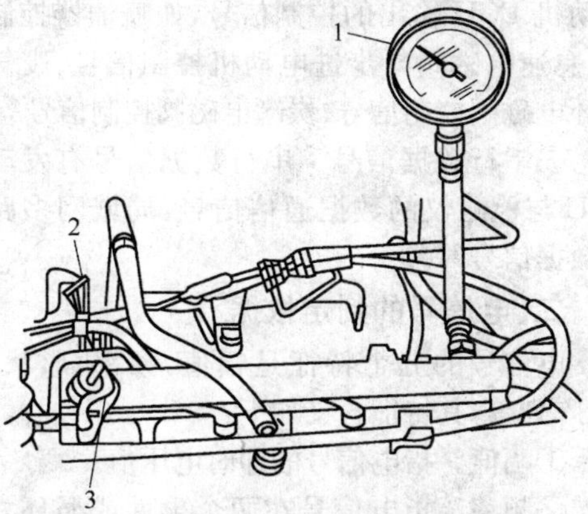

图 2-21　汽油压力表安装在检修孔上

1. 汽油压力表　2. 管夹　3. 汽油压力调节器

④连接汽油分配管上的供油油管，或装上检修孔螺栓。

⑤装上蓄电池负极搭铁线。

⑥系统油压预置。

三、油压测量的内容与方法

1. 测量系统静态油压与系统保持油压

①释放系统油压。

②连接汽油压力表。

③用导线短接电动汽油泵继电器，打开点火开关，不起动发动机，使电动汽油泵工作。

④观察汽油压力表上的压力值，即系统静态油压，应符合要求，如桑塔纳 2000GSi 轿车 AJR 型发动机的压力值约为 300kPa。如果压力值过大，应检查汽油压力调节器的工作性能；如果压力值过小，应检查汽油滤清器是否堵塞，或检查电动汽油泵与汽油压力调节器的工作性能等。

⑤关闭点火开关，停止电动汽油泵工作。

⑥电动汽油泵停止工作 5min 后，再观察汽油压力表的压力值，即系统保持油压，其压力值应不低于规定值(147kPa)。如果压力值过小，应检查电动汽油泵、汽油压力调节器和喷油器等部件的密封性。

⑦拆下电动汽油泵继电器短接导线。

⑧释放系统油压。

⑨卸下汽油压力表。

⑩预置系统油压。

2. 测量系统动态油压

①释放系统油压。

②连接汽油压力表。

③打开点火开关，起动发动机，使发动机运转。

④发动机运转时，缓慢踩下加速踏板，观察节气门接近全开时汽油压力表的压力值；拔下汽油压力调节器上的真空软管，并用手堵住，观察发动机怠速运转时汽油压力表的压力值。两种情况下测量的压力值应基本相同。如果后种情况测得的压力值过大，应检查汽油压力调节器及真空软管；如果压力值过小，则检查电动汽油泵、汽油滤清器，或检查汽油压力调节器。

⑤关闭点火开关，使发动机熄火。

⑥释放系统油压。

⑦卸下汽油压力表。

⑧预置系统油压。

3. 测量油泵最大油压与油泵保持油压

①释放系统油压。

②将汽油压力表连接在进油管上，堵住汽油压力表出油管，如图 2-22 所示，或关闭汽油压力表上的开关。

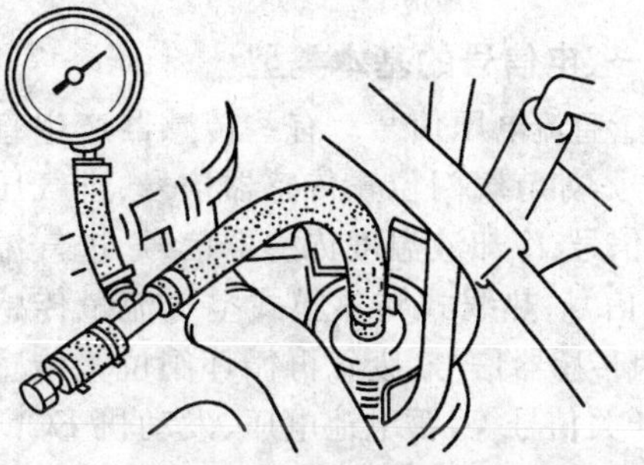

图 2-22　堵住汽油压力表出油管

③用导线短接电动汽油泵继电器，打开点火开关，不起动发动机，使电动汽油泵工作 10s。

④观察汽油压力表的压力值，即油泵最大油压，其压力值应比发动机运转时的压力值大 200～300kPa，压力值通常可达到 490～640kPa。如果油泵最大油压不符合要求，则应更换电动汽油泵。

⑤关闭点火开关，5min 后再观察汽油压力表的压力值，即油泵保持油压。其压力值应不小于 340kPa。如果油泵保持油压不符合要求，则更换电动汽油泵。

⑥拆下电动汽油泵继电器短接导线。

⑦释放系统油压。

⑧卸下汽油压力表。

⑨预置系统油压。

4. 测量汽油压力调节器保持油压

①释放系统油压。

②连接汽油压力表。

③用导线短接电动汽油泵继电器，打开点火开关，不起动发动机，使电动汽油泵工作10s。

④用包上软布的钳子夹紧回油管，电动汽油泵停止工作5min后，观察汽油压力表的压力值，即汽油压力调节器保持油压，其压力值应不低于规定值(147kPa)。如果压力值过小，说明汽油压力调节器有泄漏，则更换汽油压力调节器。

⑤拆下电动汽油泵继电器短接导线。

⑥释放系统油压。

⑦卸下汽油压力表。

⑧预置系统油压。

第四节　发动机电子控制系统的波形测试

一、电信号的基本类型

①直流电压信号。有些传感器产生直流电压信号，如节气门位置传感器信号、进气压力传感器信号、冷却液温度传感器信号、进气温度传感器信号、热线式与热膜式空气流量传感器信号、氧传感器信号、废气再循环阀位置传感器信号、开关信号等，蓄电池电压、发动机ECU为传感器提供的5V电源也是直流电压信号。

②交流电压信号。有些传感器产生交流电压信号，如电磁感应式曲轴位置传感器信号、电磁感应式凸轮轴位置信号、电磁感应式车速传感器信号。

③频率调制信号。有些传感器产生频率调制信号，如霍尔效应式曲轴位置传感器信号、霍尔效应式凸轮轴位置传感器信号、霍尔效应式车速传感器信号、卡门漩涡式空气流量传感器信号、光电效应式曲轴位置传感器信号、光电效应式凸轮轴位置传感器信号、光电效应式车速传感器信号等，以及通用(GM)数字式空气流量传感器信号、福特(Ford)数字式进气压力传感器信号等。

④脉宽调制信号。脉宽调制信号通常是由发动机ECU输出的控制信号，如喷油器控制信号、怠速电磁阀与步进电动机控制信号、废气再循环电磁阀控制信号、炭罐电磁阀控制信号等。

⑤串行数据信号。串行数据信号有发动机ECU与检测仪的数据通信信号、局域网多路传输数据信号等。

二、电信号的判定依据

电信号的五个特征是幅值、频率、形状、脉宽、阵列等，其特征含义如下：

①幅值。指电信号的即时电压值。

②频率。指电信号在两个事件或循环之间的时间，一般指每秒的循环数(Hz)。

③脉宽。指脉冲宽度，即电信号的占空比。

④形状。指电信号的图形的形状特征，包括曲线的轮廓和上升沿、下降沿等。

⑤阵列。指组成专门信息信号的重复方式。

根据信号具有的特征来判定电信号的类型，几种类型的电信号判定见表2-5。

表2-5　判定电信号类型的依据

信号类型	信号特征				
	幅度	频率	形状	脉宽	阵列
直流信号	√	×	×	×	×
交流信号	√	√	√	×	×
频率调制信号	√	√	√	×	×
脉宽调制信号	√	√	√	√	×
串行数据信号	√	√	√	√	√

注：打"√"代表信号具有此特征，打"×"代表信号无此特征。

三、波形测试工具

1. 汽车示波器的应用特点

在测试发动机电子控制系统的信号波形时，一般使用汽车专用数字示波器，简称汽车示波器。汽车示波器通常采用菜单的方式操作，这种方式不需要使用者对示波器进行设定。所谓设定是指通过对示波器的调整，将一个待测的信号波形在示波器的显示屏上清楚地显示出来，使用者只需选择与点击菜单待测信号名称，汽车示波器自动完成设定，并清楚地显示出信号波形，这种设计为示波器在汽车维修领域的应用提供了极大的帮助。

汽车示波器通过在显示屏上同时提供电压和时间测量，所显示的是电压随时间变化的曲线图，反映了信号电压的变化趋势、幅度、频率、相关性等，可以把示波器看成一个二维的电压表。示波器用图形来显示电信号，使得测试的电信号准确、形象。

有些电信号的变化速率非常快，变化周期达到千分之几秒，有些故障信号是间歇的，时有时无，这就要求仪器具有很高的扫描速度，通常汽车示波器的扫描速度是被测信号的 5～10 倍，完全可以测出此类信号。汽车示波器能快速捕捉电信号，还能以较慢的速度来显示信号波形，以便一边观察，一边分析，还可以用存储的方式记录信号波形，为再观察已发生的信号提供方便。无论是高速信号（如喷油、点火、间歇性故障等信号），还是慢速信号（如节气门位置信号、氧传感器信号），都可以获得理想的波形显示。

常用的汽车示波器有：元征 KES-200、金德 K81、红盒子 MT2400、红盒子 MT3500 等。

2. 红盒子 MT3500 的组成与功能

红盒子 MT3500 汽车示波器，也称为手持发动机分析仪，由主机和测试导线组成，如图 2-23 所示。

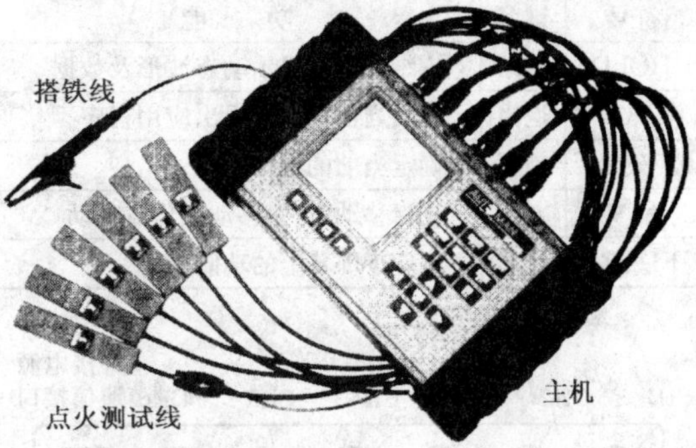

图 2-23　红盒子 MT3500 的组成

红盒子 MT3500 主机由面板、接线端口、防滑护套、电池等组成，面板包括 LCD 显示屏和键盘，如图 2-24 所示，显示屏显示如图 2-25 所示，键盘的功能见表 2-6。接线端口如图 2-26 所示。采用三节电池供电，电池位于防滑护套内，也可使用外接电源。

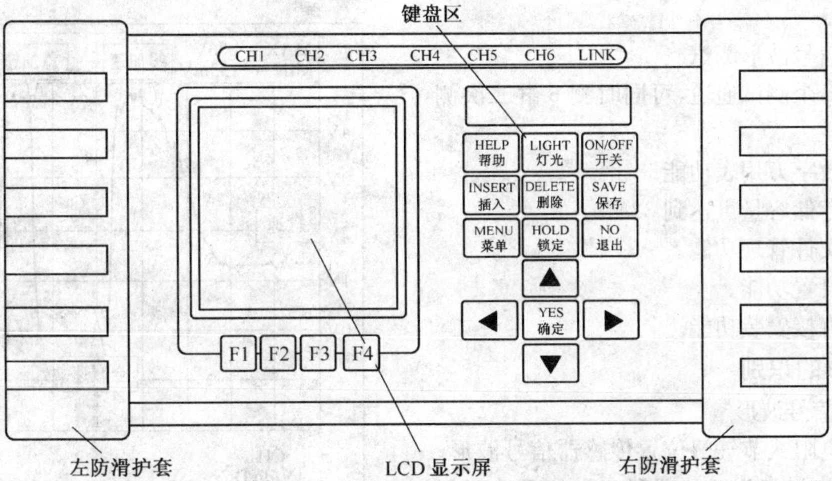

图 2-24　红盒子 MT3500 面板

图 2-25　红盒子 MT3500 显示屏显示

表 2-6　红盒子 MT3500 键盘功能

符号	键名	功　能
HELP	帮助	提供强大的实时帮助信息
LIGHT	灯光	开、关显示屏的背景灯光
ON/OFF	电源	打开或关闭仪器的电源（按下 1s 以上）
INSERT	插入	文本编辑时插入字符
DELETE	删除	文本编辑时删除字符
SAVE	保存	保存屏幕上显示的测试数据及信号波形等
MENU	菜单	弹出应用程序的主菜单

续表 2-6

符号	键名	功　能
HOLD	冻结	冻结或继续显示动态波形及数据
NO	退出	退出当前操作或退出应用程序
YES	确定	确定当前的选择项目
▲▼	方向	光标移动、位置移动或焦点移动
F1～F4	功能	对应于屏幕上的功能指示

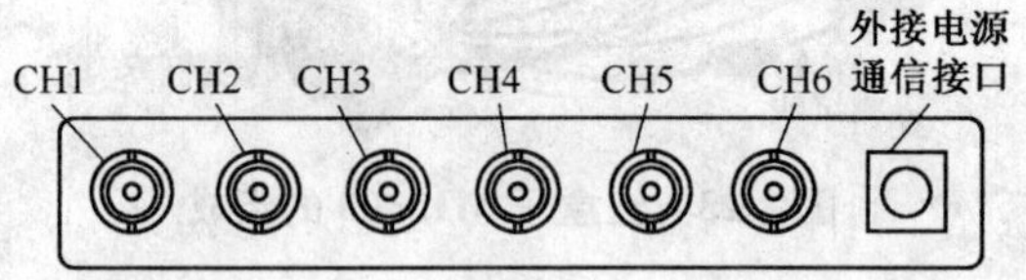

图 2-26　红盒子 MT3500 接线端口

CH1—搭铁与元件测试通道　CH2—元件测试通道
CH3～CH6—点火测试通道

红盒子 MT3500 的功能如下：

①测量信号参数，如电压值、频率、脉宽、占空比等。

②元件信号波形测试。

③具有 6 个测试通道，可同时测 6 缸二次侧点火波形。

④具有数字万用表功能。

⑤仪器存储容量可达到 32Mb。

⑥数据文件管理功能。

⑦系统设置功能。

⑧软件直接安装功能。

四、波形的识别

1. 输入信号波形

①滑动电阻式节气门位置传感器信号波形。滑动电阻式节气门位置传感器正常信号波形如图 2-27 所示，信号电压幅值随节气门开度增大而变大，节气门全闭（怠速状态）时，信号电压低于 1V，节气门全开（全负荷状态）时，信号电压接近 5V，且波形应连续变化，无断裂，无尖峰或跌落。

②压敏电阻式进气压力传感器信号波形。压敏电阻式进气压力传感器正常信号波形如图 2-28所示，信号电压幅值随真空度的减小而变大，怠速时，信号电压为 1.25V，全负荷时，信号电压略低于 5V，全减速时，信号电压接近 0V，因真空波动，在波形上会出现许多杂波。

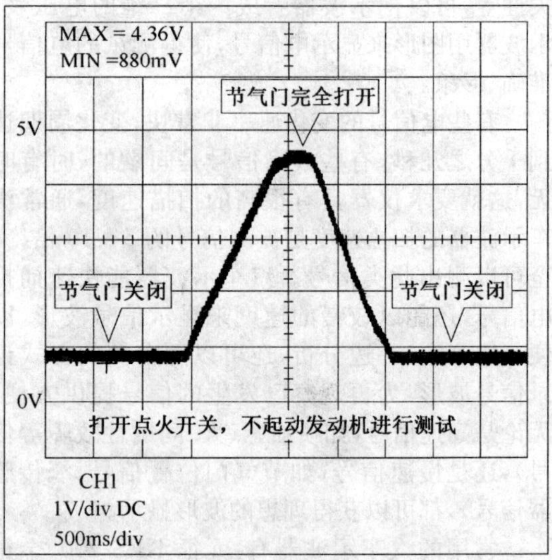

图 2-27　滑动电阻式节气门位置传感器信号波形

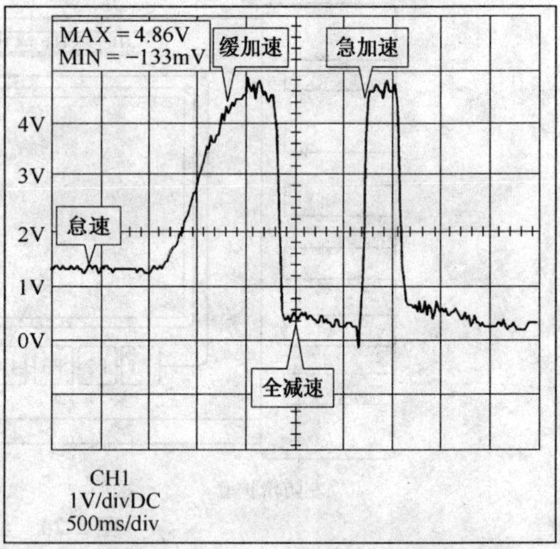

图 2-28　进气压力传感器正常信号波形

③博世（BOSCH）热线式空气流量传感器信号波形。博世（BOSCH）热线式空气流量传感器正常信号波形如图 2-29 所示，信号电压幅值随进气流量的增大而变大，怠速时，信号电压超过 2V，全负荷时，信号电压超过 4V，因进气气流脉动，对进气流量反应快速，会使波形不断波动。

④电磁感应式曲轴位置传感器信号波形。电磁感应式曲轴位置传感器正常信号波形如图 2-30所示，交流信号波形接近 0V 对称上下波动，波形幅值随发动机转速增加而变大，波形的频率

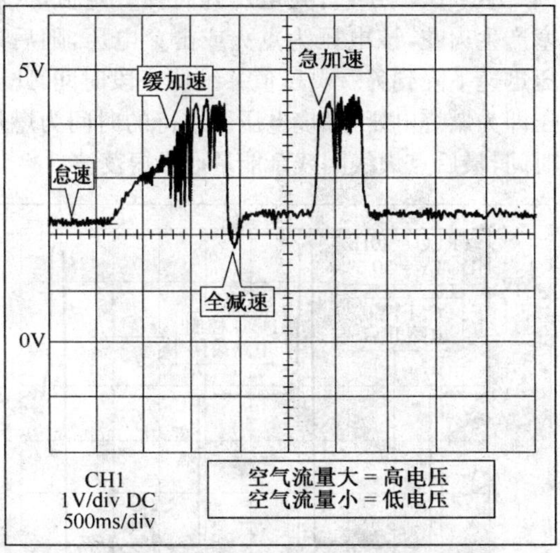

图 2-29　博世(BOSCH)热线式空气流量传感器正常信号波形

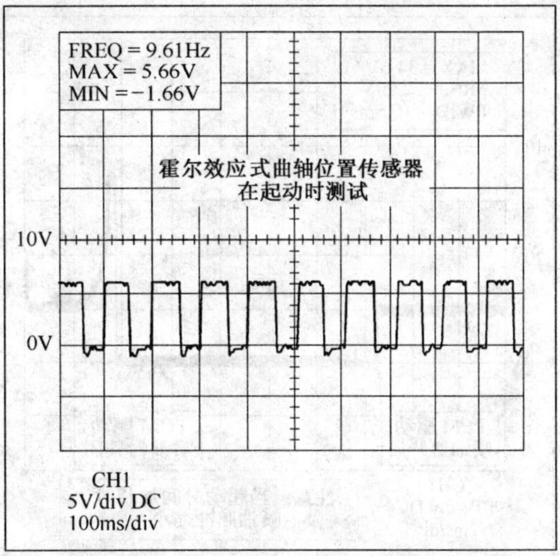

图 2-31　霍尔效应式曲轴位置传感器正常信号波形

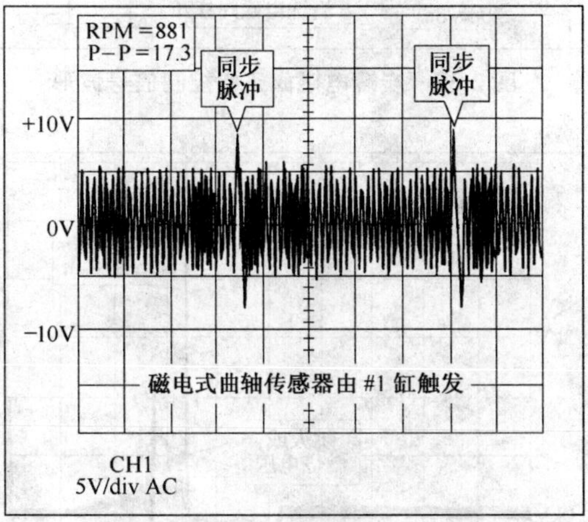

图 2-30　电磁感应式曲轴位置传感器正常信号波形

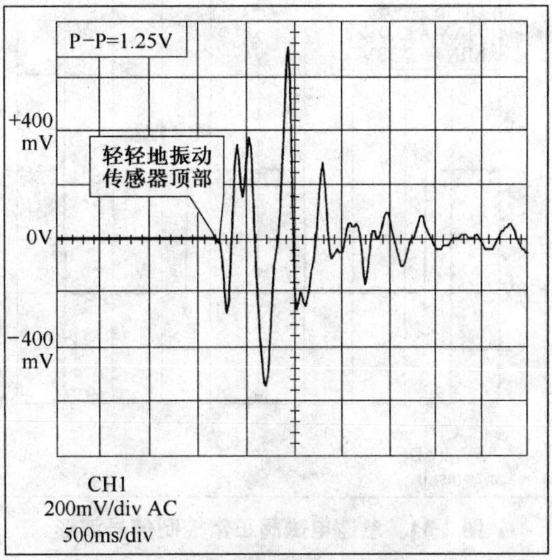

图 2-32　爆燃传感器正常信号波形

与发动机转速同步变化。

⑤霍尔效应式曲轴位置传感器信号波形。霍尔效应式曲轴位置传感器正常信号波形如图 2-31所示，脉冲信号波形的形状一致，即波形的幅值与上下沿一致，波形的频率与发动机转速同步变化。

⑥爆燃传感器信号波形。爆燃传感器正常信号波形如图 2-32 所示，波形的幅值随振动的强度变化。

2. 执行元件控制信号波形

①喷油器驱动信号波形。不同类型的喷油器驱动方式产生不同的波形，饱和开关型喷油器正常驱动信号波形如图 2-33 所示，发动机 ECU 控制喷油器通电与断电，当喷油器通电开始喷油，喷油器断电停止喷油，断电时喷油器线圈磁场变化产生峰值电压，可显示喷油持续时间。

②怠速电磁阀控制信号波形。发动机 ECU 发出占空比信号控制怠速电磁阀动作，怠速电磁阀正常控制信号波形如图 2-34 所示，其波形的

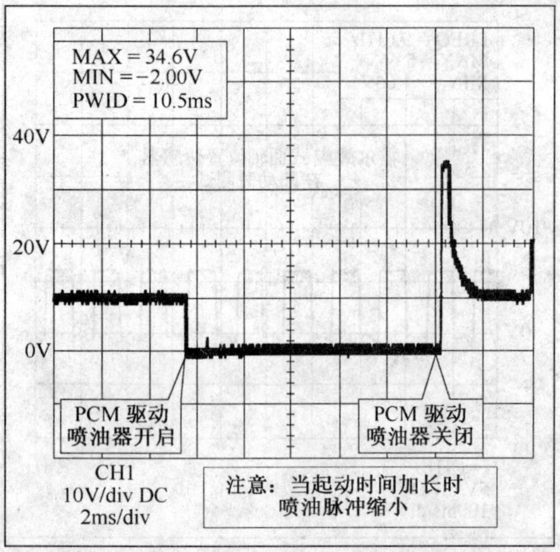

图 2-33　饱和开关型喷油器正常驱动信号波形

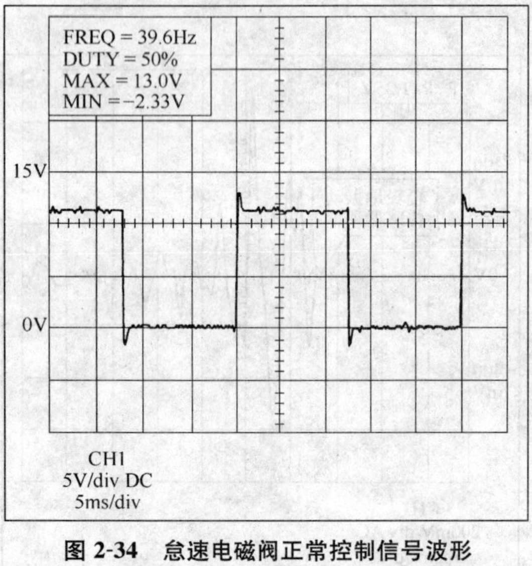

图 2-34　怠速电磁阀正常控制信号波形

幅值、频率、形状、脉宽在正常的范围内具有重复性和一致性，信号的占空比会随怠速工况时额外负荷变化而变化，且怠速电磁阀有反应。

③炭罐电磁阀控制信号波形。发动机 ECU 根据发动机和车辆的运行条件控制炭罐电磁阀开启与关闭，炭罐电磁阀正常控制信号波形如图 2-35 所示，炭罐电磁阀通电时开启，炭罐电磁阀断电时关闭，断电时炭罐电磁阀线圈磁场变化产生峰值电压。

3. 点火系统二次点火波形

单缸二次点火波形如图 2-36 所示，点火线圈产生二次电压，首先电压升高到一定值，火花塞产生火花，该电压为点火或击穿电压，随后电压迅速下降到另一电压值并维持一段时间，此电压即为燃烧电压，燃烧电压所维持的时间为燃烧时间，最后点火线圈残余能量形成振荡波。

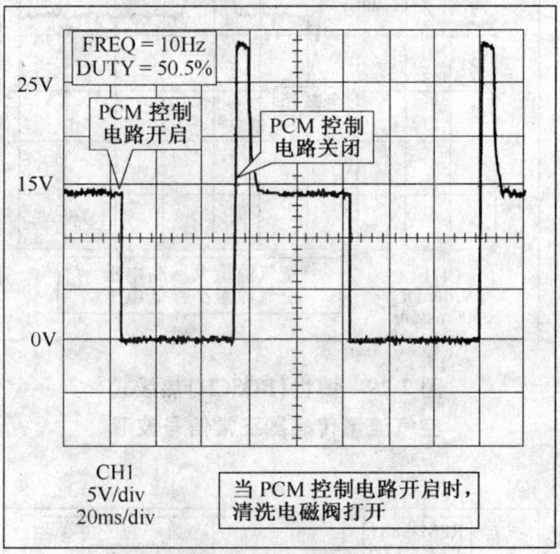

图 2-35　炭罐电磁阀正常控制信号波形

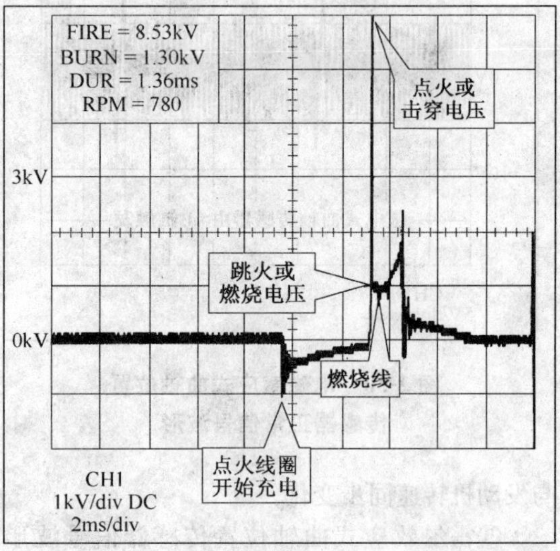

图 2-36　单缸二次点火波形

第五节　发动机电子控制系统检测的基本原则与注意事项

一、基本原则

发动机电子控制系统较复杂，造成发动机

不工作或工作不正常可能是发动机电子控制系统方面的原因，也可能是发动机电子控制系统以外的其他部分出现问题。在对发动机电子控制系统进行检测时，需要全面地掌握发动机电子控制系统的结构与原理，采用合理的检测方法，并遵循发动机电子控制系统检测的一些基本原则，可以迅速、准确地找出故障部位，确定故障原因。

①先外后内的原则。在发动机出现故障时，对发动机电子控制系统以外的可能故障部位先予以检查。这样可避免本来与发动机电子控制系统无关的故障，却对电子控制系统的传感器、发动机 ECU、执行元件，以及线路等进行费时费力的检查，而真正的故障部位可能较容易查找到却未查找到。

②先简后繁的原则。能以简单方法检查的可能故障部位应先予以检查。比如直观检查最简单，可以用目测观察线路是否有松脱与断开、油路有否漏油、进气管路有无破损漏气等；用手摸，感觉导线连接器连接有无松动，以及喷油器、电磁阀、继电器有无振动；用耳听（借助旋具、听诊器等），查听有无漏气声，以及喷油器有无“喀嗒”声等。用直观检查方法能将一些较为显露的故障迅速地找出来。而用直观检查未找出故障部位，需使用仪表仪器，或其他专用工具来进行检查时，也应对较容易检查项目先予以检查，能就车检查的项目先进行检查。

③先熟后生的原则。由于结构和使用环境等原因，如发动机某一故障可能是以某些总成或部件的故障最为常见，先对这些常见故障部位进行检查，若未找出故障，再对其他不常见的可能故障部位予以检查，这样做，往往可以迅速地找到故障部位，省时省力。

④代码优先的原则。利用发动机电子控制系统的自诊断功能进行检测，当发动机电子控制系统出现某种故障时，自诊断系统就会立刻检测到故障，并通过“发动机故障报警灯”亮起报警，同时以故障代码的方式存储该故障信息，而有些故障产生时，自诊断系统只存储该故障代码，并不报警。先读取故障码，并按故障码来检查所指的故障部位。

⑤先备后用的原则。发动机电子控制系统的一些部件性能好坏，电气线路正常与否，常以其电压或电阻等参数来判断。在检测时，需要这些数据资料作参考。可以从车辆维修手册、专业书刊上收集整理这些数据资料，还可以对正常车辆发动机电子控制系统的有关参数进行测量，并记录下来，在检测同类型发动机时参考。

二、注意事项

①点火开关接通，或发动机在运转，不能随意断开 12V 电气部件的导线连接器，在断开这类部件的导线连接器时，因线圈的自感效应，会产生很高的瞬时电压（超过 7000V），损坏发动机 ECU 与传感器。这类部件包括蓄电池、发动机 ECU、怠速控制阀、喷油器、炭罐电磁阀、废气再循环（EGR）电磁阀、空调电磁离合器等。断开导线连接器前，要关闭点火开关，或拆下蓄电池负极搭铁线。

②拆下蓄电池负极搭铁线后，发动机 ECU 内所存储的故障信息（故障码）会被清除掉，应在拆下蓄电池负极搭铁线前，读取发动机 ECU 内的故障信息。

③当维修人员进出车厢时，人体的静电放电可能产生很高的电压，在使用检测仪器或拆装发动机 ECU 时，要带上防静电金属带，将其一头缠在手腕上，另一头夹在车身上，以防身体受电击，或损坏发动机 ECU。

④除某些车辆的检测有特殊说明外，一般不要用指针式万用表检查电气部件的电阻，而要用高阻抗的数字式万用表（10MΩ 以上）或专用电表，发动机 ECU 与传感器的工作电流通常都比较小，避免过载损坏。

⑤禁止使用搭铁试火或拆线刮火的方法对电路进行检查。

⑥不要轻易拆开发动机 ECU，在怀疑发动机 ECU 损坏时，应由专业人员对其进行测试。

⑦在断开导线连接器时，要松开卡环或按下锁卡；在连接导线连接器时，应插到底并装好卡环或锁好锁卡。

⑧导线和连接器易出现故障，如导线折断，连接器接触不良，连接器端子被拔出或没有插到底。

⑨在油箱缺油的状态下，不能强行使发动机

运转，电动汽油泵是利用流过电动机的汽油进行冷却的，缺油运转会使电动汽油泵因过热而烧坏。

⑩在发动机运转时，不要拔下传感器导线插头，这样会使发动机ECU中出现人为的故障码，影响维修人员正确地判断故障。

⑪导线在中间折断较少见，大多数是在连接器处断开，应仔细检查连接器处的导线。

⑫连接器接触不良，可能是连接器端子锈蚀，外界污物进入端子，或连接器插头与插座之间接触压力降低。将连接器分开再重新插上，改变它的连接状况，可能会恢复正常接触。

⑬在检查喷油器性能时，一定要清楚喷油器是高阻型，还是低阻型。高阻型喷油器的电磁线圈电阻一般为12～18Ω，可以直接接蓄电池电压来进行喷油器喷油性能试验。低阻型喷油器的电磁线圈电阻一般只有2～3Ω，直接接蓄电池会因电流过大而烧坏喷油器的电磁线圈，应采用专用连接器与蓄电池连接，若用普通导线，则需串联一个8～10Ω的电阻。

第三章　发动机电子控制系统主要传感器的检测

第一节　曲轴位置传感器的识别与检测

曲轴位置传感器是汽车发动机电子控制系统中主要传感器之一。用于检测曲轴转角与曲轴基准位置，发动机 ECU 根据曲轴位置传感器的信号计算发动机转速和确定曲轴位置（上止点前的曲轴转角），作为确定基本喷油量、喷油正时、点火正时，以及怠速控制、进气控制、排放控制等依据。曲轴位置传感器及其线路有故障，发动机不能起动或熄火，无其他信号代替。

曲轴位置传感器通常安装在曲轴前端、气缸体侧、飞轮壳上、分电器内等部位。按产生信号的方式不同可分为电磁感应式、霍尔效应式和光电效应式等。

一、电磁感应式曲轴位置传感器及其检测

1. 基本结构与信号

电磁感应式曲轴位置传感器是利用电磁感应原理产生信号的。电磁感应式曲轴位置传感器能适应较大范围的温度变化，使用寿命长，不需外加电源，但受电磁干扰，须加屏蔽线，应用比较广泛。

电磁感应式曲轴位置传感器由线圈、永久磁铁、铁心、转子组成，如图 3-1 所示。其中线圈、永久磁铁、铁心构成电磁感应头。转子上制有一定数量的轮齿，转子固定在发动机曲轴或分电器轴上，随发动机曲轴或分电器轴一起旋转。

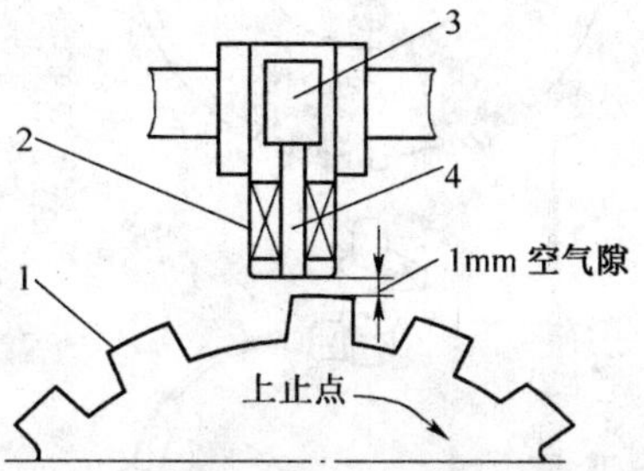

图 3-1　电磁感应式曲轴位置传感器结构

1. 转子　2. 线圈　3. 永久磁铁　4. 铁心

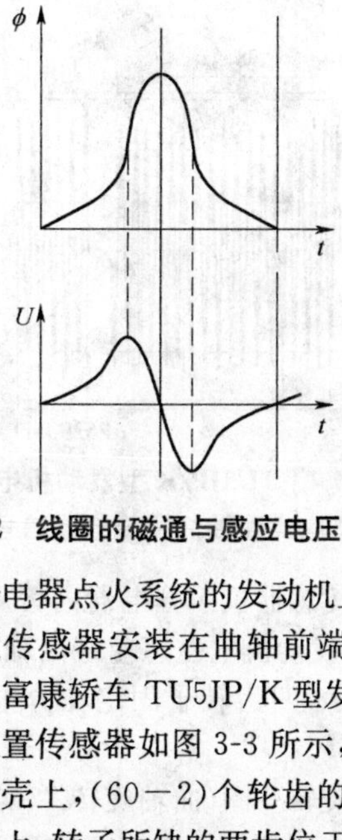

图 3-2　线圈的磁通与感应电压的关系

当转子上的一个轮齿经过电磁感应头的磁极（铁心对着转子的一端）时，轮齿与磁极的间隙（空气隙）会发生变化，改变线圈的磁通（ϕ），线圈中便感应出一个正弦交变的脉冲电压信号（U），如图 3-2 所示。随着转子转速的增加，脉冲电压信号的幅值与频率会增加，反之则变小。轮齿与磁极对准时的间隙通常为 1mm 左右，该间隙对信号的影响较大。

在无分电器点火系统的发动机上，电磁感应式曲轴位置传感器安装在曲轴前端、气缸体侧、飞轮壳上。富康轿车 TU5JP/K 型发动机电磁感应式曲轴位置传感器如图 3-3 所示，电磁感应头安装在飞轮壳上，(60－2)个轮齿的转子固定在发动机曲轴上，转子所缺的两齿位于 1、4 缸上止点前 114°。

发动机曲轴带动转子旋转一圈，在线圈中产生与轮齿相同个数的脉冲电压信号，宽齿槽使信号的频率发生改变，宽齿槽对应的信号作为曲轴位置的基准信号，如图 3-4 所示。发动机 ECU 根据接收到的脉冲电压信号计算发动机转速和确定曲轴位置（上止点前 114°）。

在有分电器点火系统的发动机上，电磁感应

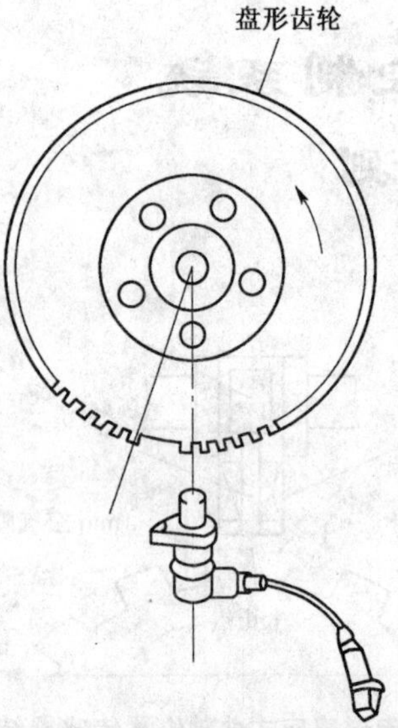

图 3-3 TU5JP/K 型发动机电磁感应式曲轴位置传感器

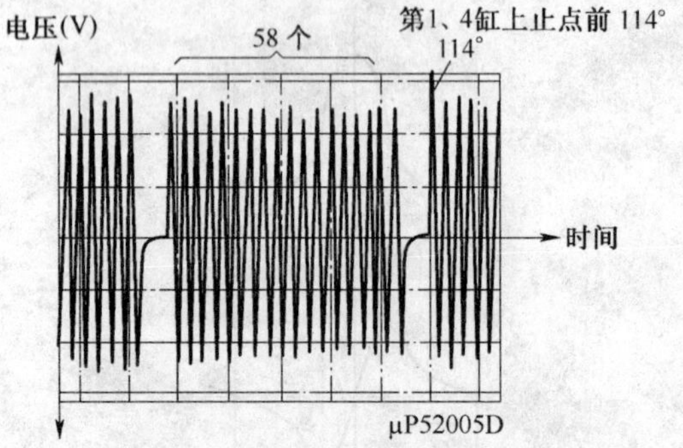

图 3-4 TU5JP/K 型发动机电磁感应式曲轴位置传感器信号

式曲轴位置传感器位于分电器内。夏利 2000 轿车 8A-FE 型发动机电磁感应式曲轴位置传感器如图 3-5 所示，四齿转子固定在分电器轴上，随分电器轴旋转。

当转子旋转一圈(曲轴旋转 720°)时，线圈产生 4 个脉冲电压信号。发动机 ECU 根据接收到的脉冲电压信号计算出发动机转速、确定曲轴位置(上止点前的曲轴转角)和判别气缸。

2. 检测项目与方法

(1)测量线圈电阻

①关闭点火开关。

②拔下电磁感应式曲轴位置传感器插头。

③用万用表电阻挡测量电磁感应式曲轴位置传感器端子之间的电阻，其电阻值应符合要求，

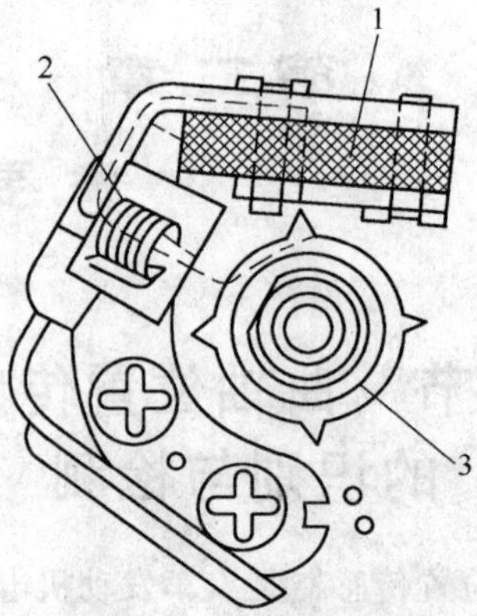

图 3-5 8A-FE 型发动机的电磁感应式曲轴位置传感器

1. 永久磁铁 2. 线圈 3. 转子

如富康轿车 TU5JP/K 型发动机电磁感应式曲轴位置传感器线圈电阻约为 330Ω。如果电阻值不符合要求，则应更换该传感器。

④插上电磁感应式曲轴位置传感器插头。

(2)测试信号

①关闭点火开关。

②拔下电磁感应式曲轴位置传感器插头。

③打开点火开关，使发动机短时间转动。

④在发动机转动时，用万用表电压挡检查电磁感应式曲轴位置传感器端子之间是否有脉冲电压信号输出，或用示波器测试电磁感应式曲轴位置传感器的信号波形，观察信号波形，其波形应正常。如果无信号电压或信号波形不正常，则应更换电磁感应式曲轴位置传感器。

⑤关闭点火开关。

⑥插上电磁感应式曲轴位置传感器插头。

(3)检查线路

①关闭点火开关。

②拔下电磁感应式曲轴位置传感器插头。

③拔下发动机 ECU 插头。

④用万用表电阻挡检查电磁感应式曲轴位置传感器插头和发动机 ECU 插头对应端子之间的线路，应导通。

⑤插上发动机 ECU 插头。

⑥插上电磁感应式曲轴位置传感器插头。

(4)检查间隙

位于分电器内的电磁感应式曲轴位置传感器可用塞尺测量转子轮齿与电磁感应头磁极之间的间隙，如夏利2000轿车8A-FE型发动机的电磁感应式曲轴位置传感器的间隙应为0.2～0.4mm。

位于其他位置的电磁感应式曲轴位置传感器不便于检查间隙，应检查其安装是否正常，以保证其正常间隙(约1mm)。

电磁感应式曲轴位置传感器的间隙一般不能调整，如果间隙不符合要求，则应更换电磁感应式曲轴位置传感器。

(5)检查与清除磁极铁屑

安装在飞轮壳上、气缸体侧的电磁感应式曲轴位置传感器，其磁极上易吸附铁屑。拆下电磁感应式曲轴位置传感器的电磁感应头，检查和清除磁极上吸附的铁屑。

二、霍尔效应式曲轴位置传感器及其检测

1. 基本结构与信号

霍尔效应式曲轴位置传感器是利用霍尔效应原理产生信号的。将霍尔元件垂直置于磁场中，当通过与磁场垂直的电流时，则在垂直于磁场和电流方向产生电压，即霍尔电压U_H，该现象称为霍尔效应，如图3-6所示。当电流一定时，通过改变磁场强度，可获得变化的霍尔电压。

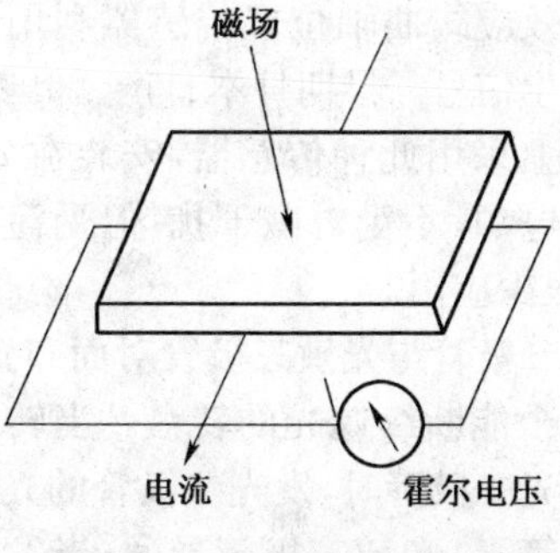

图3-6　霍尔效应基本原理

桑塔纳GLi轿车AFE型发动机霍尔效应式曲轴位置传感器如图3-7所示。传感器位于分电器内，主要由叶轮和霍尔效应组件组成。霍尔效应组件包括永久磁铁、霍尔元件与集成电路。4个叶片的叶轮固定在分电器轴上，随分电器轴旋转。发动机ECU为霍尔元件与集成电路提供工作电源，通常为5V电压。

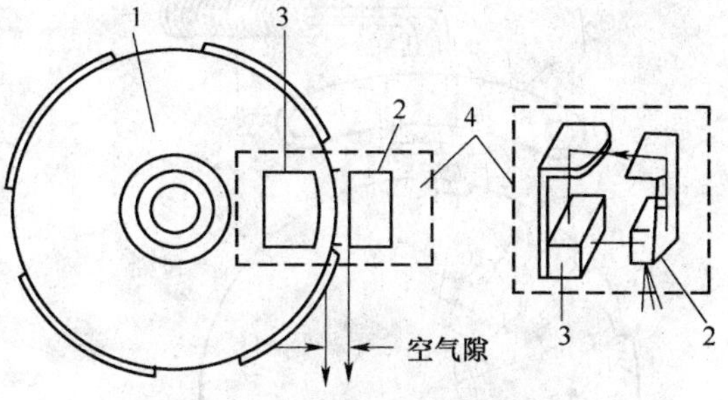

图3-7　AFE型发动机霍尔效应式曲轴位置传感器

1. 叶轮　2. 霍尔元件与集成电路　3. 永久磁铁　4. 霍尔效应组件

叶轮转动过程中，当叶片进入永久磁铁与霍尔元件之间的空气隙时，霍尔元件的磁场被叶片旁路(隔磁)，无磁场通过，不产生霍尔电压；当叶片离开空气隙时，永久磁铁的磁场通过霍尔元件，产生信号较弱的霍尔电压。将霍尔元件产生的霍尔电压信号经集成电路放大、整形后输出标准的高低电压信号(方波)，如图3-8所示。

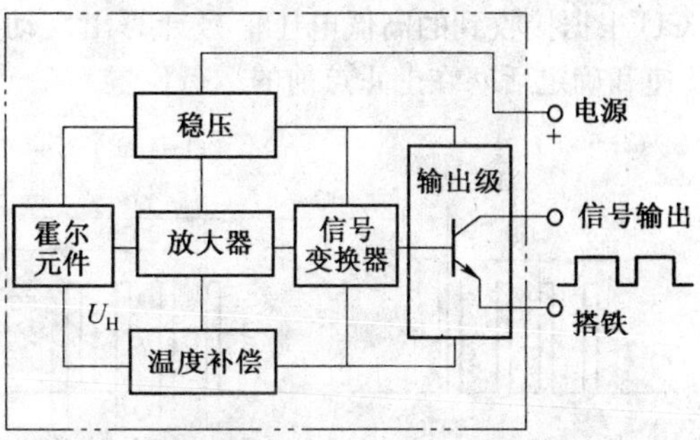

图3-8　霍尔电压信号处理与输出信号

叶轮旋转一圈(曲轴旋转720°)产生4个高低电压信号，发动机ECU根据接收到的高低电压信号计算出发动机转速和确定曲轴位置(上止点前曲轴转角)。

切诺基2.5L四缸发动机霍尔效应式曲轴位置传感器如图3-9所示，由霍尔感应头和槽轮组成。霍尔感应头安装在飞轮壳上，包括霍尔元件与集成电路、永久磁铁。槽轮上有8个槽，分成两组，每4个槽为一组，两组相隔180°，每组中的相邻两槽相隔20°。发动机ECU为霍尔元件与集成电路提供工作电源，通常为5V电压。

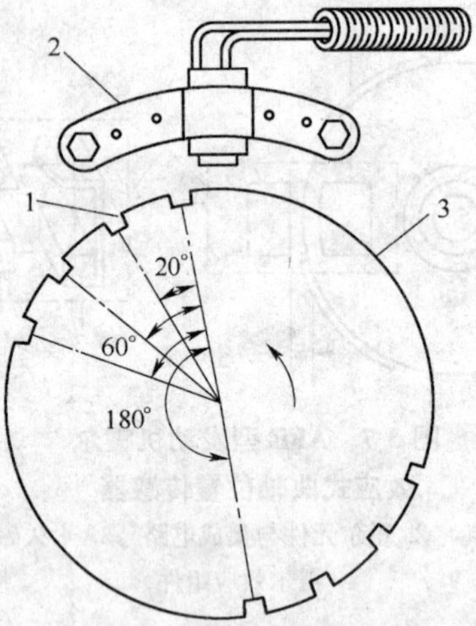

图 3-9 切诺基 2.5L 四缸发动机霍尔效应式曲轴位置传感器

1. 槽 2. 霍尔感应头 3. 槽轮

当槽轮的槽经过霍尔感应头时，输出高电压(5V)；当槽轮的轮缘经过感应头时，输出低电压(约 0.3V)。槽轮转一圈输出两组高低压信号(每组 4 个高低压信号)，如图 3-10 所示。发动机 ECU 根据接收到的高低电压信号计算出发动机转速和确定活塞在上止点前的运行位置。

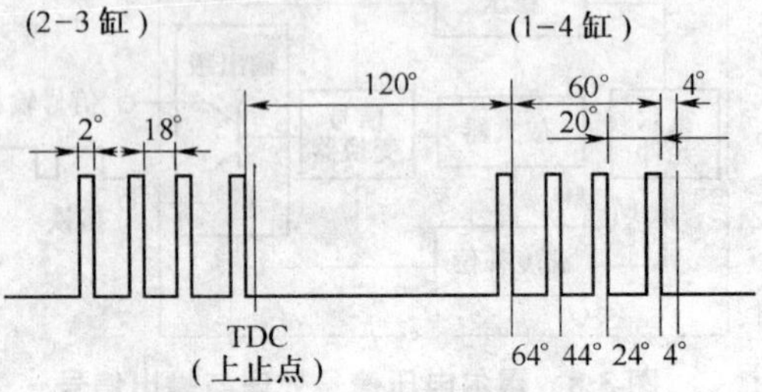

图 3-10 切诺基 2.5L 四缸发动机霍尔效应式曲轴位置传感器信号

2. 检测项目与方法

(1)测量 5V 电源电压

①关闭点火开关。

②拔下霍尔效应式曲轴位置传感器插头。

③打开点火开关。

④用万用表电压挡测量霍尔效应式曲轴位置传感器插头电源端子与搭铁点之间应有约 5V 电压。如果无电压，应检查霍尔效应式曲轴位置传感器电源线路是否短路或断路，或更换发动机 ECU。

⑤关闭点火开关。

⑥插上霍尔效应式曲轴位置传感器插头。

(2)检查搭铁线路

①关闭点火开关。

②拔下霍尔效应式曲轴位置传感器插头。

③用万用表电阻挡检查霍尔效应式曲轴位置传感器插头搭铁端子与搭铁点之间是否导通，如未导通，应检查霍尔效应式曲轴位置传感器插头搭铁端子和发动机 ECU 插头对应端子之间的线路是否断路。

④插上霍尔效应式曲轴位置传感器插头。

(3)测试信号

①关闭点火开关。

②将 LED 测试灯或示波器连接到霍尔效应式曲轴位置传感器插头信号端子与搭铁端子之间。

③打开点火开关，使发动机运转数秒钟。

④在发动机运动时，观察 LED 测试灯是否有规律闪烁，或观察示波器测试的信号波形。如果 LED 测试灯不闪烁(不亮或常亮)或信号波形不正常，则更换霍尔效应式曲轴位置传感器。

⑤关闭点火开关。

⑥取下 LED 测试灯或示波器。

三、光电效应式曲轴位置传感器及其检测

1. 基本结构与信号

光电效应式曲轴位置传感器利用光电效应的原理产生信号。早期日本日产、韩国起亚等轿车发动机上采用此种传感器，安装在分电器内，需要工作电源，不受电磁干扰，但受污物的影响较大，已很少应用。

发光二极管与光敏三极管对面布置，在它们之间有一个能断续遮光的转盘。当转盘上的缺口对准发光二极管时，发光二极管的光束照射到光敏三极管上，光敏三极管导通；当发光二极管的光束被遮挡时，光敏三极管截止。转盘旋转时，发光二极管的光束被断续遮挡，光敏三极管便交替导通与截止，经电子电路处理后输出高低电压信号(方波)，如图 3-11 所示。

2. 检测项目与方法

(1)测量电源电压

①关闭点火开关。

②拔下光电效应式曲轴位置传感器插头。

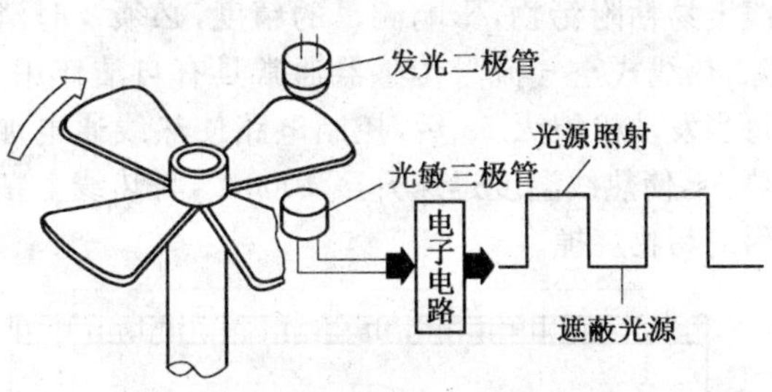

图 3-11 光电效应式曲轴位置传感器的基本结构与信号

③打开点火开关。

④用万用表电压挡测量光电效应式曲轴位置传感器插头电源端子应有 12V 电压。如果无电压，则检查光电效应式曲轴位置传感器电源电路是否断路或短路。

⑤关闭点火开关。

⑥插上光电效应式曲轴位置传感器插头。

(2)检查搭铁线路

①关闭点火开关。

②拔下光电效应式曲轴位置传感器插头。

③用万用表电阻挡测量光电效应式曲轴位置传感器插头搭铁端子与搭铁点之间是否导通，若未导通，应检查光电效应式曲轴位置传感器插头搭铁端子和发动机 ECU 插头对应端子之间的线路是否断路。

④插上光电效应式曲轴位置传感器插头。

(3)测试信号

①将 LED 测试灯或示波器连接在光电效应式曲轴位置传感器插头信号端子与搭铁端子之间。

②打开点火开关，起动发动机或使发动机转动。

③在发动机运转时，LED 测试灯应有规律地闪烁，或观察示波器测试的信号波形。如 LED 测试灯不闪烁(不亮或常亮)或信号波形不正常，则更换光电效应式曲轴位置传感器。

④关闭点火开关。

⑤取下 LED 测试灯或示波器。

(4)检查密封性

检查光电效应式曲轴位置传感器密封是否完好，有无灰尘污染。

第二节 空气流量传感器的识别与检测

空气流量传感器安装在空气滤清器和节气门体之间，用于检测进入发动机气缸内的空气量，是发动机 ECU 进行基本喷油量控制和点火提前角控制的主要传感器之一。

如果空气流量传感器或线路出现故障，发动机会出现起动困难、怠速不稳、动力下降、油耗过大等现象。发动机 ECU 将采用失效保护，根据发动机转速、节气门位置和进气温度等信号计算进气量，即进气量的计算值随发动机转速和节气门开度增大而增大，而随进气温度的升高而减小。

空气流量传感器有热线式与热膜式空气流量传感器、卡门漩涡式空气流量传感器和叶片式空气流量传感器等。热线式与热膜式空气流量传感器测量精度高，没有可动部件，加速响应性好，进气阻力小，且价格较便宜，已取代其他类型的空气流量传感器，获得广泛应用。

一、热线式与热膜式空气流量传感器及其检测

1. 基本结构与信号

热线式空气流量传感器由感知空气流量的铂金热线、温度补偿电阻、控制热线电流并产生输出信号的控制电路板等元件组成。热线式空气流量传感器根据热线安置部位不同，分为两种结构形式，一种是把热线放在进气主通道的取样管内，称为主流测量式，如图3-12所示；另一种是

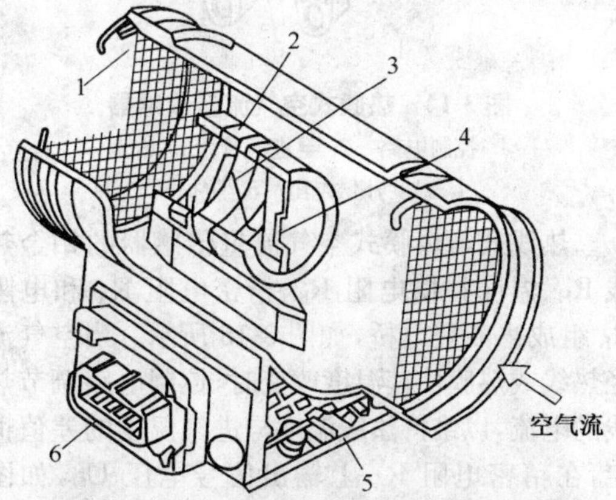

图 3-12 主流测量热线式空气流量传感器

1. 防护网 2. 取样管 3. 铂金热线 4. 温度补偿电阻 5. 控制电路板 6. 接线端子

把缠绕在陶瓷螺旋管上的热线放在旁通空气道内，称为旁通测量式，如图3-13所示。

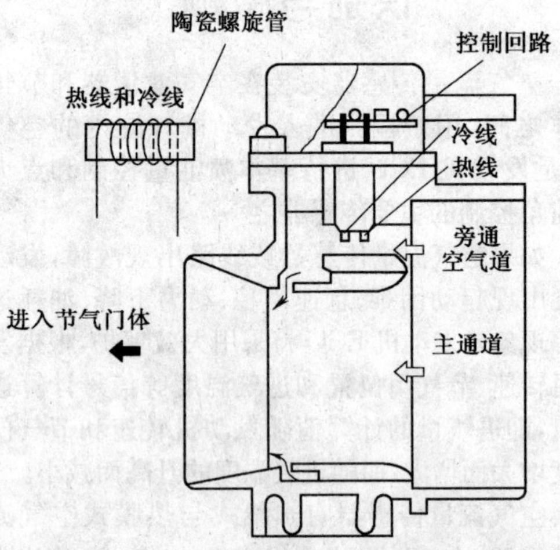

图 3-13 旁通测量热线式空气流量传感器

热膜式空气流量传感器将热线固定在树脂膜上形成热膜，热线不直接承受空气流动的作用力，可以延长空气流量传感器的使用寿命。桑塔纳 2000GSi 型轿车 AJR 型发动机采用热膜式空气流量传感器，如图 3-14 所示。

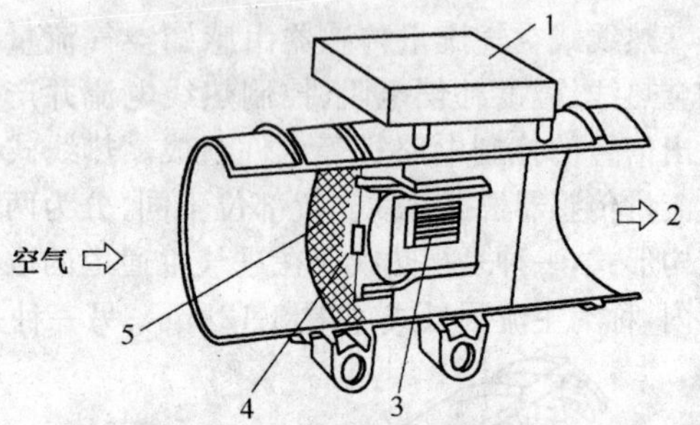

图 3-14 热膜式空气流量传感器

1. 控制电路 2. 至进气管 3. 热膜
4. 温度补偿电阻 5. 防护网

热线式与热膜式空气流量传感器的铂金热线 R_H、温度补偿电阻 R_K、精密电阻 R_A 和电阻 R_B 组成惠斯登电桥，如图 3-15 所示。当空气流经热线或热膜使其温度改变时，控制电路调节热线的电流，以维持热线温度与进气温度的差值恒定，在精密电阻 R_A 上输出信号电压 U_O，如图 3-16所示。温度补偿电阻可作为进气温度传感器，用于检测进气温度。

热线式空气流量传感器在使用过程中，在热线上易粘附污物，影响测量的精度，必须及时清除，热线式空气流量传感器通常具有自洁作用，每当发动机熄火 5s 后，控制电路使热线通电加热 1s，使热线温度迅速升至 1000℃，将热线上粘附的污物烧掉。

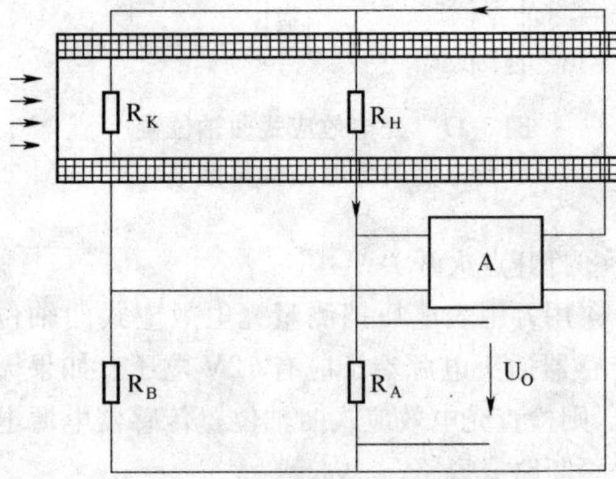

图 3-15 热线式与热膜式空气流量传感器内部电路

R_H—热线 R_K—温度补偿电阻
R_A—精密电阻 R_B—电阻

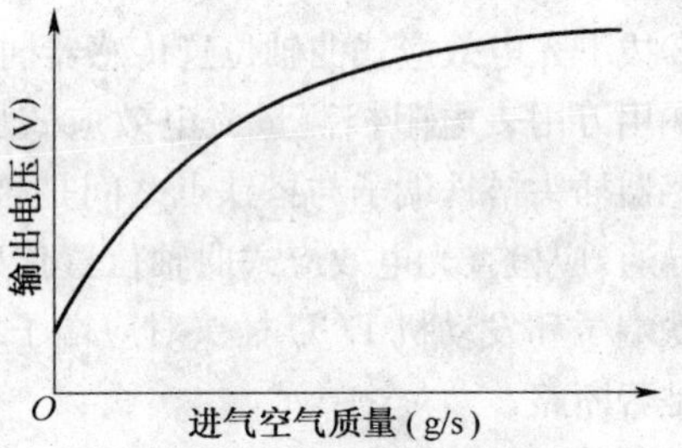

图 3-16 热线式与热膜式空气流量传感器信号

2. 检测项目与方法

(1)测量电源电压

①关闭点火开关。

②拔下热线式或热膜式空气流量传感器插头。

③打开点火开关，或使发动机运转。

④用万用表电压挡测量热线式或热膜式空气流量传感器插头电源端子与搭铁点之间的电压，应为约 12V(蓄电池电压)。如果无电压，应检查热线式或热膜式空气流量传感器电源线路是否断路或短路。

⑤关闭点火开关。

⑥插上热线式或热膜式空气流量传感器插头。

(2)检查搭铁线路

①关闭点火开关。

②拔下热线式或热膜式空气流量传感器插头。

③用万用表电阻挡检查热线式或热膜式空气流量传感器插头搭铁端子与搭铁点之间应导通，否则，应检查热线式或热膜式空气流量传感器插头搭铁端子和发动机 ECU 插头对应端子之间的线路是否断路。

④插上热线式或热膜式空气流量传感器插头。

(3)测试信号电压

①关闭点火开关。

②打开点火开关，起动发动机。

③用万用表电压挡测量热线式或热膜式空气流量传感器插头信号端子与搭铁端子之间的信号电压，发动机怠速时为 1.0～1.3V，踩下加速踏板时信号电压应增大。如果信号电压不符合要求，则更换热线式或热膜式空气流量传感器。

④关闭点火开关。

(4)检查自洁信号

①关闭点火开关。

②取下空气滤清器侧进气软管。

③拆下热线式空气流量传感器进气口的防护网。

④打开点火开关，起动发动机。

⑤关闭点火开关，同时从热线式空气流量传感器进气口处观察，热线在发动机熄火 5s 后会自动加热至发出红光(约 1000℃)，并持续 1s。如果热线不发出红光，应检查热线式空气流量传感器自洁信号与线路。

⑥装上热线式空气流量传感器进气口的防护网。

⑦装上空气滤清器侧进气软管。

二、卡门漩涡式空气流量传感器及其检测

1. 基本结构与信号

卡门漩涡式空气流量传感器应用在早期日本丰田、日产等车型发动机上。卡门漩涡式空气流量传感器是在进气管道正中间设有一个锥状的涡流发生器，当空气流经涡流发生器时，在其后部的气流中会产生涡流，称为卡门涡流。根据卡门涡流理论，漩涡沿气流流动方向移动，其移动的速度与空气流速成正比，即经过涡流发生器后方的漩涡数量与空气流速成正比，通过测量卡门涡流的频率，就可感知空气的流量。

卡门漩涡式空气流量传感器检测出涡流的频率，输出相应频率的脉冲信号，发动机 ECU 将根据接收到的信号计算出空气的流量。卡门漩涡式空气流量传感器按照漩涡频率的检测方式，可以分为反光镜检测方式和超声波检测方式两种。

反光镜检测方式卡门漩涡式空气流量传感器如图 3-17 所示，其内有一只发光二极管和一只光敏三极管，发光二极管发出的光束被一片反光镜反射到光敏三极管上，使光敏三极管导通。反光镜安装在一个很薄的金属簧片上，金属簧片在进气气流漩涡的压力作用下产生振动，其振动频率与漩涡的频率相同。由于反光镜随簧片一同振动，因此被反射的光束也以相同的频率变化，致使光敏三极管也随光束以同样的频率导通与截止，从而检测出漩涡的频率，并转换成相同频率的脉冲信号。

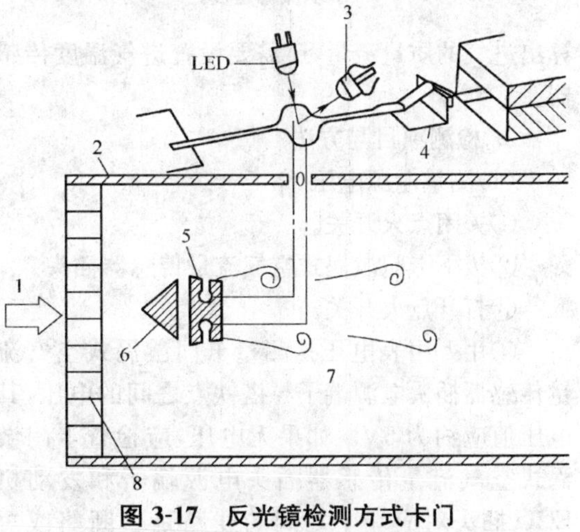

图 3-17　反光镜检测方式卡门漩涡式空气流量传感器

1. 空气进口　2. 进气管　3. 光敏三极管　4. 簧片　5. 导压孔　6. 涡流发生器　7. 卡门漩涡　8. 整流栅

超声波检测方式卡门漩涡式空气流量传感器如图 3-18 所示，在其后部的两侧有一个超声波发射器和一个超声波接收器，超声波发射器不断地向超声波接收器发出一定频率的超声波。当超声波通过进气气流到达接收器时，受气流中漩涡的影响，空气密度会发生变化，使超声波的相位发生变化，这种被调制后的超声波被超声波接收器接收，经整形、放大后，输出与漩涡频率相应的脉冲信号。

发动机 ECU 根据卡门漩涡式空气流量传感器信号计算出的是空气的体积流量，为了精确计

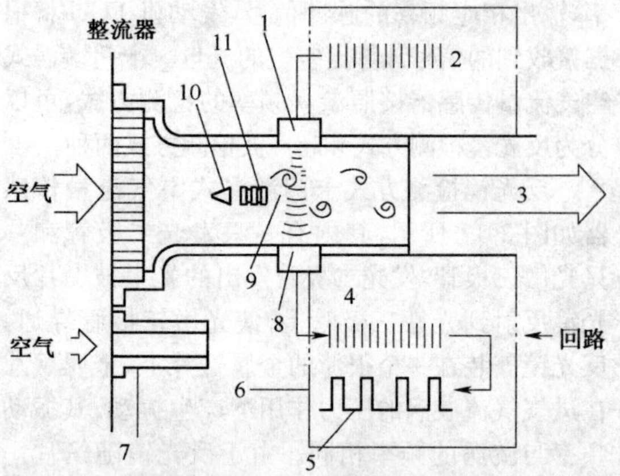

图 3-18 超声波检测方式卡门漩涡式空气流量传感器

1. 超声波发射器 2. 超声波发生器 3. 至节气门 4. 接收的超声波信号 5. 脉冲信号 6. 信号输出 7. 旁通气道 8. 超声波接收器 9. 卡门漩涡 10. 涡流发生器 11. 涡流稳定板

算出进气的质量流量，还需要设置进气温度传感器。

2. 检测项目与方法

(1)测量电源电压

①关闭点火开关。

②拔下卡门漩涡式空气流量传感器插头。

③打开点火开关。

④用万用表电压挡测量卡门漩涡式空气流量传感器插头电源端子与搭铁点之间的电压，其电压值应约为 5V。如果无电压，应检查卡门漩涡式空气流量传感器插头电源端子和发动机 ECU 插头对应端子之间的线路是否断路或短路，或更换发动机 ECU。

⑤关闭点火开关。

⑥插上卡门漩涡式空气流量传感器插头。

(2)检查搭铁线路

①关闭点火开关。

②拔下卡门漩涡式空气流量传感器插头。

③用万用表电阻挡检查卡门漩涡式空气流量传感器插头搭铁端子与搭铁点之间是否导通，如未导通，应检查卡门漩涡式空气流量传感器插头搭铁端子和发动机 ECU 插头对应端子之间的线路是否断路。

④插上卡门漩涡式空气流量传感器插头。

(3)测试信号

①关闭点火开关。

②打开点火开关，起动发动机。

③用 LED 测试灯或示波器测试卡门漩涡式空气流量传感器插头信号端子与搭铁端子的信号，LED 测试灯应闪烁，或示波器显示正常波形。如果不符合要求，则更换卡门漩涡式空气流量传感器。

④关闭点火开关。

三、叶片式空气流量传感器及其检测

1. 基本结构与信号

叶片式空气流量传感器应用在早期日本丰田、日产等车型发动机上。叶片式空气流量传感器如图3-19所示，在进气通道内有一个可绕轴摆动的测量叶片，发动机工作时，进气气流经过空气流量传感器推动测量叶片偏转，使其开启，其轴上的卷簧可使测量叶片回位，叶片开启角度的大小取决于进气气流对叶片的推力与测量叶片轴上卷簧弹力的平衡状况。进气量的大小由驾驶人操纵节气门来改变，进气量愈大，气流对测量叶片的推力愈大，测量叶片的开启角度也就愈大。在测量叶片轴上连接一个电位计，电位计的滑动臂与测量叶片同轴同步转动。电位计将测量叶片开启角度转换成信号电压(Us)输出。

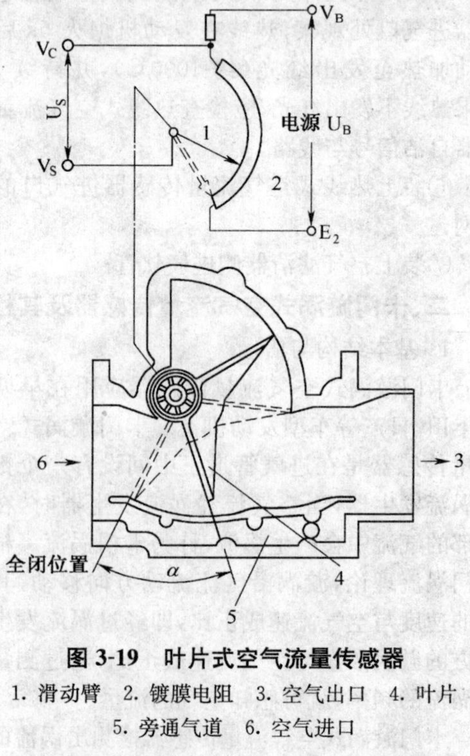

图 3-19 叶片式空气流量传感器

1. 滑动臂 2. 镀膜电阻 3. 空气出口 4. 叶片 5. 旁通气道 6. 空气进口

发动机 ECU 根据叶片式空气流量传感器信号计算出的是空气的体积流量，还需要设置进气温度传感器。

2. 检测项目与方法

(1)测量电源电压

①关闭点火开关。

②拔下叶片式空气流量传感器插头。

③打开点火开关。

④用万用表电压挡测量叶片式空气流量传感器插头电源端子与搭铁点之间的电压，应有约 12V 电压。如果电压不符合要求，则检查叶片式空气流量传感器电源线路是否断路或短路。

⑤关闭点火开关。

⑥插上叶片式空气流量传感器插头。

(2)测量电阻

①关闭点火开关。

②拔下叶片式空气流量传感器插头。

③用万用表电阻挡测量叶片式空气流量传感器各端子之间的电阻，其电阻值应符合要求。如果电阻值不符合要求，则更换叶片式空气流量传感器。

④插上叶片式空气流量传感器插头。

第三节　进气压力传感器的识别与检测

进气压力传感器是发动机电子控制系统的主要传感器之一，用于检测节气门后进气支管内绝对进气压力，将进气压力转换成电信号。发动机 ECU 根据其信号确定基本喷油量和点火提前角。进气压力传感器间接测量发动机进气量，进气压力越大，进气量越多。进气压力传感器或线路有故障，以及真空管路松脱、漏气、堵塞，发动机会出现起动困难、起动后易熄火、怠速不良等现象。

常用进气压力传感器有压敏电阻式、三线滑动电阻式和真空膜盒传动式，其中压敏电阻式进气压力传感器具有响应性好、精度高、体积小、成本低等优点，应用最广。进气压力传感器通常用一根真空软管与节气门后进气支管连接，安装在发动机舱内的防火墙或翼子板上，有些进气压力传感器直接安装在进气支管上。

一、压敏电阻式进气压力传感器及其检测

1. 基本结构与信号

压敏电阻式进气压力传感器由压力转换元件和信号放大集成电路(IC)组成，如图 3-20 所示，硅膜片是压力转换元件，硅膜片中的 4 个压敏电阻构成惠斯登电桥，如图 3-21 所示，进气真空管将进气压力导入真空室。发动机 ECU 向进气压力传感器提供 5V 电源。在富康轿车 TU5JP/K 型发动机、桑塔纳 GLi 轿车 AFE 型发动机上应用压敏电阻式进气压力传感器。

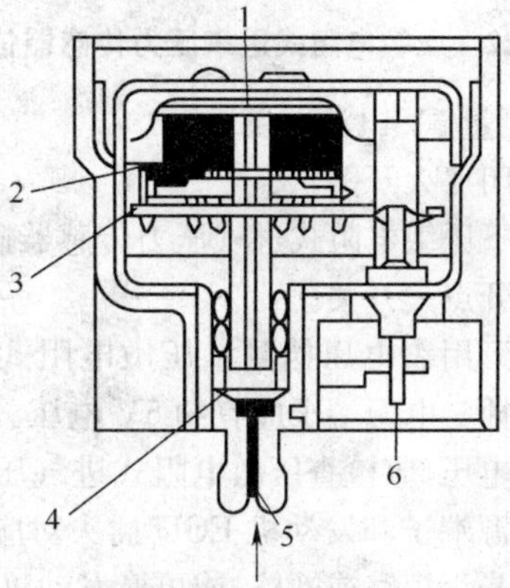

图 3-20　压敏电阻式进气压力传感器结构

1. 硅膜片　2. 真空室　3. 集成电路　4. 滤网　5. 进气真空管接口　6. 接线端子

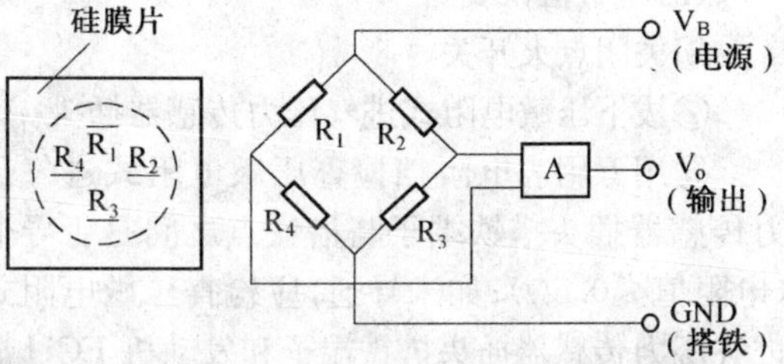

图 3-21　压敏电阻式进气压力传感器内部电路

在进气支管的进气压力作用下硅膜片将产生变形，使硅膜片上的电阻阻值发生变化，进气压力越高，硅膜片的变形越大，其变形量与压力成正比，从而引起电桥的电压变化，再通过集成电路放大后输出信号电压，如图 3-22 所示。

2. 检测项目与方法

(1)检查真空软管状况

①观察真空软管是否松脱、老化。

②拔下真空软管。

③检查真空软管是否堵塞或破裂漏气。

④插上真空软管。

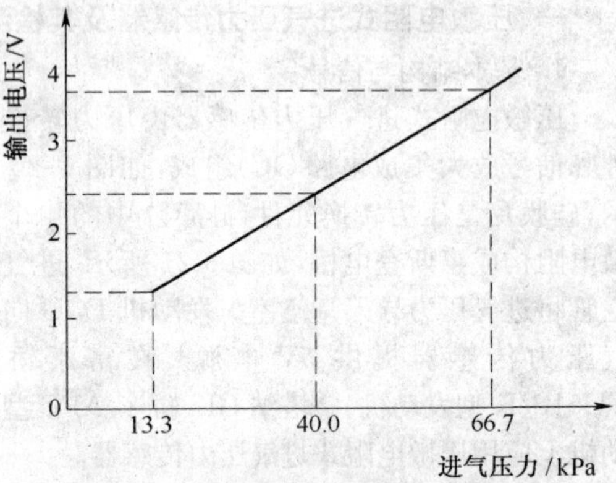

图 3-22 压敏电阻式进气压力传感器信号

(2)测量 5V 电源电压

①关闭点火开关。

②拔下压敏电阻式进气压力传感器插头。

③打开点火开关。

④用万用表电压挡测量压敏电阻式进气压力传感器插头电源端子应有约 5V 电压。如果电压低或无电压,应检查压敏电阻式进气压力传感器插头电源端子和发动机 ECU 插头对应端子之间的线路是否短路或断路,或更换发动机 ECU。

⑤关闭点火开关。

⑥插上压敏电阻式进气压力传感器插头。

(3)检查搭铁线路

①关闭点火开关。

②拔下压敏电阻式进气压力传感器插头。

③用万用表电阻挡检查压敏电阻式进气压力传感器插头搭铁端子与搭铁点之间是否导通(电阻值≤0.5Ω);如未导通,应检查压敏电阻式进气压力传感器插头搭铁端子和发动机 ECU 插头对应端子之间的线路是否断路。

④插上压敏电阻式进气压力传感器插头。

(4)测量信号电压

①关闭点火开关。

②拔下发动机进气管侧真空软管。

③将真空泵接在真空软管上。

④打开点火开关。

⑤用真空泵对压敏电阻式进气压力传感器抽真空,用万用表电压挡测量压敏电阻式进气压力传感器插头信号端子的电压,真空度变化时,电压也相应变化。如果电压变化不符合要求,则更换压敏电阻式进气压力传感器。

⑥关闭点火开关。

⑦取下真空泵。

⑧插上真空软管。

二、三线滑动电阻式进气压力传感器及其检测

1. 基本结构与信号

三线滑动电阻式进气压力传感器主要由滑动电阻器(电位计)与膜片组成,其三线分别是 5V 电源线、信号线和搭铁线。进气压力作用于膜片,使膜片产生变形,通过膜片使滑动电阻发生改变而输出信号电压,如图 3-23 所示。北京切诺基发动机上应用此种传感器。

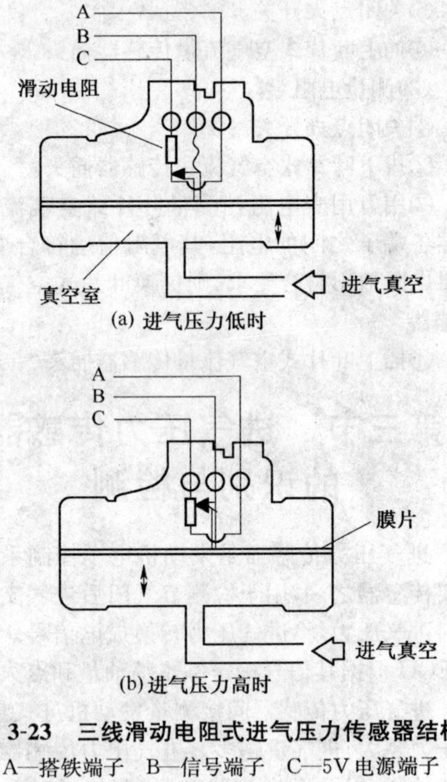

图 3-23 三线滑动电阻式进气压力传感器结构

A—搭铁端子 B—信号端子 C—5V 电源端子

2. 检测项目与方法

(1)检查真空软管状况

①观察真空软管是否松脱、老化。

②拔下真空软管。

③检查真空软管是否堵塞或破裂漏气。

④插上真空软管。

(2)测量 5V 电源电压

①关闭点火开关。

②拔下三线滑动电阻式进气压力传感器插

头。

③打开点火开关。

④用万用表电压挡测量三线滑动电阻式进气压力传感器插头电源端子应有约 5V 电压。如果电压低或无电压，应检查三线滑动电阻式进气压力传感器插头电源端子和发动机 ECU 插头，对应端子之间的线路是否短路或断路，或更换发动机 ECU。

⑤关闭点火开关。

⑥插上三线滑动电阻式进气压力传感器插头。

(3)测量电阻

①关闭点火开关。

②拔下三线滑动电阻式进气压力传感器插头。

③拔下发动机进气管侧真空软管。

④将真空泵接在真空软管上。

⑤用万用表电阻挡测量三线滑动电阻式进气压力传感器电源端子与搭铁端子之间的电阻；对三线滑动电阻式进气压力传感器抽真空，用万用表电阻挡测量三线滑动电阻式进气压力传感器信号端子与搭铁端子之间的电阻值，其电阻值均应符合要求。如果电阻值不符合要求，则更换三线滑动电阻式进气压力传感器。

⑥关闭点火开关。

⑦取下真空泵。

⑧插上真空软管。

(4)检查线路

①关闭点火开关。

②拔下三线滑动电阻式进气压力传感器插头。

③拔下发动机 ECU 插头。

④用万用表电阻挡测量三线滑动电阻式进气压力传感器插头和发动机 ECU 插头，对应端子之间的线路应导通(电阻值≤0.5Ω)。

⑤关闭点火开关。

⑥插上三线滑动电阻式进气压力传感器插头。

三、真空膜盒传动式进气压力传感器及其检测

1. 基本结构与信号

真空膜盒传动式进气压力传感器主要由膜盒、铁心、线圈和电子电路等组成，如图 3-24 所示，也称为电磁感应式进气压力传感器。膜盒由薄金属片焊接而成，其内部被抽成真空，外部受进气压力作用，使膜盒产生膨胀和收缩。置于线圈内部的铁心与膜盒联动。

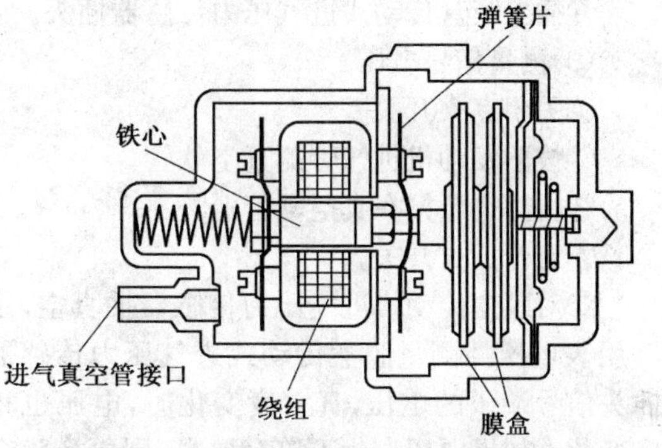

图 3-24 真空膜盒传动式进气压力传感器结构

线圈由两个绕组构成，其中一次绕组与振荡电路相连，产生交变电压 u_1，在线圈周围产生磁场；二次绕组为感应绕组，产生感应电压 u_2，如图 3-25所示。当进气压力变化时，膜盒带动铁心在线圈中移动，线圈中产生随之变化的感应电压 u_2，经电子电路检波、整形和放大后输出信号电压。

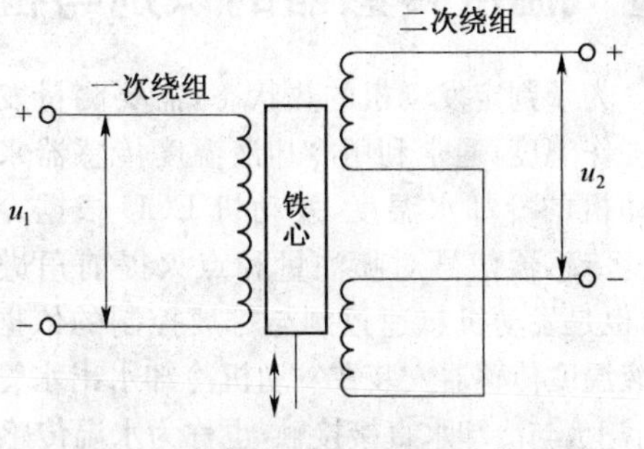

图 3-25 膜盒传动式进气压力传感器线圈与感应电压

2. 检测项目与方法

(1)检查真空软管状况

①观察真空软管是否松脱、老化。

②拔下真空软管。

③检查真空软管是否堵塞或破裂漏气。

④插上真空软管。

(2)测量电源电压

①关闭点火开关。

②拔下膜盒传动式进气压力传感器插头。

③打开点火开关。

④用万用表电压挡测量膜盒传动式进气压

力传感器插头电源端子应有约 12V 电压。如果电压低或无电压，则检查膜盒传动式进气压力传感器电源线路是否短路或断路。

⑤关闭点火开关。

⑥插上膜盒传动式进气压力传感器插头。

(3)测量信号电压

①关闭点火开关。

②拔下发动机进气管侧真空软管。

③将真空泵接在真空软管上。

④打开点火开关。

⑤对膜盒传动式进气压力传感器抽真空，用万用表电压挡测量膜盒传动式进气压力传感器插头信号端子的电压，真空度变化时，电压也相应变化。如果电压变化不符合要求，则更换膜盒传动式进气压力传感器。

⑥关闭点火开关。

⑦取下真空泵

⑧插上真空软管。

第四节 冷却液温度传感器与进气温度传感器的识别与检测

为了判定发动机的热状态，需要测量发动机的工作温度，通常利用冷却液温度传感器来检测发动机的冷却水温度，发动机 ECU 根据冷却液温度传感器信号对喷油量和点火提前角进行修正，也是发动机怠速控制与排放控制的依据。冷却液温度传感器安装在发动机冷却水出水管或气缸盖上，与冷却水直接接触，也称为水温传感器。

冷却液温度传感器或其线路有故障，发动机会出现冷起动困难、怠速不稳、油耗上升等现象。当冷却液温度传感器的信号超出正常范围时，发动机 ECU 将以 80℃时的冷却液温度信号来控制发动机工作。

空气流量传感器和进气压力传感器直接测量进气的体积流量，而发动机的进气量受进气温度的影响较大，进气温度越高，空气的密度越小，需要进行温度补偿修正，由发动机 ECU 计算进气的质量流量。进气温度传感器用于检测发动机吸入空气的温度，发动机 ECU 根据进气温度传感器的信号和空气流量传感器或进气压力传感器的信号精确计量进入发动机气缸的空气量。进气温度传感器安装在空气滤清器壳体或进气管上，有的与空气流量传感器或进气压力传感器制成一体。

进气温度传感器或线路有故障，发动机会出现热起动困难、怠速不稳等现象。当进气温度传感器的信号超出正常范围时，发动机 ECU 将以 20℃时的进气温度信号来控制发动机工作。

负温度系数热敏电阻式冷却液温度与进气温度传感器应用较多，其灵敏度高，响应特性较好，但线形较差，适合在 300℃以内的温度下使用。

一、冷却液温度传感器及其检测

1. 基本结构与信号

负温度系数热敏电阻式冷却液温度传感器如图 3-26 所示，在其壳体内放置一个负温度系数热敏电阻(NTC)。

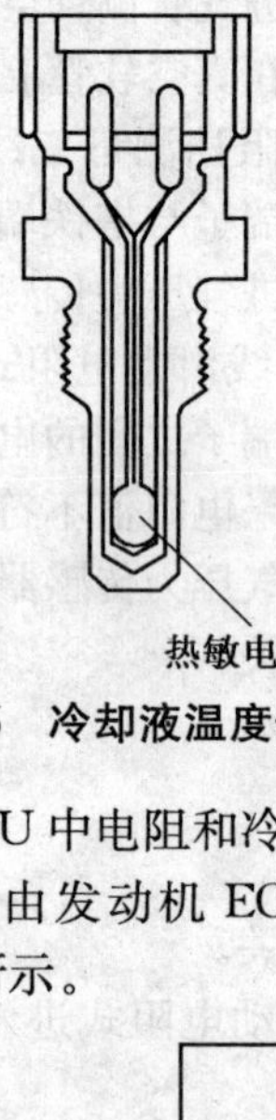

图 3-26 冷却液温度传感器结构

发动机 ECU 中电阻和冷却液温度传感器的热敏电阻串联，由发动机 ECU 提供 5V 参考电压，如图 3-27 所示。

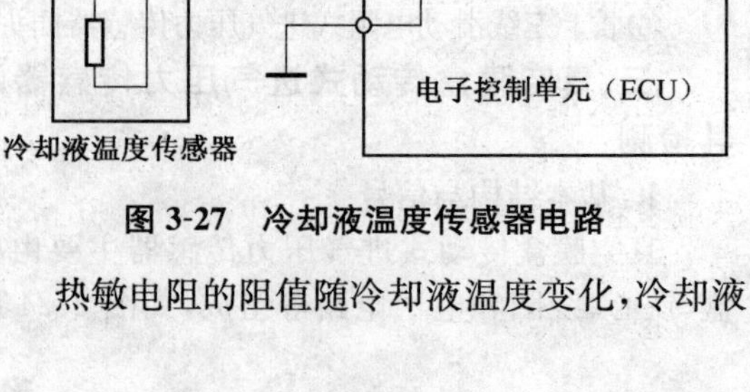

图 3-27 冷却液温度传感器电路

热敏电阻的阻值随冷却液温度变化，冷却液

温度越低电阻值越大，冷却液温度越高电阻值越小，如图 3-28 所示。当冷却液温度传感器的热敏电阻值随冷却液温度改变时，热敏电阻上的电压也会发生变化，该电压即为冷却液温度传感器的信号电压。如图 3-28 所示。

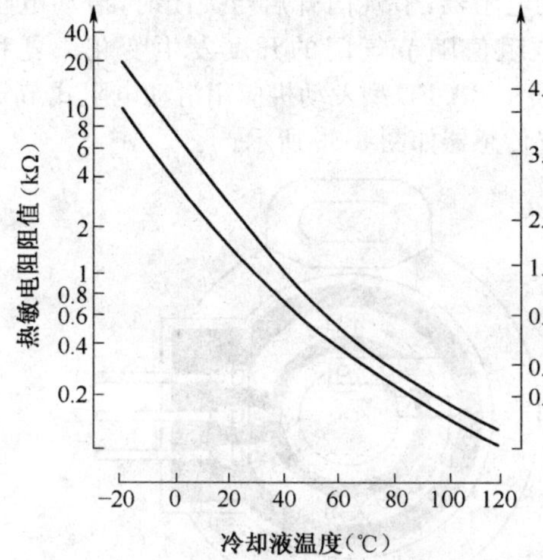

图 3-28　冷却液温度传感器电阻特性与信号电压

2. 检测项目与方法

(1)测量 5V 参考电压

①关闭点火开关。

②拔下冷却液温度传感器插头。

③打开点火开关。

④用万用表电压挡测量冷却液温度传感器插头信号端子与搭铁点之间应有约 5V 电压。如果电压值不符合要求，应检查冷却液温度传感器插头信号端子和发动机 ECU 插头对应端子之间的线路是否短路或断路，或更换发动机 ECU。

⑤关闭点火开关。

⑥插上冷却液温度传感器插头。

(2)检查搭铁线路

①关闭点火开关。

②拔下冷却液温度传感器插头。

③用万用表电阻挡测量冷却液温度传感器插头搭铁端子和搭铁点之间应导通（电阻值≤0.5Ω），否则，应检查冷却液温度传感器插头搭铁端子和发动机 ECU 插头对应端子之间的线路是否断路。

④关闭点火开关。

⑤插上冷却液温度传感器插头。

(3)测试电阻特性

①关闭点火开关。

②拔下冷却液温度传感器插头。

③拆下冷却液温度传感器。

④将拆下的冷却液温度传感器置于加热容器的水中，用万用表电阻挡测量冷却液温度传感器在不同水温时的电阻值，其电阻特性应符合要求。如果不符合要求，则更换冷却液温度传感器。

⑤装上冷却液温度传感器。

⑥插上冷却液温度传感器插头。

二、进气温度传感器及其检测

1. 基本结构与信号

负温度系数热敏电阻式进气温度传感器如图 3-29 所示，在其壳体内放置一个负温度系数热敏电阻(NTC)。进气温度传感器的电阻特性、电路和信号与负温度系数热敏电阻式冷却液温度传感器完全相同。

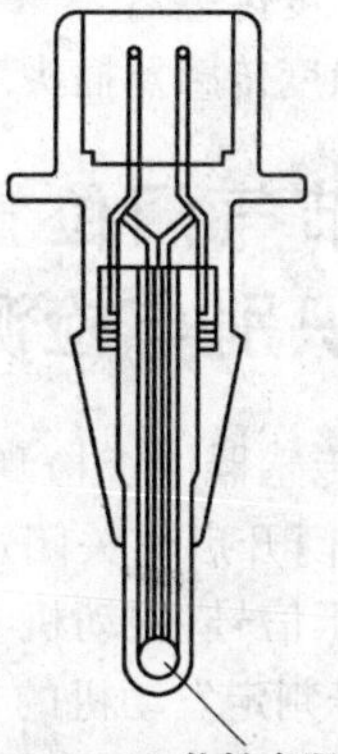

图 3-29　进气温度传感器结构

2. 检测项目与方法

(1)测量 5V 参考电压

①关闭点火开关。

②拔下进气温度传感器插头。

③打开点火开关。

④用万用表电压挡测量进气温度传感器插头信号端子与搭铁点之间应有约 5V 电压。如果电压低或无，应检查进气温度传感器插头信号端子和发动机 ECU 插头对应端子之间的线路是否短路或断路，或更换发动机 ECU。

⑤关闭点火开关。

⑥插上进气温度传感器插头。

(2)检查搭铁线路

①关闭点火开关。

②拔下进气温度传感器插头。

③用万用表电阻挡测量进气温度传感器插头搭铁端子和搭铁点之间应导通(电阻值≤0.5Ω),否则,应检查进气温度传感器插头搭铁端子和发动机ECU插头对应端子之间的线路是否断路。

④关闭点火开关。

⑤插上进气温度传感器插头。

(3)测试电阻特性

①关闭点火开关。

②拔下进气温度传感器插头。

③拆下进气温度传感器。

④用电热吹风机对进气温度传感器加热,用万用表电阻挡测量进气温度传感器电阻,其电阻值应随温度的变化而变化。如果电阻值不符合要求,则更换进气温度传感器。

⑤装上进气温度传感器。

⑥插上进气温度传感器插头。

第五节 节气门位置传感器的识别与检测

节气门位置传感器用于检测发动机节气门的开度,以及节气门开启与关闭过程,将节气门的动作转换为电压信号,发动机ECU根据节气门位置传感器信号判定发动机的负荷状态,对喷油量、点火提前角,以及怠速控制系统和排放控制系统工作时机等进行有效控制,还为电子控制自动变速器提供发动机负荷信号。节气门位置传感器安装在发动机节气门体上,与节气门同轴联动。

当节气门位置传感器或线路有故障时,发动机会出现起动困难、怠速不稳、加速不良,易熄火等现象。如果发动机ECU接收不到节气门位置传感器信号,将无法准确确认发动机负荷,通常根据发动机转速信号和进气量信号代替,或设定节气门开度为0°或25°。

节气门位置传感器有滑动电阻式和开关式两种形式,其中以滑动电阻式节气门位置传感器为主。

一、滑动电阻式节气门位置传感器及其检测

1. 基本结构与信号

滑动电阻式节气门位置传感器的主要部分为滑动电阻器,节气门开启与关闭时,滑动电阻器的电阻值随节气门的开度发生变化。夏利2000轿车8A-FE型发动机应用滑动电阻式节气门位置传感器如图3-30所示。

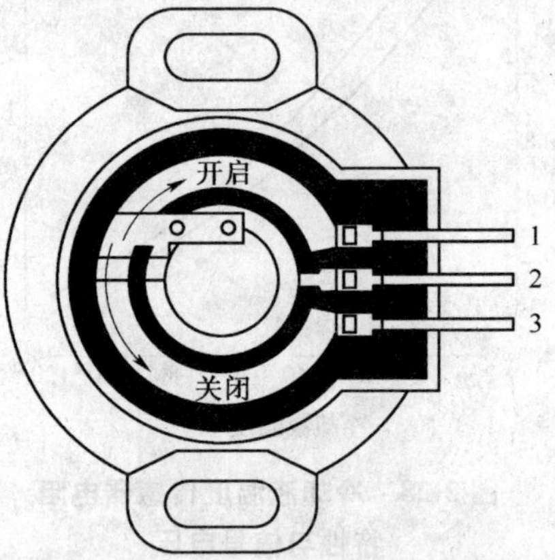

图3-30 滑动电阻式节气门位置传感器结构

1. 5V参考电压端子 2. 信号端子 3. 搭铁端子

滑动电阻式节气门位置传感器电路如图3-31所示,由发动机ECU提供5V参考电压,在节气门开启与关闭过程中,滑动电阻式节气门位置传感器输出与节气门开度及其变化速率相对应的线性电压信号,如图3-32所示,滑动电阻式节气门位置传感器也称为线性输出式节气门位置传感器,或节气门电位计。

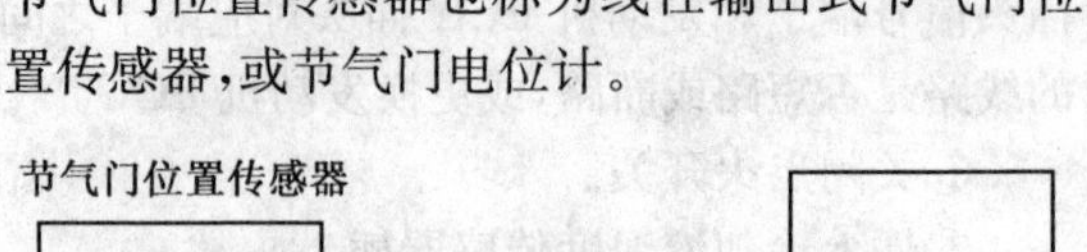

图3-31 滑动电阻式节气门位置传感器电路

有些发动机上应用带怠速开关的综合式节气门位置传感器,如图3-33所示,怠速开关用于

准确检测发动机怠速工况。

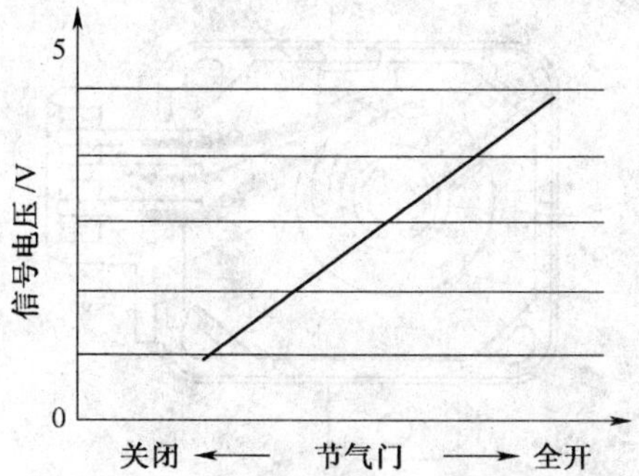

图 3-32　滑动电阻式节气门位置传感器信号

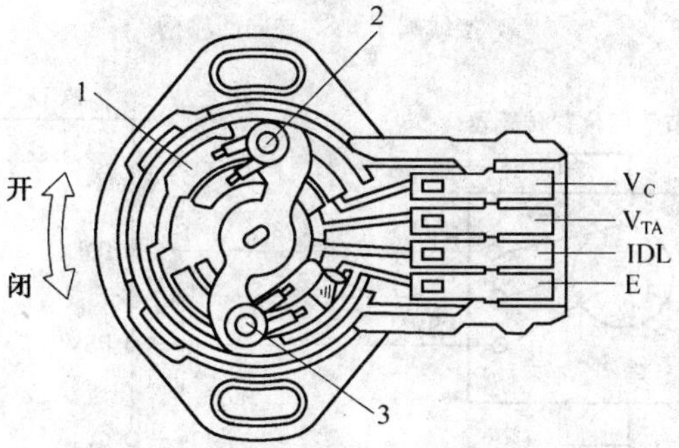

图 3-33　综合式节气门位置传感器结构

1. 节气门开度电刷　2. 滑动电阻　3. 怠速开关电刷　V_C—5V 参考电压端子　V_{TA}—节气门开度信号端子　IDL—怠速开关信号端子　E—搭铁端子

综合式节气门位置传感器电路如图 3-34 所示。节气门关闭时怠速开关闭合，输出 0V 电压（低电压），节气门开启后怠速开关断开，输出 12V 电压（高电压），如图 3-35 所示。

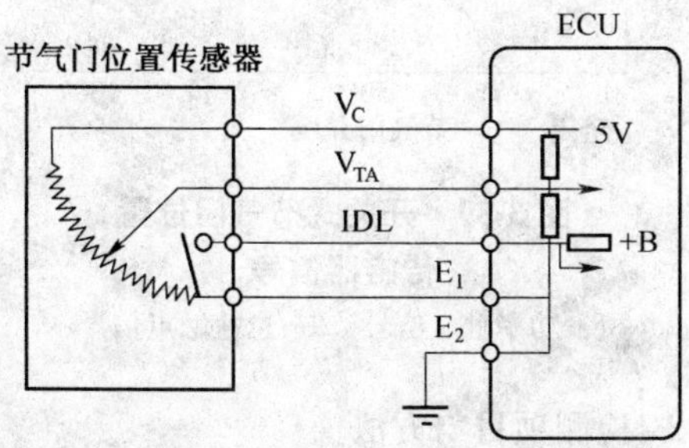

图 3-34　综合式节气门位置传感器电路

2. 检测项目与方法

(1)测量 5V 电压

①关闭点火开关。

②拔下滑动电阻式节气门位置传感器插头。

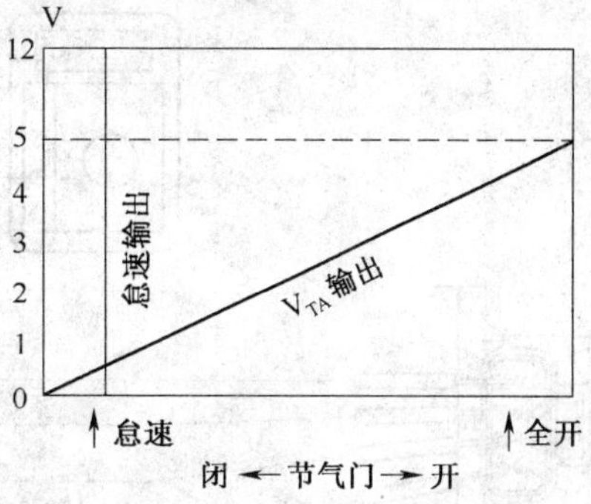

图 3-35　综合式节气门位置传感器信号

③打开点火开关。

④用万用表电压挡测量滑动电阻式节气门位置传感器插头 5V 参考电压端子应有约 5V 电压。如果电压值不符合要求，应检查滑动电阻式节气门位置传感器插头 5V 参考电压端子和发动机 ECU 插头对应端子之间的线路是否断路或短路，或更换发动机 ECU。

⑤关闭点火开关。

⑥插上滑动电阻式节气门位置传感器插头。

(2)检查搭铁线路

①关闭点火开关。

②拔下滑动电阻式节气门位置传感器插头。

③用万用表电阻挡测量滑动电阻式节气门位置传感器插头搭铁端子与搭铁点之间阻值，测量结果应导通（电阻值≤0.5Ω），否则，应检查滑动电阻式节气门位置传感器插头搭铁端子和发动机 ECU 插头对应端子之间的线路是否断路。

④关闭点火开关。

⑤插上滑动电阻式节气门位置传感器插头。

(3)测量电阻与检查怠速开关

①关闭点火开关。

②拔下滑动电阻式节气门位置传感器插头。

③用万用表电阻挡测量滑动电阻式节气门位置传感器 Vc 端子与 E_2 端子之间的电阻、V_{TA} 端子与 E_2 端子之间的电阻，在节气门开启过程中的电阻值均应符合要求，如图 3-36 所示。如果电阻值不符合要求，则更换节气门位置传感器。

④用万用表电阻挡检查滑动电阻式节气门位置传感器怠速开关触点的导通情况，当节气门全闭时，节气门位置传感器怠速开关端子与搭铁

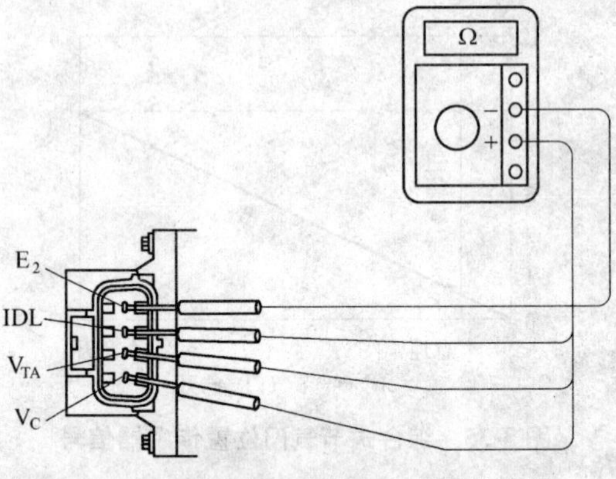

图 3-36 滑动电阻式节气门位置传感器电阻测量与怠速开关检查

V_C—5V 参考电压端子 V_{TA}—节气门开度信号端子
IDL—怠速开关信号端子 E_2—搭铁端子

端子之间应导通；当节气门打开时，应不导通。如果不符合要求，则更换滑动电阻式节气门位置传感器。

⑤插上滑动电阻式节气门位置传感器插头。

(4)测量信号电压

①打开点火开关。

②用万用表电压挡测量滑动电阻式节气门位置传感器插头 V_{TA}端子与 E_2 端子之间的信号电压，节气门全闭时应为 0.3～0.8V，节气门全开时应为 3.2～4.9V，其信号电压应随节气门开度的变化而变化。如果信号电压不符合要求，则更换滑动电阻式节气门位置传感器。

③关闭点火开关。

二、开关式节气门位置传感器及其检测

1. 基本结构与信号

开关式节气门位置传感器由固定的怠速触点(IDL)与功率触点(PSW)、活动触点和导向凸轮等组成，导向凸轮与节气门同轴联动，活动触点通过导向凸轮驱动使其与怠速触点、功率触点接触和分开，如图 3-37 所示。曾在早期桑塔纳 GLi 轿车 AFE 型发动机、韩国起亚发动机上应用。

开关式节气门位置传感器电路如图 3-38 所示，活动触点由节气门驱动处于不同位置，开关式节气门位置传感器输出信号电压如图 3-39 所示，发动机 ECU 根据其信号判定发动机的负荷状态。

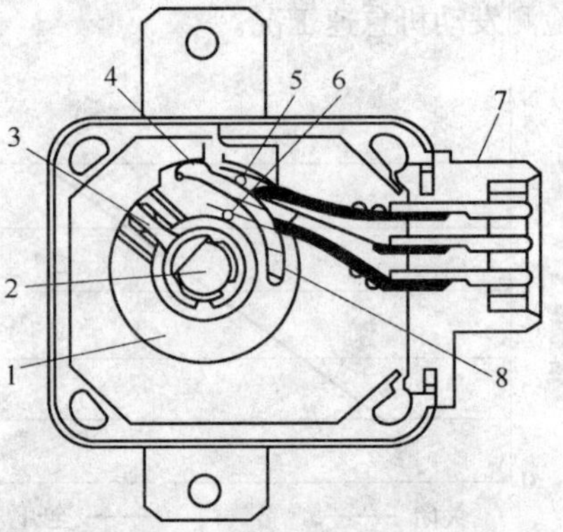

图 3-37 开关式节气门位置传感器结构

1. 导向凸轮 2. 节气门轴 3. 控制杆 4. 活动触点 5. 怠速触点 6. 功率触点 7. 接线端子 8. 导向凸轮槽

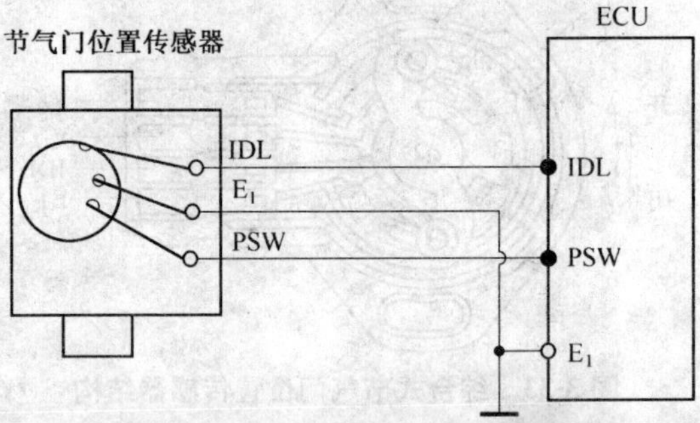

图 3-38 开关式节气门位置传感器电路

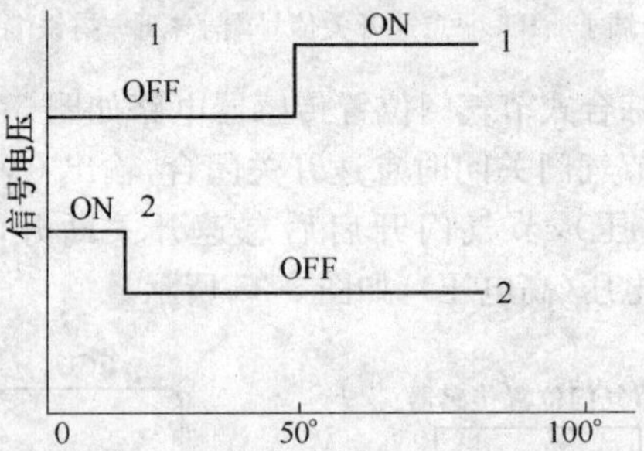

图 3-39 开关式节气门位置传感器信号

1—功率触点信号 2—怠速触点信号

2. 检测项目与方法

(1)检查触点通断情况

①关闭点火开关。

②拔下开关式节气门位置传感器插头。

③用万用表电阻挡检查开关式节气门位置传感器触点的通断情况，当节气门全闭时，开关

式节气门位置传感器怠速触点(IDL)端子与搭铁端子之间应导通；当节气门大开度或全开时，开关式节气门位置传感器功率触点(PSW)端子与搭铁端子之间应导通；在节气门其他开度下，节气门位置传感器怠速触点端子、功率触点端子与搭铁端子之间应均不导通。

④插上开关式节气门位置传感器插头。

(2)检查线路

①关闭点火开关。

②拔下开关式节气门位置传感器插头。

③用万用表电阻挡检查开关式节气门位置传感器插头搭铁端子与搭铁点之间应导通，否则，应检查开关式节气门位置传感器插头搭铁端子和发动机 ECU 插头对应端子之间的线路是否断路。

④插上开关式节气门位置传感器插头。

(3)测试信号

①关闭点火开关。

②拔下开关式节气门位置传感器插头。

③打开点火开关。

④将 LED 测试灯接在开关式节气门位置传感器插头怠速触点端子与搭铁端子、功率触点端子与搭铁端子之间，当节气门开度变化时，LED 测试灯的状态见表 3-1。如果不符合要求，应检查开关式节气门位置传感器插头怠速触点端子、功率触点端子和发动机 ECU 插头对应端子之间的线路是否断路或短路，或更换发动机 ECU。

⑤关闭点火开关。

⑥取下 LED 测试灯。

⑦插上开关式节气门位置传感器插头。

表 3-1　节气门开度与 LED 测试灯的状态

端子关系	节气门关闭时	节气门部分开启时	节气门全开时
IDL 端子-搭铁端子	LED 测试灯应亮	LED 测试灯不亮	LED 测试灯不亮
PSW 端子-搭铁端子	LED 测试灯不亮	LED 测试灯不亮	LED 测试灯应亮

第六节　凸轮轴位置传感器的识别与检测

凸轮轴位置传感器用于提供气缸判别定位信号，发动机 ECU 根据其信号与曲轴位置传感器信号配合来识别第一缸压缩行程和确定气缸工作顺序，对发动机的喷油正时和点火正时进行控制。凸轮轴位置传感器也称为同步信号传感器，或相位传感器。对于同时点火（双点火）、同时喷油的直列发动机只设置曲轴位置传感器，而同时点火或独立点火、顺序喷油的直列发动机和 V 形发动机需要设置曲轴位置传感器和凸轮轴位置传感器。有些发动机曲轴位置传感器也具有判别气缸的功能。

凸轮轴位置传感器或线路有故障，发动机 ECU 接收不到判缸信号，发动机仍能继续运转，但点火提前角会推迟并固定，发动机再次起动时需要反复几次才能起动。

如果曲轴位置传感器安装在分电器内，则凸轮轴位置传感器通常与曲轴位置传感器制成一体。如果曲轴位置传感器安装在曲轴前端、气缸体侧、飞轮壳上，则凸轮轴位置传感器往往单独设置在分电器内，或凸轮轴前端。凸轮轴位置传感器有霍尔效应式和电磁感应式两种形式。

一、霍尔效应式凸轮轴位置传感器及其检测

1. 基本结构与信号

桑塔纳 2000GSi 轿车 AJR 型发动机的霍尔效应式凸轮轴位置传感器安装在发动机凸轮轴前端，由叶轮和霍尔效应感应头组成，如图 3-40 所示。叶轮固定在凸轮轴前端，叶轮上有一个 180°的叶片。霍尔效应感应头包括霍尔元件、永久磁铁和集成电路，发动机 ECU 提供 5V 电源。

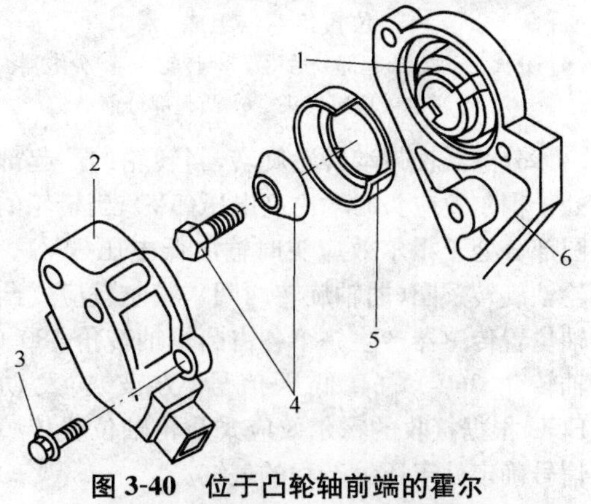

图 3-40　位于凸轮轴前端的霍尔效应式凸轮轴位置传感器结构

1. 凸轮轴　2. 霍尔效应感应头　3. 螺栓　4. 定位螺栓与垫圈　5. 叶轮　6. 气缸盖

凸轮轴带动叶轮旋转，当叶轮的叶片处于霍尔效应头时输出高电压(12V)；当叶轮离开霍尔效应头时输出低电压(0V)。凸轮轴旋转一圈(曲轴旋转两圈)，霍尔效应式凸轮轴位置传感器产生一个各占凸轮轴转角 180°(曲轴转角 360°)的高低压信号(方波)。发动机 ECU 根据接收的霍尔效应式凸轮轴位置传感器信号确定处于压缩行程的气缸。

切诺基 2.5L 四缸发动机霍尔效应式凸轮轴位置传感器安装在分电器内，由转轮和霍尔效应感应头组成，如图 3-41。转轮固定在分电器轴上，转轮上有一个 180°的凸起部分。霍尔效应感应头包括霍尔元件、永久磁铁和集成电路，发动机 ECU 提供 5V 电源。

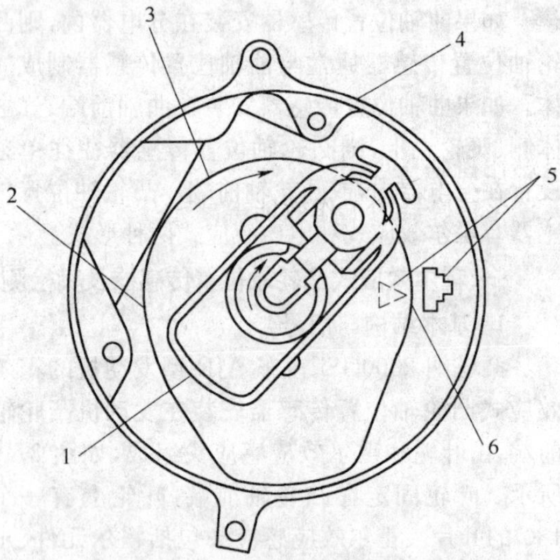

图 3-41 位于分电器内的凸轮轴位置传感器组成

1. 分火头 2. 凸起部分后沿 3. 转轮 4. 分电器壳 5. 霍尔效应感应头 6. 凸起部分前沿

分电器轴带动转轮旋转，当转轮的凸起部分处于霍尔效应头时输出高电压(5V)；当转轮的基圆部分处于霍尔效应头时输出低电压(0V)。凸轮轴旋转一圈(曲轴旋转两圈)，霍尔效应式凸轮轴位置传感器产生一个各占凸轮轴转角 180°(曲轴转角 360°)的高低压信号(方波)。发动机 ECU 根据接收的霍尔效应式凸轮轴位置传感器信号确定处于压缩行程的气缸。

2. 检测项目与方法

(1)测量电源电压

①关闭点火开关。

②拔下霍尔效应式凸轮轴位置传感器插头。

③打开点火开关。

④用万用表电压挡测量霍尔效应式凸轮轴位置传感器插头电源端子与搭铁点之间应有约 5V 电压。如果电压低或无电压，应检查霍尔效应式凸轮轴位置传感器插头电源端子和发动机 ECU 插头对应端子之间的线路是否短路或断路，或更换发动机 ECU。

⑤关闭点火开关。

⑥插上霍尔效应式凸轮轴位置传感器插头。

(2)检查搭铁线路

①关闭点火开关。

②拔下霍尔效应式凸轮轴位置传感器插头。

③用万用表电阻挡检查霍尔效应式凸轮轴位置传感器插头搭铁端子与搭铁点之间应导通(电阻值≤0.5Ω)，否则，应检查霍尔效应式凸轮轴位置传感器插头搭铁端子和发动机 ECU 插头对应端子之间的线路是否断路。

④插上霍尔效应式凸轮轴位置传感器插头。

(3)测试信号

①关闭点火开关。

②将 LED 测试灯连接在霍尔效应式凸轮轴位置传感器插头信号端子与搭铁端子之间。

③打开点火开关，起动发动机。

④在发动机转动时，LED 测试灯是否有规律地闪烁。如果 LED 测试灯不闪，则更换霍尔效应式凸轮轴位置传感器。

⑤关闭点火开关。

⑥插上霍尔效应式凸轮轴位置传感器插头。

二、电磁感应式凸轮轴位置传感器及其检测

1. 基本结构与信号

早期丰田轿车发动机应用电磁感应式凸轮轴位置传感器，安装在分电器内，如图 3-42 所示，由转子、感应线圈 G1、感应线圈 G2 组成。转子固定在分电器轴上，转子上有一个凸齿。感应线圈 G1 与感应线圈 G2 对称布置。

转子旋转时，转子凸齿经过感应线圈 G1 和感应线圈 G2 时，分别产生一个交流电压信号(G1 信号、G2 信号)，如图 3-43 所示。发动机 ECU 根据接收的 G1 信号、G2 信号判定气缸的压缩行程。

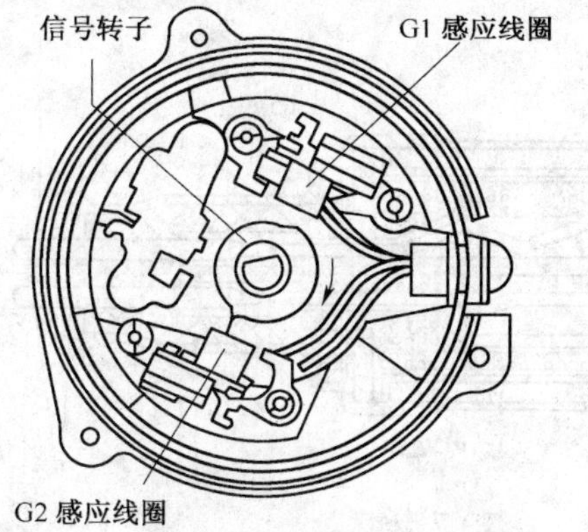

图 3-42 电磁式凸轮轴位置传感器结构

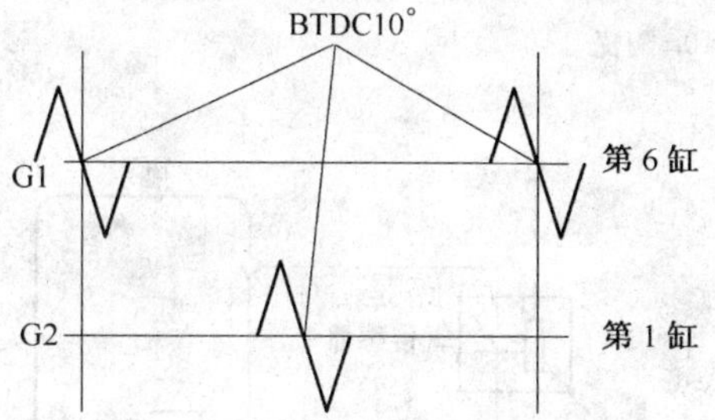

图 3-43 电磁式凸轮轴位置传感器信号

2. 检测项目与方法

(1)测量线圈电阻

①关闭点火开关。

②拔下电磁感应式凸轮轴位置传感器插头。

③用万用表电阻挡测量电磁感应式凸轮轴位置传感器 G1 感应线圈端子、G2 感应线圈端子之间的电阻，其电阻值应为 125～200Ω。如果电阻值不符合要求，则更换电磁感应式凸轮轴位置传感器。

④插上电磁感应式凸轮轴位置传感器插头。

(2)检查线路

①关闭点火开关。

②拔下电磁感应式凸轮轴位置传感器插头。

③拔下发动机 ECU 插头。

④用万用表电阻挡检查电磁感应式凸轮轴位置传感器插头和发动机 ECU 插头对应端子之间的线路应导通。

⑤插上发动机 ECU 插头。

⑥插上电磁感应式凸轮轴位置传感器插头。

(3)检查间隙

①关闭点火开关。

②取下分电器盖。

③用塞尺测量转子凸齿与感应线圈 G1 和感应线圈 G2 凸出部分之间的间隙，其间隙应为 0.2～0.4mm。如果间隙不符合要求，则更换分电器壳体。

④装上分电器盖。

第七节 氧传感器的识别与检测

氧传感器用于检测发动机排气中氧的含量，作为测量混合气浓度的反馈信号，发动机 ECU 根据氧传感器信号对喷油量进行调节，即实行混合气空燃比闭环控制，也称为 λ 调节，将混合气空燃比控制在理论空燃比(14.7∶1)附近，使三元催化转换器的工作效能得到充分发挥。氧传感器或线路有故障，发动机会出现怠速不稳、油耗增加、排气管冒黑烟等现象。

氧传感器通常安装在三元催化转换器前的发动机排气管上。有些发动机采用双氧传感器，在三元催化转换器后也安装了一个氧传感器，称为副氧传感器，或称为下游氧传感器，用来监测三元催化转换器的工作状态。在发动机上应用的氧传感器有氧化锆式氧传感器、氧化钛式氧传感器和宽型氧传感器，其中氧化锆型氧传感器应用较广。

1. 基本结构与信号

①氧化锆式氧传感器。富康轿车 TU5JP/K 型发动机氧化锆式氧传感器主要由锆管和加热器组成，如图 3-44 所示。锆管为氧化锆固体电解质，呈 U 形，其内外表面有一层铂膜作为信号电极，内部通大气，外部与排气直接接触，氧化锆固体电解质是多孔的，允许氧渗入。

当排气流经锆管时，在锆管内外侧之间形成电压，如图 3-45 所示，也称为氧电池。电压随锆管两侧氧浓度差变化，其变化范围为 0～1V，且在理论空燃比(14.7∶1)附近电压发生突变，如图 3-46 所示。

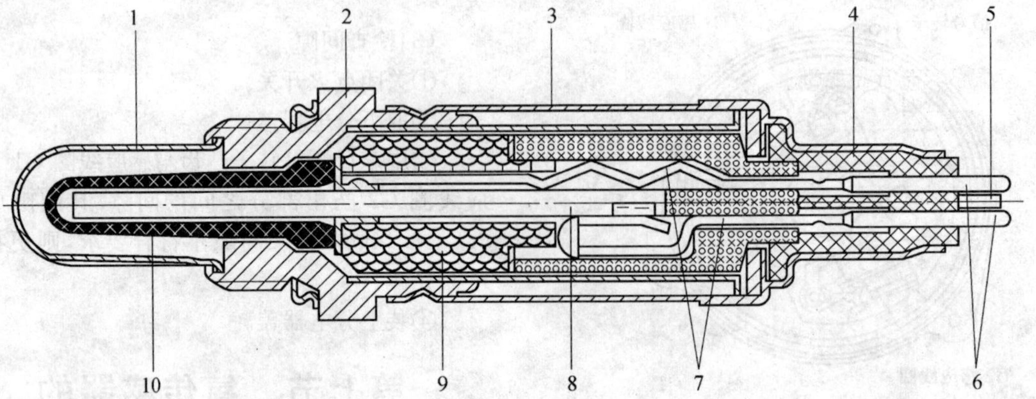

图 3-44　氧化锆式氧传感器结构

1. 保护套　2. 氧传感器座　3. 外壳　4. 绝缘体　5. 信号端子　6. 加热器端子　7. 簧片　8. 加热器　9. 锆管　10. 陶瓷

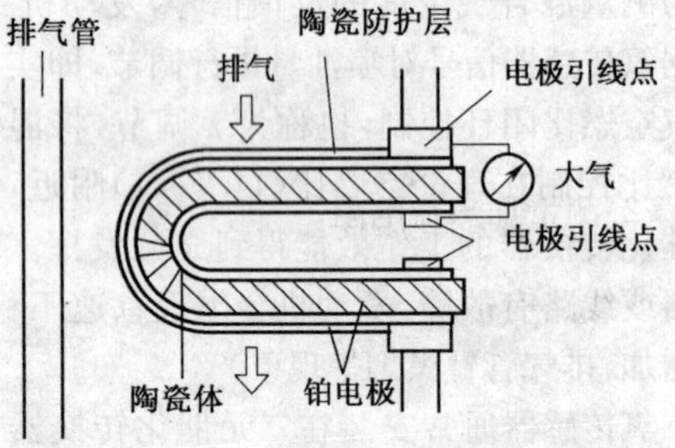

图 3-45　氧化锆式氧传感器电压形成

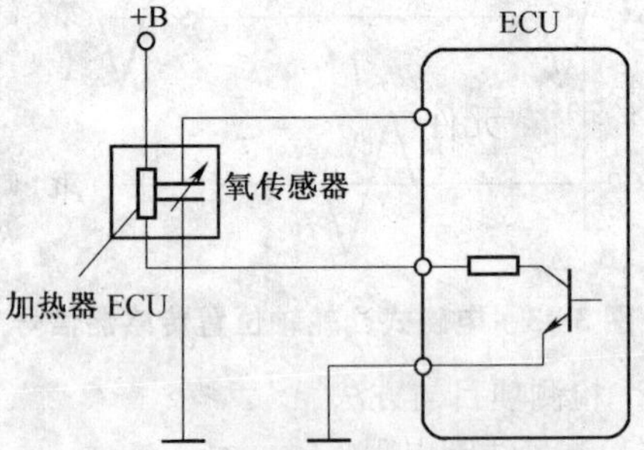

图 3-47　加热型氧化锆式氧传感器电路

图 3-46　氧化锆式氧传感器信号

氧化锆式氧传感器在300℃以上时才能输出正常信号，通常在氧传感器中设置加热器，由发动机 ECU 控制其加热，在发动机冷态运行时迅速加热到正常工作温度，其电路如图 3-47 所示。

②宽型氧传感器。宽型氧传感器用于检测排气中的氧含量，能检测的空燃比范围大，且测量精度高，通常称为空燃比传感器。用宽型氧传感器提供空燃比反馈信号，喷油量修正将更加精确。

德国博世(BOSCH)公司生产的宽型氧传感器如图 3-48 所示，它为 6 线平面型氧化锆式氧传感器，内部有两组传感元件，均为氧化锆管，一部分为泵电池，另一部分为氧电池，中间隔了一个扩散通道。设置有加热器，在排气温度低时，10s 内即可加热到正常工作温度，其正常工作温度接近 650℃。

感应室两侧的电极与排气接触一侧的电极作为信号端，而与空气接触一侧的电极作为搭铁端。在氧浓度差效应作用下，参考信号电压 U_C 会随排气中氧含量的变化而变化。发动机 ECU 通过改变泵送电流 I_P 的大小与方向，使参考信号电压 U_C 维持在 0.45V。当混合气浓时，信号电压 U_S 小，当混合气稀时，信号电压 U_S 大。

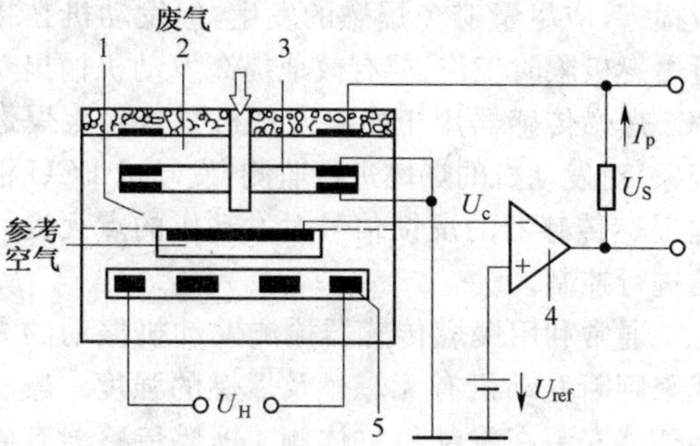

图 3-48 宽型氧传感器结构示意图

U_C—参考信号电压 U_H—加热器电压

U_S—信号电压 U_{ref}—电源电压

1. 氧浓差电池感应室 2. 泵电池加压室

3. 扩散通道 4. 控制电路 5. 加热组件

③氧化钛式氧传感器。氧化钛式氧传感器应用较少，在少数早期日产车上采用。氧化钛式氧传感器如图 3-49 所示，其主要部分为二氧化钛元件和加热元件。

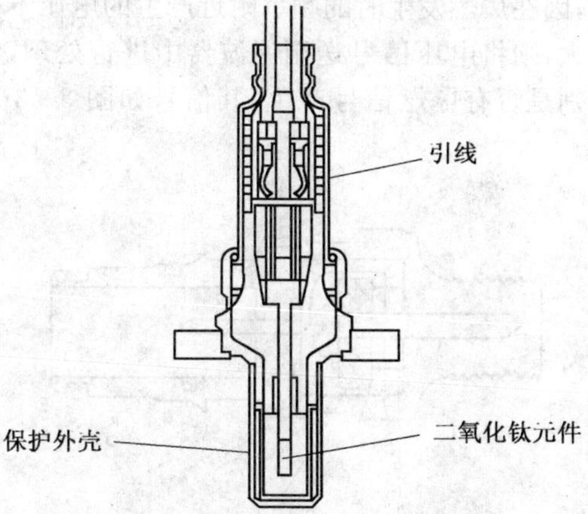

图 3-49 氧化钛式氧传感器

氧化钛式氧传感器是一种气敏电阻型氧传感器，二氧化钛对氧气敏感，与氧气接触会导致电阻值变化，二氧化钛的电阻值随发动机排气中氧含量的变化关系如图 3-50 所示。由发动机 ECU 提供工作电压，氧化钛式氧传感器在二氧化钛的电阻值发生变化时输出信号电压。

2. 氧化锆式氧传感器的检测项目与方法

(1)测量加热器电源电压

①关闭点火开关。

②拔下氧化锆式氧传感器插头。

③打开点火开关。

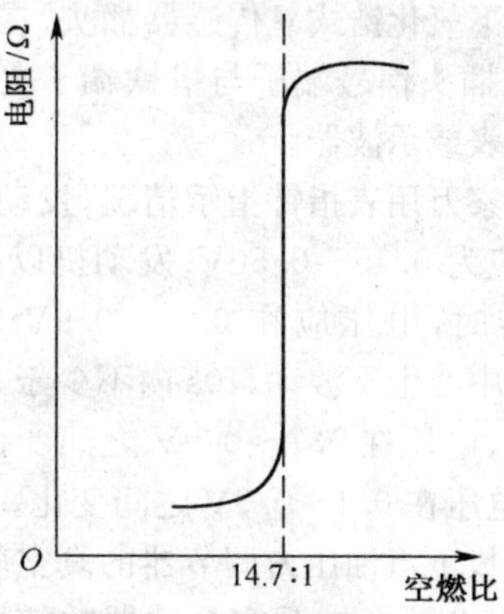

图 3-50 氧化钛式氧传感器输出特性

④用万用表电压挡测量氧化锆式氧传感器插头加热器电源端子与搭铁点之间应有约 12V 电压。如果电压低或无电压，应检查氧化锆式氧传感器加热器电源线路是否短路或断路。

⑤关闭点火开关。

⑥插上氧化锆式氧传感器插头。

(2)测量加热器电阻

①关闭点火开关。

②拔下氧化锆式氧传感器插头。

③用万用表电阻挡测量氧化锆式氧传感器插头加热器端子之间的电阻，其电阻值应符合要求。如果电阻值不符合要求，则更换氧化锆式氧传感器。

④插上氧化锆式氧传感器插头。

(3)测试加热器控制信号

①关闭点火开关。

②拔下氧化锆式氧传感器插头。

③在氧化锆式氧传感器插头加热器端子之间接上 LED 测试灯。

④发动机处于冷态时起动发动机。

⑤LED 测试灯应亮。如果 LED 测试灯不亮，应检查氧化锆式氧传感器插头加热器控制信号端子和发动机 ECU 插头对应端子之间的线路是否断路，或更换发动机 ECU。

⑥关闭点火开关。

⑦插上氧化锆式氧传感器插头。

(4)测试信号

①起动发动机，并以 2500r/min 左右的速度运转数分钟。

②关闭点火开关。

③拔下氧化锆式氧传感器插头，在氧化锆式氧传感器插头信号端子与搭铁端子之间连接指针式万用表或示波器。

④观察万用表指针指示情况，发动机不运转时，电压应为0.45～0.50V；发动机以2500r/min左右运转时，电压应在0.1～0.9V之间且以0.45V为中心上下波动，10s内不少于8次；发动机加速时，电压在0.7～0.9V之间变化；发动机减速时，电压在0.1～0.3V之间变化。或在发动机运转时拔下汽油压力调节器的真空软管，电压应在0.5V以上。或观察示波器的信号波形，其波形正常，如图3-51所示。如果信号电压不符合要求或信号波形不正常，则更换氧化锆式氧传感器。

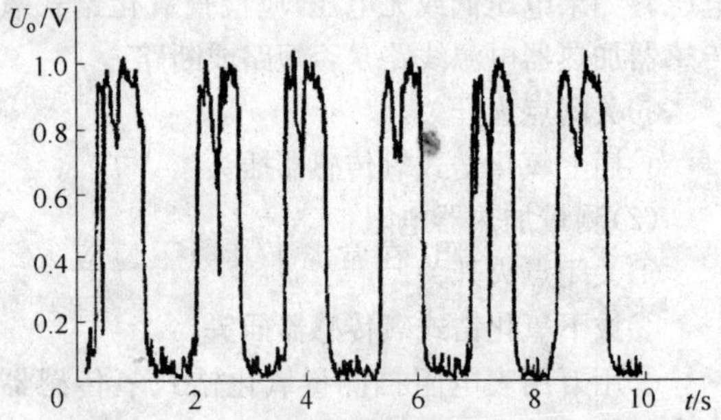

图3-51 氧化锆式氧传感器正常信号波形

⑤关闭点火开关。

(5)检查外观状况

①关闭点火开关。

②拔下氧化锆式氧传感器插头。

③拆下氧化锆式氧传感器。

④检查氧化锆式氧传感器外壳上的通气孔是否堵塞，陶瓷体是否破损。观察氧化锆式氧传感器顶部颜色，浅灰色为正常；白色是因硅污染造成的，已失效；棕色为铅污染造成的，如太严重，已失效；黑色为积炭造成的，可自动清除。

⑤装上氧化锆式氧传感器。

⑥插上氧化锆式氧传感器插头。

第八节 爆燃传感器的识别与检测

爆燃是发动机的一种不正常燃烧现象，严重爆燃会影响发动机的正常工作，甚至对发动机造成损害，应尽量避免爆燃的发生，但发动机在接近爆燃极限时工作，能有效地提高发动机输出功率。爆燃传感器用于检测发动机是否发生爆燃现象，对发动机的爆燃进行监测，发动机ECU根据爆燃传感器的反馈信号对发动机的点火提前角进行控制。

通常利用爆燃传感器检测发动机振动的方式来判断发动机有无爆燃及爆燃的强度。爆燃传感器安装在发动机缸体侧。爆燃传感器有磁致伸缩式(电磁感应式)和压电式两种类型，其中较常用的是压电式。

1. 压电式爆燃传感器的基本结构与信号

压电式爆燃传感器利用压电晶体的压电效应产生信号，分为非共振式与共振式两种类型。

非共振爆燃传感器由压电元件、振动块等构成，如图3-52所示。当发动机缸体的振动传到爆燃传感器壳体时，壳体与振动块之间产生相对运动，压电元件承受振动块的压力作用而产生电压，因在爆燃发生时的频率附近产生的电压不是很大，须将电压信号送至滤波器中进行处理，以判别是否有爆燃信号产生，其信号如图3-53所示。

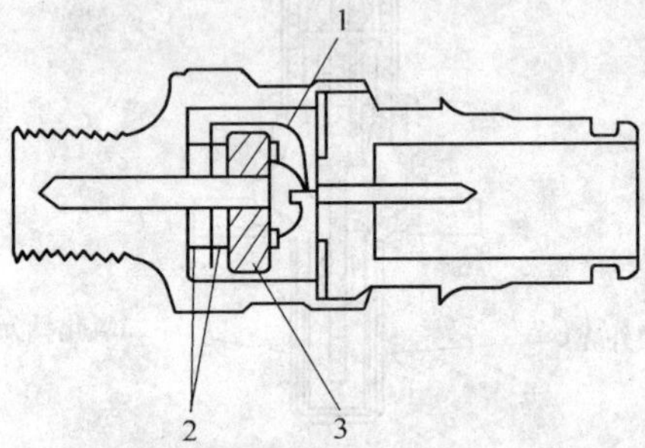

图3-52 非共振型压电式爆燃传感器结构

1. 导线 2. 压电元件 3. 振动块

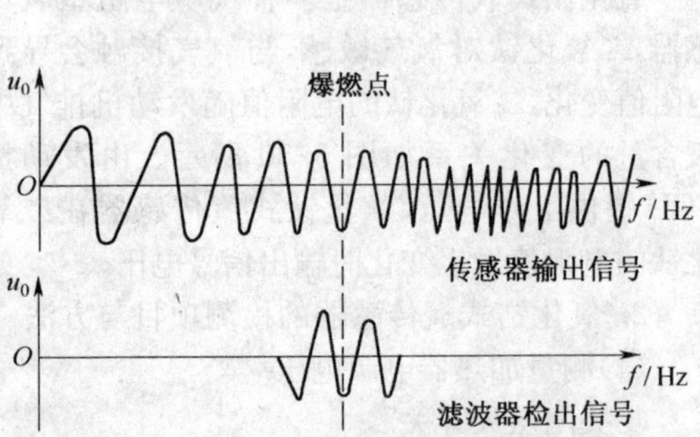

图3-53 非共振型压电式爆燃传感器信号

共振型压电式爆燃传感器由压电元件、振荡

片、基座、外壳等组成，如图 3-54 所示。压电元件贴合在振荡片上，振荡片固定在基座上。振荡片随发动机缸体的振动而振荡，压电元件受压力作用而产生电压信号，如图 3-55 所示。当发动机爆燃时的振动频率与振荡片固有频率一致时，振荡片发生共振，压电元件将产生较大的电压信号，发动机 ECU 根据其电压幅值来判断是否有爆燃发生。

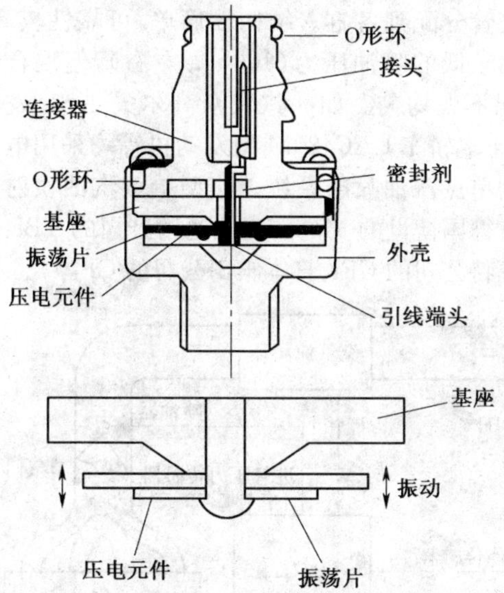

图 3-54　共振型压电式爆燃传感器结构

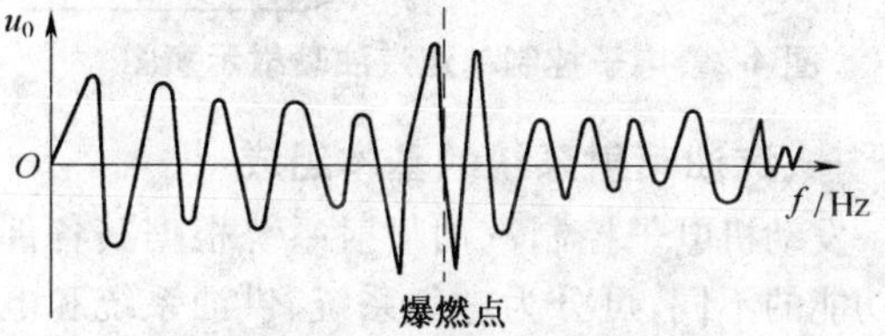

图 3-55　共振型爆燃传感器信号

2. 磁致伸缩式爆燃传感器的基本结构与信号

磁致伸缩式爆燃传感器由永久磁铁、铁心、线圈、壳体等构成，如图 3-56 所示。当发动机缸体振动时，铁心因振动产生偏移使线圈的磁通发生变化而产生感应电压，感应电压的大小与发动机振动频率有关，当发动机发生设定频率的爆燃强度时，感应电压最大，以此检测出爆燃状态。

3. 压电式爆燃传感器的检测项目与方法

(1)检查螺栓拧紧力矩

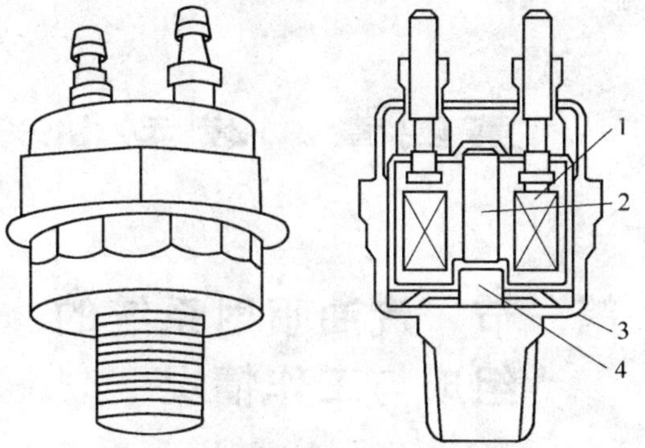

图 3-56　磁致伸缩式爆燃传感器结构

1. 线圈　2. 铁心　3. 壳体　4. 永久磁铁

用力矩扳手检查压电式爆燃传感器的螺栓力矩，富康轿车 TU5JP/K 型发动机爆燃传感器的拧紧力矩为(20±5)N·m。按规定力矩拧紧螺栓。

(2)检查绝缘性

①关闭点火开关。

②拔下压电式爆燃传感器插头。

③万用表电阻挡分别测量压电式爆燃传感器端子之间的电阻，在常温下其电阻值应大于 1MΩ(无短路)。如果电阻值小，表明有短路，则更换压电式爆燃传感器。

④插上压电式爆燃传感器插头。

(3)测试信号

①关闭点火开关。

②拔下压电式爆燃传感器插头。

③用小锤轻敲压电式爆燃传感器附近缸体。

④用万用表电压挡测量压电式爆燃传感器端子之间的电压，应有信号电压输出。如果无电压，则更换压电式爆燃传感器。

⑤插上压电式爆燃传感器插头。

(4)检查线路

①关闭点火开关。

②拔下压电式爆燃传感器插头。

③拔下发动机 ECU 插头。

④用万用表电阻挡检查压电式爆燃传感器插头端子和发动机 ECU 插头对应端子之间的线路，线路应导通(电阻值≤0.5Ω)，检查压电式爆燃传感器插头屏蔽线端子与搭铁点之间的线路，线路应导通(电阻值≤0.5Ω)。

⑤插上发动机 ECU 插头。

⑥插上压电式爆燃传感器插头。

第四章　发动机汽油喷射系统的检测

第一节　汽油喷射系统的组成与工作情况

发动机汽油喷射系统的作用是为发动机在不同工况下提供所需空燃比和数量的可燃混合气。采用电子控制汽油喷射系统对可燃混合气进行精确控制，能极大地改善发动机的动力性、经济性和排放性。

发动机汽油喷射系统的分类方式较多，通常将电子控制汽油喷射系统(EFI)按喷油器的安装位置分为电子控制多点汽油喷射系统(MPI)和电子控制单点汽油喷射系统(SPI)。

电子控制多点汽油喷射如图 4-1 所示，在每个气缸进气门前进气支管上安装一只喷油器，喷油器对各缸适时进行喷油，汽油与空气在进气门附近混合，混合气向各缸的分配比较均匀，有利于各缸混合气浓度的控制。如富康轿车 TU5JP/K 型发动机、桑塔纳 GLi 轿车 AFE 型发动机、夏利 2000 轿车 8A-FE 型发动机等均采用电子控制多点汽油喷射系统。电子控制多点汽油喷射系统按喷油时序不同可分为同时喷油、分组喷油和顺序喷油。目前，汽车发动机普遍采用电子控制多点顺序汽油喷射系统，使发动机在各工况下都能适时精确地控制喷油，以形成均匀良好的可燃混合气。

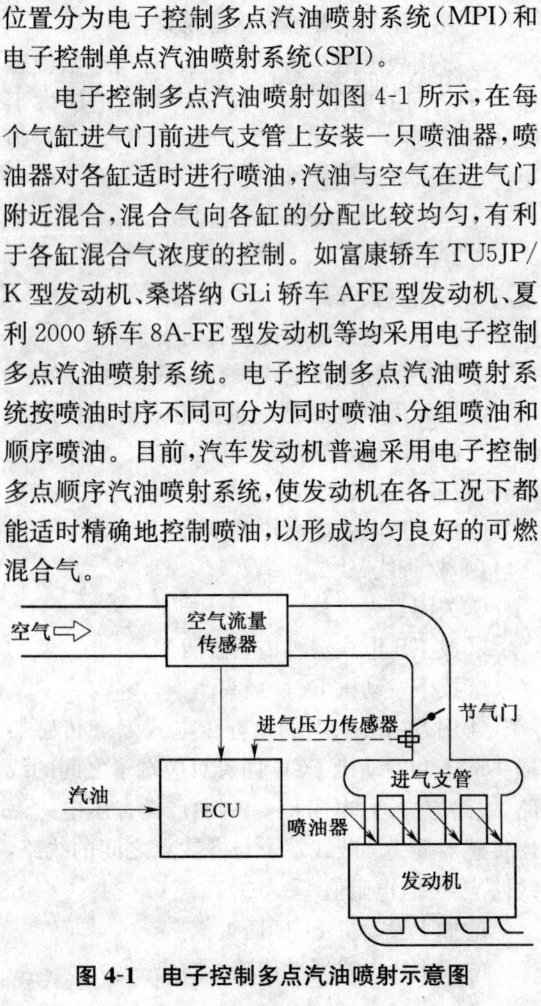

图 4-1　电子控制多点汽油喷射示意图

电子控制单点汽油喷射如图 4-2 所示，在节气门体上安装一只或两只喷油器，向节气门体内喷油，汽油与流过的空气进行混合，混合气经进气支管分配到各缸。结构较简单，可靠性较高，采用较低的喷油压力(100kPa 左右)，但混合气分配不太均匀。如一汽大众高尔夫 1.6L 发动机、奇瑞轿车 CAC480M 型发动机等均采用电子控制单点汽油喷射系统。典型单点汽油喷射系统有德国博世的 Mono、美国通用公司的 TBI、美国福特公司的 CFI、日本丰田公司的 CI 等。

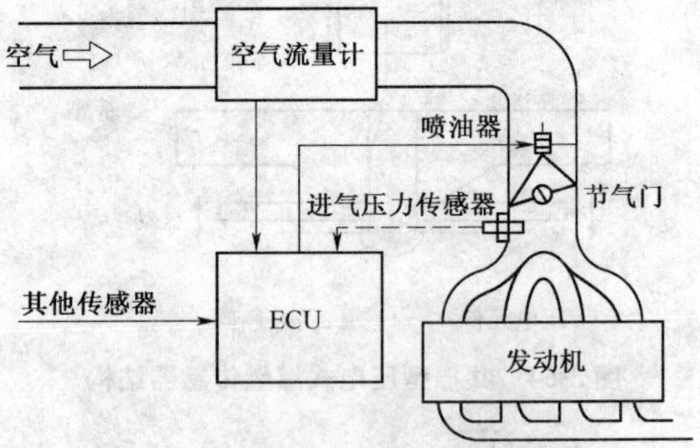

图 4-2　电子控制单点汽油喷射示意图

一、汽油喷射系统的基本组成

发动机电子控制汽油喷射系统根据其各部分功能的不同，可分为进气系统、供油系统和电子控制系统三个部分。桑塔纳 GLi 轿车 AFE 型发动机电子控制汽油喷射系统如图 4-3 所示。

1. 进气系统的作用与主要部件

进气系统的作用是为发动机在各种工况下提供混合气形成所需的清洁空气。它包括空气滤清器、进气管、进气压力传感器(或空气流量传感器)、进气温度传感器、节气门体、节气门位置传感器、进气支管等。

在发动机运行时，空气经空气滤清器过滤后，由节气门调节，并经过进气压力传感器(或空气流量传感器)与进气温度传感器测量，然后在节气门体或进气支管内与喷油器喷出的汽油混合，并将可燃混合气供入气缸。

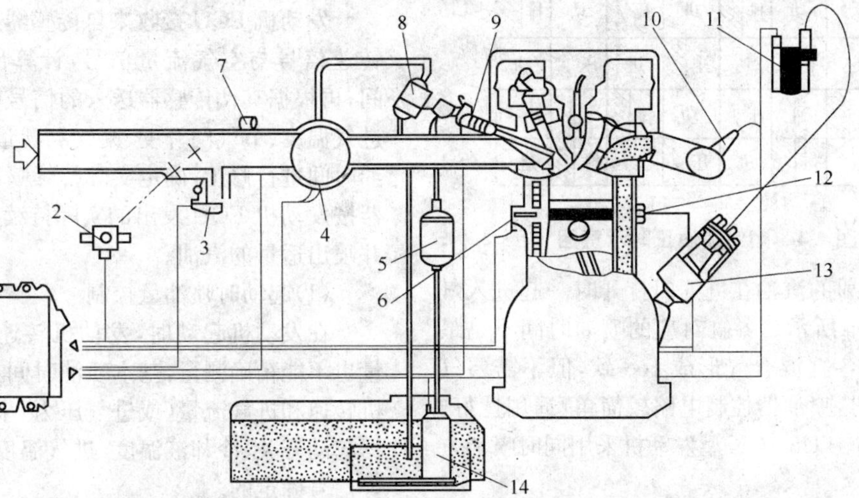

图 4-3　桑塔纳 GLi 轿车 AFE 型发动机电子控制汽油喷射系统示意图

1. 发动机 ECU　2. 节气门位置传感器　3. 怠速控制阀　4. 进气压力传感器　5. 汽油滤清器　6. 爆燃传感器　7. 进气温度传感器　8. 汽油压力调节器　9. 喷油器　10. 氧传感器　11. 点火线圈　12. 冷却液温度传感器　13. 分电器　14. 电动汽油泵

2. 供油系统的作用与主要部件

供油系统的作用是为发动机在各种工况下混合气的形成提供所需的清洁汽油。它包括油箱、电动汽油泵、汽油泵继电器、汽油滤清器、脉动阻尼器、汽油压力调节器、汽油分配管、喷油器、输油管与回油管等。

在发动机运行时，汽油由电动汽油泵从油箱中泵出，经汽油滤清器除去杂质和水分后流入汽油分配管，再通过汽油分配管配送至各喷油器，从喷油器喷出，与空气混合形成混合气。汽油压力调节器用于调节供油系统的油压，维持喷油器的喷油压力恒定，多余的汽油经回油管流回油箱。脉动阻尼器可消除电动汽油泵泵油时和喷油器喷油时产生的油压波动。

3. 电子控制系统的作用与主要部件

电子控制系统的作用是根据发动机的运行工况和车辆的行驶状况确定喷油正时和喷油量(持续喷油时间)，以精确控制汽油喷射，保证发动机工作时获得最佳空燃比的混合气。它包括传感器、发动机 ECU 和执行元件。主要传感器有进气压力传感器(或空气流量传感器)、曲轴位置传感器、节气门位置传感器、冷却液温度传感器、进气温度传感器、凸轮轴位置传感器、氧传感器、车速传感器，以及有关信号开关(起动开关、空调开关、动力转向开关等)，这些传感器将发动机运行时的有关参数转变成为电信号送入发动机 ECU，作为发动机 ECU 控制汽油喷射的依据。发动机 ECU 接收传感器送来的信号，经过运算处理后向执行元件发出控制信号。执行元件包括汽油泵继电器和喷油器，按发动机 ECU 的控制信号进行泵油和喷油。

二、喷油正时与喷油量控制

1. 喷油正时控制

(1)顺序喷油控制

发动机 ECU 根据曲轴位置传感器信号和凸轮轴位置传感器信号独立控制各缸喷油器喷油，发动机一个工作循环(720°曲轴转角)内，各缸喷油器按发动机的工作顺序(1-3-4-2)依次在排气行程上止点前 70°喷油一次，如图 4-4 所示。顺序喷射可以在最佳时间喷油，有利于混合气的形成，但需要有气缸判别信号，以确认气缸行程。大多数轿车发动机采用顺序喷油方式，如桑塔纳 GLi 轿车 AFE 型发动机。

(2)同时喷油控制

发动机 ECU 根据曲轴位置传感器信号控制喷油器同时喷油，发动机转一圈(360°曲轴转角)，所有喷油器同时喷油一次，发动机一个工作循环(720°曲轴转角)内所有喷油器同时喷油两

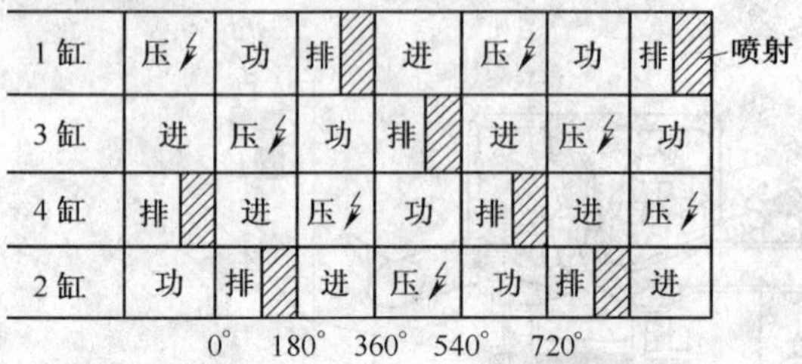

图 4-4 顺序喷油正时示意图

次，两次喷射的汽油在进气门打开时一起进入气缸，如图 4-5 所示。各缸对应的喷油时间不是最佳，会造成各缸混合气形成不一致，但不需要气缸判别信号，喷油器控制电路较简单，通用性好。如富康轿车 TU5JP/K 型发动机采用同时喷油方式。

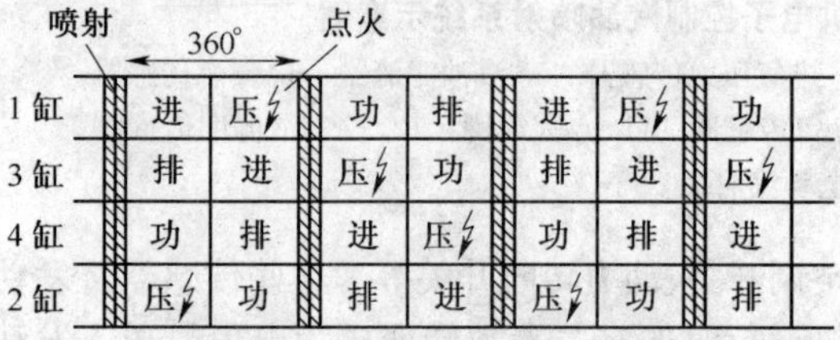

图 4-5 同时喷油正时示意图

(3)分组喷油控制

将喷油器分成几组，四缸发动机的喷油器分成两组，发动机 ECU 根据曲轴位置传感器信号进行分组控制，两组喷油器交替喷油，发动机转一圈(360°曲轴转角)，只有一组喷油器喷油，发动机一个工作循环(720°曲轴转角)内各组喷油器分别喷油一次，如图 4-6 所示。如夏利 2000 轿车 8A-FE 型发动机采用分组喷油方式。

图 4-6 分组喷油正时示意图

2. 喷油量控制

因喷油器的喷油压力恒定，对于结构参数已定的喷油器，其喷油量取决于喷油器的持续喷油时间，即喷油器每次喷油的多少是由发动机 ECU 控制喷油器持续开启时间的长短来决定的。持续喷油时间包括基本喷油时间和各种影响因数的修正量。

发动机 ECU 接收来自传感器送入的发动机转速信号与空气流量信号，计算出基本喷油时间，再根据其他传感器送入的信号(冷却液温度、进气温度、节气门开度、废气氧含量等)对基本喷油时间进行修正，确定实际持续喷油时间。喷油器按发动机 ECU 发出的实际持续喷油时间开启并喷出适量的汽油。

(1)起动时喷油量控制

在发动机起动时，发动机转速波动大，进气量也不能精确测量，基本喷油时间不能根据发动机转速和进气流量(或进气压力)来确定，而是根据起动开关、冷却液温度、进气温度、蓄电池电压等信号确定的。

(2)起动后喷油量控制

发动机起动后，即发动机的转速达到或超过预定值时，喷油量由基本喷油量和各种修正量确定。

①基本喷油量确定。基本喷油量由发动机转速和进气量信号确定，发动机 ECU 内存储一个基本喷油时间与发动机转速和进气量关系的数据，发动机 ECU 根据发动机转速和进气量获得对应的基本喷油量。

②修正喷油量确定。在确定基本喷油量的同时，发动机 ECU 从各种传感器接收到的发动机运行工况信息，对基本喷油量进行修正。

a. 起动后加浓。发动机完成起动后，点火开关由起动位置转到点火位置，发动机的转速达到或超过预定值，需额外增加喷油量，喷油量的修正值由冷却液温度确定，使发动机保持稳定运行。

b. 暖机加浓。冷机时，需供给浓混合气，使发动机迅速达到最佳工作温度状态。喷油量的修正值由冷却液温度确定，同时还受怠速信号控制，且喷油量根据发动机转速有少量变化。

c. 大负荷或高速加浓。发动机的负荷状况由节气门开度信号或进气量信号确定，发动机在大负荷下运转时要求使用浓混合气以获得较大功率，大负荷工作时需增加喷油量。发动机高速运行时，同大负荷工作时一样应增加喷油量。

d. 加、减速过渡工况修正。发动机加速或减速时，混合气的空燃比相对于目标值会产生一定偏移，一般情况下，加速时混合气过稀，减速时混合气过浓，在此种工况时进行喷油量修正，使发动机获得良好的动力性、经济性，以及减少排放污染。

（3）断油控制

①减速断油。发动机在高速运行时急减速，节气门快速关闭，混合气过浓会增加汽油消耗和污染排放。由发动机 ECU 根据怠速信号和发动机转速信号使喷油器停止喷油，当发动机转速降低到预定转速下或节气门重新打开，喷油器恢复喷油。

②超速断油。发动机最高转速是通过停止喷油来限制的。发动机 ECU 根据发动机的实际转速和内存的最高转速进行比较，当达到设定的最高转速时喷油器停止喷油，当发动机转速降至规定值时又恢复喷油。

第二节　电动汽油泵的检测

电动汽油泵是一种由小型永磁直流电动机驱动的油泵，其作用是将油箱中的汽油加压后输送到汽油分配管中，并与汽油压力调节器、脉动阻尼器一起建立合适的系统油压。常用的电动汽油泵主要有滚柱式和涡轮式。

有的电动汽油泵安装在油箱外的供油管路上，称为外置式电动汽油泵。但大部分电动汽油泵安装在油箱内，即采用内置式电动汽油泵。内置式电动汽油泵安装管路简单，噪声小，不容易产生气阻和漏油现象。

1. 电动汽油泵的基本结构与工作过程

①滚柱式电动汽油泵。桑塔纳 GLi 轿车 AFE 型发动机采用滚柱式电动汽油泵，其结构如图 4-7 所示，主要由直流电动机、滚柱泵、单向阀、限压阀等组成。其中滚柱泵包括转子、滚柱和泵体。

滚柱泵由直流电动机驱动。当转子旋转时，转子槽内的滚柱在离心力的作用下向外移动，紧靠在偏心的泵体壁面上，滚柱随转子一同旋转时，泵腔容积发生变化，进油口处容积增大，出油口处容积减小，于是，汽油经进油口的滤网被吸入，流过直流电动机，从出油口排出。它的最大泵油压力在 400kPa 以上。由于泵油压力波动较大，需要在输油管路上安装脉动阻尼器，有的滚柱式电动汽油泵出油口处带有脉动阻尼器。

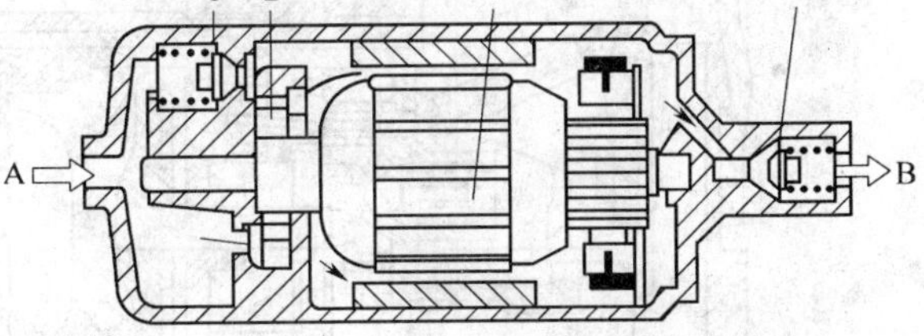

图 4-7　滚柱式电动汽油泵

1. 限压阀　2. 滚柱泵　3. 直流电动机　4. 单向阀
A—进油口　B—出油口

②涡轮式电动汽油泵。大多数发动机汽油喷射系统采用涡轮式电动汽油泵，如广州本田雅阁轿车 F23A3 型发动机采用涡轮式电动汽油泵，其结构如图 4-8 所示，主要由直流电动机、涡轮泵、单向阀、限压阀等组成。其中涡轮泵包括涡轮和泵体，涡轮的圆周上有叶片与沟槽。

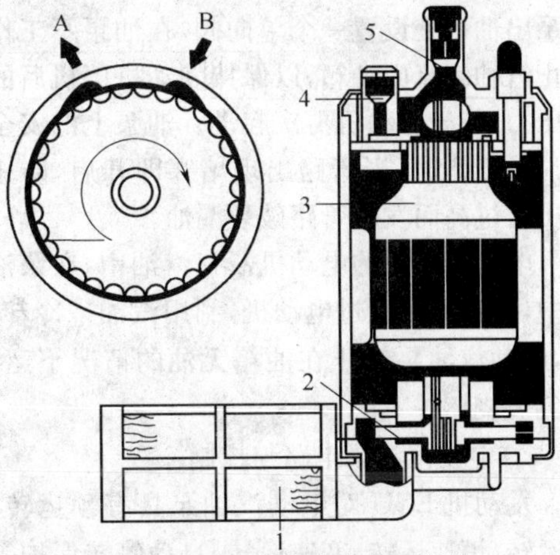

图 4-8　涡轮式电动汽油泵结构

1. 滤网　2. 涡轮　3. 直流电动机　4. 限压阀
5. 单向阀　A—出油　B—进油

直流电动机带动涡轮转动时，汽油在涡轮的叶片与沟槽摩擦力作用下产生涡流，使其压力循环上升，于是汽油便从进油口被吸入，流经直流电动机，从出油口排出。最大泵油压力可达 600kPa 以上。涡轮式电动汽油泵结构较简单，泵油量大，泵油压力波动小，可取消脉动阻尼器。

③双级式电动汽油泵。富康轿车 TU5JP/K 型发动机采用双级式电动汽油泵，其结构如图 4-9所示，主要由涡轮、高压齿轮泵、直流电动机、限压阀、单向阀等组成。具有两个增压级，即低

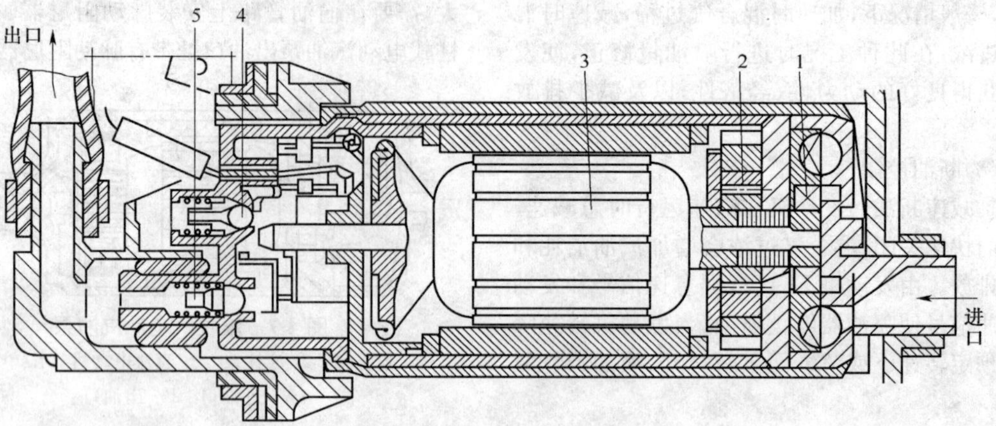

图 4-9 双级式电动汽油泵

1. 涡轮 2. 高压齿轮泵 3. 电动机 4. 限压阀 5. 单向阀

压涡轮和高压齿轮，汽油先从进油口由低压涡轮吸入，再输送到高压齿轮泵，经高压齿轮泵加压后的汽油从出油口输出。

在电动汽油泵中都设置了单向阀和安全阀。油泵出油口处设置一个单向阀，在油泵不工作时阻止汽油倒流回油箱，以保持发动机停机后的汽油压力，便于发动机再次起动。油泵上的安全阀在油泵工作时，当管路出现堵塞即开启，防止泵油压力过高而发生管路破裂漏油。

电动汽油泵的电动机浸在汽油中，在泵油过程中，汽油不断流过电动机，利用汽油来冷却，因此，电动汽油泵禁止在油箱无油的情况下运转，以免被烧坏。

2. 电动汽油泵电路与控制

发动机 ECU 对电动汽油泵具有预运转、起动运转、恒速运转、变速运转、自动停转保护等功能，但各车型发动机的电动汽油泵所能实现的控制功能不尽相同。因电动汽油泵的控制功能有所差别，使得电动汽油泵的控制电路不完全相同。电动汽油泵通常由继电器来传送电源，发动机 ECU 直接控制继电器的接通与断开。

①桑塔纳 2000GSi 型轿车 AJR 型发动机电动汽油泵电路。桑塔纳 2000GSi 型轿车 AJR 型发动机电动汽油泵电路如图 4-10 所示，发动机 ECU(J220)控制电动汽油泵继电器(J17)的接通与断开，以此控制电动汽油泵工作，且具有预运转功能。打开点火开关，不起动发动机时，发动机 ECU 控制汽油泵继电器接通，使电动汽油泵通电 2s，电动汽油泵预运转供油，便于发动机起动，起动发动机或发动机运转时，电动汽油泵一直工作。

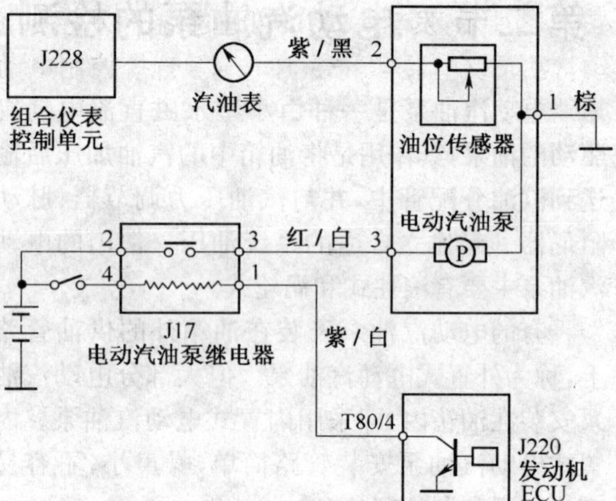

图 4-10 桑塔纳 2000GSi 型轿车 AJR 型发动机电动汽油泵电路

②富康轿车 TU5JP/K 型发动机电动汽油泵电路。富康轿车 TU5JP/K 型发动机电动汽油泵电路如图 4-11 所示，具有预运转和自动停转保护功能。打开点火开关，不起动发动机时，发动机 ECU 控制主继电器(喷射双密封继电器)接通电动汽油泵电源 2s，电动汽油泵预运转供油，便于发动机起动；起动发动机或发动机运转时，电动汽油泵一直工作。在发动机 ECU 与主继电器之间设置了一个惯性开关，当车辆发生较大碰撞时，惯性开关断开，电动汽油泵停止工作，将惯性

开关复位，电动汽油泵恢复正常工作。

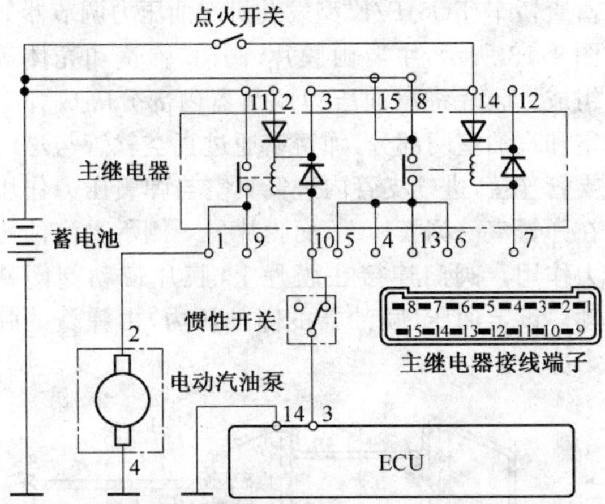

图 4-11　富康轿车 TU5JP/K 型发动机电动汽油泵电路

③日产轿车 VG30E 型发动机电动汽油泵电路。日产轿车 VG30E 发动机电动汽油泵电路如图 4-12 所示，发动机 ECU 可通过端子 20 控制电动汽油泵继电器和通过端子 108 直接控制电动汽油泵工作，按发动机的工作状态来控制电动汽油泵工作。

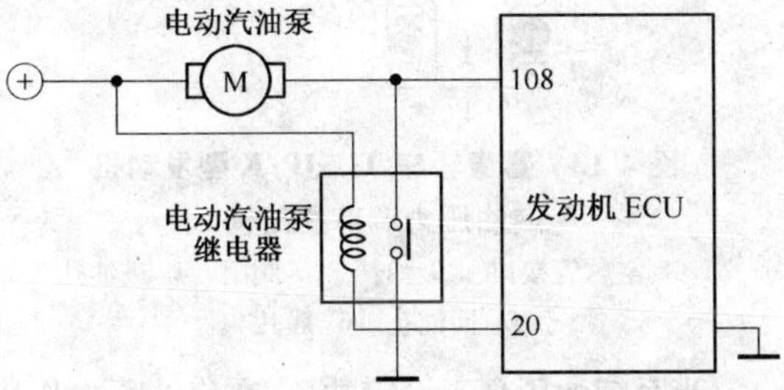

图 4-12　日产轿车 VG30E 型发动机电动汽油泵电路

打开点火开关，不起动发动机时，发动机 ECU 通过端子 108 直接控制电动汽油泵工作 5s，电动汽油泵预运转供油。发动机起动时，发动机 ECU 通过端子 20 控制电动汽油泵继电器接通 30s，电动汽油泵为发动机起动供油。发动机起动后运转时，发动机 ECU 通过端子 20 控制电动汽油泵继电器断开，同时根据发动机工况通过端子 108 控制电动汽油泵工作，发动机转速低或负荷小，电动汽油泵的泵油量小，而当发动机转速高或负荷大，电动汽油泵的泵油量大，于是，电动汽油泵将根据发动机运转时的汽油需求量来供油。发动机熄火后 1s 内，电动汽油泵停止工作。

3. 电动汽油泵的检测项目与方法

(1)检查工作状况

打开点火开关，起动发动机，从油箱加油口仔细察听是否有电动汽油泵工作的声音，或用手捏住输油软管感觉有无供油压力，判断电动汽油泵是否工作。如电动汽油泵不工作，应进一步检测电动汽油泵与电路。

(2)测量电阻

①关闭点火开关。

②拔下电动汽油泵插头。

③用万用表电阻挡测量电动汽油泵端子之间的电阻，其阻值应为 2～3Ω。如果电阻值不符合要求，则更换电动汽油泵。

④插上电动汽油泵插头。

(3)检查汽油泵继电器

①关闭点火开关。

②取下汽油泵继电器。

③用万用表电压挡测量汽油泵继电器插座电源端子与搭铁点之间电压，应有约 12V 电压(蓄电池电压)。如果电压低或无电压，应检查汽油泵继电器插座电源线路是否短路或断路。

④检查汽油泵继电器，应能正常通断，否则，更换汽油泵继电器。

⑤插上汽油泵继电器。

(4)检查线路

①关闭点火开关。

②拔下电动汽油泵插头。

③打开点火开关，使发动机短时间转动。

④在发动机转动时，用万用表电压挡测量电动汽油泵插头电源端子，应有约 12V 电压(蓄电池电压)。如果电压低或无电压，应检查汽油泵熔丝是否正常，检查电动汽油泵插头电源端子和汽油泵继电器之间的线路是否短路或断路，或检查汽油泵继电器和发动机 ECU 之间的线路是否断路或短路。

⑤关闭点火开关。

⑥插上电动汽油泵插头。

(5)测量最大泵油压力和保持压力

①将接汽油压力表连接在进油管上，堵住汽油压力表出油管，或关闭汽油压力表上开关。

②用导线短接电动汽油泵继电器，打开点火开关，不起动发动机，使电动汽油泵工作10s。

③观察汽油压力表的压力值，即油泵最大油压，其压力值应比发动机运转时的压力值高200～300kPa，压力值通常可达到490～640kPa。如果油泵最大油压不符合要求，则更换电动汽油泵。

④关闭点火开关，5min后再观察汽油压力表的压力值，即油泵保持油压，其压力值应不小于340kPa。如果油泵保持油压不符合要求，则更换电动汽油泵。

⑤拆下电动汽油泵继电器短接导线。

⑥卸下汽油压力表。

(6)测量输油量

①关闭点火开关。

②从汽油分配管上拆下供油管。

③将供油管伸入到量杯中。

④接通电动汽油泵持续30s。

⑤观察量杯中的汽油量，即电动汽油泵的输油量，其输油量应符合要求，如桑塔纳2000GSi型轿车AJR型发动机正常输油量为1000ml/30s。如果输油量小，且在油管和汽油滤清器正常的情况下，则更换电动汽油泵。

⑥装上供油管。

第三节　汽油压力调节器的检测

发动机ECU是通过控制喷油器的持续开启时间来控制喷油量的，喷油器的喷油压力必须保持恒定。但在发动机运行时，进气压力随着节气门开度和发动机转速的变化而变化，必然会引起喷油器的喷油压力的波动，需要根据进气压力的变化对系统油压进行调节。汽油压力调节器的功能是使系统油压（汽油分配管内油压）与进气压力之差维持恒定，即维持喷油器的喷油压力恒定。

如果汽油压力调节器出现故障，导致喷油器的喷油压力不稳，发动机会出现怠速不稳、起动困难、耗油增加、排气管冒黑烟等现象。

1. 汽油压力调节器的基本结构与工作过程

汽油压力调节器安装在汽油分配管的一端。富康轿车TU5JP/K型发动机汽油压力调节器如图4-13所示，主要由膜片、阀门、弹簧和壳体等组成。膜片将汽油压力调节器内部分隔成弹簧室和汽油室两部分，弹簧室通过真空软管与进气支管连接，进气支管内进气真空与弹簧压力作用在弹簧室一侧膜片上，而膜片另一侧承受汽油压力作用。阀门连接在膜片上，膜片带动阀门移动。设定油压（喷油器的喷油压力）由弹簧的弹力决定。

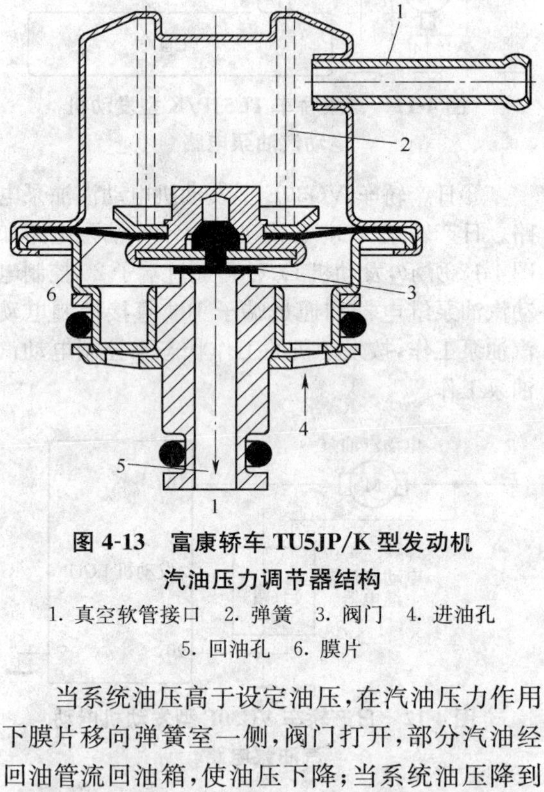

图4-13　富康轿车TU5JP/K型发动机汽油压力调节器结构

1. 真空软管接口　2. 弹簧　3. 阀门　4. 进油孔　5. 回油孔　6. 膜片

当系统油压高于设定油压，在汽油压力作用下膜片移向弹簧室一侧，阀门打开，部分汽油经回油管流回油箱，使油压下降；当系统油压降到设定油压时，阀门关闭，这样通过阀门的反复开闭，使系统油压保持设定压力值不变。

在进气真空度增大时，系统油压会降低，而在进气真空度减小时，系统油压会增加，从而使系统油压与进气压力的差值恒定，如图4-14所示。

电动汽油泵停止工作时，电动汽油泵单向阀关闭，在弹簧力作用下，汽油压力调压器阀门也关闭，使油管内保存一定的压力，以便发动机再次起动。

2. 汽油压力调节器的检测项目与方法

(1)直观检查

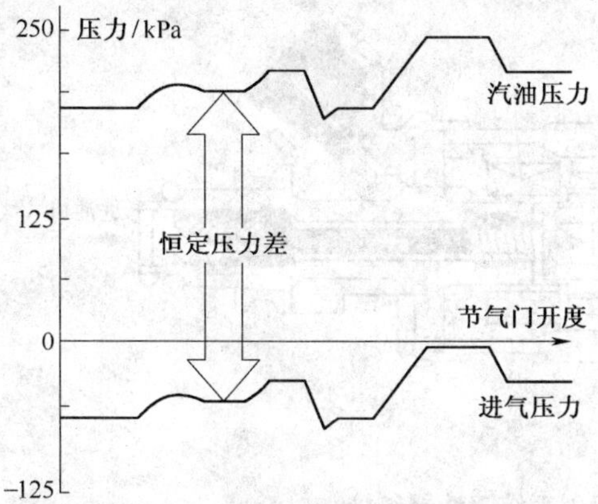

图 4-14　系统油压与进气压力的变化关系

①观察真空软管应无老化或无松脱。如果真空软管老化、破裂，则更换真空软管。

②拔下真空软管，检查真空软管应无堵塞或破裂。如果有堵塞或漏气，应清理或更换真空软管。

③起动发动机，使发动机运转。

④发动机运转时，拔下汽油压力调节器上的真空软管。

⑤观察汽油压力调节器的真空软管接口应无汽油泄漏。如果有汽油泄漏，说明汽油压力调节器的膜片已破裂，则更换汽油压力调节器。

(2)检查工作状况

①关闭点火开关。

②将汽油压力表接入供油管路上。

③起动发动机，使发动机运转。

④观察发动机怠速时的系统油压，其油压应符合要求。如桑塔纳 2000GSi 轿车 AJR 发动机的系统油压为 250kPa 左右；拔下汽油压力调节器的真空软管，油压应升高 50kPa 左右。如果系统油压不符合要求，则更换汽油压力调节器。

⑤关闭点火开关。

⑥卸下汽油压力表。

(3)检查密封性能

①关闭点火开关。

②将汽油压力表接入供油管路上。

③拔下各缸喷油器插头。

④连续起动发动机 15s。

⑤发动机运转后，观察汽油压力表的压力值，30s 后再观察汽油压力的压力值，其值不应下降。若汽油压力值明显回落，则重新起动发动机 15s，夹住汽油压力调节器的回油管，30s 后油压不下降，说明汽油压力调节器泄漏。如果汽油压力调节器泄漏，则更换汽油压力调节器。

⑥插上各缸喷油器插头。

⑦卸下汽油压力表。

第四节　喷油器的检测

喷油器是发动机电子控制汽油喷射系统的执行元件。喷油器的功能是在发动机 ECU 的控制下将适量的汽油按喷油正时的要求喷射到进气支管（或节气门体）内，与空气进行混合，形成所需空燃比的混合气。

如果喷油器或线路有故障，会出现发动机运转不平稳、排气管冒黑烟，或发动机不能起动、熄火等现象。喷油器常见故障是喷口脏堵，使针阀卡滞、密封不良，以及喷油器线圈短路或断路、线路短路或断路、插头松脱、发动机 ECU 无控制信号输出等，使喷油器喷油不良或不喷油。

1. 喷油器的基本组成与工作过程

喷油器是一个电磁阀，它由线圈、衔铁、回位弹簧、针阀、阀座、滤网、接线端子等组成。针阀与衔铁制成一体，针阀在回位弹簧压力作用下紧贴在阀座上，将喷口封闭。

电子控制多点汽油喷射系统喷油器的基本结构如图 4-15 所示，安装在汽油分配管上，位于进气支管上各缸进气门处。喷油器的喷口形式有孔式和轴针式两种，一般采用孔式喷口。双进气门的发动机使用双孔式喷油器。

在奇瑞轿车 CAC480M 型发动机单点汽油喷射系统上应用的喷油器如图 4-16 所示，安装在节气门体上。

喷油器有高阻式和低阻式，高阻喷油器的电磁线圈电阻值为 12～18Ω，低阻喷油器的电磁线圈电阻值为 2～3Ω。

喷油器在发动机 ECU 控制下，当线圈通电时，在电磁吸力作用下针阀开启，喷油器喷油；当线圈断电时，回位弹簧使针阀关闭，喷油器停止喷油。喷油器的喷油量与线圈的通电时间有关，通电时间长，喷油量大，而通电时间短，喷油量小。

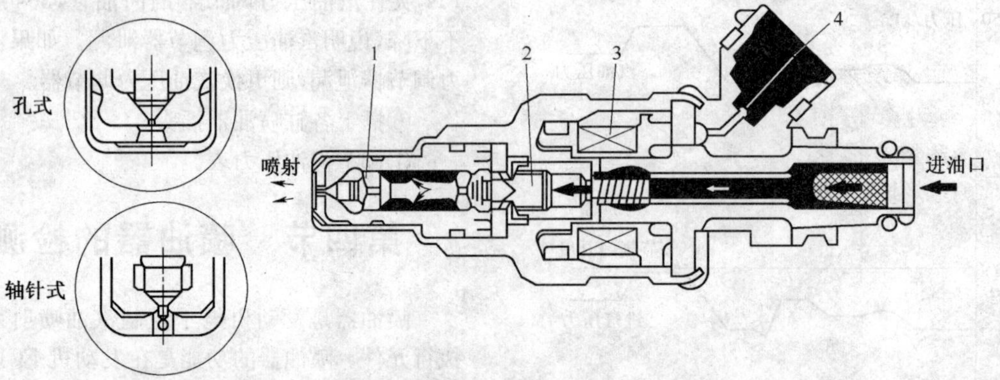

图 4-15 电子控制多点汽油喷射系统喷油器结构

1. 针阀 2. 衔铁 3. 线圈 4. 接线端子

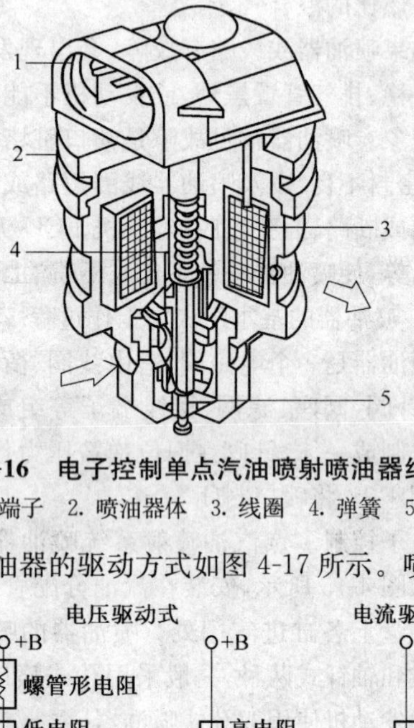

图 4-16 电子控制单点汽油喷射喷油器结构

1. 接线端子 2. 喷油器体 3. 线圈 4. 弹簧 5. 针阀

喷油器的驱动方式如图 4-17 所示。喷油器通常采用电压驱动方式，发动机 ECU 控制喷油器的通电来工作，其工作电流较小，一般用于高阻喷油器，也可以用于低阻喷油器，但需要串联适当阻值的附加电阻。有些车型发动机喷油器采用电流驱动方式，发动机 ECU 控制喷油器的通电电流来工作，喷油器开启时电流大，喷油器针阀打开迅速，喷油器开启后电流减小，通常用于低阻喷油器，喷油器的响应特性好。

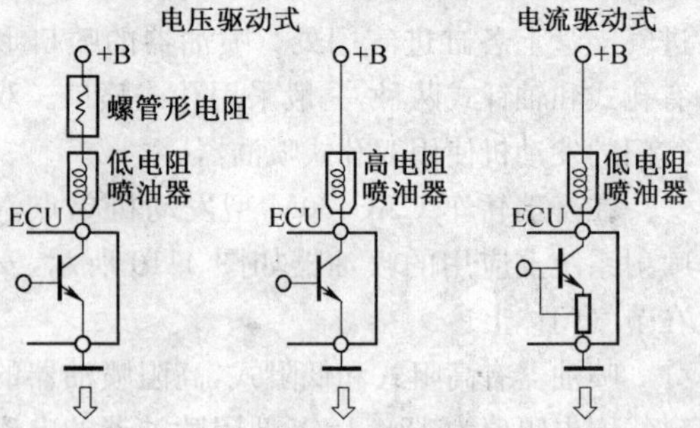

图 4-17 喷油器的驱动方式

2. 喷油器电路与控制

①采用同时喷油的喷油器电路与控制。富康轿车 TU5JP/K 型发动机喷油器电路如图 4-18 所示，采用同时喷油控制，各缸喷油器并联，发动机 ECU 控制喷油器同时通电，喷油器在同一时刻喷油。不需要气缸判别信号，其电路比较简单。

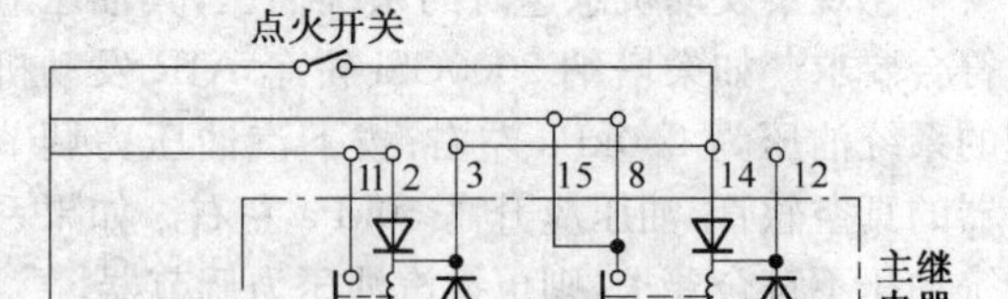

图 4-18 富康轿车 TU5JP/K 型发动机喷油器电路

②采用顺序喷油的喷油器电路与控制。桑塔纳2000GSi轿车AJR型发动机喷油器电路如图4-19所示，采用顺序喷油控制，发动机ECU控制各喷油器按发动机工作顺序依次喷油。与发动机的工作循环有关，需要判缸信号，以便确认需要喷油的气缸。

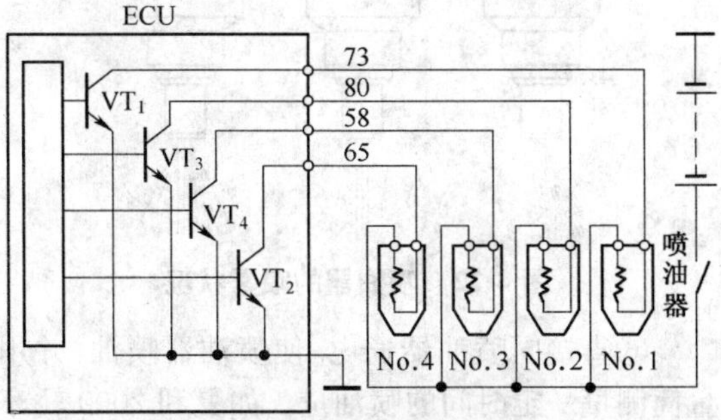

图4-19　桑塔纳2000GSi轿车AJR发动机喷油器电路

③采用分组喷油的喷油器电路与控制。天津夏利2000轿车8A-FE型发动机喷油器电路如图4-20所示，采用分组喷油控制，将喷油器分成两组，每组喷油器并联，通常四缸发动机分成两组，六缸发动机分成两组或三组，发动机ECU控制每组喷油器轮流喷油。

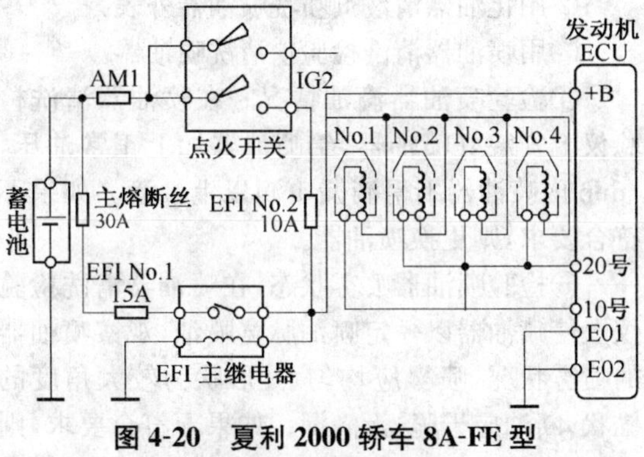

图4-20　夏利2000轿车8A-FE型发动机喷油器电路

3. 喷油器的检测项目与方法

(1)直观检查

①检查喷油器插头连接是否松脱。

②在发动机怠速运转时，用手触摸喷油器应有振动，如喷油器工作正常，应有较强烈而均匀的振动感。

③在发动机怠速运转时，使用旋具或听诊器来查听喷油器的工作声音，如声音清脆而均匀，则喷油器工作正常；如声音很小或听不到，则喷油器的针阀卡滞或喷油器不工作。

④在发动机怠速运转时，逐缸拔下喷油器插头，使喷油器停止喷油，拔下某缸喷油器插头，观察发动机转速的变化，如果发动机转速明显下降，则该缸喷油器工作正常；如果发动机转速无明显变化，则该缸喷油器工作不良或未工作。因喷油器为电感性元件，应慎重采用断缸法，以免产生感应高压而损坏发动机ECU。

(2)测量线圈电阻

①关闭点火开关。

②拔下喷油器插头。

③用万用表电阻挡测量喷油器端子之间的电阻，高阻型喷油器线圈电阻值为12～18Ω，低阻型喷油器线圈电阻值为2～3Ω。如电阻值不符合要求，则更换喷油器。

④插上喷油器插头。

(3)通电测试

①关闭点火开关。

②拔下喷油器插头。

③用一根导线连接蓄电池正极与喷油器一个端子，用一根搭铁导线间断地与喷油器另一个端子接通与断开，如接通时喷油器发出"咔嗒"声，则喷油器工作良好，开闭正常。如果听不到声响，则更换喷油器。在对喷油器进行通电检查时，不能直接在喷油器上加12V电压，而要串联一个电阻，以免烧损喷油器线圈。

④插上喷油器插头。

(4)检查电源线路

①关闭点火开关。

②拔下喷油器插头。

③打开点火开关。

④用万用表电压挡测量喷油器插头电源端子应有约12V电压(蓄电池电压)。如果电压低或无电压，应检查喷油器电源线路是否短路或断路。

⑤关闭点火开关。

⑥插上喷油器插头。

(5)测试控制信号

①关闭点火开关。

②拔下喷油器插头。

③将LED测试灯或汽车示波器接到喷油器插头端子之间。

④起动发动机,使发动机运转。

⑤观察 LED 测试灯应闪烁,或信号波形正常,其正常信号波形如图 4-21 所示。如果不符合要求,应检查喷油器和发动机 ECU 之间的线路是否断路或短路,或更换发动机 ECU。

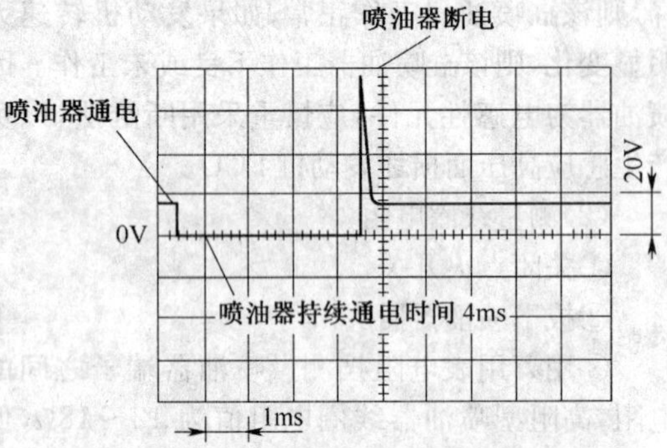

图 4-21 喷油器正常控制信号波形

⑥关闭点火开关。

⑦取下 LED 测试灯或汽车示波器。

⑧插上喷油器插头。

(6)检验喷油器性能

喷油器拆装:

①关闭点火开关,拆下蓄电池负极搭铁线。

②取下各缸喷油器导线插头(做好缸序记号)。

③缓慢松动供油管接头螺母,释放系统油压。

④拆下供油油管与回油管。

⑤拔下汽油压力调节器的真空软管。

⑥拆下汽油分配管(连同喷油器一起)。

⑦从汽油分配管上取下喷油器。

⑧按与拆卸相反的程序安装喷油器,须换用新的喷油器 O 形密封圈。

简易检验喷油器性能:

①拆下喷油器。

②将拆下的喷油器固定在汽油分配管上,并接上供油管与回油管,将喷油器与分配管放在托盘里。

③接通电动汽油泵,使电动汽油泵泵油。

④观察喷油器是否滴油,1min 内喷油器滴油应不多于 1 滴。如果不符合要求,则更换喷油器。

⑤直接向喷油器通电,使喷油器喷油,观察喷油器的喷雾状况,如图 4-22 所示,喷雾形状应为较大角度的锥状,且喷雾均匀。如果不符合要求,则清洗喷油器,或更换喷油器。

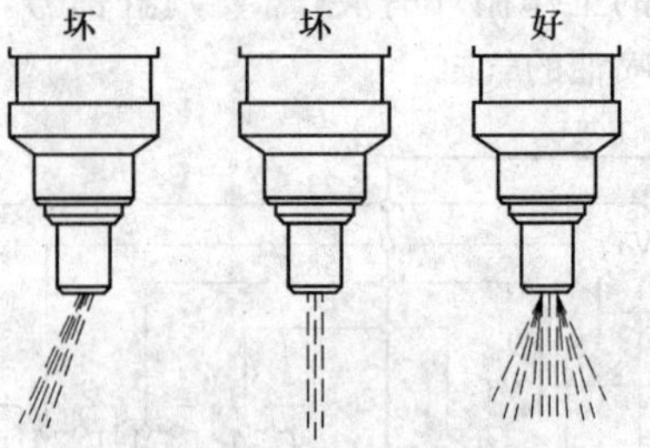

图 4-22 喷油器的喷雾状况

⑥直接向喷油器通电,使喷油器喷油,并用量筒测量一定时间的喷油量。如夏利 2000 轿车 8A-FE 型发动机喷油器的喷射流量一般为(45~50ml)/15s,且各个喷油器的喷射流量差值不得超过喷射流量的 10%。如果不符合要求,则更换喷油器。

⑦停止汽油泵泵油。

⑧装上喷油器。

用仪器检验喷油器性能:

①拆下喷油器。

②用化油器清洗剂喷洗喷油器外表。

③用喷油器清洗检验仪清洗喷油器。

④检验喷油器滴油情况。在喷油器清洗检验仪上安装好喷油器,给喷油器加上正常油压,1min 内喷油器不得滴漏 1 滴以上油滴。如果不符合要求,则更换喷油器。

⑤检验喷油器喷雾状态,在喷油器清洗检验仪上使喷油器以一定喷油脉宽喷油,观察喷油器的喷雾状况,喷雾应均匀,其形状为较大角度的锥状,断油应干脆,无滴漏。如果不符合要求,则更换喷油器。

⑥检验喷油器喷射流量,在喷油器清洗检验仪上,正常压力下,使喷油器喷油,观察喷油器喷油流量,如夏利 2000 轿车 8A-FE 型发动机喷射流量一般为(45~75ml)/15s,且各个喷油器的喷射流量差值不得超过流量的 10%。如果不符合要求,则更换喷油器。

⑦装上喷油器。

第五章　发动机点火控制系统的检测

第一节　发动机点火控制系统的类型与工作情况

发动机点火系统已由传统点火系统、普通电子点火系统发展到发动机 ECU 控制点火系统。发动机 ECU 控制点火系统的作用是保证发动机在各种工况下实现精确点火，极大地改善了发动机的动力性、经济性和排放性。

一、发动机点火系统的类型

发动机 ECU 控制点火系统按高压电分配方式分为有分电器点火系统和无分电器点火系统，其中无分电器点火系统又有同时点火和独立点火两种形式。

1. 有分电器点火系统

夏利 2000 轿车 8A-FE 型发动机、桑塔纳 GLi 与 2000GLi 轿车 AFE 型发动机、切诺基 2.5L 四缸发动机与 4.0L 六缸发动机、广州本田雅阁 F23A3 发动机等点火系统仍保留分电器，分电器主要用于分配高压电，同时在分电器内安装了曲轴位置传感器。

2. 无分电器点火系统

①无分电器同时点火系统。富康轿车 TU5JP/K 型发动机、桑塔纳 2000GSi 轿车 AJR 型发动机、上海别克 L46 型发动机等均采用无分电器同时点火系统，其特点是一个点火线圈连接两个火花塞，如 1 缸和 4 缸、2 缸和 3 缸分别共用一个点火线圈，两个火花塞同时点火，其中一个火花塞在压缩行程点火，击穿电压高，火花能量强，称为有效点火，而另一个火花塞在排气行程点火，击穿电压低，火花弱，消耗点火能量少，称为无效点火。

②无分电器独立点火系统。在部分高级轿车上，如广州本田雅阁 V6 的 3.0L 发动机采用无分电器独立点火系统，其特点是每个气缸设置一个点火线圈，且点火线圈与火花塞直接连接，省掉分缸高压线，便于点火系统的布置，同时减少了高压线路的故障。

二、发动机点火系统的工作情况

发动机工作时，曲轴位置传感器、节气门位置传感器、冷却液温度传感器、凸轮轴位置传感器、爆燃传感器等信号送入发动机 ECU，发动机 ECU 判定需要点火的气缸，并确定一个最佳点火提前角，按最佳点火时刻点火，同时对点火线圈通电时间和发动机爆燃进行控制。

有分电器点火系统的高压电由分电器按点火顺序分配给各缸火花塞。无分电器同时点火系统由一个点火线圈同时向两个火花塞提供高压电，其中一个为有效点火，另一个为无效点火，四缸发动机设置两个点火线圈，六缸发动机设置 3 个点火线圈。无分电器独立点火系统分别由 1 个点火线圈为 1 个火花塞提供高压电。

1. 点火提前角的控制

发动机起动时发动机 ECU 按初始点火提前角控制点火时刻，而发动机起动后正常运转时以实际点火提前角控制点火时刻。实际点火提前角的确定，各车型有所不同，通常发动机实际点火提前角为初始点火提前角、基本点火提前角和修正点火提前角之和，如图 5-1 所示。

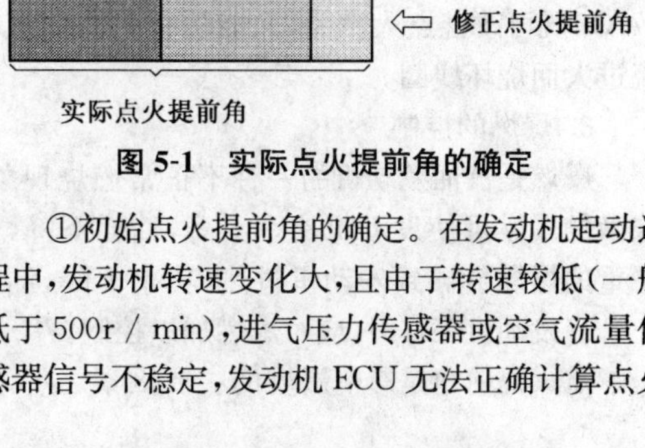

图 5-1　实际点火提前角的确定

①初始点火提前角的确定。在发动机起动过程中，发动机转速变化大，且由于转速较低(一般低于 500r / min)，进气压力传感器或空气流量传感器信号不稳定，发动机 ECU 无法正确计算点火

提前角，一般按设定的初始点火提前角确定点火时刻，初始点火提前角一般为5°～10°，其数值存储在发动机ECU中。发动机ECU根据起动开关信号和曲轴位置传感器信号判定起动工况。

②基本点火提前角的确定。发动机正常运转时，发动机ECU根据曲轴位置传感器信号和进气压力传感器或空气流量传感器信号在其存储的基本点火提前角特性图谱中确定对应的基本点火提前角，如图5-2所示。

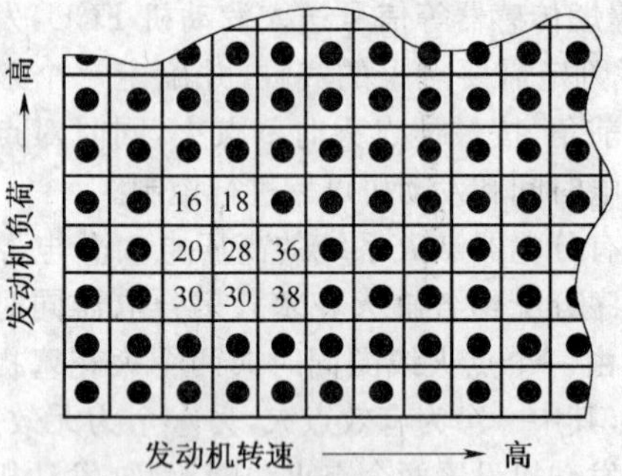

图5-2 基本点火提前角的特性图谱

③修正点火提前角的确定。发动机正常运转时，还应考虑有关因素对点火提前角的影响，如发动机温度、负荷、爆燃等。发动机ECU根据冷却液温度传感器信号、节气门位置传感器信号、爆燃传感器信号等对点火提前角进行修正。

2. 通电时间的控制

发动机点火系统工作时，点火线圈一次绕组通电电流的大小会影响点火能量和二次绕组电压最大值，因此，必须使点火线圈一次绕组通电电流达到一定值。点火线圈一次绕组通电电流可通过通电时间的长短来控制。发动机ECU根据发动机转速信号和电源电压确定最佳的通电时间，对点火线圈一次绕组的通电时间进行控制。在部分发动机点火系统中采用恒流控制，即发动机在不同转速下一次绕组电流均为规定值(7A)，既可改善点火性能，又能防止一次绕组电流过大而烧坏线圈。

3. 爆燃的控制

爆燃是汽油发动机的一种不正常燃烧现象。轻微的爆燃可使发动机功率上升，油耗下降，但严重的爆燃会导致发动机过热，功率下降，油耗上升。发动机工作时，应对爆燃加以控制。

点火提前角是影响爆燃的主要因素之一，减小点火提前角(即推迟点火)是消除爆燃的最有效措施。发动机ECU根据爆燃传感器信号判定有无爆燃及爆燃的强度，对点火提前角进行控制。当有爆燃时，减小点火提前角(推迟点火)，爆燃消除后，再逐渐增大点火提前角；当再次出现爆燃时，又减小点火提前角，如此反复。爆燃的控制就是发动机ECU以爆燃传感器信号为反馈信号的点火提前角闭环控制，如图5-3所示。

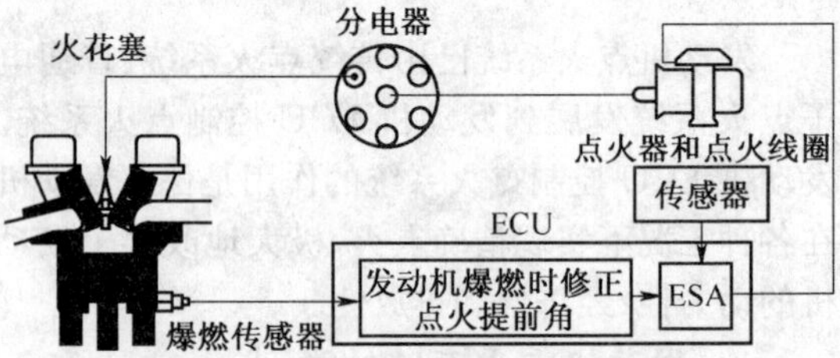

图5-3 点火提前角闭环控制示意图

第二节 发动机有分电器点火控制系统的检测

一、不带点火控制模块有分电器点火控制系统的检测

1. 点火系统的组成与控制

桑塔纳GLi轿车AFE型发动机有分电器点火系统的基本组成如图5-4所示，它包括分电器、点火线圈、火花塞、曲轴位置传感器、爆燃传感器，以及发动机ECU和进气压力与进气温度传感器、冷却液温度传感器等。霍尔效应式曲轴位置传感器位于分电器内。发动机ECU直接控制点火线圈，无单独点火模块。点火线圈产生的高压电由分电器分配到各缸火花塞，取消了分电器内的点火提前机构。

发动机ECU根据曲轴位置、进气压力、进气温度、冷却液温度等信号直接控制点火线圈通电与断电，使点火线圈产生高压电，由分电器将高压电分配到各缸火花塞，并能实现点火提前角、闭合角和爆燃控制。

2. 点火系统的检测项目与方法

(1)直观检查

①关闭点火开关。

②拔下火花塞上高压线。

③在高压线端接上一个火花塞。

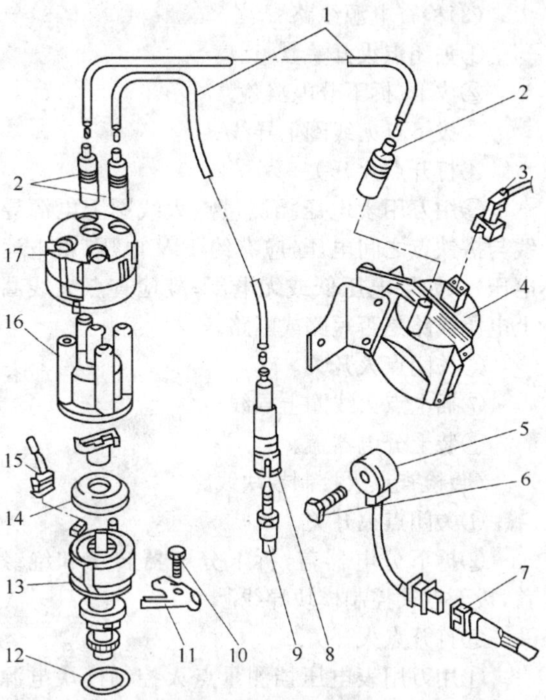

图 5-4　桑塔纳 GLi 轿车 AFE 型发动机有分电器点火系统分解图

1. 高压线　2. 高压线插头　3. 点火线圈插头　4. 点火线圈　5. 爆燃传感器　6. 螺栓　7. 爆燃传感器插头　8. 火花塞插头　9. 火花塞　10. 螺栓　11. 压板　12. O 形圈　13. 分电器　14. 防尘盖　15. 霍尔效应式曲轴位置传感器插头　16. 分电器盖　17. 屏蔽罩

④拔下喷油器插头，停止喷油。

⑤打开点火开关，使发动机转动。

⑥在发动机转动时，将火花塞靠在缸盖上，观察火花塞应有较强火花。

⑦关闭点火开关。

⑧取下高压线端火花塞。

⑨插上高压线。

(2)测量点火线圈电阻

①关闭点火开关。

②拔下点火线圈插头。

③拔下点火线圈中央高压线。

④用万用表电阻挡测量点火线圈电阻，一次绕组电阻值应为 1.2～1.4Ω，二次绕组电阻值应为 6～8kΩ。如果电阻值不符合要求，则更换点火线圈。

⑤插上点火线圈插头。

⑥插上点火线圈中央高压线。

(3)检查电源线路

①关闭点火开关。

②拔下点火线圈插头。

③打开点火开关。

④用万用表电压挡测量点火线圈插头电源端子，应有约 12V 电压(蓄电池电压)。如果电压低或无电压，应检查点火线圈电源线路是否短路或断路。

⑤关闭点火开关。

⑥插上点火线圈插头。

(4)测试点火信号

①关闭点火开关。

②拔下点火线圈插头。

③拔下喷油器插头，停止喷油。

④将 LED 测试灯连接到点火线圈插头端子之间。

⑤打开点火开关，使发动机转动。

⑥在发动机转动时，观察 LED 测试灯应闪烁。如果 LED 测试灯不闪烁，应检查点火线圈和发动机 ECU 之间的线路是否断路或短路，或更换发动机 ECU。

⑦关闭点火开关。

⑧插上喷油器插头。

⑨插上点火线圈插头。

二、带点火控制模块有分电器点火控制系统的检测

1. 点火系统的组成与控制

广州本田雅阁轿车 F23A3 型发动机有分电器点火系统的基本组成如图 5-5 所示，包括分电器、火花塞，以及 ECM/PCM(发动机与自动变速器电子控制单元)、曲轴位置传感器、进气压力传感器、进气温度传感器、冷却液温度传感器、气缸位置传感器、爆燃传感器等。点火线圈、点火控制模块(ICM)、气缸位置传感器均安装在分电器内。ECM/PCM 通过点火控制模块来控制点火线圈。

ECM/PCM 根据曲轴位置、进气压力、进气温度、节气门位置、冷却液温度等信号来控制点火控制模块，通过点火控制模块使点火线圈通电与断电，点火线圈产生高压电，由分电器将高压电分配到各缸火花塞，并能实现点火提前角、闭合角和爆燃控制。

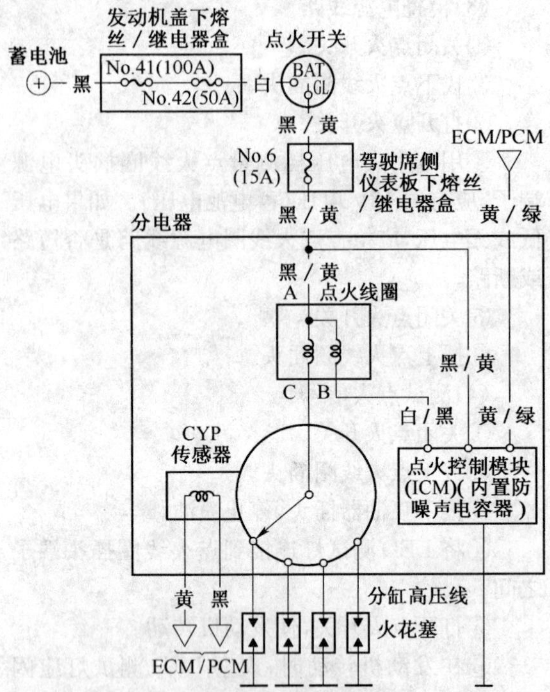

图 5-5 广州本田雅阁轿车 F23A3 型发动机点火系统电路图

2. 点火系统的检测项目与方法

(1)直观检查

①关闭点火开关。

②拔下火花塞上高压线。

③在高压线端接上一个火花塞。

④拔下喷油器插头,停止喷油。

⑤打开点火开关,使发动机转动。

⑥在发动机转动时,将火花塞靠在缸盖上,观察火花塞应有较强火花。

⑦关闭点火开关。

⑧取下高压线端火花塞。

⑨插上高压线。

(2)测量点火线圈电阻

①关闭点火开关。

②拆下分电器盖。

③拔下点火线圈上导线。

④用万用表电阻挡分别测量点火线圈电阻,一次绕组的电阻值应为 0.45～0.55Ω;二次绕组的电阻值应为 16.8～25.2kΩ。如果电阻值不符合要求,则更换点火线圈。

⑤插上点火线圈上导线。

⑥装上分电器盖。

(3)检查电源线路

①关闭点火开关。

②拔下、拆下分电器盖。

③拔下点火线圈上导线。

④打开点火开关。

⑤用万用表电压挡测量点火线圈上电源导线与搭铁点之间电压,应有约 12V 电压(蓄电池电压)。如果电压低或无电压,应检查点火线圈上电源线路是否短路或断路。

⑥关闭点火开关。

⑦插上点火线圈上导线。

⑧装上分电器盖。

(4)检查点火控制模块线路

①关闭点火开关。

②拆下分电器盖,拆下分电器转子和绝缘盖,拔下点火控制模块导线。

③打开点火开关。

④用万用表电压挡测量点火控制模块电源导线应有约 12V 电压(蓄电池电压)。如果电压低或无电压,应检查点火控制模块电源线路是否短路或断路。

⑤用万用表电压挡测量点火线圈控制导线(点火控制模块与点火线圈连接线),应有约 12V 电压(蓄电池电压)。如果无电压,则检查点火控制模块与点火线圈之间线路是否断路。

⑥关闭点火开关。

⑦拔下 ECM/PCM 插头。

⑧用万用表电阻挡检查点火控制模块与 ECM/PCM 之间的线路,点火控制模块与 ECM/PCM 之间的线路应导通,与搭铁点不导通。

⑨插上 ECM/PCM 插头。

⑩插上点火控制模块导线,装上分电器转子、绝缘盖和分电器盖。

(5)测试点火信号

①关闭点火开关。

②拆下分电器盖,拆下分电器转子和绝缘盖,拔下点火线圈导线。

③拔下喷油器插头,停止喷油。

④在点火线圈导线上连接 LED 测试灯。

⑤打开点火开关,使发动机转动。

⑥在发动机转动时,观察 LED 测试灯应闪烁。如果 LED 测试灯不闪烁,则更换点火控制

模块，或更换 ECM/PCM。

⑦关闭点火开关。

⑧取下 LED 测试灯。

⑨插上点火线圈导线，装上分电器转子、绝缘盖和分电器盖。

⑩插上喷油器插头。

(6)检查点火正时

①检查发动机怠速转速，发动机怠速转速应正常。

②从前乘员席侧仪表板下插头支架上拔出维修检查插头（2 芯，绿/黑及红/白导线），接上专用工具 SCS 短路插头。

③起动发动机，并让发动机在 3000r/min 下进行无负荷运转（换档操纵手柄置于 N 或 P 位置），直到发动机达到正常工作温度（即散热器风扇运转）为止，然后将发动机转速降至怠速。

④将正时灯连接到第 1 缸分缸高压线上，然后将灯光对准同步带下罩上的检查标记。在前大灯、鼓风机、后窗除雾器和空调等均不工作的情况下，检查点火正时。

⑤如果曲轴皮带轮上的标记与同步带罩上的检查标记对正，则表示点火正时值正确，其值为上止点前 12°±2°。如果正时标记未对正，则松开分电器固定螺栓，并顺时针（或逆时针）转动分电器壳体以推迟（或提前）点火正时。

⑥拧紧分电器固定螺栓，再次检查点火正时。

⑦拆下专用工具 SCS 短路插头。

第三节 发动机无分电器点火控制系统的检测

一、点火控制模块置于发动机 ECU 内同时点火控制系统的检测

1. 点火系统的组成与控制

富康轿车 TU5JP/K 型发动机点火系统为无分电器同时点火系统，点火控制模块置于发动机 ECU 内。点火系统由传感器、发动机 ECU、点火线圈和火花塞等组成。主要传感器有发动机转速传感器、进气压力与进气温度传感器、节气门位置传感器和爆燃传感器等。采用双点火线圈，1 缸与 4 缸共用一个点火线圈，2 缸与 3 缸共用一个点火线圈。

富康轿车 TU5JP/K 型发动机点火系统电路如图 5-6 所示，发动机 ECU 直接控制点火线圈通电与断电，一个点火线圈连接 1 缸与 4 缸的火花塞，另一个点火线圈连接 2 缸与 3 缸火花塞。在点火线圈上并联了一个电容器，以吸收点火线圈一次绕组断电时产生的自感电压。

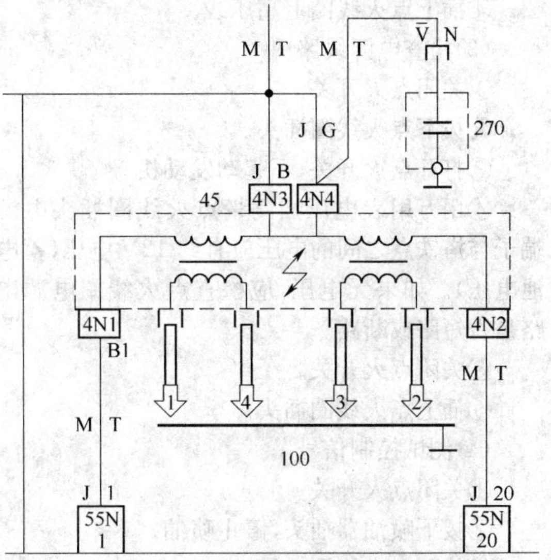

图 5-6 富康轿车 TU5JP/K 型发动机点火系统电路

发动机 ECU 控制点火线圈一次绕组通电与断电，在点火线圈二次绕组中产生高压电，点火线圈产生的高压电同时送至 1 缸与 4 缸火花塞，或同时送至 2 缸与 3 缸火花塞，在两个火花塞同时点火时，处于压缩行程气缸的火花塞为有效点火，而处于排气行程气缸的火花塞为无效点火。

2. 点火系统的检测项目与方法

(1)直观检查

①关闭点火开关。

②拔下喷油器插头，停止喷油。

③拔下火花塞上高压线。

④在拔下的高压线端接上一个火花塞。

⑤打开点火开关，使发动机转动。

⑥在发动机转动时，将火花塞靠在发动机缸盖上，观察火花塞应产生较强火花。

⑦关闭点火开关。

⑧取下高压线上的火花塞，插上高压线。

⑨插上喷油器插头。

(2)测量点火线圈电阻

①关闭点火开关。

②拔下点火线圈上高压线。

③用万用表电阻挡测量点火线圈一次绕组电阻,其电阻值应为0.05～0.5Ω;测量点火线圈二次绕组电阻,其电阻值应约为14.3kΩ。如果电阻值不符合要求,则更换点火线圈。

④插上点火线圈上高压线。

(3)检查电源线路

①关闭点火开关。

②拔下点火线圈插头。

③打开点火开关,不起动发动机。

④用万用表电压挡测量点火线圈插头电源端子与搭铁点之间的电压应有约12V电压(蓄电池电压)。如果无电压,应检查点火线圈电源电路是否短路或断路。

⑤关闭点火开关。

⑥插上点火线圈插头。

(4)测试控制信号

①关闭点火开关。

②拔下喷油器插头,停止喷油。

③拔下点火线圈插头。

④将LED测试灯接在点火线圈插头电源端子与信号端子之间。

⑤打开点火开关,使发动机转动。

⑥在发动机转动时,观察LED测试灯时应闪烁。如果LED测试灯不闪,应检查点火线圈和发动机ECU之间的线路是否短路或断路,或更换发动机ECU。

⑦关闭点火开关。

⑧插上点火线圈插头。

⑨插上喷油器插头。

二、点火控制模块置于点火线圈内同时点火控制系统的检测

1. 点火系统的组成与控制

桑塔纳2000GSi轿车AJR型发动机点火系统为无分电器同时点火系统,主要包括传感器、发动机ECU、点火控制组件和火花塞。基本信号为发动机转速传感器和空气流量的信号,修正信号为冷却液温度传感器、进气温度传感器、节气门电位计、怠速开关、凸轮轴位置传感器、爆燃传感器等信号。点火控制模块置于点火线圈内,双点火线圈与点火控制模块构成点火控制组件。1缸与4缸共用一个点火线圈,2缸与3缸共用一个点火线圈。

桑塔纳2000GSi轿车AJR型发动机点火系统电路如图5-7所示,发动机ECU控制点火组件中点火模块,使点火线圈通电与断电,一个点火线圈产生高压电后,同时输送给两个缸的火花塞,其中处于压缩行程气缸的混合气被点燃,而处于排气行程气缸的残余废气不能被点燃。

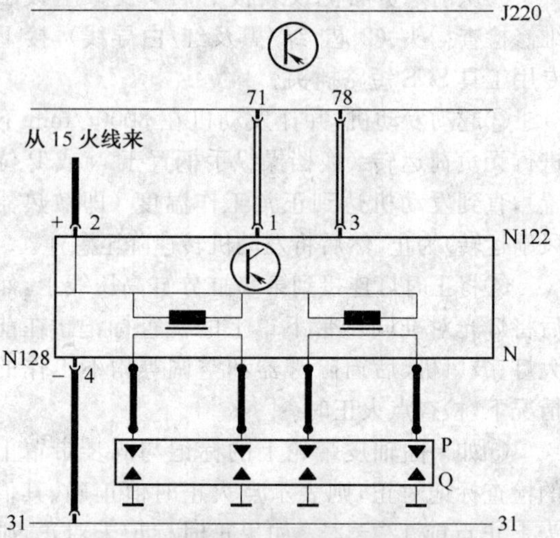

图5-7 桑塔纳2000GSi轿车AJR型发动机点火系统电路

2. 点火系统的检测项目与方法

(1)直观检查

①关闭点火开关。

②拔下喷油器插头,停止喷油。

③拔下火花塞上高压线。

④在拔下的高压线端接上一个火花塞。

⑤打开点火开关,使发动机转动。

⑥在发动机转动时,将火花塞靠在发动机缸盖上,观察火花塞,此时应产生较强火花。

⑦关闭点火开关。

⑧取下高压线上的火花塞,插上高压线。

⑨插上喷油器插头。

(2)测量点火线圈电阻

①关闭点火开关。

②拔下点火控制组件上高压线。

③用万用表电阻挡测量点火控制组件高压线插孔(A与D、B与C)之间电阻,其电阻值均应

为 4～6kΩ(20℃)。如果电阻值不符合要求,则更换点火控制组件。

④插上点火控制组件上高压线。

(3)检查电源线路

①关闭点火开关。

②拔下点火控制组件插头。

③打开点火开关,不起动发动机。

④用万用表电压挡测量点火控制组件插头电源端子与搭铁点之间的电压,应有约 12V 电压(蓄电池电压)。如果电压低或无电压,应检查点火控制组件电源线路是否短路或断路。

⑤关闭点火开关。

⑥插上点火控制组件插头。

(4)测试控制信号

①关闭点火开关。

②拔下喷油器插头,停止喷油。

③拔下点火控制组件插头。

④将 LED 测试灯接在点火控制组件插头信号端子与搭铁点之间。

⑤打开点火开关,使发动机转动。

⑥在发动机转动时,观察 LED 测试灯,此时应闪烁。如果 LED 测试灯不闪,应检查点火控制组件和发动机 ECU 之间的线路是否短路或断路,或更换发动机 ECU。

⑦关闭点火开关。

⑧插上点火控制组件插头。

⑨插上喷油器插头。

三、点火控制模块单独设置同时点火控制系统的检测

1. 点火系统的组成与控制

上海别克轿车 L46 型发动机采用无分电器同时点火系统,包括点火线圈、点火控制模块(ICM)、7X 曲轴位置传感器、24X 曲轴位置传感器、PCM(发动机与自动变速器电子控制单元)等,点火控制模块单独设置,与 PCM 和点火线圈连接,点火线圈为 3 个双缸点火线圈,每个双缸点火线圈连接两个火花塞,如图 5-8 所示。

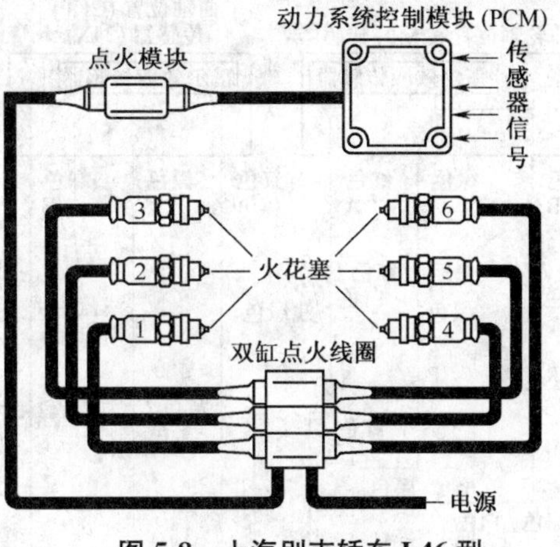

图 5-8　上海别克轿车 L46 型发动机点火系统组成

上海别克轿车 L46 发动机点火系统工作电路如图 5-9 所示,24X 曲轴位置传感器信号送入 PCM,在发动机转速低于 1200r/min 时,PCM 利用 24X 曲轴位置传感器信号计算发动机转速和曲轴转角,用于发动机低速时改善怠速点火正时控制。7X 曲轴位置传感器信号送入点火控制模块,由点火控制模块产生 3X 参考信号后送入 PCM,PCM 利用 3X 参考信号确定点火顺序,以及计算发动机高于 1600r/min 时的发动机转速和点火提前角。

点火系统的点火模块有 IC(点火控制)模式和旁通模式,点火控制模块根据 PCM 发送到旁通控制电路的 5V 电压决定点火模式。在发动机起动,或点火控制模式未接收到 PCM 提供的 5V 电压时,采用旁通模式,由点火控制模式控制点火正时,且点火提前角为一个固定值(上止点前 10°)。在发动机其他工况时,采用 IC 模式,由 PCM 确定点火提前角,通过点火控制电路向点火控制模块发送信号控制点火正时。

2. 点火系统的检测项目与方法

(1)直观检查

①关闭点火开关。

②拔下喷油器插头,停止喷油。

③拔下火花塞上高压线。

④在拔下的高压线端接上一个火花塞。

⑤打开点火开关,使发动机转动。

⑥在发动机转动时,将火花塞靠在发动机缸盖上,火花塞应产生较强火花。

⑦关闭点火开关。

⑧取下高压线上的火花塞,插上高压线。

⑨插上喷油器插头。

(2)检查电源线路

①关闭点火开关。

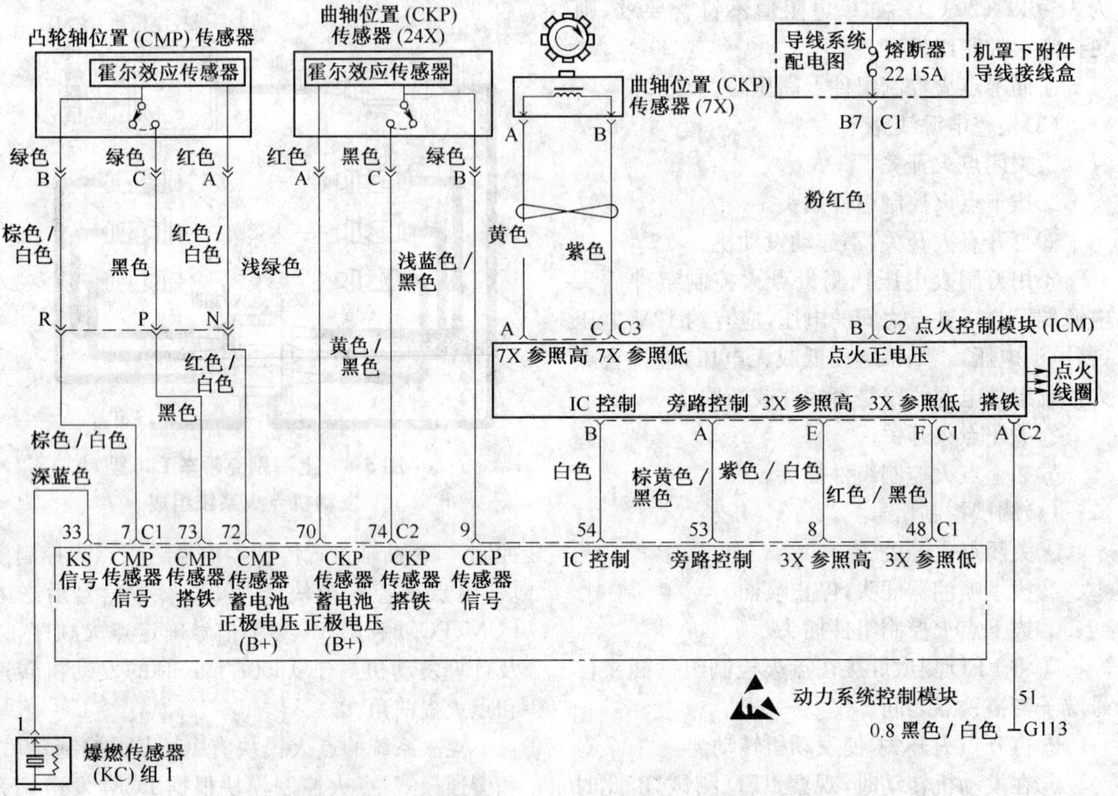

图 5-9 上海别克轿车 L46 型发动机点火系统电路

②拔下点火控制模块插头。

③打开点火开关。

④用万用表电压挡测量点火控制模块插头电源端子与搭铁点之间的电压，应有约 12V 电压。如果电压低或无电压，应检查点火控制模块电源线路是否短路或断路。

⑤关闭点火开关。

⑥插上点火控制模块插头。

(3)检查搭铁线路

①关闭点火开关。

②拔下点火控制模块 C2 插头。

③用万用表电阻挡检查点火控制模块 C2 插头搭铁端子与搭铁点之间的线路，应导通。

④插上点火控制模块 C2 插头。

(4)检查 3X 信号线路

①关闭点火开关。

②拔下点火控制模块 C1 插头。

③拔下 PCM 上 C1 插头。

④用万用表电阻挡检查点火控制模块 C1 插头 3X 信号端子和 PCM 的 C1 插头 8/C1 端子、点火控制模块 C1 插头 3X 信号端子和 PCM 的 C1 插头 48/C1 端子之间的线路，应导通。

⑤插上 PCM 上 C1 插头。

⑥插上点火控制模块 C1 插头。

(5)检查 IC 控制与旁通控制线路

①关闭点火开关。

②拔下点火控制模块 C1 插头。

③拔下 PCM 上 C1 插头。

④用万用表电阻挡检查点火控制模块 C1 插头 IC 控制端子和 PCM 的 C1 插头 53/C1 端子、点火控制模块 C1 插头旁通控制端子和 PCM 的 C1 插头 54/C1 端子之间的线路，应导通。

⑤插上 PCM 上 C1 插头。

⑥插上点火控制模块 C1 插头。

第六章　发动机怠速控制系统的检测

第一节　怠速控制系统的组成与工作情况

发动机怠速是指发动机无负荷时低速稳定运转。发动机怠速时，其转速高低，对汽油消耗和排放有较大的影响，另外，发动机冷起动后暖机，以及在怠速时增加负荷（如打开空调、动力转向），会引起发动机转速的变化，使怠速不稳，需要及时提高发动机怠速转速（快怠速）。怠速控制系统的作用是保证发动机起动后暖机和维持发动机怠速稳定运转。

一、怠速控制系统的控制方式

怠速控制的实质是对发动机怠速时进气量的控制，怠速控制系统也称为怠速空气控制系统（IAC）。按怠速空气控制方式，怠速控制可分为旁通空气式和节气门直动式两种。

1. 旁通空气式怠速控制

旁通空气式怠速控制通过控制旁通空气道的空气量来调节发动机怠速转速。节气门旁设置一条空气道，如图 6-1 所示。发动机怠速时，节气门完全关闭，怠速所需的空气通过旁通空气道流入进气支管，且怠速空气量由执行元件（怠速控制阀）在发动机 ECU 控制下进行调节。

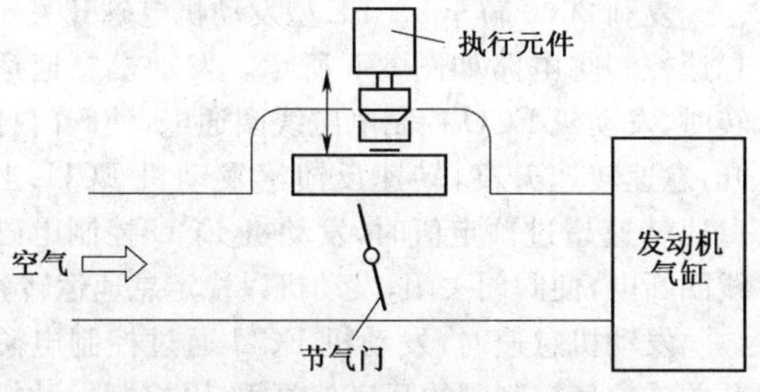

图 6-1　旁通空气式怠速控制方式

在大多数发动机上采用旁通空气式怠速控制方式，如富康轿车 TU5JP/K 型发动机、夏利 2000 轿车 8A-FE 型发动机、桑塔纳 GLi 轿车 AFE 型发动机、上海别克轿车 L46 型发动机等。

2. 节气门直动式怠速控制

节气门直动式怠速控制通过节气门直接控制空气量来调节发动机怠速转速。节气门由怠速执行元件直接驱动，如图 6-2 所示。发动机怠速时，怠速执行元件在发动机 ECU 控制下调节节气门开度，以控制怠速空气量。

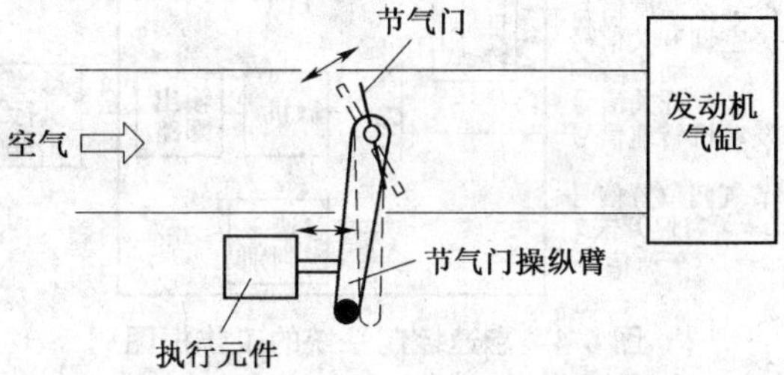

图 6-2　节气门直动式怠速控制方式

节气门直动式怠速控制方式应用在节气门控制系统（电子节气门）发动机上，如爱丽舍轿车 TU5JP4 型发动机，以及应用在部分大众、奥迪轿车发动机上，如桑塔纳 2000GSi 轿车 AJR 型发动机、捷达 GTX 轿车 EA113 型发动机等。

二、怠速控制系统的基本组成

怠速控制系统由传感器、发动机 ECU 和怠速执行元件组成，如图 6-3 所示，主要传感器有发动机转速传感器、冷却液温度传感器、节气门位置传感器、车速传感器、空调开关等，对于动力转向、自动变速器的车辆，还有动力转向开关、空档起动开关。执行元件为节气门驱动电动机。

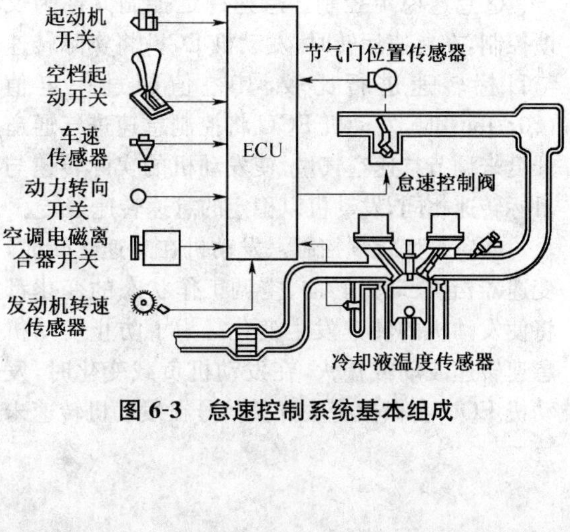

图 6-3　怠速控制系统基本组成

三、怠速控制系统的工作情况

发动机 ECU 根据节气门位置传感器信号判断发动机怠速状态，再根据冷却液温度传感器、车速、空调开关、动力转向开关等信号确定怠速目标转速，并与曲轴位置传感器检测的发动机实际转速进行比较，当实际转速高于目标转速，怠速执行元件使进气量减少，转速则降低；反之，怠速执行元件使进气量增加，转速则提高，从而对发动机怠速转速进行调节，使发动机稳定运转，如图 6-4 所示。

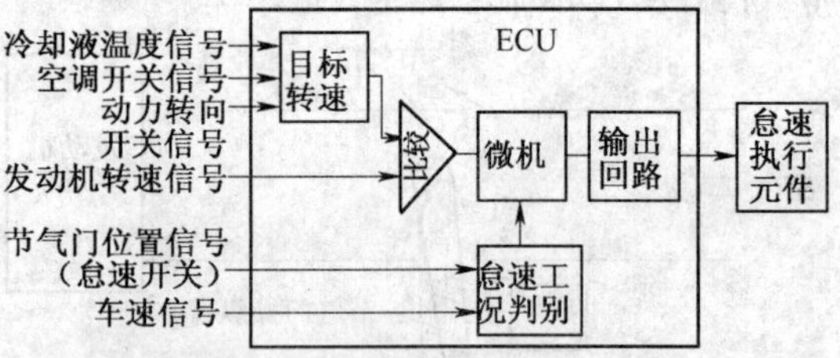

图 6-4 怠速控制系统的工作框图

①起动控制。当发动机 ECU 接收起动信号，怠速执行元件使怠速进气通道全开，以便发动机顺利起动。对于采用步进电动机式怠速控制阀，在每次发动机熄火后，怠速控制阀置于起动初始位置，即怠速控制阀预先设定在全开，为下次起动作准备。

②暖机控制。发动机起动后，发动机 ECU 将根据冷却液温度传感器信号按其内存的特性数据来控制怠速进气通道开度，发动机处于快怠速状态，使发动机快速升温，随着冷却液温度升高，怠速进气通道开度逐渐减小，发动机转速下降，当冷却液温度达到 70℃时，暖机过程结束，发动机以最低稳定转速运转。

③怠速稳定控制。怠速稳定控制又称为反馈控制，在怠速运转时，发动机 ECU 将实际转速与目标转速进行比较，其差值超过一定值(20r/min)时，发动机 ECU 将控制怠速进气通道开度来调节怠速空气量，使发动机的实际转速与目标转速相同，发动机以稳定的怠速转速运转。

④负载变化预控制。发动机在怠速运转时，变速器档位、动力转向、空调工作状态的变化都将使发动机的转速发生变化。为了防止发动机怠速转速波动或熄火，在发动机负载变化时，发动机 ECU 会根据有关开关信号在发动机转速未出现变化前调节怠速进气通道开度，使发动机以一定的速度稳定运转。

⑤学习控制。发动机工作一段时间后，怠速执行机构出现磨损或过脏会导致发动机怠速转速和控制信号之间的关系发生变化，发动机 ECU 通过怠速反馈控制功能记忆发动机怠速转速和控制信号之间的变化关系，并定期更新，发动机 ECU 将根据记忆数据对发动机怠速进行控制。如蓄电池的搭铁线被拆过，或清洗怠速控制阀后，发动机将会出现怠速不稳。经过短时间运行，ECU 重新学习之后，发动机怠速会恢复正常。但有些发动机需要进行初始化，或进行基本设定。

第二节 怠速控制阀的检测

怠速控制阀是旁通空气式怠速控制系统的执行元件，安装在发动机节气门体上或旁通进气管中。在发动机起动和怠速运转时，怠速控制阀在发动机 ECU 控制下调节旁通空气道的空气量，使发动机顺利起动、暖机和稳定怠速转速。

怠速控制阀主要有电磁开关式、电磁转阀式和步进电动机式。

一、电磁开关式怠速控制阀及其检测

1. 电磁开关式怠速控制阀的基本结构

在夏利 2000 轿车 8A-FE 型发动机上应用的电磁开关式怠速控制阀，安装在旁通空气道中，由电磁线圈、阀门和壳体组成。

2. 电磁开关式怠速控制阀电路与控制

夏利 2000 轿车 8A-FE 型发动机电磁开关式怠速控制阀电路如图 6-5 所示。发动机怠速运转时，发动机 ECU 控制电磁线圈通电，使阀门打开，怠速转速升高，转速反馈给发动机 ECU；当怠速转速超过预定值时，发动机 ECU 控制电磁线圈断电，使阀门关闭，发动机以稳定怠速运转。

发动机怠速时，发动机 ECU 通过控制电磁开关式怠速控制阀的开启与关闭，以控制发动机的怠速转速。因电磁开关式怠速控制阀控制怠速空气量少，在冷起动后的暖机过程中，为保证怠速转速稳定，需要增加空气量，因此设置了空气阀，由蜡式空气阀根据发动机冷却液温度来控制部分空气进入进气支管。

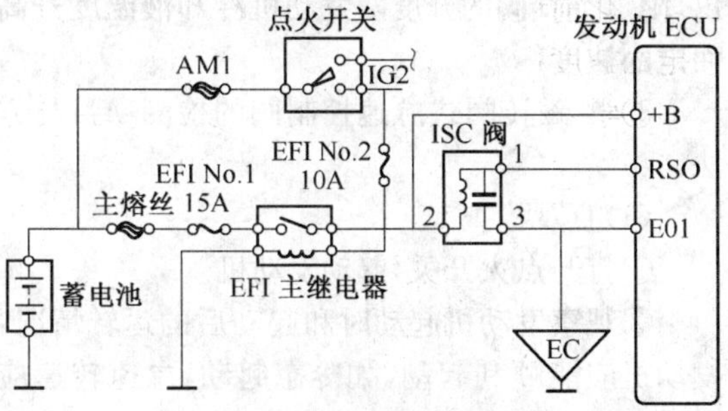

图 6-5　夏利 2000 轿车 8A-FE 型发动机电磁开关式怠速控制阀电路

3. 电磁开关式怠速控制阀的检测项目与方法

(1)直观检查

①检查电磁开关式怠速控制阀插头应连接良好,无松脱。

②打开点火开关,起动发动机,使发动机怠速运转。

③发动机怠速时,观察发动机怠速转速应正常,怠速运转稳定。

④发动机怠速运转时,打开空调开关(夏季)或打开前大灯,观察发动机转速变化,发动机转速应升高。

⑤关闭点火开关。

(2)测量线圈电阻

①关闭点火开关。

②拔下电磁开关式怠速控制阀插头。

③用万用表电阻挡测量电磁开关式怠速控制阀端子之间的电阻,其电阻值应符合要求,即线圈应无短路或断路。如果有短路或断路,则更换电磁开关式怠速控制阀。

④插上电磁开关式怠速控制阀插头。

(3)检查电源线路

①关闭点火开关。

②拔下电磁开关式怠速控制阀插头。

③打开点火开关。

④用万用表电压挡测量电磁开关式怠速控制阀插头电源端子与搭铁点之间的电压,应有约12V电压(蓄电池电压)。如果电压低或无电压,应检查电磁开关式怠速控制阀插头电源端子和继电器之间的线路是否断路或短路。

⑤关闭点火开关。

⑥插上电磁开关式怠速控制阀插头。

(4)测试控制状态

①关闭点火开关。

②拔下电磁开关式怠速控制阀插头。

③拆下电磁开关式怠速控制阀。

④将电磁开关式怠速控制阀处于半开状态。

⑤插上电磁开关式怠速控制阀插头。

⑥打开点火开关。

⑦观察怠速控制阀应在0.5s内完成完全开启、完全关闭、半开启的动作。如果怠速控制阀动作不符合要求,应检查电磁开关式怠速控制阀控制线路是否短路或断路,或更换发动机ECU。

⑧关闭点火开关。

⑨装上电磁开关式怠速控制阀。

⑩插上电磁开关式怠速控制阀插头。

二、电磁转阀式怠速控制阀及其检测

1. 电磁转阀式怠速控制阀的基本结构

在富康轿车TU5JP/K型发动机、桑塔纳GLi轿车AFE型发动机上应用的是电磁转阀式怠速控制阀。发动机ECU控制电磁转阀式怠速控制阀的开度,以调节旁通空气量。

富康轿车TU5JP/K型发动机电磁转阀式怠速控制阀的基本结构如图6-6所示,其主要由永久磁铁、转子、转阀、空气道、接线端子、壳体等组成。扇形转阀连接在转子轴上,与转子轴一起转动,用于控制流过旁通空气道的空气量。富康轿车TU5JP/K型发动机电磁转阀式怠速控制阀为双线圈转子。桑塔纳GLi轿车AFE型发动机电磁转阀式怠速控制阀为单线圈转子。

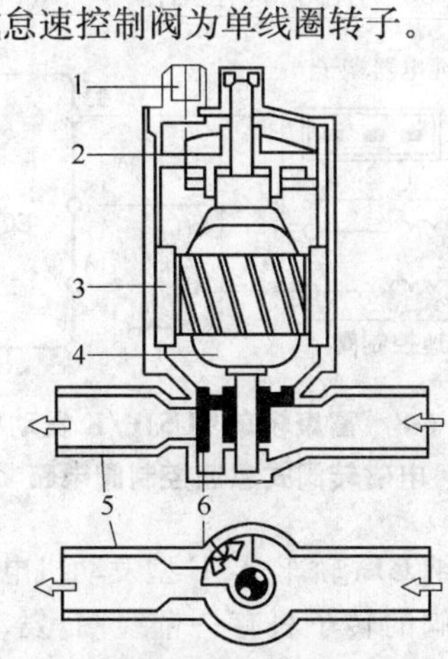

图 6-6　电磁转阀式怠速控制阀结构

1. 接线端子　2. 电刷　3. 永久磁铁　4. 转子　5. 旁通空气道　6. 转阀

2. 电磁转阀式怠速控制阀电路与控制

富康轿车 TU5JP/K 型发动机电磁转阀式怠速控制阀的转子有线圈 L1 和线圈 L2，两个线圈的绕向相反，线圈 L1 和线圈 L2 由发动机 ECU 独立控制，在发动机 ECU 内两个功率三极管的基极接反相器，且作用占空比信号，功率三极管 V_1 和功率三极管 V_2 输出相反电平，如图 6-7 所示。两个线圈交替通过电流，使转子轴交替作用方向相反的电磁力矩，当信号的占空比变化时，因电磁力矩具有较高的交变频率，转阀又有一定的惯性，于是，转子轴带动转阀转动一定角度，转阀能实现正反转，从而改变旁通空气量。

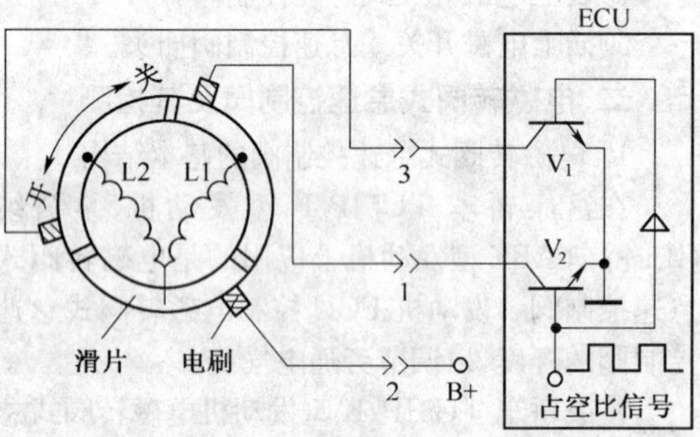

图 6-7 电磁转阀式怠速控制阀的控制示意图

富康轿车 TU5JP/K 型发动机电磁转阀式怠速控制阀的电路如图 6-8 所示，电磁转阀式怠速控制阀有 3 个接线端子，其中端子 2 由主继电器提供工作电源，而端子 1 与端子 3 分别由发动机 ECU 端子 33 与端子 15 控制。

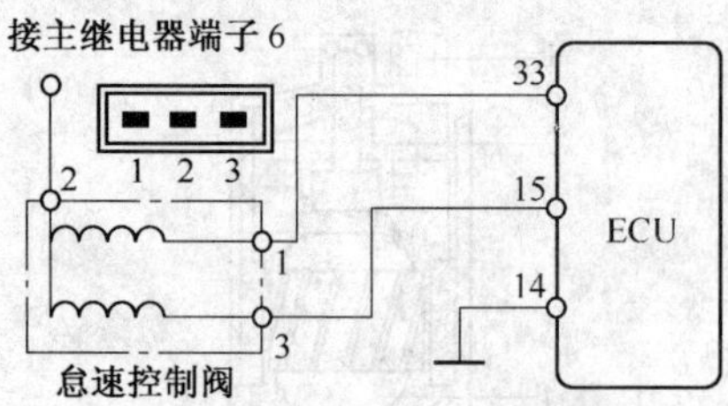

图 6-8 富康轿车 TU5JP/K 发动机电磁转阀式怠速控制阀电路

桑塔纳 GLi 轿车 AFE 型发动机电磁转阀式怠速控制阀的转子只有一个线圈，发动机 ECU 通过占空比信号控制电磁转阀式怠速控制阀的开度，实现怠速控制。因其对旁通空气量调节较少，在暖机期间需要增加的空气由附加空气阀提供，附加空气阀的开度随发动机冷却液温度升高而减小。

3. 电磁转阀式怠速控制阀的检测项目与方法

(1)直观检查

①打开点火开关，起动发动机。

②观察发动机起动时和起动后的运转情况，发动机应能顺利起动，如冷态起动，怠速转速应高于正常怠速转速，且随发动机温度升高逐渐降到正常怠速转速。

③发动机以正常怠速转速运转时，打开空调开关(夏季)或打开前大灯，观察发动机转速变化，发动机转速应升高。

④关闭点火开关。

(2)测量线圈电阻

①关闭点火开关。

②拔下电磁转阀式怠速控制阀插头。

③用万用表电阻挡测量电磁转阀式怠速控制阀端子之间的电阻，其电阻值应为 10～15Ω。如果电阻值不符合要求，则应更换电磁转阀式怠速控制阀。

④插上电磁转阀式怠速控制阀插头。

(3)检查电源线路

①关闭点火开关。

②拔下电磁转阀式怠速控制阀插头。

③打开点火开关。

④测量电磁转阀式怠速控制阀插头电源端子与搭铁点之间应有约 12V 电压(蓄电池电压)。如果电压低或无电压，应检查继电器、熔断器是否正常，检查电磁转阀式怠速控制阀电源线路是否短路或断路。

⑤关闭点火开关。

⑥插上电磁转阀式怠速控制阀插头。

(4)检查控制线路

①关闭点火开关。

②拔下电磁转阀式怠速控制阀插头。

③拔下发动机 ECU 插头。

④用万用表电阻挡检查电磁转阀式怠速控制阀信号端子和发动机 ECU 插头对应端子之间的线路，应导通。

⑤插上发动机 ECU 插头。

⑥插上电磁转阀式怠速控制阀插头。

三、步进电动机式怠速控制阀及其检测

1. 步进电动机式怠速控制阀的基本结构

上海别克轿车 L46 型发动机上采用步进电动机式怠速控制阀，其基本结构如图 6-9 所示，主要由定子线圈、转子、螺母、螺杆、阀芯、壳体等组成。转子内螺纹（螺母）与螺杆组成螺旋机构，阀芯与螺杆连接，转子旋转时，通过螺旋机构传动，由螺杆带动阀芯移动。步进电动机由定子线圈和转子组成，定子线圈包括两组相互独立的线圈，转子是一个永久磁铁。

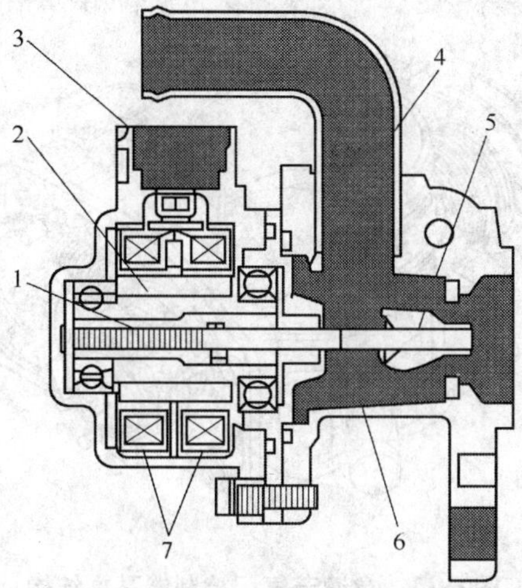

图 6-9　步进电动机式怠速控制阀的结构

1. 螺旋机构　2. 转子　3. 接线端子　4. 壳体　5. 阀芯　6. 螺杆　7. 定子线圈

2. 步进电动机式怠速控制阀电路与控制

发动机 ECU 输出脉冲信号控制步进电机两组线圈的电流方向，使两组线圈产生交替变化的磁场。当 A 端为高电位（12V）、A_1 端为低电位（0V）时，线圈 1 和线圈 2 分别产生 S 极和 N 极，转子被吸引顺时针转动 90°；当 B 端为高电位（12V）、B_1 端为低电位（0V）时，线圈 3 和线圈 4 分别产生 S 极和 N 极，转子被吸引顺时针转动 90°，如图 6-10 所示。如按此次序输出脉冲信号，转子便沿顺时针转动，反之，转子便沿逆时针转动。步进电动机的工作范围为 0～128 步。

当步进电动机转子转动时，螺杆将带动阀芯开大或关小阀门开度。步进电动机式怠速控制阀电路如图 6-11 所示，发动机 ECU 通过控制步进电动机的转动方向和转动角度来控制螺杆的移动方向和移动距离，从而控制怠速控制阀的开度。

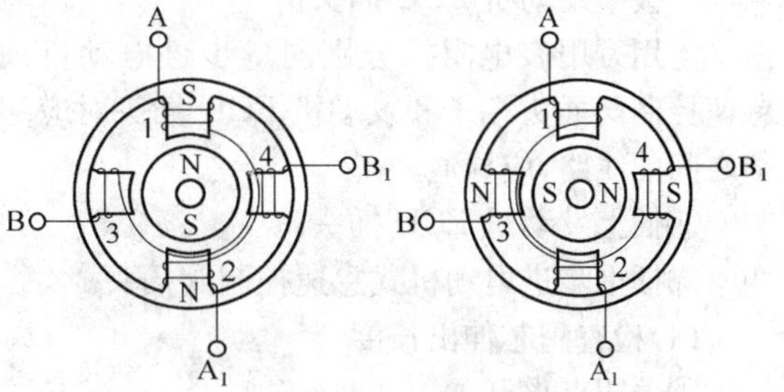

图 6-10　步进电动机的工作过程

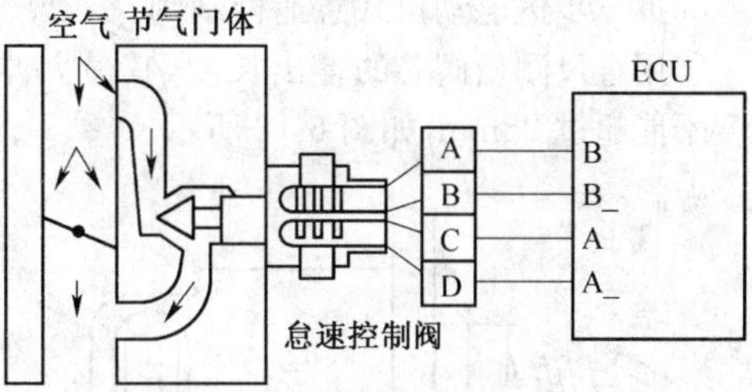

图 6-11　步进电动机式怠速控制阀电路

3. 步进电动机式怠速控制阀的检测

（1）直观检查

①打开点火开关，起动发动机，使发动机运转。

②发动机怠速时，观察发动机怠速转速应正常，怠速运转稳定。

③发动机怠速时，打开空调开关（夏季）或打开前大灯，观察发动机转速变化，转速应升高。

④关闭点火开关，使发动机熄火。

⑤在发动机熄火后 2～3s 内应能听到步进电动机式怠速控制阀发出的“嗡嗡”声，此时，步进电机式怠速控制阀预置于起动初始位置，使阀门开度最大。

（2）测量电阻

①打开点火开关。

②拔下步进电动机式怠速控制阀插头。

③用万用表电阻挡分别测量步进电动机式怠速控制阀端子电阻值，其电阻值应为 45～60Ω。如果电阻值不符合要求，则更换步进电动机式怠速控制阀。

④插上步进电动机式怠速控制阀插头。

（3）检查线路

①打开点火开关。

②拔下步进电动机式怠速控制阀插头。

③拔下发动机 ECU 插头。

④用万用表电阻挡分别测量步进电动机式怠速控制阀插头端子和发动机 ECU 插头对应端子之间的线路，应导通。

⑤插上发动机 ECU 插头。

⑥插上步进电动机式怠速控制阀插头。

(4)检查阀芯伸出长度

①关闭点火开关。

②拔下步进电动机式怠速控制阀插头。

③拆下步进电动机式怠速控制阀。

④用直尺测量阀芯的伸出长度，其最大伸出长度不能超过 28mm，如图 6-12 所示。

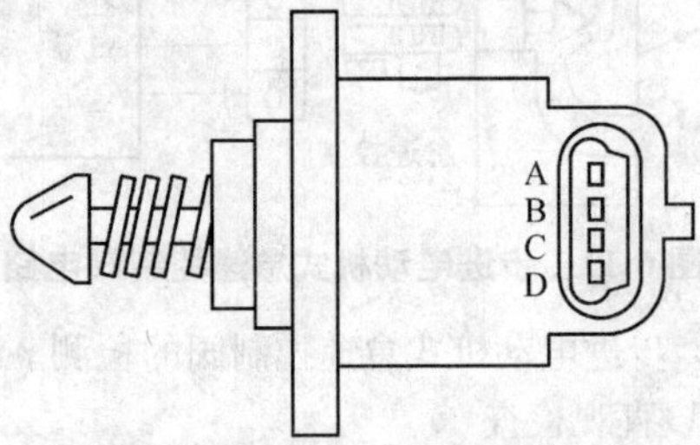

图 6-12 检查步进电动机式怠速控制阀阀芯伸出长度

⑤装上步进电动机式怠速控制阀。

⑥插上步进电动机式怠速控制阀插头。

第三节 节气门控制器的检测

节气门控制器是节气门直动式怠速控制系统的执行元件。在发动机怠速运转时，节气门控制器在发动机 ECU 控制下调节节气门的开度，实现对怠速空气量的调节，维持发动机怠速运转。

节气门控制器包括怠速节气门控制器和电子节气门控制器，怠速节气门控制器在发动机 ECU 控制下只对发动机怠速工况进行控制，其他工况则由加速踏板通过拉索来操纵节气门，而电子节气门控制器是节气门控制系统的执行元件，在发动机 ECU 控制下对发动机各工况进行控制。

一、怠速节气门控制器的结构与检测

1. 怠速节气门控制器的基本结构

桑塔纳 2000GSi 轿车 AJR 型发动机采用节气门直动式怠速控制系统，如图 6-13 所示。怠速节气门控制器(J338)主要包括节气门电位计、节气门定位电位计、怠速开关、节气门定位器(怠速电动机与减速齿轮)、紧急运行弹簧、节气门等部件。节气门定位电位计与怠速电动机相连，怠速电动机通过减速齿轮来驱动节气门。在非怠速工况下节气门由加速踏板通过拉索操纵。

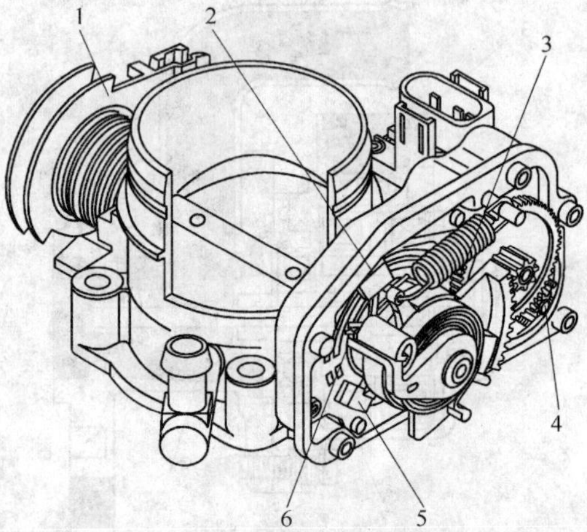

图 6-13 怠速节气门控制器基本结构

1. 节气门拉索轮 2. 节气门定位电位计 3. 紧急运行弹簧 4. 节气门定位器 5. 节气门电位计 6. 怠速开关

2. 怠速节气门控制器的控制

发动机怠速运转时，怠速开关闭合，如果发动机 ECU 没有接收到怠速开关信号，将按节气门电位计和节气门定位电位计的信号来判别怠速工况，发动机 ECU 控制怠速电动机转动，并通过减速齿轮驱动节气门动作，维持发动机在规定的转速范围内怠速运转。在发动机 ECU 没有接收到节气门定位电位计的信号，或怠速电动机损坏，使得发动机 ECU 无法控制怠速时，节气门控制器中的紧急运行弹簧起作用，使发动机处于紧急运行状态，节气门处于固定开度，发动机怠速将升高。

3. 怠速节气门控制器的检测项目与方法

(1)检查电源线路

①关闭点火开关。

②拔下怠速节气门控制器插头。

③打开点火开关。

④用万用表电压挡测量怠速节气门控制器插头端子电压，其中节气门定位电位计电源端子与搭铁点之间应有约5V电压，怠速开关电压端子与搭铁点之间应有约12V电压。如果电压低或无电压，应检查怠速节气门控制器插头和发动机ECU插头对应端子之间的线路是否短路或断路。

⑤关闭点火开关。

⑥插上怠速节气门控制器插头。

(2)测量电阻

①关闭点火开关。

②拔下怠速节气门控制器插头。

③用万用表测量怠速节气门控制器端子之间电阻，节气门关闭时，怠速开关电阻值应小于0.5Ω，节气门开启时，怠速开关电阻值应为无穷大；怠速电动机的电阻值应符合要求。如果电阻值不符合要求，则更换怠速节气门控制器。

④插上节气门控制器插头。

(3)检查线路

①关闭点火开关。

②拔下怠速节气门控制器插头。

③拔下发动机ECU插头。

④用万用表电阻挡检查怠速节气门控制器插头和发动机ECU插头对应端子之间的线路应导通。

⑤插上发动机ECU插头。

⑥插上怠速节气门控制器插头。

(4)基本设定

基本设定是对发动机ECU和怠速节气门控制器进行匹配。在拆过蓄电池搭铁线、拔下怠速节气门控制器插头、清洗或更换怠速节气门控制器、拔下发动机ECU插头、更换发动机ECU等情况下，需要进行基本设定，使发动机ECU记忆节气门位置，保证发动机怠速的精确控制。参照不同类型发动机的操作程序完成基本设定。

二、电子节气门控制器的结构与检测

1. 电子节气门控制器的基本结构

爱丽舍轿车TU5JP4型发动机采用电子节气门控制系统，电子节气门控制器包括节气门位置传感器、节气门驱动电动机、传动齿轮等，如图6-14所示。

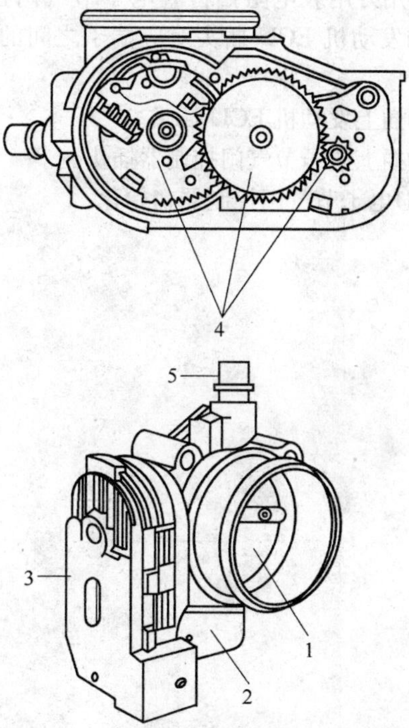

图6-14 电子节气门控制器基本结构

1. 节气门 2. 节气门驱动电动机 3. 节气门位置传感器 4. 传动齿轮 5. 炭罐电磁阀真空接口

2. 电子节气门控制器的控制

发动机ECU控制节气门驱动电动机转动，并通过传动齿轮来调节节气门开度，从而控制进气量，对发动机各工况进行控制(包括进行怠速控制)。

3. 电子节气门控制器的检测项目与方法

(1)直观检查

①关闭点火开关。

②拆下节气门体上进气管。

③起动发动机。

④发动机怠速运转时，观察发动机怠速运转情况，怠速应稳定，且怠速转速应符合要求。

⑤打开空调开关或打开前大灯开关，怠速转速应升高，观察节气门应动作。

⑥关闭点火开关。

⑦装上节气门体上进气管。

(2)检查线路

①关闭点火开关。

②拔下电子节气门控制器插头。

③拔下发动机 ECU 插头。

④用万用表电阻挡检查电子节气门控制器插头和发动机 ECU 插头对应端子之间的线路，应导通。

⑤插上发动机 ECU 插头。

⑥插上电子节气门控制器插头。

(3)电子节气门控制器初始化

在拆过蓄电池搭铁线、拔下电子节气门控制器插头、清洗或更换电子节气门控制器、拔下发动机 ECU 插头、更换发动机 ECU 等情况下，需要进行电子节气门控制器初始化，初始化的目的在于读取节气门开启的位置。

可参照爱丽舍轿车 TU5JP4 型发动机电子节气门控制器初始化操作程序完成初始化。

第七章　发动机排放控制系统的检测

第一节　汽油蒸发排放控制系统的检测

汽油蒸发排放控制系统(EVAP)的作用是将油箱中产生的汽油蒸气收集起来,适时送入进气支管,随进气一起进入气缸燃烧,以免汽油蒸气直接排入大气中造成环境污染,同时也减少了汽油的损耗。油箱中产生的蒸气不能通过油箱盖排出,而是由汽油蒸发排放控制系统进行回收,当油箱里汽油减少,导致气压降低时,空气可通过油箱盖进入油箱,以保持油箱内外压力的平衡。

汽油蒸发排放控制系统工作异常时,会造成混合气浓度变化,使发动机动力下降、怠速不稳。

一、汽油蒸发排放控制系统的组成

汽油蒸发排放控制系统的组成如图7-1所示,主要由油箱、活性炭罐、炭罐电磁阀、进气支管、发动机ECU和传感器等部件组成。活性炭罐与油箱通过软管连接,炭罐电磁阀安装在活性炭罐与进气支管之间的管路中。传感器包括节气门位置传感器、冷却液温度传感器、发动机转速传感器等,发动机ECU根据传感器信号控制炭罐电磁阀的开启与关闭。

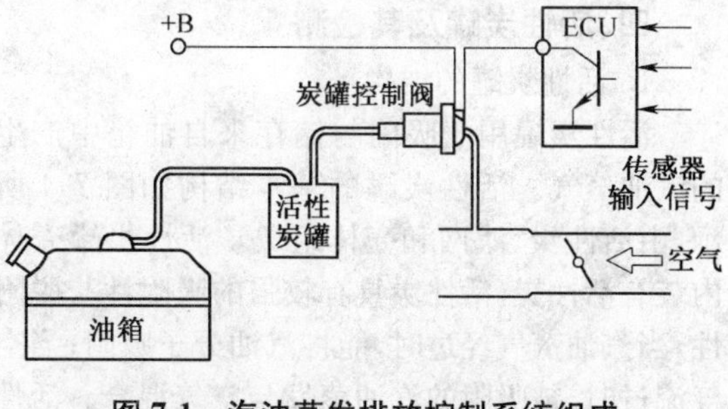

图7-1　汽油蒸发排放控制系统组成

二、汽油蒸发排放控制系统的工作情况

油箱中产生的汽油蒸气进入活性炭罐,汽油分子被活性炭吸附,储存在活性炭罐里。发动机运转时,发动机ECU将根据发动机转速传感器、节气门位置传感器、冷却液温度传感器等信号控制炭罐电磁阀的开启与关闭。当炭罐电磁阀开启时,活性炭罐内吸附的汽油被吸入进气支管,随进气一起进入气缸内燃烧;当炭罐电磁阀关闭时,活性炭罐内吸附的汽油将储存起来。

汽油蒸发排放控制系统的工作是有一定条件的,发动机在停转、未达到正常工作温度、怠速时,为防止因额外的进气对发动机的正常运转造成影响,发动机ECU控制炭罐电磁阀关闭,切断活性炭罐与进气支管的通路。发动机在正常工作温度下以中、高速运转时,发动机ECU控制炭罐电磁阀开启,接通活性炭罐与进气支管的通路。

三、炭罐电磁阀及其检测

1. 炭罐电磁阀的结构

炭罐电磁阀也称为炭罐控制阀或炭罐清污电磁阀。炭罐电磁阀的功能是在发动机ECU控制下接通与断开活性炭罐与进气支管的通道。

富康轿车TU5JP/K型发动机炭罐电磁阀的基本结构如图7-2所示,主要由电磁线圈、铁心、阀门、回位弹簧和壳体等组成。发动机ECU输出占空比信号控制电磁阀动作:电磁线圈通电时阀门开启,电磁线圈断电时阀门关闭。

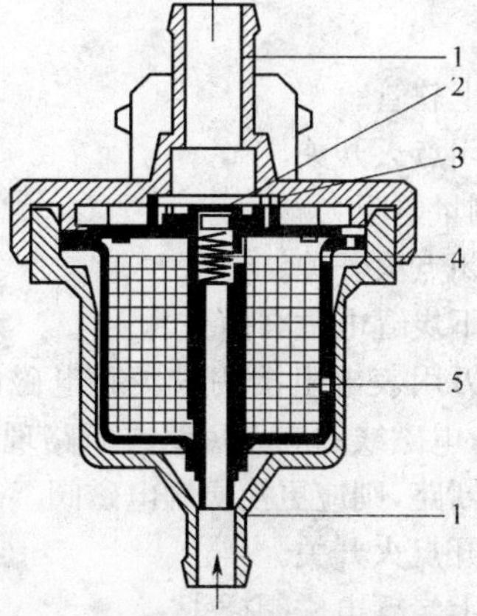

图7-2　富康轿车TU5JP/K型发动机炭罐电磁阀基本结构

1. 管接口　2. 阀门　3. 铁心　4. 回位弹簧　5. 电磁线圈

2. 炭罐电磁阀电路与控制

炭罐电磁阀电路如图 7-3 所示，炭罐电磁阀的电源由继电器提供，发动机 ECU 控制电磁线圈的通电与断电。

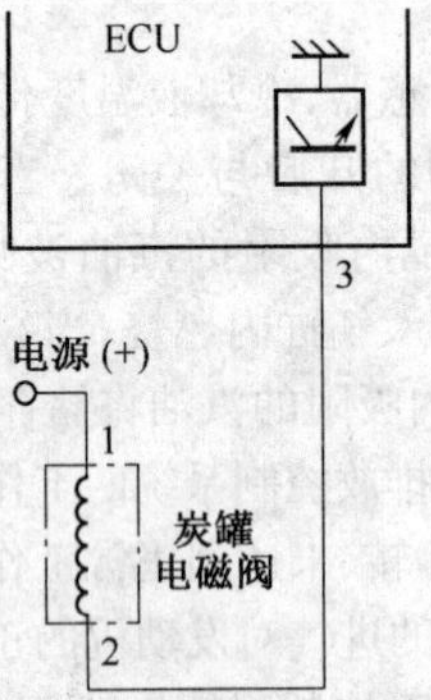

图 7-3 富康轿车 TU5JP/K 型发动机炭罐电磁阀电路

1. 炭罐电磁阀电源正极端子 2. 炭罐电磁阀信号端子 3. ECU 信号端子

3. 炭罐电磁阀的检测项目与方法

(1)直观检查

①检查软管有无老化、破裂，以及连接是否可靠，并注意连接是否正确，检查管路是否堵塞。

②检查炭罐电磁阀插头是否松动。

③打开点火开关，起动发动机。

④发动机怠速运转时，从炭罐电磁阀上拔下通活性炭罐的软管，用手触试炭罐电磁阀管接口应无真空吸力，此时炭罐电磁阀应关闭。在发动机正常温度下将发动机加速至 2500r/min 左右，炭罐电磁阀管接口应有真空吸力，此时炭罐电磁阀应打开。

⑤插上软管。

⑥关闭点火开关。

(2)测量电阻

①关闭点火开关。

②拔下炭罐电磁阀插头。

③用万用表电阻挡测量炭罐电磁阀端子之间的电阻，电磁线圈应无短路或断路现象。如果有短路或断路，则应更换炭罐电磁阀。

④打开点火开关。

⑤插上炭罐电磁阀插头。

(3)检查密封性

①关闭点火开关。

②拔下炭罐电磁阀插头。

③拔下炭罐电磁阀上软管。

④对炭罐电磁阀管接口吹气，应不通气，表明炭罐电磁阀关闭严密。直接给炭罐电磁阀通电，观察阀芯应无发卡现象，对炭罐电磁阀管接口吹气，应通气。如果不符合要求，则应更换炭罐电磁阀。

⑤插上炭罐电磁阀上软管。

⑥插上炭罐电磁阀插头。

(4)检查电源线路

①关闭点火开关。

②拔下炭罐电磁阀插头。

③打开点火开关。

④用万用表电压挡测量活性炭罐电磁阀插头电源端子与搭铁点之间的电压，应为 12V 左右(蓄电池电压)。如果电压低或无电压，应检查活性炭罐电磁阀电源线路是否短路或断路。

⑤关闭点火开关。

⑥插上炭罐电磁阀插头。

(5)测试控制信号

①关闭点火开关。

②拔下炭罐电磁阀插头。

③将 LED 测试灯接在炭罐电磁阀插头上。

④打开点火开关，起动发动机。

⑤在发动机正常温度下将发动机从怠速状态加速至 2500r/min 运转时，观察 LED 测试灯应亮起；发动机回到怠速时，观察 LED 测试灯应熄灭。如果不符合要求，应检查炭罐电磁阀和发动机 ECU 之间的线路是否短路或断路，或更换发动机 ECU。

四、活性炭罐及其检测

1. 活性炭罐的结构

活性炭罐用于吸附与储存来自油箱中产生的汽油蒸气。活性炭罐的基本结构如图 7-4 所示，由活性炭、滤网和壳体组成。活性炭罐壳体内装有活性炭，活性炭具有较强的吸附性与脱附性，当汽油蒸气经过时，能将汽油分子吸附；当空气流过时，被吸附的汽油蒸发与空气混合。活性炭罐壳体上部有两个管接口，分别与炭罐电磁阀、进气支管连接，下部有通气口和滤网，与大气相通。当炭罐电磁阀关闭时，进入活性炭罐的汽油蒸气被活性炭吸附，发动机运转过程中；当炭罐电磁阀开启，在进气支管进气真空作用下，空气从活性炭罐下部通气口流经活性炭，使活性炭吸附的汽油蒸发，汽油蒸气随空气一起被吸入进气支管。

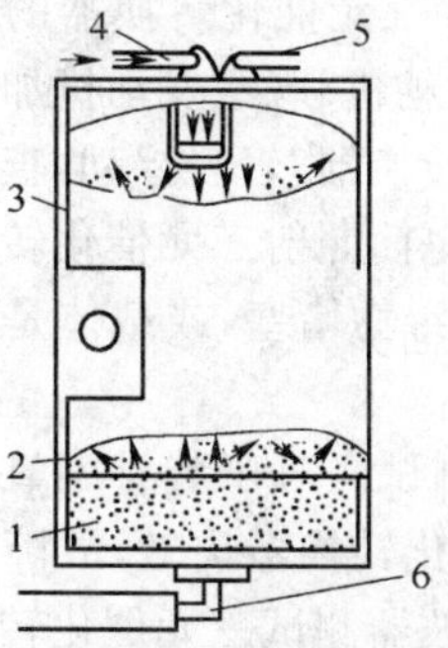

图 7-4　活性炭罐的结构与工作过程

1. 空气滤网　2. 活性炭　3. 活性炭罐壳体　4. 汽油蒸气输入管接口　5. 连接炭罐电磁阀管接口　6. 通大气

2. 活性炭罐的检查

①拔下活性炭罐上软管，从 A 管口吹气，观察压缩空气应能从 B 管口和下部 C 管口流出，从 B 管口吹气时应不通，如图 7-5a 所示。

②用手堵住 B 管口，用 300 kPa 左右的压缩空气从 A 管口吹入，可清洁活性炭罐下部通风滤网，如图 7-5b 所示。活性炭罐长期使用后通风滤网会堵塞，应经常检查与清洁。

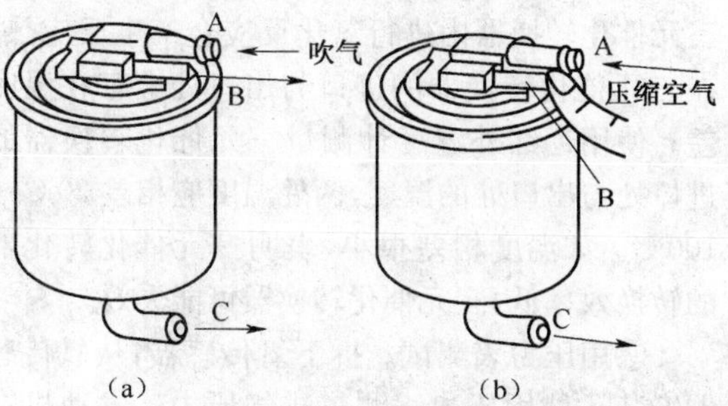

图 7-5　活性炭罐的检查与清洁

A—汽油蒸气输入管接口　B—连接炭罐电磁阀管口　C—通大气

第二节　三元催化转换器的检测

三元催化转换器（TWC）的功能是将发动机排气中的一氧化碳（CO）、碳氢化合物（HC）和氮氧化合物（NO_X）转为无害物质，对排出气缸的废气进行净化处理。

三元催化转换器的载体破裂、脏污，发生堵塞，引起发动机排气不畅，或催化剂中毒、过热老化，导致三元催化转换器失效，发动机会出现怠速不稳、加速不良、尾气中有害成分含量超标等现象。

影响三元催化转换器的转换效率的主要因素是混合气浓度和排气温度，试验发现混合气偏浓时 CO 和 HC 的转换效率低，而混合气偏稀时 NO_X 的转换效率低，只有在理论空燃比（14.7∶1）附近，排气中三种成分的转换效率都高，达到 90％以上，三元催化器的转换效率最佳，如图 7-6 所示。

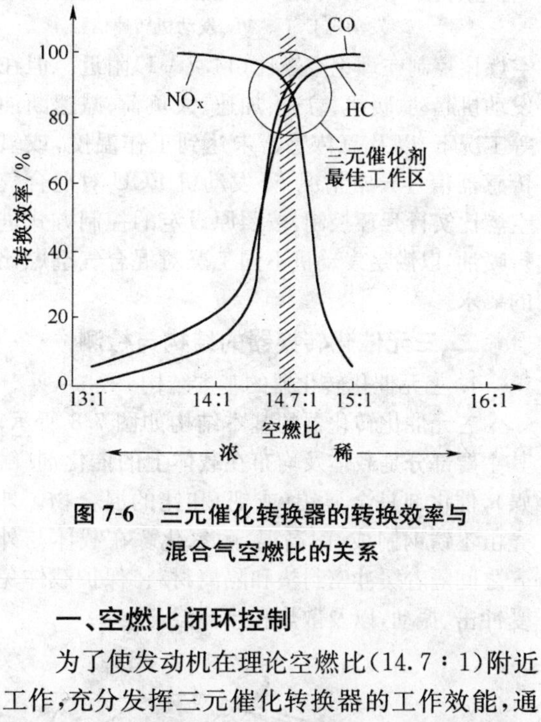

图 7-6　三元催化转换器的转换效率与混合气空燃比的关系

一、空燃比闭环控制

为了使发动机在理论空燃比（14.7∶1）附近工作，充分发挥三元催化转换器的工作效能，通常在发动机的排气管中设置氧传感器，以氧传感器为信号反馈元件，实行空燃比闭环控制。三元催化转换器安装在发动机排气管上，氧传感器安装在三元催化转换器前，用于检测从发动机气缸排出的废气中氧的含量，如图 7-7 所示。有的发动机在三元催化转化器后也安装了一个氧传感器，称为副氧传感器或下游氧传感器，用来监测三元催化转换器的工作状态。

氧传感器产生的反馈信号送入发动机 ECU，发动机 ECU 根据氧传感器信号对喷油量进行修正，实现混合气空燃比闭环控制，将实际

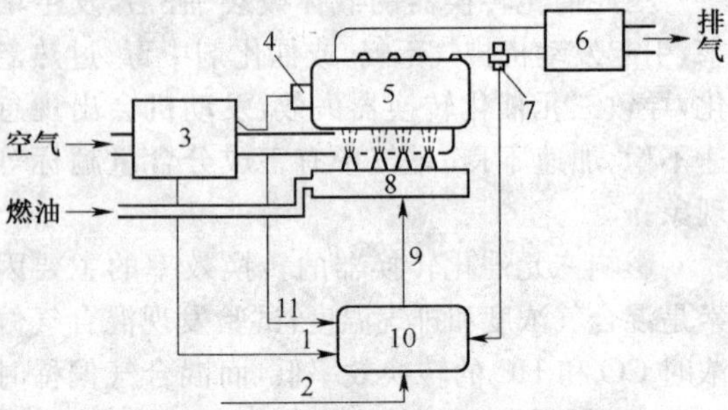

图 7-7 三元催化转换器与闭环控制系统示意图

1. 空气流量信号 2. 冷却液温度信号 3. 空气流量传感器 4. 发动机转速传感器 5. 发动机 6. 三元催化转换器 7. 氧传感器 8. 喷油器 9. 喷油量信号 10. 发动机 ECU 11. 发动机转速信号

空燃比控制在理论空燃比(14.7∶1)附近。但在发动机起动、暖机、怠速、加速、大负荷、减速断油等工况下,以及氧传感器未达到工作温度,或氧传感器信号异常情况下,发动机 ECU 对混合气空燃比实行开环控制,按照原设定的控制方式进行喷油,以满足发动机不同工况对混合气空燃比的要求。

二、三元催化转换器的结构与检测

1. 三元催化转化器的基本结构

三元催化转化器的基本结构如图 7-8 所示,其主要部分是载体及均布在载体上的催化剂(触媒),催化剂是金属铂(或钯)和铑的混合物。外壳由不锈钢制成,耐高温,耐氧化。在载体与外壳之间隔着缓冲密封垫和隔离材料,保护载体免受冲击、振动,以及散热和热补偿。

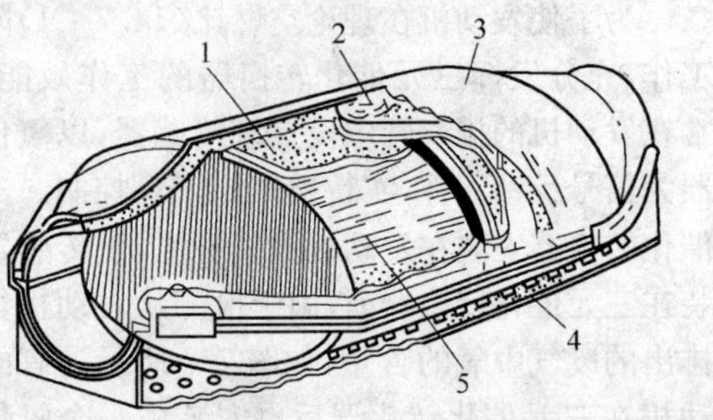

图 7-8 三元催化转化器基本结构

1. 缓冲密封垫 2. 隔离材料 3. 壳体 4. 护罩 5. 载体

当发动机排出的废气经过三元催化转换器时,载体上的催化剂促使废气中的一氧化碳和碳氢化合物发生氧化反应,生成二氧化碳与水,同时促使氮氧化合物发生还原反应,生成氮气与二氧化碳。

2. 三元催化转换器的检测项目与方法

①直观检查。观察三元催化转换器的外壳有无变形、锈蚀;起动发动机,观察发动机加速是否正常;拆下三元催化转换器,轻轻摇动,查听内部有无松动迹象;用手电筒照射三元催化转换器内部,查看接口处有无污物堵塞,或载体是否破损。

②用汽车示波器测试。对于装有副氧传感器的发动机,若三元催化转换器失效,故障指示灯会亮起,可用汽车示波器测试三元催化转化器两端氧传感器的信号波形,如两信号的频率相差 1/2 以上,表明三元催化转换器性能良好。

③用尾气分析仪测试。发动机冷态起动时,三元催化转换器还未达到正常工作温度,三元催化转换器的转换效率低,立即用四气或五气尾气分析仪测量尾气的排放含量,并记录下测量值;然后将发动机加速到 2500r/min 左右,运转数分钟后返回怠速,迅速测量尾气的排放含量。对照两次的测量值,如没有明显变化,表明三元催化转换器不良。

④用远红外温度计测试。发动机运转时,在三元催化转换器内进行氧化反应会产生反应热,在三元催化转换器的进口与出口处会存在温度差。使用远红外温度计测量三元催化转换器的进口处与出口处的温度,两处温度应相差 20℃～100℃。如温度相差很小,表明三元催化转化器的转换效率低,三元催化转换器可能失效。

⑤用压力表测试。拆下氧传感器,从氧传感器安装孔处用压力表测量排气压力。发动机在正常工作温度下怠速运转时,压力值应小于 8.6kPa,发动机转速提高至 2000r/min,压力值应不大于 20.7kPa。如任一压力值超出规定,表明排气受阻,在排气管或消声器畅通的情况下,可能是三元催化转换器堵塞。

第三节 废气再循环控制系统的检测

废气再循环控制系统(EGR)的作用是将发动机排出的部分废气再送入进气系统,与新鲜的混合气混合，以降低气缸内燃烧温度，减少氮氧化合物的生成。氮氧化合物是在高温下氮与氧的化合物，在废气中含有大量的二氧化碳，二氧化碳不参与燃烧，却能吸收热量，可降低燃烧温度，抑制氮氧化合物的生成。

但过度的废气再循环将会影响发动机的正常工作，特别是在怠速、低转速及发动机处于冷态运行时，再循环的废气将对发动机的性能产生严重的影响，因此，应根据发动机的实际工况及工作条件的变化，自动调节参与再循环的废气量，参与再循环的废气量一般在5%～15%之间为宜。

废气再循环控制系统的形式很多，按EGR阀的控制方式有真空式和步进电动机式，其中大多数发动机采用发动机ECU控制真空式废气再循环控制系统。

一、真空式废气再循环控制系统的检测

1. 真空式废气再循环控制系统的组成和工作过程

广州本田雅阁F23A3发动机采用真空式废气再循环控制系统，如图7-9所示，主要由EGR阀、EGR电磁阀、发动机ECU和传感器等组成。EGR阀设置在发动机排气管与进气支管之间，受发动机进气真空作用而开启与关闭，EGR阀带位置传感器。EGR电磁阀由发动机ECU控制，通过EGR电磁阀来接通和断开EGR阀的真空。

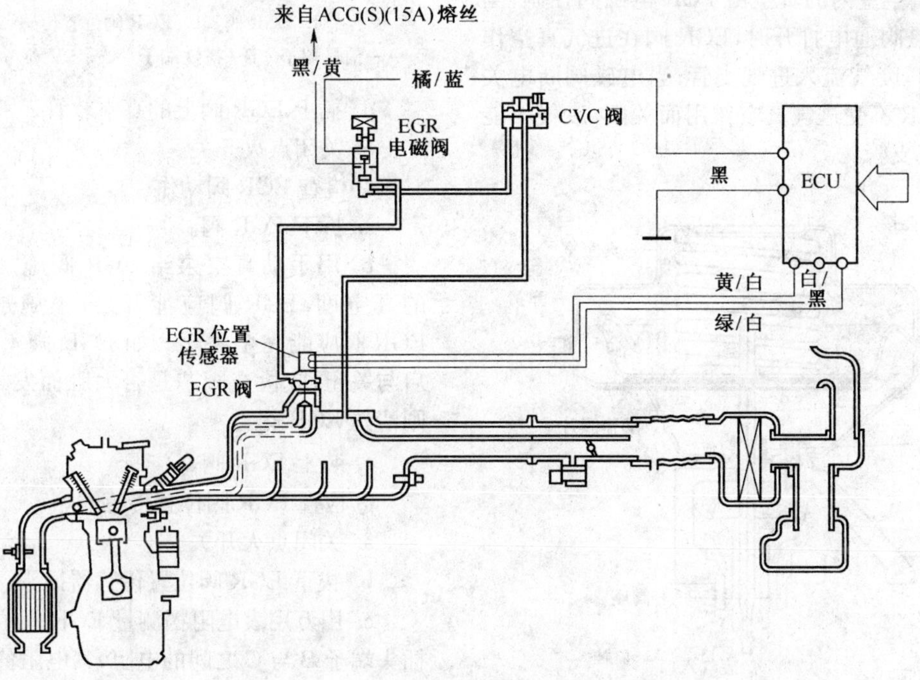

图7-9 广州本田雅阁F23A3发动机真空式废气再循环控制系统

发动机运转过程中，真空式废气再循环控制系统由发动机ECU根据冷却液温度、节气门位置、发动机转速和起动等信号控制EGR电磁阀的通电与断电，以接通与切断EGR阀的真空，使EGR阀开启与关闭，即按发动机的实际工况及工作条件来控制废气再循环。当发动机怠速、低速小负荷、全负荷、冷态运行时，将停止废气再循环。

EGR阀位置传感器用于检测废气再循环阀的实际开度，将其信号作为反馈信号，对废气再循环实行闭环控制，以有效控制废气再循环率，精确控制废气再循环量。在EGR阀工作时，发动机ECU根据发动机的转速、负荷、冷却液温度、节气门位置等信号确定所需的EGR阀的开度。并把该开度与EGR阀位置传感器提供的EGR阀开度信号进行比较，输出适当占空比信号将EGR阀调至所需的开度。发动机ECU还可以根据EGR阀位置传感器的信号检测EGR

阀是否动作及其开度是否正常，当EGR阀工作不正常(开度过大或过小)时，将通过EGR电磁阀来调整EGR阀的开度。若调整无效，发动机故障指示灯会亮。

2. 真空式EGR阀的结构与检测

(1)EGR阀的基本结构

EGR阀的功能是控制废气的再循环。EGR阀的基本结构如图7-10所示，主要由膜片、弹簧、阀芯和阀座等组成。EGR阀分为上下两部分，中间用膜片隔开，上部为真空室，下部为阀芯与阀座。阀门的开启与关闭取决于膜片上方弹簧的弹力和真空度，当真空度增大时，膜片压缩弹簧上移，阀门被打开，反之阀门被关闭。而EGR阀真空室内的真空由EGR电磁阀控制，当EGR电磁阀通电打开时，EGR阀在进气真空作用下开启，废气流入进气支管；当电磁阀断电关闭时，EGR不受进气真空作用而关闭，废气不能进入进气支管。

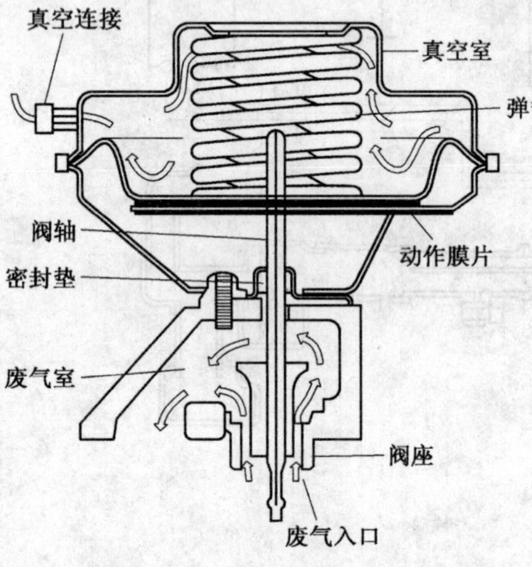

图7-10 真空式EGR阀基本结构

EGR阀位置传感器与膜片连接，如图7-11所示，EGR阀位置传感器为滑动电阻式传感器。

(2)EGR阀的检测项目与方法

①测试EGR阀工作状态。

a. 打开点火开关，起动发动机。

b. 发动机怠速运转时，拆下EGR阀上的真空软管，夹住真空软管。

c. 用手动真空泵给EGR阀施加约15kPa的真空度，此时，发动机会出现怠速不稳，甚至熄火现象。如果不符合要求，应检查EGR阀。

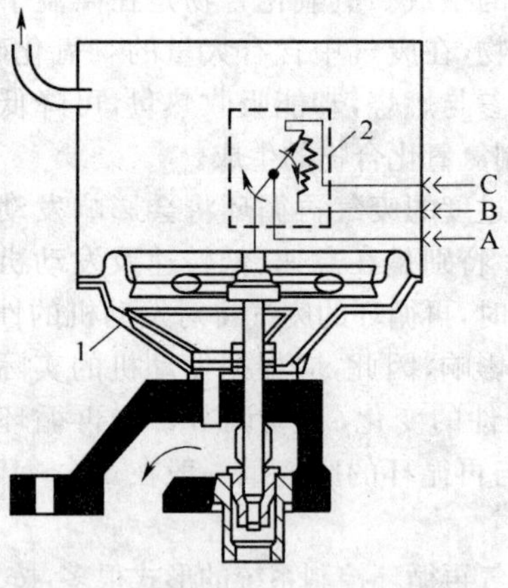

图7-11 真空式EGR阀位置传感器

1. EGR阀 2. EGR阀位置传感器

A—信号端子 B—搭铁端子 C—5V参考电压端子

d. 插上EGR阀上的真空软管。

e. 关闭点火开关。

②检查EGR阀动作。

a. 拆下EGR阀。

b. 用手动真空泵给EGR阀施加约15kPa的真空度，EGR阀应能开启；不施加真空度，EGR阀应能完全关闭。如EGR阀不能自如开启与关闭，应检查阀芯是否太脏而发卡，若太脏则清洗EGR阀。

c. 装上EGR阀。

③检查EGR阀位置传感器。

a. 关闭点火开关。

b. 拔下EGR阀位置传感器插头。

c. 用万用表电阻挡测量EGR阀位置传感器插头端子B与C之间的电阻，其电阻值应符合要求。拔下连接EGR阀与EGR电磁阀的真空软管，用手动真空泵对EGR阀施加真空，用万用表电阻挡测量EGR阀位置传感器插头端子A与C之间的电阻值，其电阻值应随着真空度的变化而连续变化。如果电阻值不符合要求，则更换EGR阀。

d. 插上EGR阀位置传感器插头。

3. EGR电磁阀的结构与检测

(1)EGR电磁阀的基本结构

EGR电磁阀用于控制EGR阀的真空。EGR电磁阀由电磁线圈、阀芯和阀体组成，在阀体上有三个管接口，分别通发动机进气支管、EGR阀和大气，如图7-12所示。EGR电磁阀由发动机ECU控制通电和断电，EGR电磁阀断电时，B与C连通，A与C不通，EGR阀真空室通大气，真空被切断；EGR电磁阀通电时，A与B连通，A、B与C均不通，EGR阀真空室与大气不通，真空被接通。

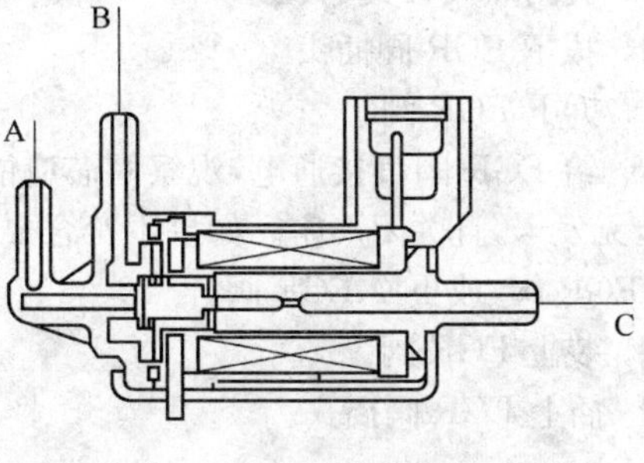

图7-12　EGR电磁阀的基本结构

A—接进气支管　B—接EGR阀　C—通大气

(2)EGR电磁阀的检测项目与方法

①测量线圈电阻。

a. 关闭点火开关。

b. 拔下EGR电磁阀插头。

c. 用万用表电阻挡测量EGR电磁阀电阻，其阻值应为25～40Ω。如果电阻值不符合要求，则更换EGR电磁阀。

d. 插上EGR电磁阀插头。

②检查电源线路。

a. 关闭点火开关。

b. 拔下EGR电磁阀插头。

c. 打开点火开关。

d. 用万用表电压挡测量EGR电磁阀插头电源端子，应有约12V电压(蓄电池电压)。如果电压低或无电压，应检查EGR电磁阀电源线路是否短路或断路。

e. 关闭点火开关。

f. 插上EGR电磁阀插头。

③检查通断情况。

a. 关闭点火开关。

b. 拔下EGR电磁阀插头。

c. 拆下EGR电磁阀上软管。

d. EGR电磁阀不通电时，从B孔吹入空气，应从C孔流出，A孔不通，如图7-13a所示；给EGR电磁阀直接通电，从B孔吹入空气，应从A孔流出，C孔不通，如图7-13b所示。

e. 插上EGR电磁阀上软管。

f. 插上EGR电磁阀插头。

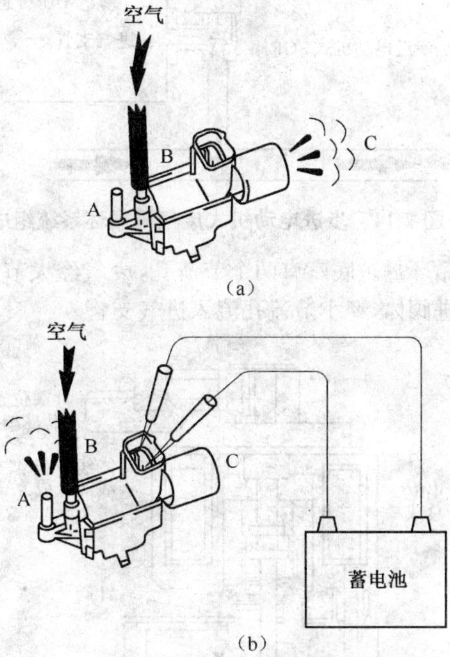

图7-13　EGR电磁阀通断情况检查

A—接进气支管　B—接EGR阀　C—通大气

二、步进电动机式废气再循环控制系统的检测

1. 步进电动机式废气再循环控制系统的组成

上海别克轿车L46型发动机采用步进电动机式(线性控制式)废气再循环控制系统，其基本组成如图7-14所示，主要部件是步进电动机式EGR阀，该阀安装在发动机排气管与进气支管之间，且由发动机ECU直接控制，不需要真空，能精确控制发动机的废气再循环量，与进气支管真空度的大小无关。

2. 步进电动机式EGR阀的结构与检测

(1)EGR阀的基本结构

步进电动机式EGR阀总成的结构如图7-15所示，它包括步进电动机(线圈、电枢)、针阀、EGR阀位置传感器和底座等。发动机ECU控制步进电动机工作，以EGR阀位置传感器检测针阀开启位置的信号为反馈信号，精确调节废气

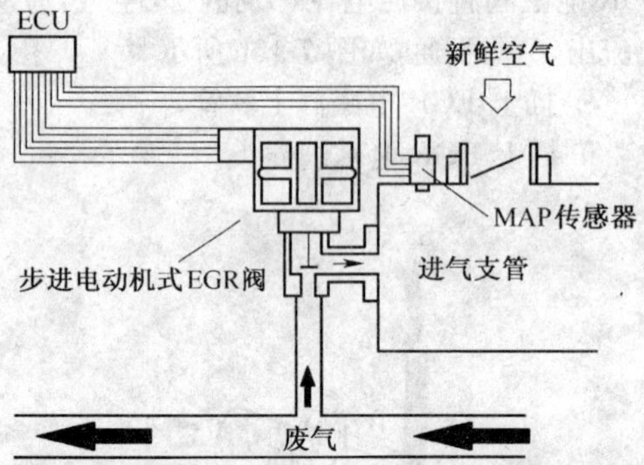

图 7-14 步进电动机式废气再循环系统组成

再循环量。底座有两个节流孔，废气经大节流孔流进阀体，经小节流孔流入进气支管。

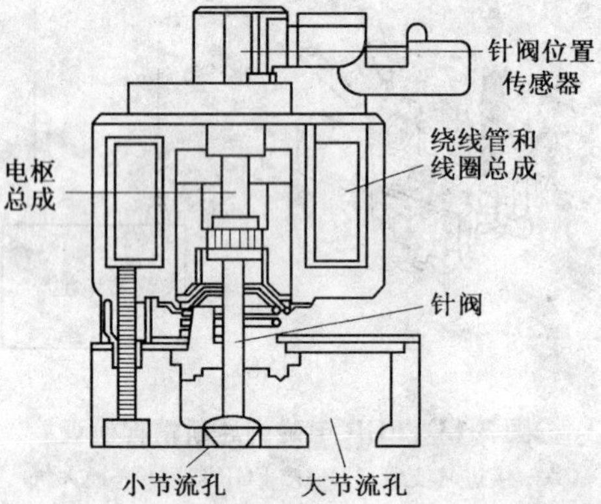

图 7-15 步进电动机式 EGR 阀基本结构

(2)步进电动机式 EGR 阀的检测项目与方法

①测量电阻。

a. 关闭点火开关。

b. 拔下 EGR 阀插头。

c. 用万用表电阻挡测量 EGR 阀插头步进电动机端子之间的电阻，其电阻值应为 10～20Ω。如果电阻值不符合要求，则更换 EGR 阀。

d. 插上 EGR 阀插头。

②检查 EGR 阀位置传感器。

a. 关闭点火开关。

b. 拔下 EGR 阀插头。

c. 打开点火开关。

d. 用万用表电压挡测量 EGR 阀插头位置传感器电源端子之间的电压，应约为 5V。用万用表电阻挡测量 EGR 阀位置传感器端子之间的电阻，5V 电源端子与搭铁端子之间的电阻值应为 1300Ω。针阀从关闭到完全开启过程中，信号端子与搭铁端子之间的电阻值在 300～1200Ω 内连续变化。如果电阻值不符合要求，则应更换 EGR 阀。

e. 关闭点火开关。

f. 插上 EGR 阀插头。

③测试 EGR 阀动作。

a. 关闭点火开关。

b. 拔下 EGR 阀插头。

c. 拆下 EGR 阀。

d. 给 EGR 阀直接通电，观察阀芯应能正常移动，无发卡，且关闭严密。如果不符合要求，应清洗 EGR 阀，或更换 EGR 阀。

e. 装上 EGR 阀。

f. 插上 EGR 阀插头。

第四节 二次空气喷射系统的检测

二次空气喷射系统的作用是将新鲜空气喷入排气管或三元催化转换器中，使排气中的一氧化碳和碳氢化合物氧化成为二氧化碳和水，进一步降低排气中的有害排放物，并提高三元催化转换器的转化效果。

为了与发动机的正常进气区别开来，通常把向排气系统中输送的空气称为二次空气。按二次空气供给的动力源不同，将二次空气喷射系统分为空气泵式和排气脉动式两种形式。

一、空气泵式二次空气喷射系统的组成与检测

1. 基本组成

一汽奥迪 A6 轿车发动机采用了空气泵式二次空气喷射系统。空气泵式二次空气喷射系统由空气泵、旁通阀、分流阀、空气分配管、空气喷管和单向阀等组成，如图 7-16 所示。空气泵由发动机驱动，或由电动机驱动。在分流阀与排气支管之间、分流阀与三元催化转换器之间均装有单向阀，以防止高温废气倒流。旁通阀和分流阀均为真空驱动形式，两阀分别用真空软管与发动机进气支管连接，两阀的线圈由发动机 ECU 控制通电与断电。

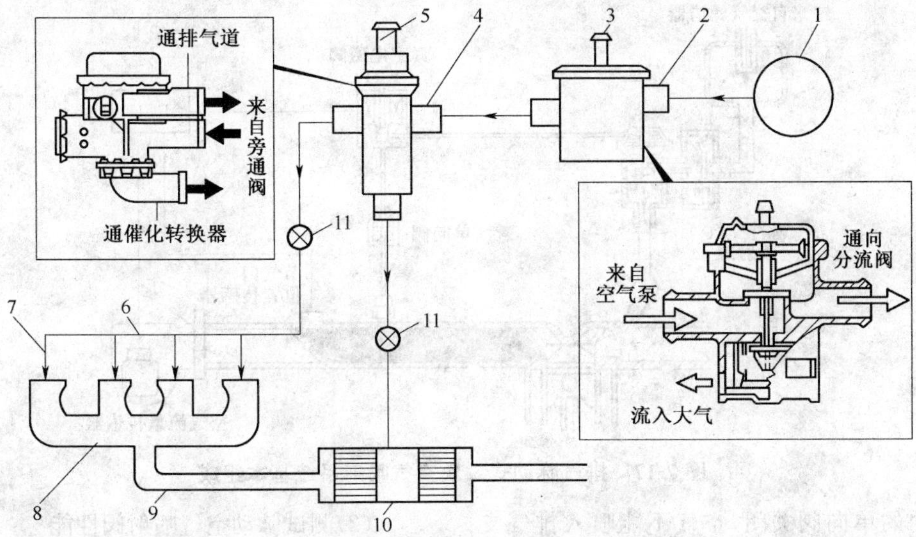

图 7-16　空气泵式二次空气喷射系统组成

1. 空气泵　2. 旁通阀　3、5. 真空管接口　4. 分流阀　6. 空气分配管　7. 空气喷管　8. 排气支管　9. 排气管　10. 三元催化转换器　11. 单向阀

2. 工作过程

发动机冷态起动后，发动机 ECU 使旁通阀和分流阀的线圈断电，同时切断通向旁通阀和分流阀的真空，空气泵输出的空气经旁通阀进入大气。其持续时间取决于发动机的温度，如果发动机温度很低，持续时间较长。

发动机暖机时，发动机 ECU 使旁通阀线圈和分流阀线圈都通电，接通通向旁通阀和分流阀的真空，空气泵输出的空气经旁通阀流入分流阀，再由分流阀流入空气分配管，经空气喷管喷入排气支管。

发动机在正常温度下工作时，发动机 ECU 使旁通阀线圈通电，接通旁通阀的真空，而分流阀线圈断电，切断分流阀的真空，空气泵输出的空气经旁通阀进入分流阀，再经分流阀喷入三元催化转换器。

3. 检测项目与方法

(1)基本检查

①检查二次空气喷射系统的管路应无破损，连接应无松脱，不漏气。

②测量旁通阀线圈和分流阀线圈电阻，其电阻值应符合要求。

③检查旁通阀线圈和分流阀线圈的线路应无断路或短路。

④对于发动机驱动的空气泵，应检查驱动带是否磨损、过松。

(2)测试分流阀密封性

分流阀关闭不严，会导致发动机怠速不稳，应测试分流阀是否关闭良好。发动机在正常工作温度怠速时，拔下分流阀上的真空管，使分流阀处于关闭状态，检测氧传感器的信号，如果关闭良好，新鲜空气就不能进入排气支管，氧传感器信号应无明显变化。

二、排气脉动式二次空气喷射系统的组成与检测

1. 基本组成

排气脉动式二次空气喷射系统由真空电磁阀、单向阀、脉动空气喷射阀、空气喷管等组成，如图 7-17 所示。真空电磁阀由发动机 ECU 控制开启与关闭，以接通与切断脉动空气喷射阀的真空。脉动空气喷射阀与空气滤清器连接，空气来自空气滤清器。

2. 工作情况

发动机排气中的压力是正负交替的脉动压力波。发动机 ECU 控制真空电磁阀的打开和关闭，当真空电磁阀开启，脉动空气喷射阀接真空而开启，排气压力低时，来自空气滤清器的新鲜空气喷入排气支管内；排气压力高时，脉动空气

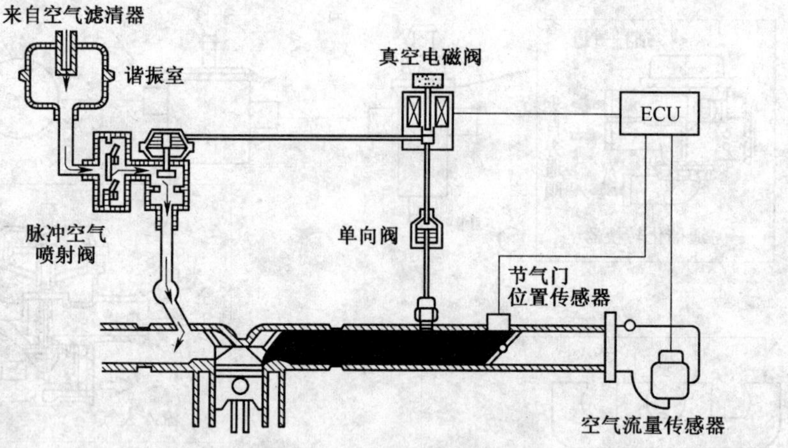

图 7-17 排气脉动式二次空气喷射系统基本组成

喷射阀内的单向阀关闭，空气不能喷入排气支管，同时废气也不会倒流入空气滤清器。

3. 检测项目与方法

(1)基本检查

①检查二次空气喷射系统的管路应无破损，连接应无松脱，不漏气。

②测量真空电磁阀线圈电阻，其电阻值应符合要求。

③检查真空电磁阀的线路应无断路或短路。

(2)测试脉动空气喷射阀性能

①低温起动发动机后，拆下空气滤清器盖，应能听到舌簧阀发出的“嗡、嗡”声。

②拆下二次空气供给软管，用手指盖住软管口，发动机温度在 18℃～63℃范围内怠速运转时，有吸力；温度在 63℃以上，起动后 70s 内应有吸力，起动 70s 后应无吸力；发动机转速从 4000r/min急减速时，应有吸力。

第八章　发动机进气控制系统的检测

第一节　节气门控制系统的检测

在发动机普通节气门体上，节气门是通过拉线由加速踏板来操纵，节气门的开度随加速踏板的踩下量线性变化，这种变化规律不是十分理想。采用节气门控制系统，即电子节气门，可以实现以下控制：

①对节气门的非线性控制。根据加速踏板踩下的情况和不同驾驶条件使节气门以最佳的变化规律打开和关闭，节气门的开度以非线性规律变化，在发动机全程工作范围内对节气门有良好的控制和适应性。

②对发动机的怠速控制。发动机怠速运转时，由节气门控制系统控制节气门的开度，对发动机怠速直接进行控制，取消了怠速执行机构。

③协调自动变速器控制。在变速器换档期间，节气门控制与自动变速器控制同步，以减小换档冲击。

④配合驱动防滑控制。节气门控制与制动防抱死控制配合，实现驱动防滑控制。

⑤对汽车的巡航控制。汽车巡航驾驶时，由节气门控制系统控制节气门的开度，实现汽车巡航控制，取消了巡航控制执行机构。

⑥失效保护。如果该系统出现异常情况，节气门被置于固定开度，发动机以失效保护模式运行。

一、基本组成

节气门控制系统包括加速踏板位置传感器、节气门位置传感器、节气门驱动机构、节气门、发动机 ECU 等，如图 8-1 所示。爱丽舍轿车 TU5JP4 型发动机采用了节气门控制系统。

节气门体基本结构如图 8-2 所示，主要部件有节气门驱动电动机、电磁离合器、减速齿轮、节气门、节气门回位弹簧、节气门位置传感器等。

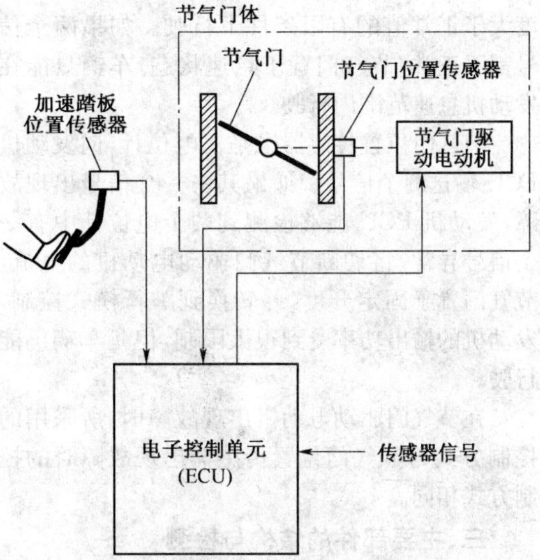

图 8-1　节气门控制系统基本组成

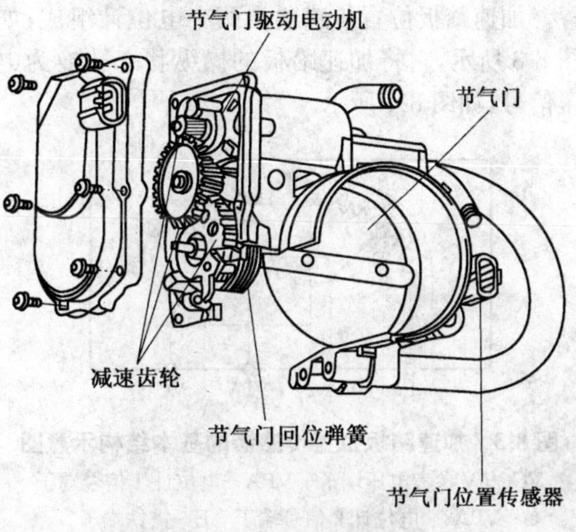

图 8-2　节气门体的基本结构

二、工作过程

发动机 ECU 根据加速踏板位置传感器输入的信号和其他有关信号（如节气门位置、车速、档位、驾驶模式）控制流过节气门驱动电动机的电流方向和大小，通过节气门驱动电动机来驱动节气门，以控制节气门开度。节气门位置传感器用来检测节气门的实际开度。

加速踏板位置传感器采用双电位计，向发动机ECU输送两个信号。如果其中一个信号出现异常，发动机ECU能够检测两个电位计的信号出现差别，利用另一个信号来控制节气门的开度，并转换到跛行模式控制，使车辆在节气门开度大于正常值的有限条件下行驶。如果两个信号都不正常，节气门置于怠速状态，车辆只能在发动机怠速范围内行驶。

节气门位置传感器也是双电位计，向发动机ECU输送两个信号。如果其中一个信号出现故障，发动机ECU能够检测到两个电位计中有一个信号异常，将切断节气门驱动电动机的电流，节气门置于固定开度，并转换到跛行模式控制，发动机的输出功率受到很大限制，但是车辆仍能行驶。

在节气门驱动电动机出现故障时，所采用的控制方式与节气门位置传感器出现故障时的控制方式相同。

三、主要部件的结构与检测

1. 加速踏板位置传感器及其检测

加速踏板位置传感器用于检测加速踏板位置。加速踏板位置传感器由两个电位计组成，如图8-3所示，它将加速踏板的操纵状态转换为电压信号，如图8-4所示。

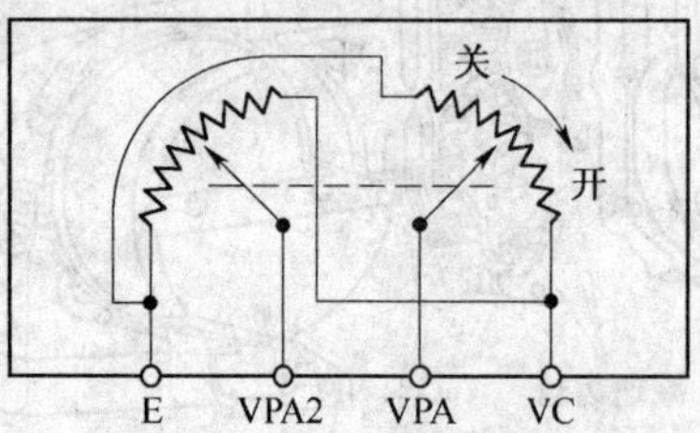

图8-3 加速踏板位置传感器的基本结构示意图

VC—5V参考电压端子 VPA—电位计1信号端子 VPA2—电位计2信号端子 E—搭铁端子

(1)检查电源线路

①关闭点火开关。

②拔下加速踏板位置传感器插头。

③打开点火开关。

④用万用表电压挡测量加速踏板位置传感器插头VC端子之间的电压，应约为5V。如果电压低或无电压，应检查加速踏板位置传感器插头VC端子和发动机ECU插头对应端子之间的线路是否短路或断路，或更换发动机ECU。

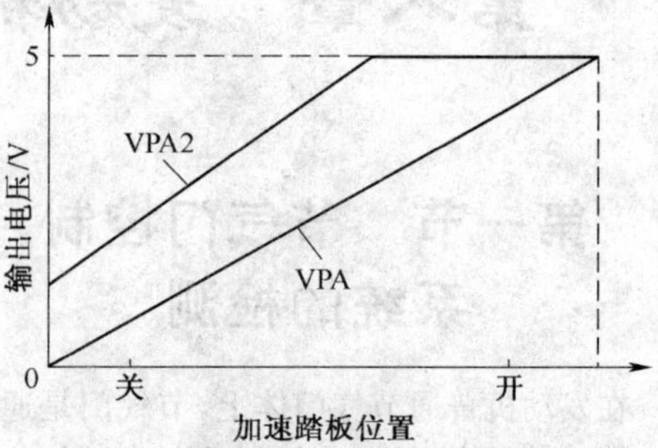

图8-4 加速踏板位置传感器的信号

⑤关闭点火开关。

⑥插上加速踏板位置传感器插头。

(2)检查搭铁线路

①关闭点火开关。

②拔下加速踏板位置传感器插头。

③用万用表电阻挡检查加速踏板位置传感器插头E端子与搭铁点之间应导通，否则，应检查加速踏板位置传感器插头E端子和发动机ECU插头对应端子之间的线路是否断路。

④插上加速踏板位置传感器插头。

(3)测量电阻

①关闭点火开关。

②拔下加速踏板位置传感器插头。

③用万用表电阻挡测量加速踏板位置传感器VC端子与E端子之间的电阻、VPA端子与搭铁端子、VPA2端子与搭铁端子之间随加速踏板位置变化的电阻，其电阻值应符合要求。如果电阻值不符合要求，则应更换加速踏板位置传感器。

④插上加速踏板位置传感器插头。

2. 节气门驱动电动机及其检测

节气门驱动电动机为反应灵敏度高、耗能少的直流电动机。发动机ECU控制节气门驱动电动机电流的大小和方向，使节气门驱动电动机转动，并通过减速齿轮开启或关闭节气门。

(1)测量电阻

①关闭点火开关。

②拔下气门驱动电动机插头。

③用万用表电阻挡测量节气门驱动电动机端子之间的电阻，其电阻值应符合要求。如果电

阻值不符合要求，则应更换气门驱动电动机。

④插上气门驱动电动机插头。

(2)检查线路

①关闭点火开关。

②拔下气门驱动电动机插头。

③拔下发动机 ECU 插头。

④用万用表电阻挡检查节气门驱动电动机插头和发动机 ECU 插头对应端子之间的线路，应导通。

⑤插上发动机 ECU 插头。

⑥插上气门驱动电动机插头。

四、节气门控制系统的初始化

在修复或更换加速踏板位置传感器、清洗或更换节气门体、拔下发动机 ECU 插头或更换发动机 ECU 等情况下，需要对节气门控制系统进行初始化，使发动机 ECU 重新确定节气门位置、加速踏板位置，以便发动机 ECU 精确地控制节气门的开度，保证节气门控制系统正常工作。

有的车型发动机节气门控制系统初始化必须使用仪器进行操作，有的车型发动机节气门控制系统初始化可以通过人工操作来完成。东风雪铁龙爱丽舍轿车 TU5JP4 型发动机按以下操作完成节气门控制系统初始化。

1. 加速踏板位置的初始化

加速踏板位置的初始化就是通过一定的操作程序，使发动机 ECU 读取加速踏板在开始踩下和完全踩下的位置与加速踏板位置传感器信号的关系，准确反映驾驶人操纵加速踏板的意图。

在不踩加速踏板条件下打开点火开关，不起动发动机。将加速踏板踩到底，松开加速踏板。在不踩加速踏板条件下起动发动机。

2. 节气门位置的初始化

节气门位置的初始化也是通过一定的操作程序，使发动机 ECU 读取节气门在关闭和完全开启的位置与节气门位置传感器信号的关系，精确控制节气门的实际开度。不踩加速踏板，打开点火开关 30s，不起动发动机，关闭点火开关 15s 即可。

第二节　可变进气控制系统的检测

发动机在自然进气状态下，影响其充气系数的主要因素有发动机进气系统的结构和配气机构的结构，对发动机这方面的结构已进行了充分优化，有的发动机还采用双进气门或三进气门，以提高发动机充气系数。但发动机转速对充气系数的影响较大，在发动机进气系统的结构和配气机构的结构固定的情况下，很难同时满足发动机在低速和高速时的进气要求。现在部分发动机采用可变进气控制系统来改善发动机的进气效率，它的作用是在发动机不同转速下通过改变进气门正时、进气门升程或改变进气管有效长度使发动机获得充足的进气量。

可变进气控制系统的一般形式有可变气门正时和气门升程系统（VTEC）、可变气门正时系统（VVT）、可变进气道系统（IAS）等。

一、可变气门正时和气门升程系统（VTEC）的组成与检测

1. VTEC 的作用

可变气门正时和气门升程系统可以使发动机气门正时和气门升程根据发动机转速的变化作相应的实时调整，使气缸进气量同时满足发动机低转速和高转速下的不同需要，从而提高了发动机的动力性和经济性。

2. VTEC 的组成

广州本田雅阁轿车发动机采用可变气门正时和气门升程系统。可变气门正时和气门升程系统由控制部分和 VTEC 机构组成，其中控制部分包括传感器、发动机 ECM、VTEC 电磁阀、压力开关等，如图 8-5 所示。

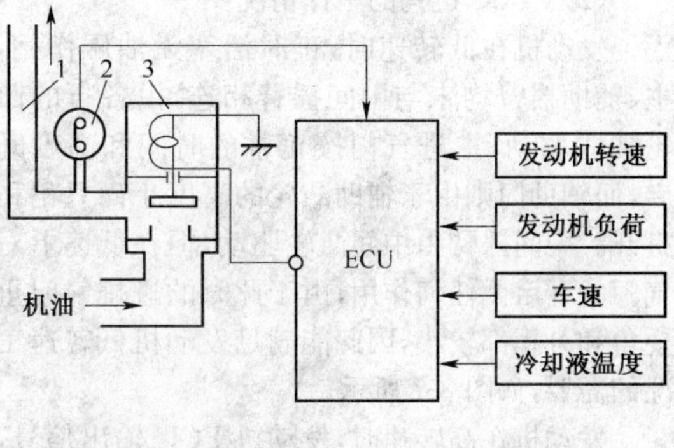

图 8-5　可变气门正时和气门升程控制系统控制部分的组成

1. 通 VTEC 机构油道　2. 压力开关　3. VTEC 电磁阀

3. VTEC机构的结构与工作过程

(1)VTEC机构的基本结构

VTEC机构的基本结构如图8-6所示，在凸轮轴上两个进气凸轮的中间设置了一个较大高度和轮廓线形不同的凸轮，对应的3个进气摇臂（主摇臂、中间摇臂、辅助摇臂）可以独立运动或连成一体运动，3个摇臂内有一孔道，内装有正时活塞、同步活塞和定位活塞。每个气缸都装有一套这样的机构。

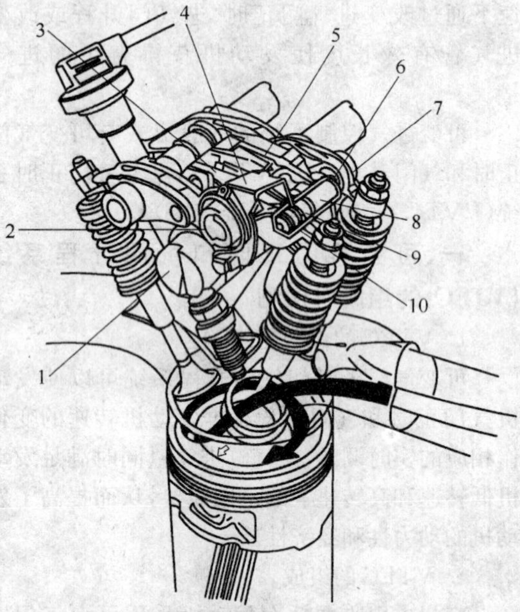

图8-6 VTEC机构的基本结构

1. 凸轮轴 2. 摇臂轴 3. 主摇臂 4. 正时板 5. 中间摇臂 6. 定位活塞 7. 辅助摇臂 8. 同步活塞B 9. 同步活塞A 10. 正时活塞

(2)VTEC机构的工作情况

发动机在低转速时，正时活塞无油压作用，主、辅助摇臂均未与中间摇臂相连，由各自的凸轮独立驱动，主进气门按正常的时间和高度开启，而辅助门则由于辅助凸轮的高度小而只稍稍打开。中间摇臂由中间凸轮驱动，但在低速下对气门的开启无任何作用，由于此时的进排气门重叠角和升程都较小，因此能满足发动机低转速工况的需要，如图8-7所示。

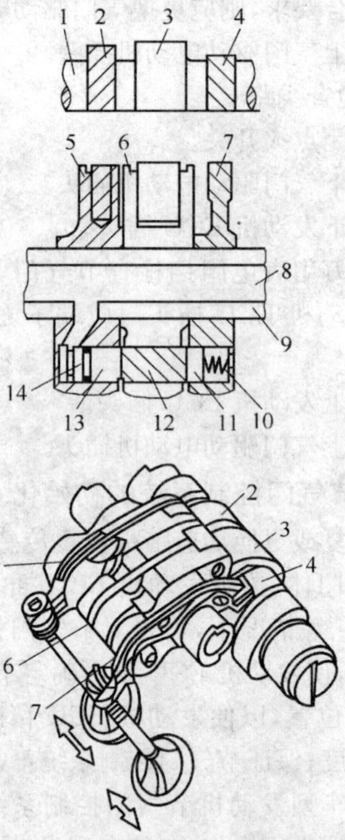

图8-7 VTEC机构低速时工作情况

1. 凸轮轴 2. 主凸轮 3. 中间凸轮 4. 辅助凸轮 5. 主摇臂 6. 中间摇臂 7. 辅助摇臂 8. 摇臂轴中心油道 9. 摇臂轴 10. 定位活塞弹簧 11. 定位活塞 12. 同步活塞B 13. 同步活塞A 14. 正时活塞

发动机在高转速时，发动机ECU输出信号，使VTEC电磁阀打开，来自发动机的机油油压作用于正时活塞，使正时活塞、同步活塞克服弹簧的张力而右移，同步活塞将3个摇臂连锁成为一体。此时，主、辅助摇臂均由中间凸轮驱动，从而改变了配气正时，同时增大进、排气门的重叠角和进气门的升程，以适应发动机高速工况的需要，如图8-8所示。

4. VTEC主要部件的检测

(1)检查VTEC电磁阀

①关闭点火开关。

②拔下VTEC电磁阀插头。

③用万用表电阻挡测量VTEC电磁阀端子之间的电阻，其电阻值应为14～30Ω。如果电阻值不符合要求，则更换VTEC电磁阀。

④从缸盖上拆下VTEC电磁阀，检查与清洗VTEC电磁阀滤网，用手推动阀芯应能移动自如。

⑤用万用表电阻挡检查VTEC电磁阀的线路应无断路或短路。

⑥装上VTEC电磁阀。

⑦插上VTEC电磁阀插头。

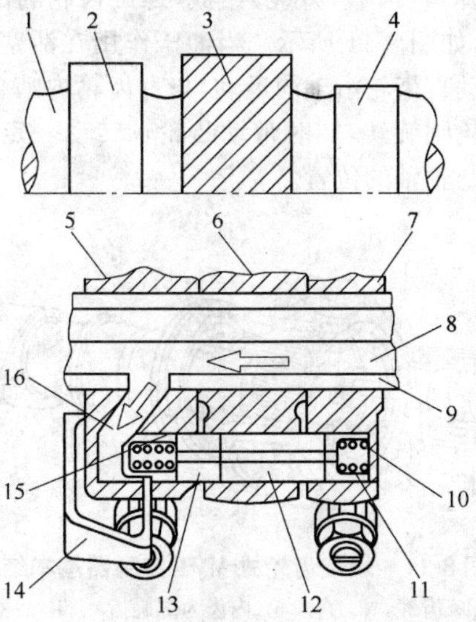

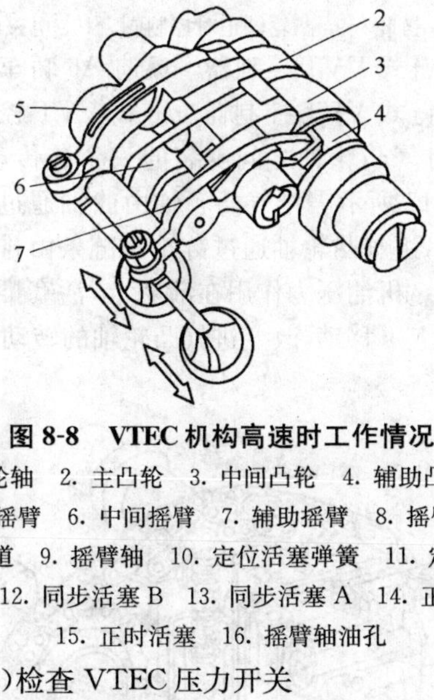

图 8-8　VTEC 机构高速时工作情况

1. 凸轮轴　2. 主凸轮　3. 中间凸轮　4. 辅助凸轮　5. 主摇臂　6. 中间摇臂　7. 辅助摇臂　8. 摇臂轴中心油道　9. 摇臂轴　10. 定位活塞弹簧　11. 定位活塞　12. 同步活塞 B　13. 同步活塞 A　14. 正时板　15. 正时活塞　16. 摇臂轴油孔

(2)检查 VTEC 压力开关

①关闭点火开关。

②拔下 VTEC 压力开关插头。

③用万用表电阻挡检查 VTEC 压力开关应导通。

④拔下 VTEC 电磁阀插头。

⑤在 VTEC 电磁阀端子上分别接蓄电池的正负极。

⑥打开点火开关，起动发动机。

⑦当发动机转速超过 3000r/min 时，用万用表电阻挡检查 VTEC 压力开关应断开，同时观察机油压力至少应达到 250kPa。

⑧关闭点火开关。

⑨插上 VTEC 电磁阀插头。

⑩插上 VTEC 压力开关插头。

(3)检查 VTEC 机构

①拆下气门室盖。

②检查各缸在压缩上止点位置时，主进气摇臂、中间进气摇臂、辅助进气摇臂不应联锁在一起。

③从检查油孔注入 400kPa 的压缩空气，并堵住泄油孔，将正时板推高 2～3mm，主进气摇臂、中间进气摇臂、辅助进气摇臂应联锁在一起。

④装上气门室盖。

二、可变气门正时系统(VVT)的组成与类型

1. 可变气门正时系统的作用

可变气门正时是指发动机的配气相位(进气门和排气门的开启时刻与持续开启时间)可以随发动机转速发生改变，配气相位角能根据发动机不同转速在 0°～30°之间连续变化，通常对发动机的进气门正时实施控制，也可以对发动机的进气门正时和排气门正时实施控制。采用可变气门正时技术，能改善发动机在低、中转速下的转矩输出，增强驾驶的操纵灵活性，发动机的转速也能设计得更高。而在普通的发动机上，固定不变的气门正时很难兼顾到发动机不同转速的工作需要。

2. 可变气门正时系统的组成

丰田轿车发动机采用智能可变气门正时系统(VVT-i)。可变气门正时系统主要包括 VVT 控制器、凸轮轴正时机油控制阀、VVT 传感器(凸轮轴转角传感器)、曲轴位置传感器、发动机 ECU 等。VVT 传感器用来检测凸轮轴转角的变化，以获得凸轮轴转动方向与转动量。

3. 可变气门正时系统的工作情况

发动机 ECU 根据各传感器的信号确定目标气门正时角度，并与实际气门正时角度比较，向凸轮轴正时机油控制阀发出信号，使凸轮轴正时机油控制阀控制通往 VVT 控制器的油压通路，VVT 控制器在油压作用下改变气门正时。

4. 可变气门正时系统主要部件的结构

(1)凸轮轴正时机油控制阀

凸轮轴正时机油控制阀的基本结构如图 8-9 所示，它是一个电磁滑阀。凸轮轴正时机油控制阀由发动机 ECU 以占空比信号控制，通过改变滑阀的位置来控制 VVT 控制器油压通路。

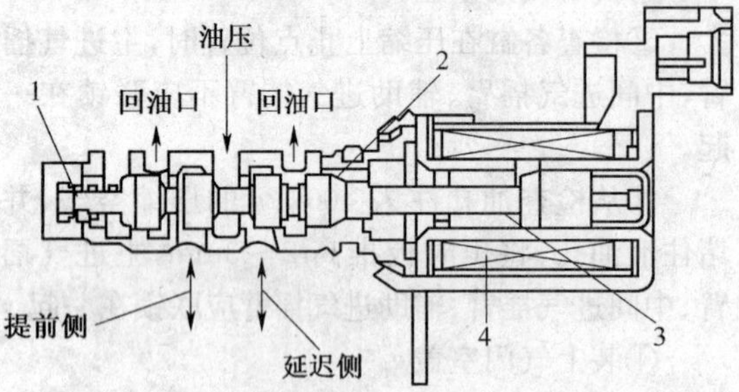

图 8-9 凸轮轴正时机油控制阀的基本结构

1. 弹簧 2. 滑阀 3. 柱塞 4. 线圈

(2)VVT 控制器的类型与基本结构

①叶片式 VVT 控制器。丰田轿车发动机采用叶片式 VVT 控制器。叶片式 VVT 控制器由正时链条驱动的外壳和固定在凸轮轴上的叶片组成，如图 8-10 所示。叶片在油压作用下转动时，带动凸轮轴一起转动，从而改变进气门正时。当发动机停转时，进气凸轮轴被调整到最大延迟状态，以便发动机起动。在发动机起动时，油压还未传到 VVT 控制器，由锁销锁定 VVT 控制器的机械部件，以防止撞击产生噪声。叶片式 VVT 控制器内部摩擦力较小，目前使用较多。

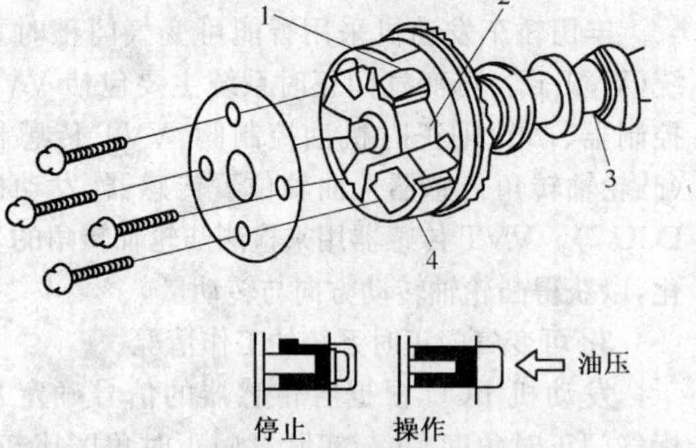

图 8-10 叶片式 VVT 控制器基本结构

1. 锁销 2. 叶片 3. 进气凸轮轴 4. 外壳

②螺旋齿轮式 VVT 控制器。帕萨特 B5 轿车发动机上采用螺旋齿轮式 VVT 控制器。螺旋齿轮式 VVT 控制器由螺旋齿轮、直齿轮、活塞、回位弹簧、齿毂(外壳)组成，螺旋齿轮与凸轮轴连接，如图 8-11 所示。当油压作用在活塞上，活塞推动直齿轮沿轴向运动，与直齿轮内啮合的螺旋齿轮则旋转，同时带动凸轮轴转动一定角度，改变凸轮轴的位置。

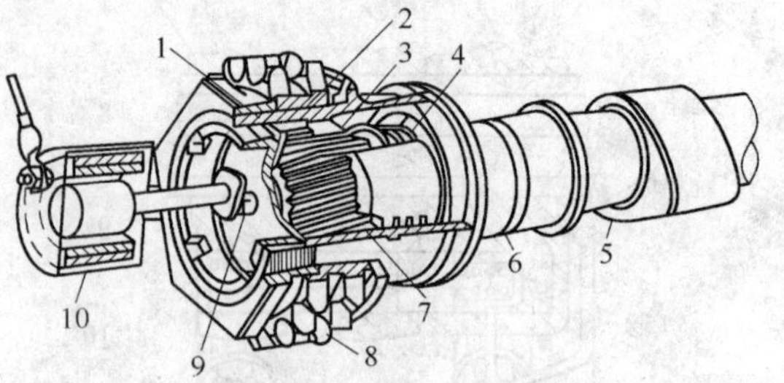

图 8-11 螺旋齿轮式 VVT 控制器基本结构

1. 齿毂 2. 直齿轮(内齿为螺旋齿) 3. 活塞 4. 回位弹簧 5. 凸轮轴 6. 供油槽 7. 螺旋齿轮 8. 链轮 9. 凸轮轴正时控制阀 10. 电磁阀

③链式 VVT 控制器。奥迪 A6 轿车发动机上采用链式 VVT 控制器。链式 VVT 控制器是在进、排气凸轮轴之间安装的一个链传动机构，如图 8-12 所示。排气凸轮轴由曲轴通过皮带直接驱动，进气凸轮轴通过链轮和链条由排气凸轮轴驱动。机油压力作用在活塞上，活塞推动链条张紧器上下移动，改变进气凸轮轴的转动角度。

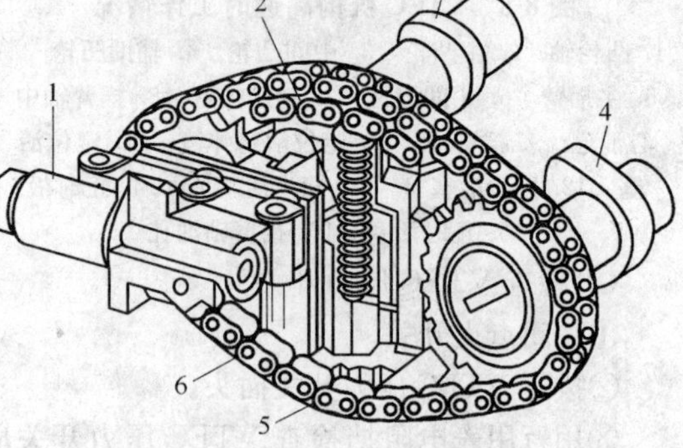

图 8-12 链式 VVT 控制器基本结构

1. 凸轮轴正时控制阀 2. 液压缸 3. 进气凸轮轴 4. 排气凸轮轴 5. 张紧器 6. 驱动链条

三、可变进气道系统(IAS)的组成与工作情况

1. 可变进气道系统的作用

发动机工作时，在不同的转速和负荷下，进气道的长度对进气量的影响较大。可变进气道

系统的作用是在发动机转速和负荷变化时，能自动改变进气道的有效长度，满足发动机不同工况对进气量的需要。可变进气道系统也称为进气道切换系统。

2. 可变进气道系统的基本组成

帕萨特 B5 轿车发动机采用可变进气道系统。可变进气道系统的基本组成如图 8-13 所示，包括传感器、发动机 ECU、真空电磁阀、进气切换阀等。进气切换阀位于进气道中，改变进气路径，从而改变进气道的有效长度。

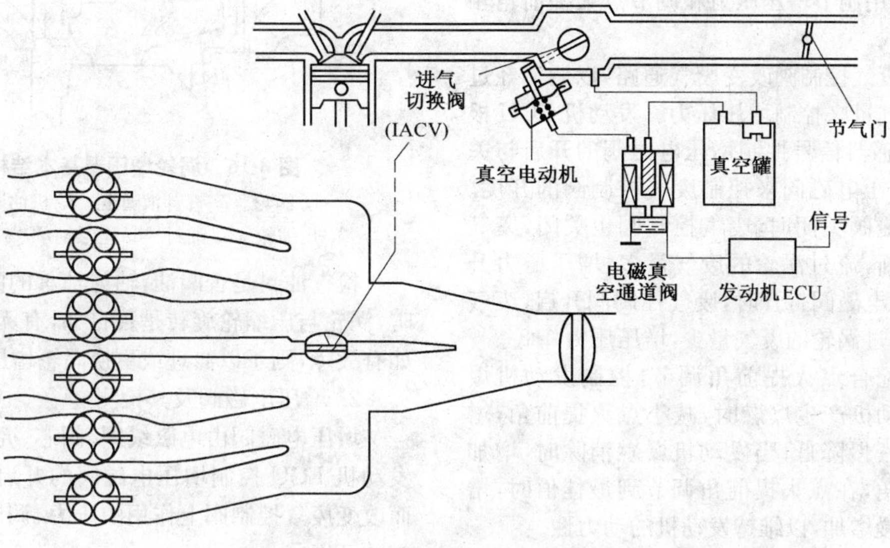

图 8-13 可变进气道系统的基本组成

3. 可变进气道系统的工作情况

发动机低转速时，进气切换阀关闭，进气流经较长的管道；发动机高转速时，进气控制阀打开，大部分进气经过阀片，进气流经较短的管道。通过改变进气道可以使发动机在低、高转速时均获得较多的进气量，提高了发动机功率。

第三节 废气涡轮增压控制系统的检测

增压是指利用增压器将进入气缸的空气预先进行压缩，再将压缩后空气送入气缸，这样能提高进气密度，增加进气量。部分汽油机上采用了废气涡轮增压控制系统。

废气涡轮增压控制系统的作用是利用发动机排出的废气压力作为动力来驱动废气涡轮增压器的涡轮旋转，带动与涡轮同轴的压缩轮将从空气滤清器进入的新鲜空气压缩，增压后的压缩空气再进入气缸，能使发动机在各转速下达到最佳充气效果，可以增加发动机功率，提高转矩，降低油耗。

一、废气涡轮增压控制系统的组成

帕萨特 B5 轿车和奥迪 A6 轿车装载的 1.8T 发动机采用了废气涡轮增压控制系统。废气涡轮增压控制系统主要由涡轮增压器、增压电磁阀、废气控制阀、中冷器、发动机 ECU 和传感器等组成，如图 8-14 所示。

图 8-14 废气涡轮增压控制系统示意图

1. 空气滤清器 2. 压缩轮 3. 废气涡轮增压器 4. 涡轮 5. 旁通阀 6. 增压电磁阀 7. 膜片执行器 8. 节气门 9. 中冷器 10. 空气流量传感器

二、废气涡轮增压控制系统的工作情况

汽油发动机的进气压力增加，发动机易发生爆燃和热负荷偏大，为保证发动机在不同的转速和负荷下具有最佳增压值，必须对增压压力进行控制。在实际控制中，为了获得较好的控制效果，一般采用调节增压压力和调节点火提前角相结合的方式。

利用废气控制阀改变废气通路，以调节经过涡轮的废气量来控制增压压力。发动机 ECU 根据有关传感器信号控制增压电磁阀的开启与关闭，通过增压电磁阀来控制废气控制阀的开度。当增压电磁阀关闭时，废气控制阀也关闭，废气旁路被切断，流过涡轮的废气量多，增压压力升高，当增压电磁阀打开时，废气控制阀开启，废气被旁路，流过涡轮的废气量少，增压压力降低。

同时配合点火提前角调节，控制发动机爆燃。当发动机产生爆燃时，减小点火提前角，增压压力将慢慢降低；当发动机爆燃消除时，增加点火提前角，在点火提前角调节到最佳值时，增压压力慢慢增加，以维持发动机的动力性。

三、废气涡轮增压控制系统主要部件的结构与检测

1. 涡轮增压器及其检查

涡轮增压器安装在发动机的进、排气支管之间。涡轮增压器如图 8-15、图 8-16 所示，其主要部分是同轴连接的涡轮和压缩轮，涡轮位于排气道，由废气驱动，使涡轮旋转，而压缩轮位于进气道，在涡轮的带动下对进入气缸的空气进行压缩。因废气涡轮增压器在高温和高速条件下工作，涡轮轴一般采用“浮式轴承”支承，并用油液或冷却液冷却。

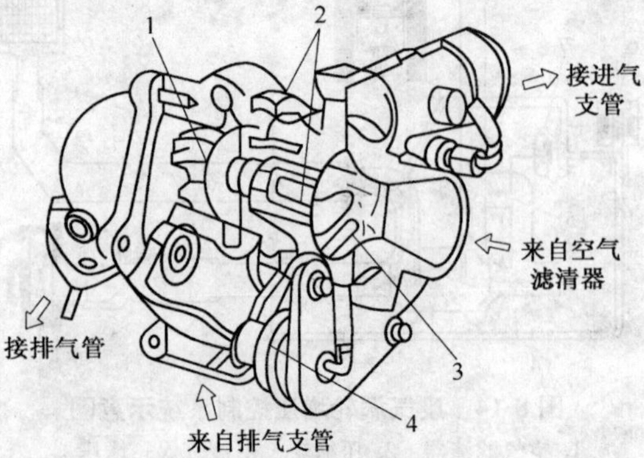

图 8-15 涡轮增压器

1. 涡轮 2. 全浮轴承 3. 压缩轮 4. 执行器

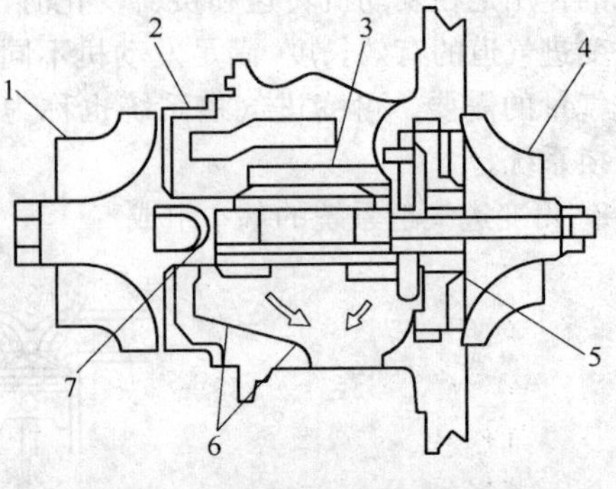

图 8-16 涡轮增压器基本结构

1. 涡轮 2. 冷却液通道 3. 机油通道 4. 压缩轮 5. 油封 6. 全浮轴承 7. 油封

检查油封是否漏油，轴与轴承的配合是否松旷，涡轮与压缩轮旋转是否自如，有无刮擦现象。如有故障，则予以修理或更换涡轮增压器。

2. 增压电磁阀及其检测

增压电磁阀由电磁线圈、阀芯、壳体等组成。发动机 ECU 控制增压电磁阀的开启与关闭，从而改变废气控制阀上作用的压力，调节废气控制阀的开度。

(1)测量电阻

①关闭点火开关。

②拔下增压电磁阀插头。

③用万用表电阻挡测量增压电磁阀端子之间的电阻，其电阻值应符合要求。如果电阻值不符合要求，则应更换增压电磁阀。

④插上增压电磁阀插头。

(2)检查电源线路

①关闭点火开关。

②拔下增压电磁阀插头。

③打开点火开关。

④用万用表电压挡测量增压电磁阀插头电源端子与搭铁点之间的电压，应有约 12V(蓄电池电压)。如果电压低或无电压，应检查增压电磁阀电源线路是否短路或断路。

⑤关闭点火开关。

⑥插上增压电磁阀插头。

(3)检查信号线路

①关闭点火开关。

②拔下增压电磁阀插头。

③拔下发动机 ECU 插头。

④用万用表电阻挡检查增压电磁阀插头信

号端子和发动机 ECU 插头对应端子之间，应导通，且与搭铁点不通。

⑤插上发动机 ECU 插头。

⑥插上增压电磁阀插头。

3. 废气控制阀及其检查

废气控制阀为膜片式控制阀，由膜片执行器和阀门组成，膜片执行器与增压空气管和涡轮增压器前进气管连接。当增压电磁阀关闭时，膜片受增压空气作用，使阀门开度增大；当增压电磁阀开启时，膜片执行器内增压空气流入涡轮增压器前进气管，膜片压力降低，使阀门开度减小。

(1)检查管路

检查废气控制阀连接增压空气管和增压电磁阀之间的软管是否老化，连接是否牢固，以及有无漏气。

(2)废气控制阀动作测试

拔下废气控制阀上软管，拆下废气控制阀。从废气控制阀管接口施加 150kPa 压缩空气，观察废气控制阀的膜片执行器，膜片执行器应正常动作，如果动作异常，应检查膜片执行器是否损坏。

第九章　发动机电子防盗系统的检测

第一节　东风雪铁龙爱丽舍轿车发动机电子防盗系统的检测

一、发动机电子防盗系统的组成与工作情况

1. 基本组成

东风雪铁龙爱丽舍轿车发动机电子防盗系统用于锁止和解锁发动机ECU。当使用合法钥匙接通点火开关,并转到"M"档位时,电子防盗系统自动完成对码、解锁发动机ECU,否则发动机ECU处于闭锁状态,停止喷油,使发动机无法起动。此外,电子防盗系统还能识别"钥匙未拔出",通过蜂鸣器报警提示,以免将汽车钥匙遗忘在车内。

东风雪铁龙爱丽舍轿车发动机电子防盗系统的组成如图9-1所示,包括带芯片的点火钥匙、模拟模块+线圈组件、防盗控制盒、发动机ECU等部件。

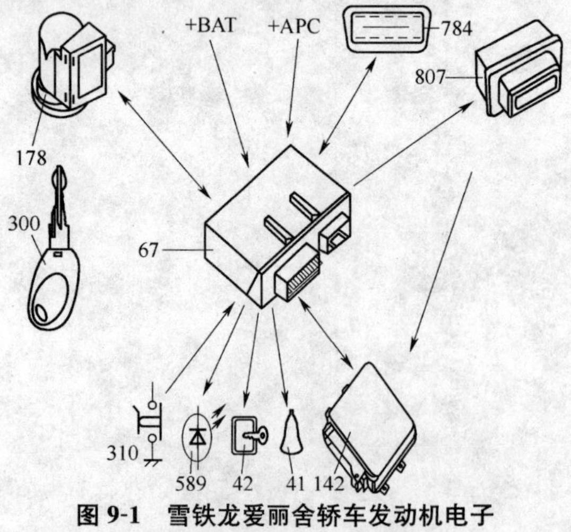

图9-1　雪铁龙爱丽舍轿车发动机电子防盗系统的组成

41. 蜂鸣器　42. 解锁指示灯　67. 防盗控制盒　142. 发动机ECU　178. 模拟模块+线圈组件　300. 带芯片的点火钥匙　589. 闭锁指示灯　784. 诊断座　807. 双继电器

(1)带芯片的点火钥匙

每把汽车钥匙上有一个身份识别码(不是密码卡上的密码),当钥匙旋至"M"或"D"档位时,防盗控制盒可将此密码读入,供解锁发动机ECU用。防盗系统在新车下线初始化后,防盗功能被激活。出厂时,车上有两把钥匙可解除发动机ECU的锁止。

(2)模拟模块+线圈组件

模拟模块+线圈组件是钥匙芯片与防盗控制盒之间的通信部件,其功能是保证带芯片的点火钥匙与防盗控制盒之间的代码信息可靠传递。

(3)防盗控制盒

防盗控制盒的主要功能有:

①可存储1~5个钥匙身份识别码、一个通行码和一个ECU码。身份识别码用来识别钥匙;通行码,即钥匙卡片上刮开的四位密码,供系统做各种初始化;ECU码用来解除对发动机ECU的锁止。

②通过模拟模块向钥匙芯片发送各种指令。

③从带芯片的点火钥匙上读取身份识别码。

④编码、解码、读码,并与本身存储的各种密码进行比较。

⑤与发动机ECU相互传递信息。

⑥根据保密的编码规则,产生通行码和ECU码,然后存储。

⑦通过诊断线与诊断仪传递各种指令和信息。

⑧防扫描功能。

a."错误"钥匙连接开启三次后,防盗系统自锁15min后才能接收正确的密码。

b. 输入通行码连续三次失败后,防盗系统自锁15min后才能接收正确的通行码。

(4)发动机ECU

发动机ECU内部存储ECU码,具有"闭锁"和"解锁"两种状态,解锁状态可起动发动机,闭锁状态则不能起动发动机。

(5)诊断插座

16端子诊断座的第11端子专供防盗诊断用。

2. 工作过程

防盗系统信息传递如图9-2所示，其工作原理如图9-3所示。

(1)解锁开启

①汽车钥匙未插入点火开关前，发动机ECU处于“闭锁”状态，防盗控制盒控制闭锁指示灯闪烁来指示。

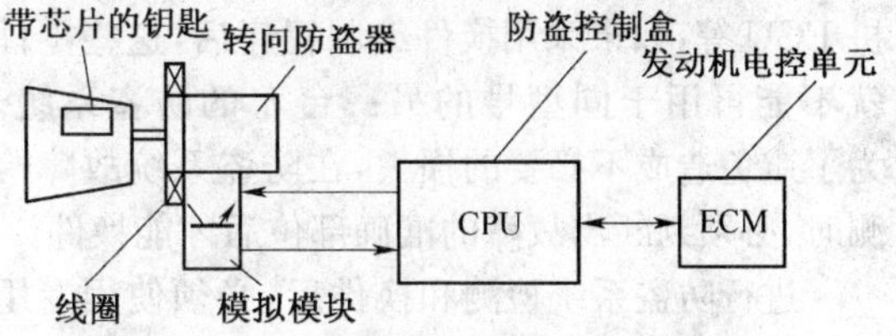

图9-2　防盗系统信息传递示意图

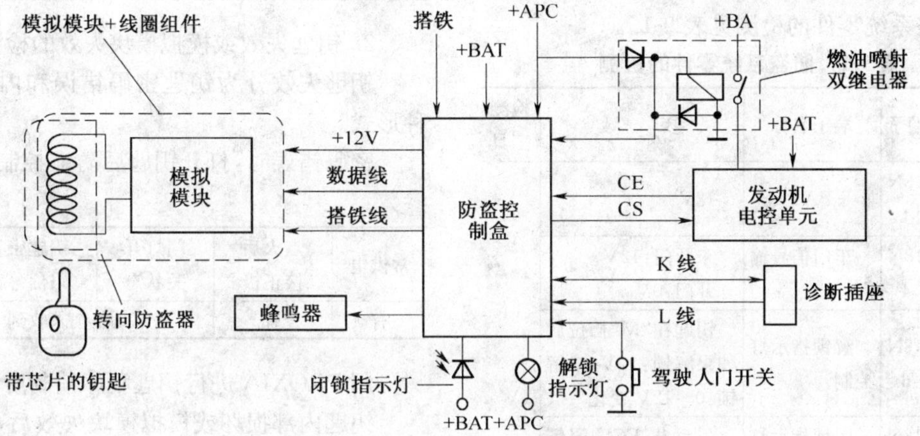

图9-3　防盗系统工作原理示意图

②插入带芯片的钥匙不转到“M”位置时，解锁指示灯会点亮。

③防盗控制盒通过模拟模块与线圈组件向钥匙芯片发出“身份识别”指令。

④钥匙芯片通过模拟模块与线圈组件向防盗控制盒传递“身份识别码”。

⑤防盗控制盒将收到的“身份识别码”与自己存储的“身份识别码”进行对比判断。如果密码不相符，仪表上的解锁指示灯开始闪烁，同时蜂鸣器鸣叫报警，不能起动发动机。如密码相符，防盗控制盒向发动机ECU的CS线发出含有ECU码的解锁命令。

⑥发动机ECU将收到的ECU码与自己存储的ECU码进行比较。如密码不相符，发动机ECU解锁失效，并通过CE线传给控制盒处于“闭锁”状态，控制盒控制解锁指示灯闪烁、蜂鸣器鸣叫报警。如密码相符，发动机ECU解锁，可以起动发动机。

(2)闭锁发动机ECU

控制盒收到以下信息，通过CS线发出闭锁发动机ECU命令：

①车门不打开，关闭钥匙5min后发出。

②车门打开，关闭钥匙5s后发出。

③关闭钥匙，打开车门10s后发出。

发动机ECU收到命令后，则闭锁，并将此状态通过CE线传给控制盒。控制盒收到闭锁状态后，控制闭锁指示灯闪烁。

(3)检测钥匙未拔出功能

关闭点火开关，打开车门，防盗控制盒通过模拟模块和线圈组件发出电磁波。如果点火开关上有钥匙，通过电磁感应，则会传回特定频率的电磁波，控制盒收到这一信号后传递给仪表控制模块，控制蜂鸣器鸣叫报警。

在下列条件下停止报警：

①连续报警15s后。

②钥匙拔出或转到“M”位置时。

③所有车门处于关闭状态。

二、发动机电子防盗系统的检测方法

防盗系统出现故障后，接通点火开关时，解锁指示灯闪烁，蜂鸣器鸣叫报警，车辆无法起动。

对于防盗系统的主要零件，如防盗控制盒、发动机 ECU 等，如果采用换件编制程序后，这些零件就不能再用于同型号的另一台车的防盗系统。为了避免造成不必要的损失，在防盗系统故障检测时，必须判断出故障的准确部位后才能换件。

进行防盗系统检测和换件后，必须使用专用诊断仪 PROXIA、诊断接线盒 4212T 和专用线束 4223T、4299T。

1. 防盗系统零件的检测

防盗系统零件的检测见表 9-1。

表 9-1 防盗系统零件的检测

零件编号	零件名称	端子	端子名称	参数	检测工具
67	防盗控制盒	18N 1	+BAT	12V	4223T 4312T
		18N 4	车门信号输入	未开门：12V 开门：0V	
		18N 6	解锁指示灯控制	钥匙在“M”档位后如果解锁：12V；未解锁：0～12V 变化	
		18N 7	闭锁指示灯控制	发动机 ECU 闭锁后：0～12V 变化	
		18N 8	+APC	钥匙在“M”档位：12V	
		18N 9	命令输出/状态输入	打开钥匙后：12V	
		18N 10	命令输入/状态输入	打开钥匙后：12V	
		18N 11	模拟模块供电	信号传输时有 0～5V 变化的电压	
		18N 13	诊断线	钥匙打开：10V	
		18N 14	搭铁	0V	
		18N 18	信号输入/输出	信号传输时有 0～5V 变化的电压	
142	发动机电控单元	55N 35	命令输入/状态输入	同 18N 10	4229T 4212T
		55N 22	命令输入/状态输入	同 18N 9	
		55N 2	搭铁	0V	
		55N 14	搭铁	0V	

续表 9-1

零件编号	零件名称	端子	端子名称	参数	检测工具
142	发动机电控单元	55N 37	供电	钥匙在“M”档位：12V；关闭：断电	4229T 4212T
		55N 13	诊断线	打开钥匙后：10V	
		55N 16	诊断线	打开钥匙后：12V	

2. 钥匙失效或模拟模块失效的检测

钥匙失效分为钥匙密码错误和内部损坏两种形式。

密码错误时，打开钥匙后防盗控制盒的测量参数：

常供电	点火后接正极	门灯开关状态	钥匙密码信号	钥匙密码
有	有	0/1	未收到	无效

用 PROXIA 进行钥匙程序编制后恢复。

钥匙内部损坏或模拟模块失效后，打开钥匙后防盗控制盒的测量参数：

常供电	点火后接正极	门灯开关状态	钥匙密码信号	钥匙密码
有	有	0/1	收到	无效

出现这种情况后，接入 4223T 和 4212T，参照表 9-1 检测防盗控制盒的 11、14、18 端子。如果在打开钥匙和关闭钥匙时，测量值在表 9-1 的范围内，就可判断模拟模块及线路无故障，钥匙内部损坏了。从神龙汽车服务站购买钥匙锉齿，用 PROXIA 选择“钥匙程序的编制”，对所有能开门的钥匙编制程序。

3. 防盗控制盒失效的检测

为了判断防盗控制盒是否失效，应先判断线路是否有故障，最简单的方法就是找一辆无故障的同型号的车，将两辆车的点火开关、防盗控制盒和发动机 ECU 全部对调。如果原故障车的故障依然存在，可判断线路有问题。按防盗系统电路图和表 9-1 去查找线路故障，否则防盗系统零件有故障。

①如打开点火开关，PROXIA 诊断仪不能进入防盗系统（将该车的全部防盗系统零件装到另

外一台车后，也进不去)，则防盗控制盒失效，需要换用新的防盗控制盒。

②如打开点火开关，PROXIA诊断仪可进入防盗系统，读出参数：

解锁指示灯	闭锁指示灯	蜂鸣器	钥匙数量
不运作	不运作	不运作	0

则进行以下操作：

a. 从诊断仪中选取“防盗控制盒的设置”，重新做一遍设置。

b. 进行钥匙程序编制或诊断仪程序编制，或诊断仪与发动机ECU程序编制。

c. 如果不能解决，可换用新的防盗控制盒，并进行诊断程序编制即可。

注意：在每一次PROXIA提示输入密码时，根据密码卡输入密码，并按“*”键，但有时可能出现密码错误或操作不能完成的情况，此时先将PROXIA关闭，然后关闭钥匙(不断开蓄电池)，等待15min后再进行操作。

③如PROXIA诊断仪可进入防盗系统，读出参数：

解锁指示灯	闭锁指示灯	蜂鸣器	钥匙数量
运作	运作	运作	2

此时从诊断仪中选取“激活检测”，闭锁指示灯、解锁指示灯和蜂鸣器不能被激活，则需要更换防盗控制盒。

4. 发动机ECU失效的检测

为了判断发动机ECU是否失效，应先判断线路是否有故障(方法同上)，在排除线路和供电故障后，还不能判断是发动机ECU故障还是防盗控制盒的故障，经过下列步骤便可确诊。

打开钥匙，接上PROXIA诊断仪，参数：

解锁指示灯	闭锁指示灯	蜂鸣器	钥匙数量
运作	运作	运作	2

发动机电控单元状态：

发动机解锁时电控单元状态	发动机闭锁时电控单元状态
未收到	未收到

防盗控制盒状态：

常供电	点火后接正极	门灯开关状态	钥匙密码信号	钥匙密码
有	有/无	0/1	收到	有效

为慎重起见，按防盗系统电路图和表9-1检查发动机ECU的供电电压值、搭铁，以及发动机ECU与防盗控制盒之间的信号线的连接情况。在完全排除线路和供电故障后，读出的参数还是如此，即可判断是发动机ECU失效。

当更换发动机ECU时，需将发动机ECU和防盗控制盒进行匹配。否则发动机和防盗系统不能正常工作。

更换发动机ECU时，其匹配操作：

①换上新的发动机ECU。

②打开点火开关“M”档位1min(此期间不起动发动机、不踩加速踏板)。

③关闭点火开关，30s内不做任何操作。

④进入PROXIA诊断仪中“防盗控制盒的设置”。

⑤选取发动机ECU程序编制后按“*”键，根据屏幕提示完成其余操作。

⑥进入PROXIA诊断仪中“电喷系统诊断”后，按“F5”键可进入发动机ECU的设置。

⑦根据车辆的配置情况对发动机ECU进行设置。

⑧设置完成后，PROXIA诊断仪自动提示“加速踏板初始化”。打开点火开关“M”位，不起动、不踩加速踏板。10s后将加速踏板踩到底，保持3s后松开。关闭点火开关，即完成加速踏板初始化。

第二节　上海大众桑塔纳2000GSi轿车AJR型发动机电子防盗系统的检测

一、AJR型发动机电子防盗系统的组成与工作情况

1. 基本组成

上海大众桑塔纳2000GSi轿车AJR型发动机电子防盗系统是一种点火开关打开后开始工作的电子防盗保护装置，采用发动机起动数秒后即熄火的防盗方式，可以有效避免发动机被非法起动而将汽车盗走。只有防盗器与发动机ECU经过匹配，且使用与防盗器匹配并认可的钥匙，才能正常起动发动机。

上海大众桑塔纳 2000GSi 轿车 AJR 型发动机电子防盗系统主要由带脉冲转发器的点火钥匙、读识线圈(D2)、防盗器(J362)、发动机 ECU(J220)和防盗警告灯(K117)等组成，如图 9-4 所示，电路图如图 9-5 所示。点火钥匙上的脉冲转发器和点火锁上读识线圈是发动机电子防盗系统的信号元件，防盗器是控制单元，而发动机 ECU 是执行元件。

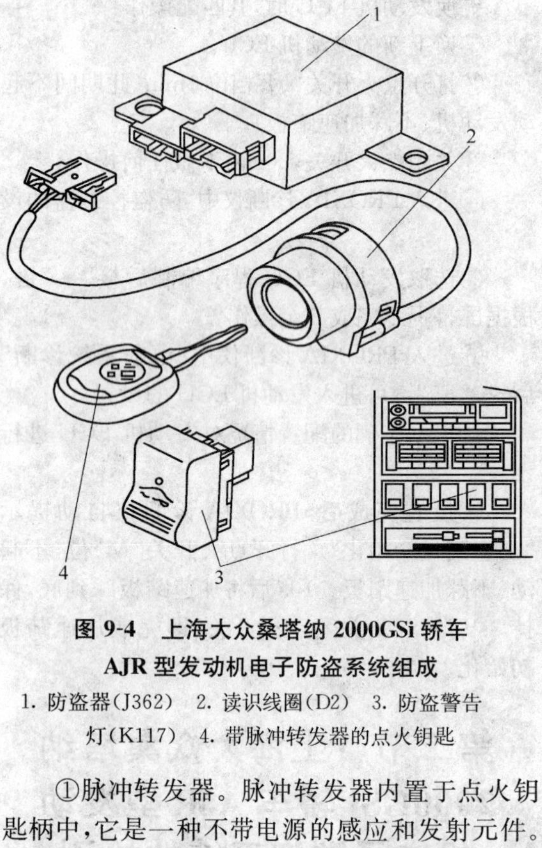

图 9-4 上海大众桑塔纳 2000GSi 轿车 AJR 型发动机电子防盗系统组成

1. 防盗器(J362) 2. 读识线圈(D2) 3. 防盗警告灯(K117) 4. 带脉冲转发器的点火钥匙

①脉冲转发器。脉冲转发器内置于点火钥匙柄中，它是一种不带电源的感应和发射元件。当点火钥匙插入点火锁锁孔并打开点火开关时，防盗器向读识线圈输送电源，由读识线圈将能量以感应的方式传送给脉冲转发器。脉冲转发器接收感应能量后立即发射出“钥匙代码”，经过匹配的点火钥匙，其脉冲转发器会有相应的合法“钥匙代码”。

②读识线圈。读识线圈布置在点火锁端面外围，在打开点火开关时，防盗器向读识线圈输送电源，读识线圈接收由脉冲转发器发射的“钥匙代码”，并将“钥匙代码” 输送给防盗器。

③防盗器。防盗器安装在中央线路板上方。防盗器把读识线圈输入的“钥匙代码” 和存储在

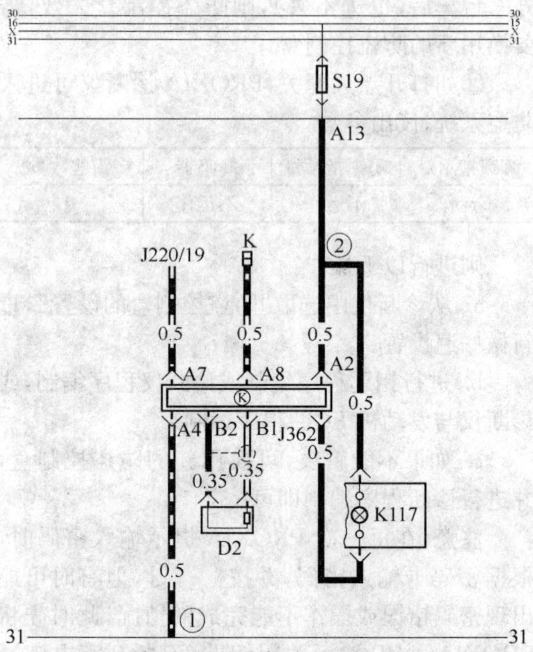

图 9-5 上海大众桑塔纳 2000GSi 轿车 AJR 型发动机电子防盗系统电路图

J220—发动机 ECU J362—防盗器 D2—读识线圈 K117—防盗警告灯 S19—熔断器

防盗器内的“钥匙代码”进行核对，以识别点火钥匙的合法性，同时，防盗器又对发动机 ECU 存储在防盗器中的“程控代码”进行核对，如果核对后“程控代码”一致，发动机能正常起动；如果“程控代码”不一致，发动机在起动后 2s 内即中断点火和喷油而熄火。

④防盗警告灯。防盗警告灯安装在中控面板上。当使用合法的点火钥匙打开点火开关时，防盗警告灯会点亮约 3s 后熄灭。如果使用非法的点火钥匙，或防盗系统有故障，打开点火开关后，防盗警告灯会连续不断地闪烁。

⑤识别码与密码。防盗器有一个 14 位字符的识别码和一个 4 位数的密码。

识别码用于通过上海大众汽车公司服务热线查询密码。可以用检测仪读出 14 位字符的识别码。

密码是用来配置点火钥匙的。新车的密码被隐盖在点火钥匙牌上，刮去牌上的覆盖的黑胶后可显示 4 位密码。

2. 工作情况

上海大众桑塔纳 2000GSi 轿车 AJR 型发动

机电子防盗系统的工作过程如图 9-6 所示。当点火开关打开时，防盗器开始工作，防盗器通过读识线圈将能量感应地传送给点火钥匙中的脉冲转发器，此时，脉冲转发器发射“钥匙代码”，并通过读识线圈将“钥匙代码”输入防盗器；防盗器将输入的“钥匙代码”与存储在防盗器的“钥匙代码”进行比较；防盗器再核对发动机 ECU“程控代码”（每次起动发动机时，发动机 ECU 随机代码发生器都会发生一个可变代码，该“程控代码”存储在防盗器内）是否正确。如果核对“程控代码”一致，发动机能正常起动，否则，发动机起动后 2s 内熄火。

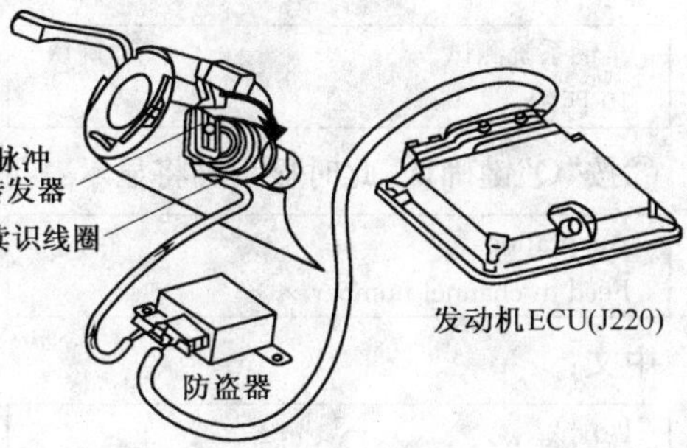

图 9-6　上海大众桑塔纳 2000GSi 轿车 AJR 型发动机电子防盗系统工作过程

二、AJR 型发动机电子防盗系统的自诊断

1. 读取和清除故障码

①连接专用检测仪 V·A·G1552，打开点火开关(ON)，显示屏显示：

```
Test of vehicle systems          HELP
Insert address word ××
```

中文：

```
车辆系统测试                帮助
输入地址码 ××
```

②按“2”和“5”键(25-防盗器)，显示屏显示：

```
Test of vehicle systems          Q
25-lmmobiliser
```

中文：

```
车辆系统测试                确认
25-防盗器
```

③按“Q”键确认，约 5s 后，显示屏显示：

```
330 953 253 IMMO VWZ6ZOTO123456 V01  →
Coding 00000           WSC 01215
```

其中，330 953 253：防盗器零件号；IMMO：电子防盗系统英文缩写；VWZ6ZOTO123456：防盗器 14 位字符代码；V01：防盗器软件版本；Coding 00000：编码；WSC 01215：维修站代码

④按“→”键，显示屏显示：

```
Test of vehicle systems          HELP
Select function    ××
```

中文：

```
车辆系统测试                帮助
选择功能    ××
```

⑤按“0”和“2”键(02-查询故障存储器)，按“Q”键确认，显示屏显示：

```
X Fault recognized               →
```

中文：

```
X 个故障被发现                    →
```

上海大众桑塔纳 2000GSi 轿车 AJR 型发动机电子防盗系统故障码及含义见表 9-2。

表 9-2　上海大众桑塔纳 2000GSi 轿车 AJR 型发动机电子防盗系统故障码表

显示屏显示	可能的故障原因	检　修
65535 防盗器损坏	防盗器(J362)损坏	更换防盗器
00750 警告灯故障： 对地短路/断路、对正极短路	线路短路或断路 警告灯(K117)损坏	检修线路 更换警告灯
01128 读识线圈	读识线圈(D2)损坏 线路断路	更换读识线圈 检修线路
01176 钥匙： 信号太弱 非法钥匙	转发器损坏 钥匙不匹配 读识线圈(D2)损坏	配制新钥匙 完成所有钥匙匹配程序 更换读识线圈
01177 发动机 ECU 未匹配	更换发动机 ECU 发动机 ECU 与防盗器连接导线断路或短路	完成发动机 ECU 与防盗器匹配程序 检修发动机 ECU 与防盗器连接线路

续表 9-2

显示屏显示	可能的故障原因	检 修
01179 配钥匙程序错误	钥匙匹配不正确	查询故障存储器 清除故障存储器 完成所有钥匙匹配程序

⑥清除故障码。按“0”和“5”键(05-清除故障存储器),按“Q”键确认,显示屏显示:

Test of vehicle systems	→
Fault memory is erased	

中文:

车辆系统测试	→
故障存储器已被清除	

2. 读取测量数据块

输入“0”和“8”键(08-读数据块),按“Q”键确认,此时显示屏显示:

Read measuring value block	HELP
Enter display group number ××	

中文:

读取测量数据块	帮助
输入显示组号 ××	

输入显示组号“22”(显示组 22),按“Q”键确认,此时显示屏显示:

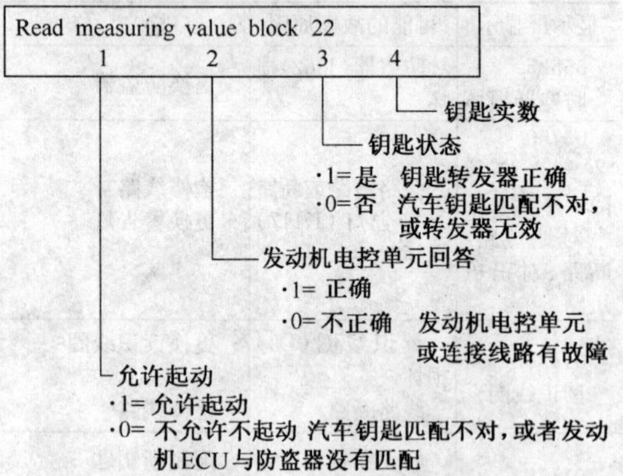

三、AJR 型发动机电子防盗系统的匹配方法

1. 更换发动机 ECU(J220)的匹配

更换发动机 ECU 后,必须重新与防盗器进行匹配,完成此项操作必须使用一把合法的点火钥匙。

①连接 V·A·G1552,打开点火开关,按“2”和“5”键(25-防盗器),并按“Q”键确认,按“→”键,显示屏将显示:

Test of vehicle systems	HELP
Select function ××	

中文:

车辆系统测试	帮助
选择功能 ××	

②按“1”和“0”键(10-匹配),此时显示屏将显示:

Test of vehicle systems	Q
10-Adaptation	

中文:

车辆系统测试	确认
10-匹配	

③按“Q”键确认,此时显示屏将显示:

Adaptation	
Feed in channel number ××	

中文:

匹配	
输入频道号 ××	

④按“0”和“0”(00 频道),按“Q”键确认,此时显示屏将显示:

Adaptation	Q
Erase learned Values?	

中文:

匹配	确认
清除已知数值?	

⑤按“Q”键确认,此时显示屏将显示:

Adaptation	→
Learned Values have been erased	

中文:

匹配	→
已知数值已被清除	

⑥按“→”键,完成匹配程序,此时点火开关是打开的,发动机 ECU 的随机代码就被防盗器读入储存起来。

2. 更换防盗器(J362)的匹配

①当换用新的防盗器时,发动机 ECU 的随机代码自动被防盗器读入储存起来,应重新做一

次所有点火钥匙匹配程序。

②当换用从其他车上拆下来的防盗器时，应重新做一次发动机ECU与防盗器匹配程序，然后重新做一次所有点火钥匙匹配程序。

3. 点火钥匙的匹配

匹配点火钥匙是清除以前所有合法钥匙的代码。新配钥匙或增加钥匙数量，最多合法钥匙不超过8把。如果遗失了一把合法的钥匙，为了安全起见，必须将所有合法钥匙重新完成一次匹配程序，这样能使丢失在外的钥匙变为非法钥匙，不能再起动发动机。匹配钥匙必须先获得密码。

①连接V. A. G1552，打开点火开关，输入防盗器地址码“25”，并按“Q”键确认，按“→”键，显示屏将显示：

Test of vehicle systems	HELP
Select function ××	

中文：

车辆系统测试	帮助
选择功能 ××	

②按“1”和“1”键（11-输入密码），此时显示屏将显示：

Test of vehicle systems	Q
11—Login procedure	

中文：

车辆系统测试	确认
11—输入密码	

③按“Q”键确认，此时显示屏将显示：

Login procedure
Enter code number ××××

中文：

输入密码
输入密码号 ××××

④输入密码号，在四位数密码前加一个“0”，例如：01234，此时显示屏将显示：

Login procedure	Q
Enter code number 01234	

中文：

输入密码	确认
输入密码号 01234	

⑤按“Q”键确认，此时显示屏将显示：

Test of vehicle systems	HELP
Select function ××	

中文：

车辆系统测试	帮助
选择功能 ××	

如果显示屏显示：

Function is unknown or	→
Cannot be carried out at moment	

中文：

功能不清楚或	→
此刻不能执行	

表示密码号输错，必须重新输入密码。如果连续两次输入错误，第三次再想输入密码前，必须按“0”和“6”键（06—结束输出），退出防盗器自诊断程序。打开点火开关等30min以后，再重新进行输入密码。

⑥按“1”和“0”键（10-匹配），按“Q”键确认，此时显示屏将显示：

Adaptation
Feed channel number ××

中文：

匹配
输入频道号 ××

⑦按“2”和“1”键（21-频道号），按“Q”键确认，显示屏将显示：

Channel 21 Adaptation2	→
	<-1 3->

中文：

频道21 匹配2	→
	<-1 3->

输入钥匙数，钥匙数量根据需要可以输入0～8，可以按数字键输入钥匙数，或者用数字键“1”和“3”，按“1”键为减少钥匙把数，按“3”键为增加钥匙数，直到显示器右上角的数字符合需要的钥匙为止。如果输入“0”，表示全部钥匙都变为非法，不能起动发动机。

⑧按“→”键确认，显示屏将显示：

Channel 21 Adaptation2	→
Enter adaptation value ××××	

中文：

频道 21 匹配 2	→
输入匹配钥匙数 ××××	

⑨按“0”键 4 次，再输入匹配钥匙数，例如匹配 3 把钥匙，输入 00003，此时显示屏显示：

Channel 21 Adaptation2	Q
Enter adaptation value 00003	

中文：

频道 21 匹配 2	确认
输入匹配钥匙数 00003	

⑩按“Q”键确认，显示屏将显示：

Channel 21 Adaptation 3	Q
<-1 3->	

中文：

频道 21 匹配 3	确认
<-1 3->	

⑪按“Q”键确认，显示屏将显示：

Channel 21 Adaptation 3	Q
Store changed value?	

中文：

频道 21 匹配 3	确认
是否要储存改正的钥匙数?	

⑫按“Q”键确认，显示屏将显示：

Channel 21 Adaptation 3	→
Changed value is stored	

中文：

频道 21 匹配 3	→
改正的钥匙数已储存	

⑬按“→”键。

⑭输入“0”和“6”键(06—结束输出)，在点火开关上的这把钥匙匹配完毕。

⑮关闭点火开关，拔出钥匙，然后插入下一把，打开点火开关。

⑯重复上述操作，直到把所有的钥匙都匹配完毕为止。

在进行匹配钥匙程序中，应注意以下几点：

a. 匹配全部钥匙的操作不能超过 30s，如果只是插入钥匙，而没有打开点火开关，那么这把钥匙匹配无效。

b. 如果系统在读钥匙的过程中发现错误，如将已匹配过的钥匙再次进行匹配等，警告灯将以每秒 2 次的频率闪亮，读钥匙过程自动中断。

c. 每次匹配钥匙的过程顺利完成，警告灯则点亮 2s，然后熄灭 0.5s，再亮 0.5s，最后熄灭。

d. 在匹配钥匙完毕后，应进行查询故障，如果没有故障显示，显示屏将显示：

Function is unknown or	→
Cannot be carried out at moment	

中文：

功能不清楚或	→
此刻不能执行	

第三节 上海别克轿车发动机电子防盗系统的检测

一、发动机电子防盗系统的组成与工作情况

1. 基本组成

上海别克轿车采用点火钥匙确认 PASS-KEY Ⅱ防盗系统，防盗系统电路图如图 9-7 所示，防盗系统主要部件与安装位置见表 9-3。

表 9-3 上海别克轿车防盗系统主要部件与安装位置

部件名称	安装位置
车身控制模块(BCM)	左侧 IP(仪表板)下，转向柱左侧
数据连接器(DLC)	左侧 IP 下，转向柱右侧
熔断器盒	IP 右侧，于右前车门开口
仪表组件	IP 顶部，转向柱上部
动力控制模块(PCM)	发动机前左侧，空气滤清器总成内部
接头组 SP205	IP 下部，转向柱右侧
转向柱锁和点火锁芯	转向柱内部
机罩下附件导线接线盒	发动机室右侧，装配于支柱器

续表 9-3

部件名称		安装位置
插接器	C101	IP 线束至发动机线束，发动机室左侧
搭铁点	G203	IP 下部，转向柱右侧
贯穿式密封圈	P100	驾驶室隔板下右侧
	P101	驾驶室隔板下左侧
连接点	S211	IP 线束，转向柱左侧，由仪表组件引出线约 200mm
	S234	IP 线束，转向柱左侧，由仪表组件引出线约 130mm
	S270	IP 线束，IP 右侧后部，由鼓风电机控制模块引出线约 40mm

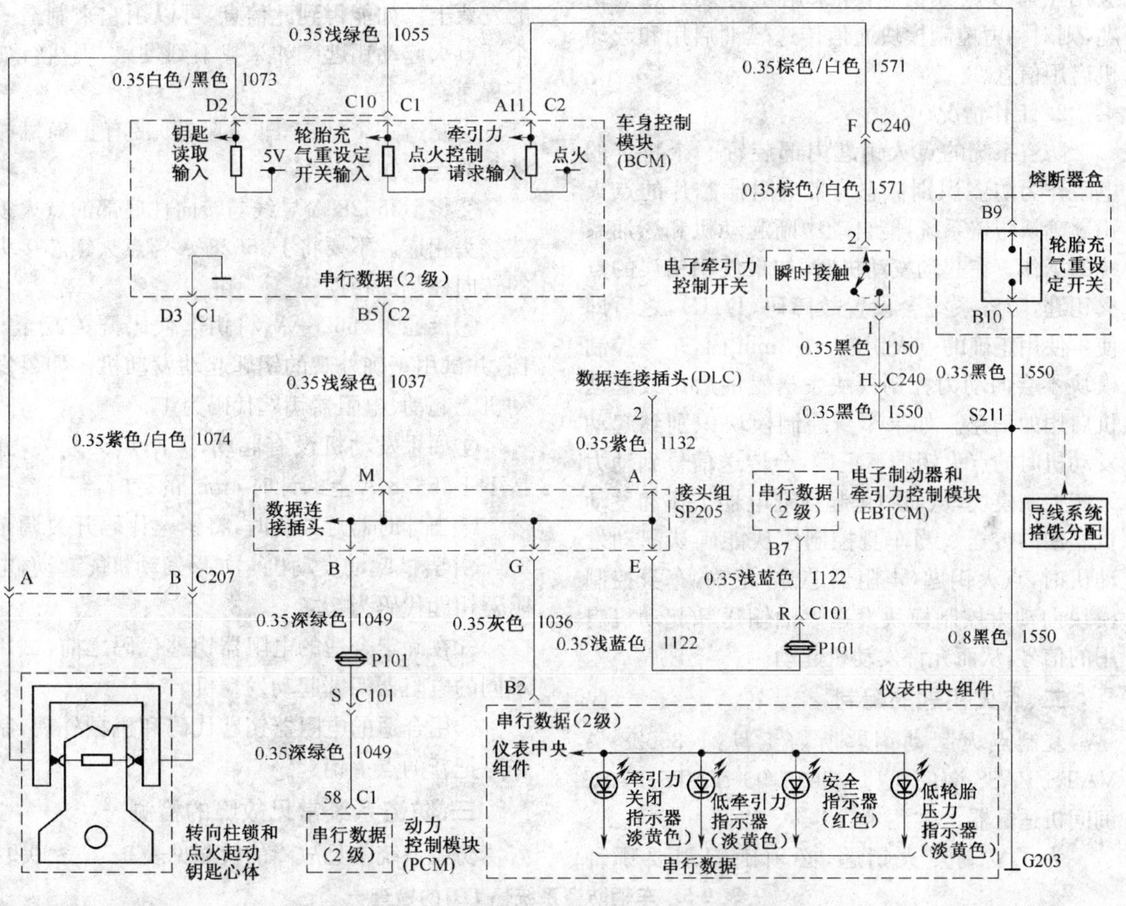

图 9-7　上海别克轿车防盗系统与警报电路图

(1)点火钥匙

点火钥匙具有一个独特的电阻芯片，它能被车身控制模块(BCM)识别出来。共有 15 种不同的钥匙(电阻器)代码，见表 9-4。对每一个点火钥匙确认 PASS-KEY Ⅱ防盗系统，仅有一个点火钥匙电阻器芯片代码与其适用。

(2)车身控制模块(BCM)

表 9-4　点火开关钥匙内电阻规格　(Ω)

序号	标准	最低	最高	序号	标准	最低	最高
1	402	386	438	6	1470	1411	1549
2	523	502	546	7	1870	1795	1965
3	681	654	728	8	2370	2275	2485
4	887	852	942	9	3010	2890	3150
5	1130	1085	1195	10	3740	3590	3910

续表 9-4

序号	标准	最低	最高	序号	标准	最低	最高
11	4750	4560	4960	14	9530	9149	9931
12	6040	5798	6302	15	11180	11328	12292
13	7500	7200	7820	—	—	—	—

车身控制模块(BCM)是点火钥匙确认PASS-KEYⅡ的控制器，其主要功能是识别执行点火钥匙电阻，并与动力控制模块(PCM)进行通信。车身控制模块判断尝试起动发动机时，是否应用了有效点火钥匙，如采用了有效的点火钥匙，则对动力控制模块通信传送燃油启用和起动机启用信息。

2. 工作情况

防盗系统的点火钥匙内部装置一个特定的电阻作为防盗识别标志。带电阻器芯片的点火钥匙确认防盗系统，能自动中断起动机和燃油系统的工作。在起动发动机时，如果使用错误的点火钥匙，防盗系统会设置故障码(DTC)，之后即使再使用正确的点火钥匙，在3min内，车身控制模块不会向动力控制模块发送燃油启用或起动机启用的信息。如果车身控制模块识别到起动发动机时的点火钥匙不正确，会传送信号到动力系统控制模块，从而中止起动继电器工作和发动机燃油的传送。当车身控制模块能确认起动发动机时，点火钥匙(电阻器芯片)正确，车身控制模块向动力控制模块发送燃油输送和起动机启用的信号，从而允许发动机起动。

二、点火钥匙的配制

复制点火起动钥匙所需工具：J-35628-A VATS/PASS询问机、J-35628-95 VATS/PASS询问机适配器。

为了复制点火钥匙，必须确定需要哪种PASS-KEYⅡ(点火钥匙确认)电阻器钥匙代码，可使用J-35628-A测试点火钥匙。使用S-35628-A时，将工具接通，并将点火钥匙插入工具锁芯，钥匙代码阅读器将显示点火钥匙的电阻器钥匙代码。准备一个与此电阻器钥匙代码相匹配的空白点火钥匙，并将原点起动钥匙的机械外观复制到此空白钥匙。

替代丢失的VATS/PASS点火钥匙，必须确定原始的钥匙机械外观及电阻器钥匙代码。钥匙外观和电阻器钥匙代码信息记录在购置车辆的发票上。如能得到此信息，可以用它来制造一个新点火起动钥匙。如果找不到发票，则执行如下程序：

①制造一个空白(非电阻器)带有正确机械外观的点火钥匙。

②将J-35628-A导线与转向柱底部的点火锁芯接头相连。不要将J-35628-A与点火锁芯接头的转向柱侧部相连。

③接通J-35628-A，将钥匙代码开关旋至1档，并试用正确外观的钥匙起动发动机。如果发动机能起动，电阻器钥匙代码为1。

④如果发动机没有起动，关闭点火开关，并按下J-35628-A上的计时4min的计时器。

⑤当计时器灯关闭时，将钥匙代码开关调至2档，并尝试起动发动机。如果发动机能起动，电阻器钥匙代码为2。

⑥在确定合适的电阻器钥匙代码之前，试用不同的电阻器钥匙起动发动机。

⑦用合适的电阻器钥匙代码和机械外观，制作一把新的点火钥匙。

三、防盗系统常见故障的检测

防盗系统常见故障的检测见表9-5～表9-9。

表 9-5 车辆防盗系统(VTD)的检查

步骤	基本操作	正常	不正常
1	①点火开关转至“LOOK”位置 ②观察SECURITY指示灯，并将点火开关转至“RUN”位置	SECURITY(安全)指示灯开启5s后关闭	①SECURITY指示灯接通，发动机起动 ②SECURITY指示灯始终接通或闪亮 ③SECURITY指示灯没有接通
2	①确保变速器换档杆位于驻车档位 ②点火开关转至“STA”位置	①起动发动机 ②SECURITY指示灯接通5s	①SECURITY指示灯接通，发动机起动 ②SECURITY指示灯始终接通或闪亮 ③SECURITY指示灯接通，发动机不起动 ④点火锁芯测试 ⑤SECURITY指示灯没有接通

表 9-6　安全指示灯(SECURITY)始终亮或闪亮的检查

步骤	基本操作	正　常	不正常
1	防盗系统检查是否执行	至步骤 2	参见车辆防盗(VTD)系统的检查
2	①检查动力控制模块(PCM)诊断故障码 ②检查是否完成	至步骤 3	—
3	是否执行了车身控制模块(BCM)诊断系统检查	至步骤 4	—
4	①执行 BCM 重读程序 ②起动发动机 ③发动机是否起动	至步骤 5	至步骤 6
5	①由于仪表板组合仪表(IPC)功能失效，SECURITY 指示灯不能工作 ②维修是否完成	至步骤 6	—
6	①更换 BCM ②执行新的 BCM 程序 ③维修是否完成	至步骤 7	—
7	①点火开关转至锁定位置 ②重新安装拆卸的部件 ③重新连接插接器 ④所有维修是否完成	参见车辆防盗(VTD)系统的检查	—

表 9-7　SECURITY 指示灯亮，发动机没起动时的检查

步骤	基本操作	正　常	不正常
1	是否执行防盗系统检查	至步骤 2	参见车辆防盗(VTD)系统的检查
2	①检查 PCM 诊断故障码 ②是否存在 PCM 故障码	至步骤 3	—
3	是否执行了 BCM 诊断系统检查	至步骤 4	—
4	①由于仪表板组合仪表(IPC)功能失效，SECURITY 指示灯运行不正常 ②维修是否完成，系统是否进行重新检测	参见车辆防盗(VTD)系统的检查	—

表 9-8　SECURITY 指示灯亮，发动机已起动时的检查

步骤	基本操作	正　常	不正常
1	是否执行防盗系统检查	至步骤 2	参见车辆防盗(VTD)系统的检查
2	①检查 PCM 诊断故障码 ②是否完成检查	至步骤 3	—
3	是否执行了 BCM 诊断系统检查	至步骤 4	—
4	起动发动机，发动机不能起动	至步骤 5	—
5	①由于仪表板组合仪表(IPC)功能失效，SECURITY 指示灯亮 ②维修是否完成	—	—

表 9-9　点火钥匙与锁芯的测试

步骤	基本操作	是	否
1	①使用 Tech-2 扫描仪检查 BCM 诊断故障码 ②是否存在诊断故障码	参见车辆防盗(VTD)系统的检查	至步骤 2

续表 9-9

步骤	基本操作	是	否
2	①将点火钥匙插入 J35628-A 中 ②接通 J35628-A ③读出显示在询问机显示器上的钥匙代码 ④J-35628-A 是否显示了 1～15 的钥匙代码数值	至步骤 3	至步骤 6
3	①记录下显示在 J-35628-A 上的钥匙代码 ②关闭 J-35628-A ③连接 J-35-A628 ④将点火钥匙插入锁芯 ⑤接通 J-35628-A ⑥点火开关转至“RUN”，并观察 J-35628-A 的显示 ⑦J-35628-A 显示的钥匙与步骤 2 中的钥匙代码一致	至步骤 4	至步骤 7
4	是否查看诊断故障码表	参见相应的诊断故障码表	至步骤 5
5	①确认点火开关位于“LOOK”位置 ②连接所有插接器 ③安装所有拆卸的部件 ④将 Tech-2 扫描仪与数据连接线连接 ⑤点火开关调至“RUN”位置 ⑥使用 Tech-2 扫描仪清除 BCM 诊断故障码 ⑦点火开关调至“LOOK”位置 ⑧点火开关调至“RUN”位置 ⑨使用 Tech-2 扫描仪测试当前 BCM 诊断故障码 ⑩当前是否存在 BCM 的诊断故障码	参见相应的诊断故障码表	—
6	①清理点火钥匙 ②使用 J-35628-A ③如果钥匙仍无效，换点火钥匙 ④维修是否完成	至步骤 3	—
7	①测试点火钥匙与锁芯是否接触不良 ②如果连接正确，更换点火锁芯 ③维修是否完成	至步骤 4	—

第四节 广州本田雅阁轿车发动机电子防盗系统的检测

一、发动机电子防盗系统的组成与工作情况

1. 基本组成

广州本田雅阁轿车装备了发动机电子防盗系统，也称为防起动系统，它能够使发动机无法起动，除非使用正确的点火钥匙。防起动系统主要由点火钥匙信号接收器（也称为应答器）、防起动装置、防盗系统指示灯和 ECM/PCM 组成。

发动机电子防盗系统主要部件布置如图 9-8 所示，防盗系统电路图如图 9-9 所示。

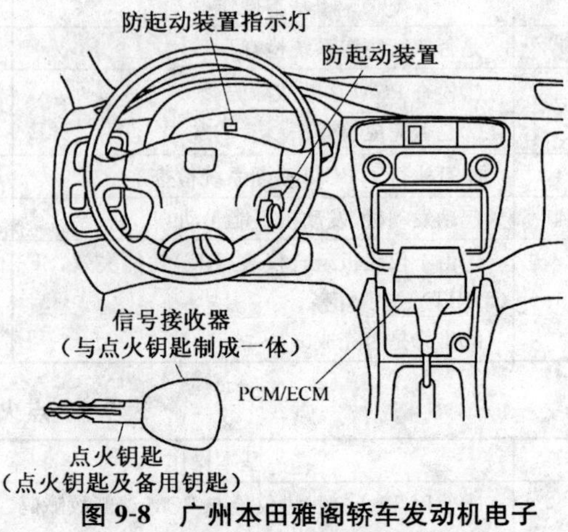

图 9-8 广州本田雅阁轿车发动机电子防盗系统主要部件位置图

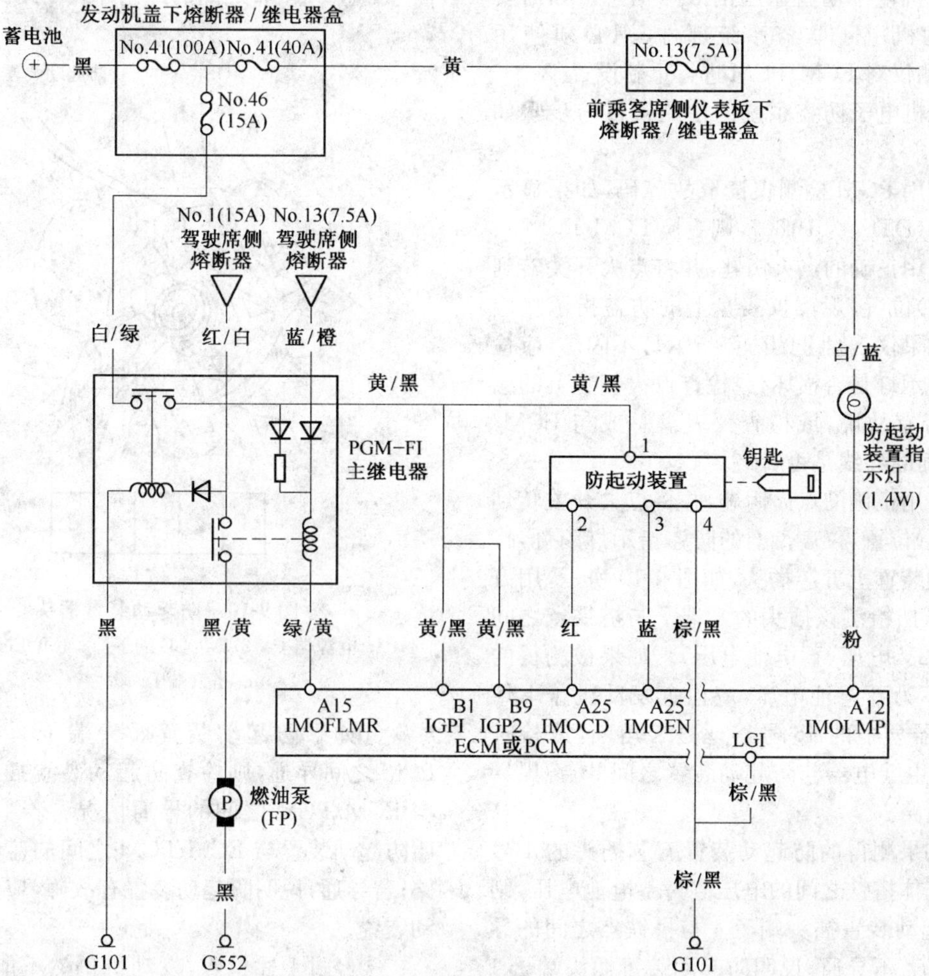

图 9-9　广州本田雅阁轿车发动机电子防盗系统电路图

2. 工作过程

当点火钥匙插入点火开关并转至“ON”(Ⅱ)位置,防起动装置向点火钥匙内的信号接收器发送电流信号,信号接收器接收信号后将一个加密信号(密码)发送回防起动装置,防起动装置再将此加密信号输送至 ECM/PCM。

如果使用了正确的点火钥匙,则防盗指示灯将亮约 2s 后熄灭,将点火开关转至“OFF”(Ⅰ)位置,防盗指示灯将闪烁 5s 后熄灭,表明 ECM/PCM 已经正确设置。

如果使用了错误的点火钥匙,或者防起动装置未接收到或未能识别加密信号,则指示灯会亮约 2s 后继续闪亮,直至点火开关转至“OFF”(Ⅰ)位置。

只有存储了密码信息的点火钥匙才能正常起动发动机,发动机电子防盗系统能记忆 6 个点火钥匙密码。如果需要 ECM/PCM 重新记忆新的点火钥匙密码,可以使用 PGM 检测仪(本田车专用)对新的点火钥匙密码进行重写。由于电子防盗系统的作用,通常发动机起动时要比未装备电子防盗系统的发动机起动时间稍长,这是正常现象,而不是发动机性能不良。

二、发动机电子防盗系统的测试

当使用正确的点火钥匙打开点火开关,仪表板上的防盗指示灯亮 2s 后不熄灭而是开始闪烁,或者发动机根本无法起动,则应重复起动发动机。如果发动机仍然不能起动,则应检查发动机电子防盗系统是否有故障。使用 PGM 检测仪读取发动机电子防盗系统的故障信息。如需要更换发动机电子防盗系统部件，则必须使用PGM检测仪对ECM/PCM进行重新设置。

发动机电子防盗系统的检测项目与步骤如下：

①使用PGM检测仪读取故障码，如果显示的故障码(DTC)为P1607，则更换ECM/PCM。

②使用正确的点火钥匙，并将点火开关转到“ON”(Ⅱ)位置，观察仪表盘上的防盗指示灯应闪烁。如果仪表盘上的防盗指示灯不闪烁，应检查防盗指示灯是否损坏，或检查点火钥匙上的应答器是否有故障，或检查仪表盘总成与ECM/PCM之间的导线是否断路。

③使用正确的点火钥匙，并将点火开关转到“ON”(Ⅱ)位置，仪表盘上的防盗指示灯闪烁，拔下防起动装置上五芯插头，如图9-10所示，用万用表电压挡检测该插头的1端子与搭铁点之间应有约12V电压(蓄电池电压)。如果被测得的电压值不为蓄电池电压，应检查发动机盖下熔丝/继电器盒中的46号熔丝是否熔断，或检查PGM-FI主继电器与防起动装置之间的黄/黑导线是否断路。

④如果测得的防起动装置五芯插头的1号端子与车体搭铁之间的电压值为蓄电池电压，则检查防起动装置插头端子4与搭铁点之间的导通情况。若不导通，说明防起动装置插头端子1和搭铁处(G101)之间的黑色导线断路。

⑤如果防起动装置插头端子4与搭铁点之间导通，则检查防起动装置插头端子2与ECM/PCM之间的导通情况。若不导通，说明防起动装置与ECM/PCM之间的红色导线断路。

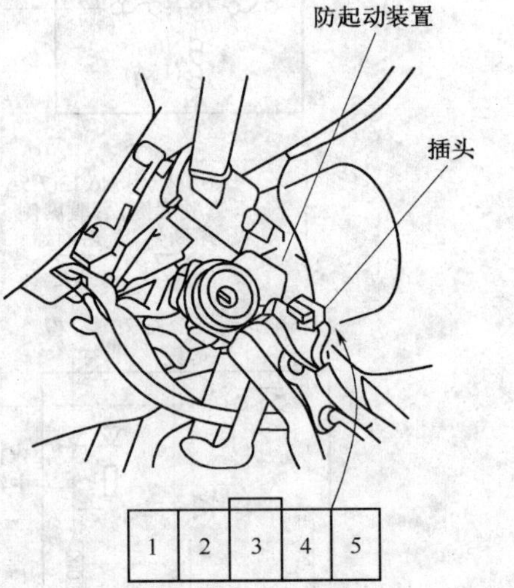

图9-10 防起动装置插头

1. 电源端子 2. IMOCD端子 3. IMOEN端子 4. 搭铁端子 5. 空

⑥如果防起动装置插头端子2与ECM/PCM之间导通，则检查防起动装置插头端子3与ECM/PCM之间的导通情况。若不导通，说明防起动装置与ECM/PCM之间的蓝色导线断路；若导通，说明防起动装置有故障，应更换防起动装置。

⑦经过上述检查，发动机仍然不能起动，说明ECM/PCM有故障，应替换一个无故障的ECM/PCM，并重新进行检查。使用PGM检测仪对替换上的ECM/PCM进行重写；否则，发动机仍然不能起动。

第十章　汽车发动机电子控制系统的实车检测

第一节　天津夏利2000轿车8A-FE型发动机电子控制系统的检测

一、8A-FE型发动机电子控制系统的结构特点与控制功能

天津夏利2000轿车（TJ7136U型轿车）装用了天津丰田发动机有限公司生产的8A-FE型发动机（直列四缸、16气门、双顶置凸轮轴、1.342L排量）。8A-FE型发动机电子控制系统的组成如图10-1所示。

①采用分组喷射方式，将4个喷油器分成两组，其中1缸与3缸为一组，2缸与4缸为一组，分别通过控制电路与发动机ECU连接，在发动机每个工作循环中，各组喷油器同时喷油一次。

②发动机怠速运转时，由发动机ECU控制旁通气道中怠速控制阀的开启与关闭，以稳定发动机怠速转速。用怠速调整螺钉可以改变怠速旁通气道截面的大小，可调整发动机怠速转速。在发动机冷车起动后的暖机过程中，蜡式空气阀开启，使部分空气直接进入进气支管，增加空气量，发动机暖机后，空气阀关闭，发动机以正常怠速运转。

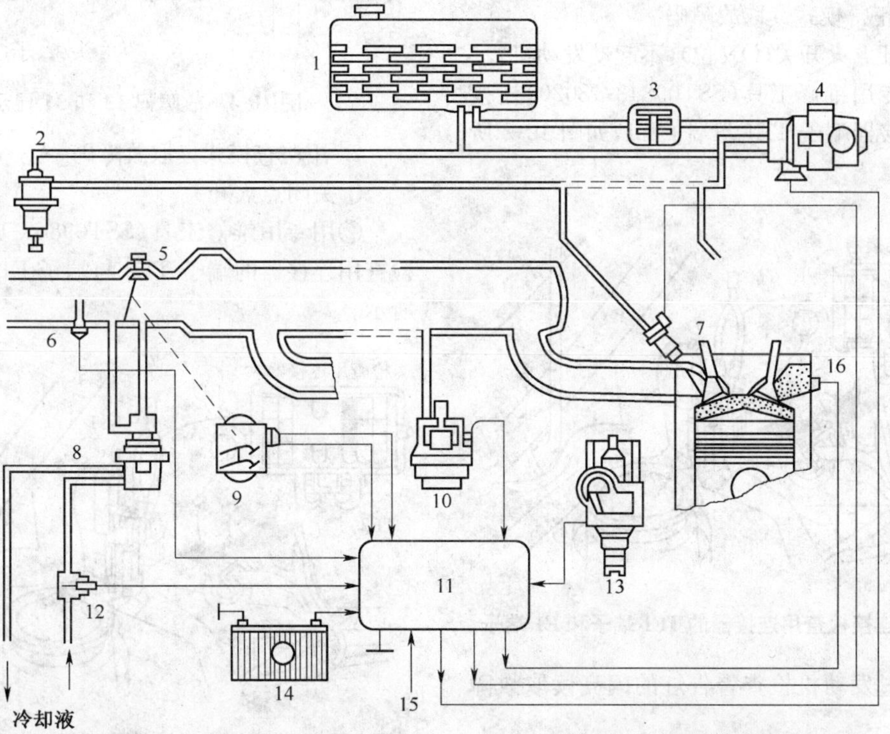

图10-1　天津夏利2000轿车8A-FE型发动机电子控制系统示意图

1. 油箱　2. 汽油压力调节器　3. 汽油滤清器　4. 电动汽油泵　5. 怠速调整螺钉　6. 进气温度传感器　7. 喷油器　8. 怠速控制阀　9. 节气门位置传感器　10. 进气压力传感器　11. 发动机ECU　12. 冷却液温度传感器　13. 分电器（曲轴位置传感器、点火组件）　14. 蓄电池　15. 起动开关信号、空调开关信号　16. 氧传感器

③采用有分电器点火控制系统，点火组件(包括曲轴位置传感器、点火器和点火线圈)安装在分电器内，发动机 ECU 根据曲轴位置传感器的信号确定 1 缸上止点位置，从而控制点火正时，并由分电器将高压电配送给各个气缸的火花塞，取消点火提前机构，由发动机 ECU 直接控制点火提前角，控制爆燃。

④在发动机上设置了汽油蒸发排放控制系统与三元催化转换器，以控制有害物的排放。

⑤发动机故障警告灯安装在仪表板上，用来提示发动机电子控制系统故障。打开点火开关，不起动发动机时，发动机故障警告灯亮起；发动机起动后，发动机故障警告灯熄灭，如果发动机故障警告灯不灭，则提示发动机电子控制系统有故障。利用检查用连接器和发动机故障警告灯的闪亮可以读取故障信息。

二、8A-FE 型发动机电子控制系统故障码的读取与清除

1. 用正常模式读取故障码

①打开点火开关(ON 位)，不起动发动机。

②用专用维修工具(SST09843-18020)连接检查用连接器端子 TE1 与端子 E1，如图 10-2 所示。

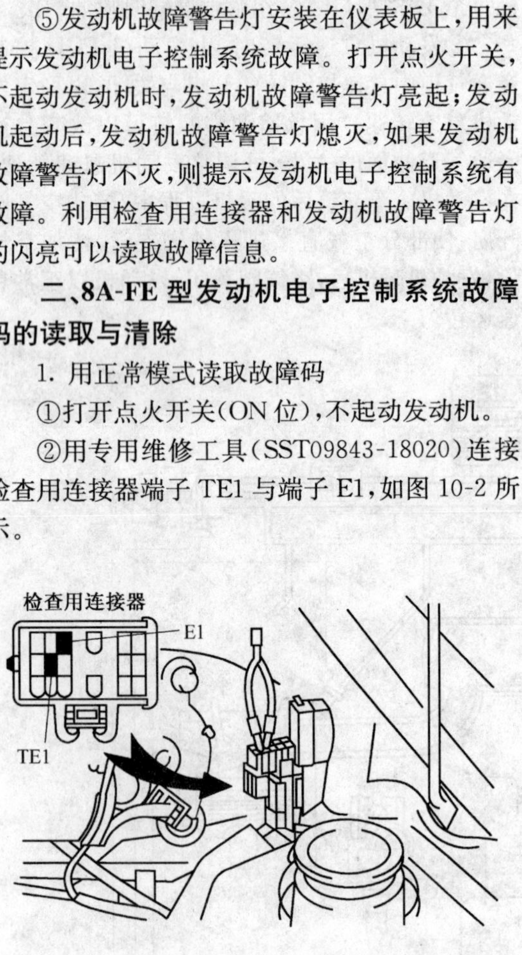

图 10-2 连接检查用连接器的 TE1 端子和 E1 端子

③通过发动机检查警告灯的闪亮读取故障码。

若无故障码存在，发动机检查警告灯每隔 0.26s 交替闪一次，其显示如图 10-3 所示。

若有故障码存在，发动机检查警告灯将每隔 0.52s 闪亮一次，其第一次闪亮的次数为两位数故障码的第一个数字，暂停 1.5s，第二次闪亮的次数为故障码的第二个数字。如果有两个或更多的故障码，则在每个故障码之间有 2.5s 的暂停，如故障码 13、31 的显示如图 10-4 所示。所有故障码均输出后，暂停 4.5s，又重复显示。只要检查用连接器的端子 TE1 与端子 E1 还连接着，故障码就会继续重复显示。

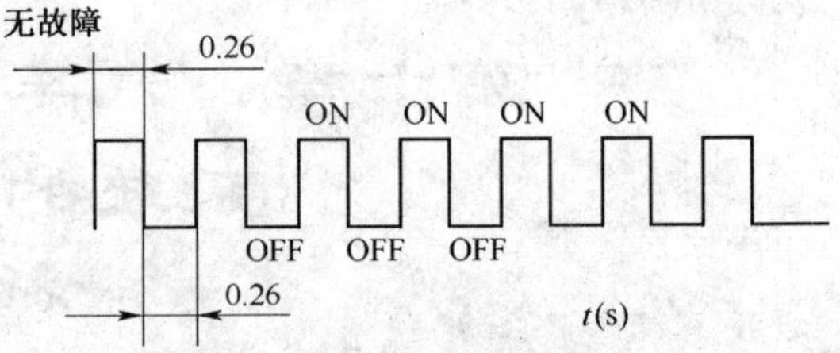

图 10-3 无故障显示

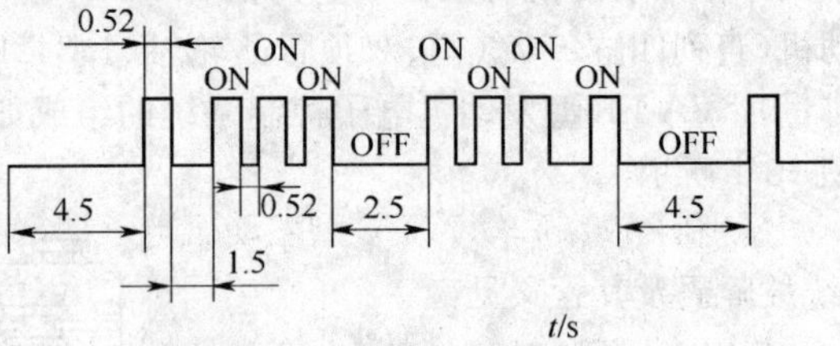

图 10-4 故障码 13 和 31 显示

2. 用检查模式读取故障码

①关闭点火开关。

②用专用维修工具(SST09843-18020)连接检查用连接器的端子 TE2 与端子 E1，如图 10-5 所示。

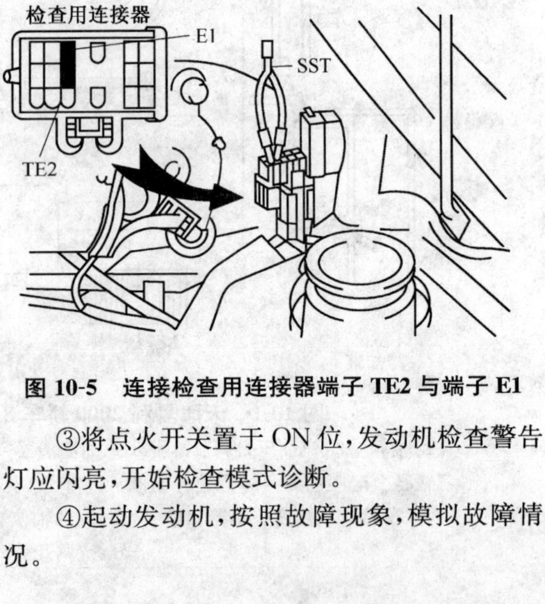

图 10-5 连接检查用连接器端子 TE2 与端子 E1

③将点火开关置于 ON 位，发动机检查警告灯应闪亮，开始检查模式诊断。

④起动发动机，按照故障现象，模拟故障情况。

⑤用专用维修工具(SST09843-18020)连接检查用连接器端子 TE1 与端子 E1,如图 10-6 所示。

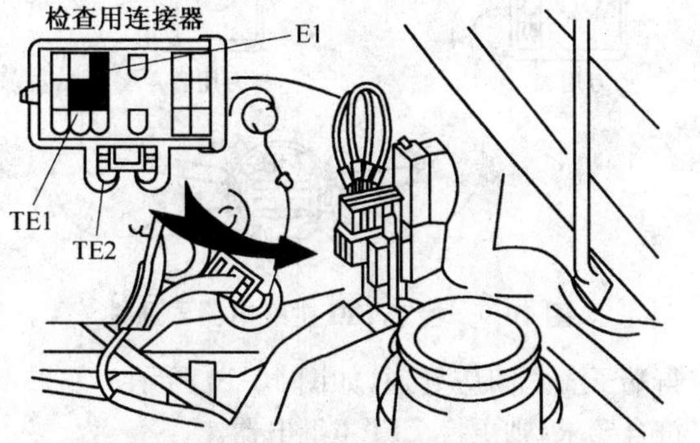

图 10-6　连接检查用连接器端子 TE1 与端子 E1

⑥按照发动机检查警告灯的闪亮读取故障码。

⑦检查后,卸下检查用连接器的专用维修工具(SST09843-18020)。

夏利 2000 轿车 8A-FE 型发动机电子控制系统故障码及其含义见表 10-1。

表 10-1　夏利 2000 轿车 8A-FE 型发动机电子控制系统故障码表

故障码	故障警告灯显示	故障部位
—		正常
12		NE 电路断路或短路 IIA STA 电路断路或短路 ECU
13		NE 电路断路或短路 IIA ECU
14		IGF 或 IGT 电路断路或短路 点火器 ECU
22		冷却液温度传感器电路断路或短路 冷却液温度传感器 ECU
24		进气温度传感器电路断路或短路 进气温度传感器 ECU

续表 10-1

故障码	故障警告灯显示	故障部位
31		进气压力传感器电路断路或短路 进气压力传感器 ECU
33		怠速控制阀电路断路或短路 怠速控制阀(ISC)
41		节气门位置传感器电路断路或短路 节气门位置传感器(TPS) ECU
42		车速传感器电路断路或短路 车速传感器(SPD) ECU
52		爆燃传感器电路断路或短路 爆燃传感器 ECU

3. 清除故障码

如果故障已排除,组合仪表中的发动机检查警告灯就会熄灭,但故障码还存储在 ECU 存储器中,需要及时清除,否则,在以后读取故障码时,会与新故障码一起显示出来。

关闭点火开关,拔下 EFI No.1(15A)熔丝 10s 或更长时间,即可清除故障代码,EFI No.1 熔丝(15A)的位置如图 10-7 所示。拔下熔丝的时间取决于环境温度,环境温度越低,熔丝拔下的时间越长。拆下蓄电池上搭铁线也可清除故障码,但会将其他存储内容也清除掉。

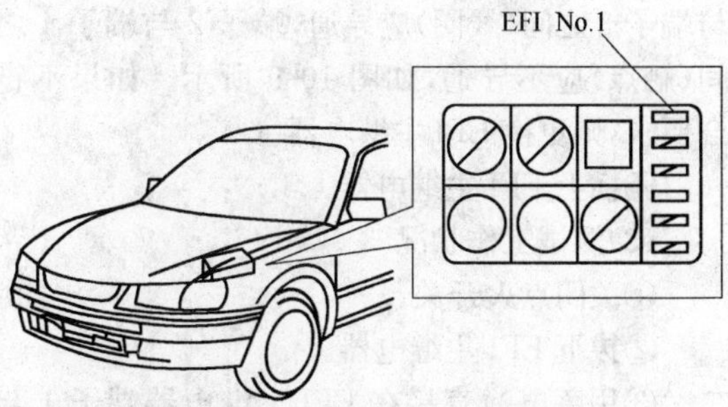

图 10-7　EFI No.1(15A)熔丝位置

清除故障码后,进行汽车路试,发动机检查

警告灯应显示正常码。如果显示的仍是原来的故障码，则说明原故障尚未彻底排除。

三、8A-FE 型发动机电子控制系统部件的检测

1. EFI 主继电器的检测

EFI 主继电器位置如图 10-8 所示。EFI 主继电器由点火开关控制，通过 EFI 主继电器向发动机 ECU 供电，同时为汽油泵继电器、喷油器、怠速控制阀、炭罐电磁阀等执行元件供电。

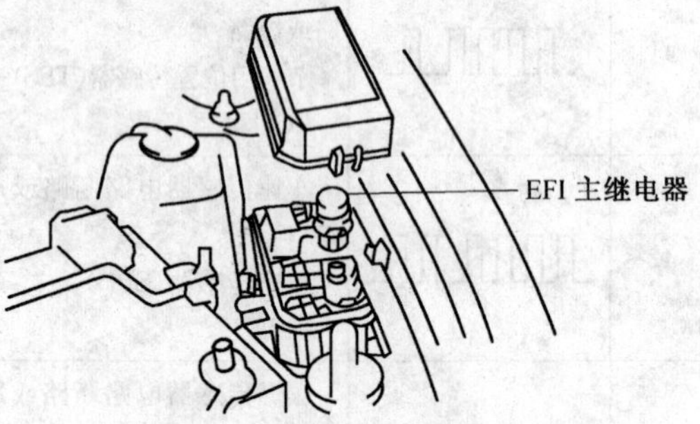

图 10-8 EFI 主继电器位置

(1)直观检查

①取下熔断器盒盖。

②打开点火开关。

③在打开点火开关时，能听到 EFI 主继电器发出“咔嗒”声，或用手触摸 EFI 主继电器能感觉到振动，否则，EFI 主继电器或线路有故障。

④关闭点火开关。

⑤装上熔断器盒盖。

(2)检查导通性

①关闭点火开关。

②拔下 EFI 主继电器。

③用万用表电阻挡检查 EFI 主继电器端子 1 与端子 3 之间(线圈)应导通，端子 2 与端子 4 之间(触点)应不导通，如图 10-9 所示。如果不符合要求，则更换 EFI 主继电器。

④插上 EFI 主继电器。

(3)测试工作状况

①关闭点火开关。

②拔下 EFI 主继电器。

③用蓄电池直接在 EFI 主继电器端子 1 与端子 3 之间通电。

④用万用表电阻挡检查 EFI 主继电器端子 2

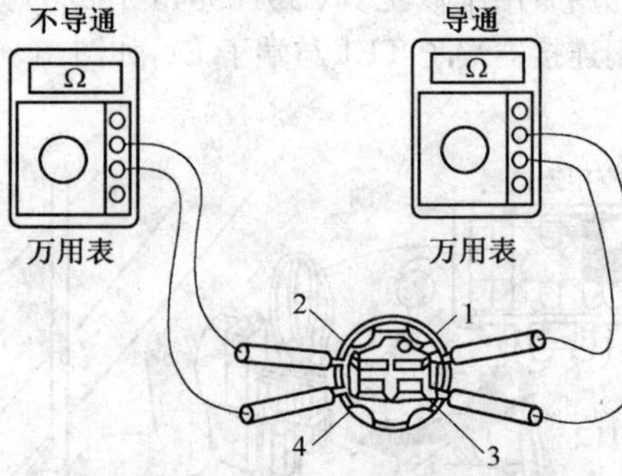

图 10-9 检查 EFI 主继电器导通性

与端子 4 之间应导通，如图 10-10 所示。如果不符合要求，则更换 EFI 主继电器。

⑤插上 EFI 主继电器。

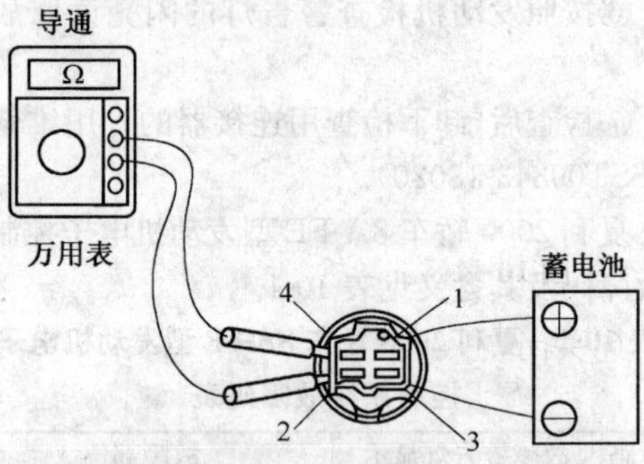

图 10-10 测试 EFI 主继电器工作状况

(4)检查线路

①关闭点火开关。

②拔下 EFI 主继电器。

③打开点火开关。

④用万用表电压挡测量 EFI 主继电器主电路电源插孔(与 EFI No. 1 15A 熔丝连接)应有约 12V 电压(蓄电池电压)。如果电压低或无电压，应检查熔丝(EFI No. 1 15A 熔丝、主熔丝 30A)是否正常，或检查 EFI 主继电器和蓄电池之间的线路是否短路或断路。

⑤用万用表电压挡测量 EFI 主继电器控制电路电源插孔(与 EFI No. 2 10A 熔丝连接)应有约 12V 电压(蓄电池电压)。如果电压低或无，则检查 EFI No. 2 10A 熔丝是否正常，或检查 EFI 主继电器和点火开关之间的线路是否短路或断路。

⑥用万用表电阻挡检查 EFI 主继电器控制电路搭铁插孔与搭铁点之间应导通。

⑦关闭点火开关。

⑧插上 EFI 主继电器。

2. 发动机 ECU 电源电路的检查

(1)检查发动机 ECU 常电源电路

发动机 ECU 常电源电路如图 10-11 所示，由蓄电池向发动机 ECU 直接供电，不受点火开关控制，用于存储发动机 ECU 中一些信息(如故障码、学习修正值等)。

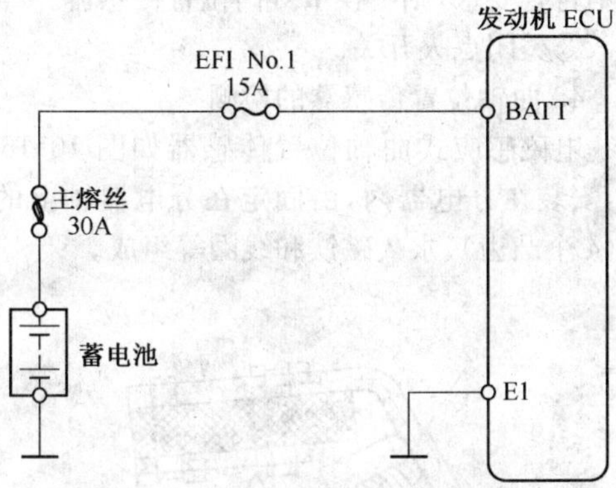

图 10-11　发动机 ECU 常电源电路

①关闭点火开关。

②拔下发动机 ECU 插头。

③打开点火开关。

④用万用表电压挡测量发动机 ECU 插头 BATT 端子与搭铁点之间应有约 12V 电压(蓄电池电压)。如果电压低或无，应检查熔丝(主熔丝 30A 与 EFI No. 1 15A)是否正常，或检查蓄电池和发动机 ECU 插头 BATT 端子之间的线路是否短路或断路。

⑤关闭点火开关。

⑥用万用表电阻挡检查发动机 ECU 插头端子 E1 与搭铁点之间应导通(电阻值≤0.5Ω)。

⑦插上发动机 ECU 插头。

(2)检查发动机 ECU 工作电源电路

发动机 ECU 工作电源电路如图 10-12 所示，打开点火开关后，蓄电池通过 EFI 主继电器向发动机 ECU 供电。

①关闭点火开关。

②拔下发动机 ECU 插头。

③打开点火开关。

④用万用表电压挡测量发动机 ECU 插头端子＋B 与搭铁点之间应有约 12V 电压(蓄电池电压)。如果电压低或无，应检查熔丝(AM1 熔丝、主熔丝 30A、EFI No. 1 15A)、EFI 主继电器、点火开关是否正常，或检查 EFI 主继电器和发动机 ECU 插头端子＋B 之间的线路是否短路或断路。

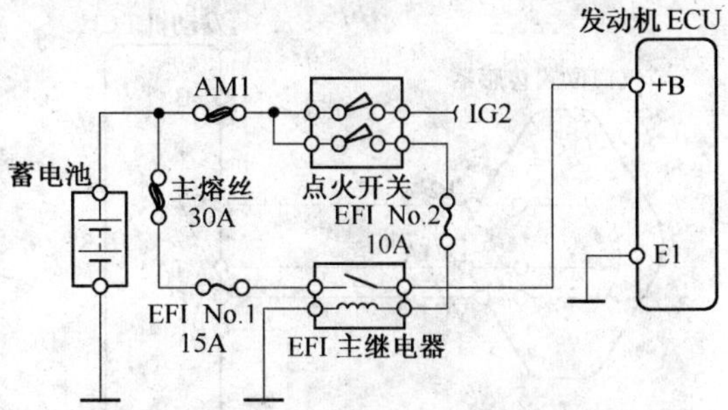

图 10-12　发动机 ECU 工作电源电路

⑤关闭点火开关。

⑥用万用表电阻挡检查发动机 ECU 插头端子 E1 与搭铁点之间应导通(电阻值≤0.5Ω)。

⑦插上发动机 ECU 插头。

3. 节气门位置传感器的检测

节气门位置传感器为滑动电阻式，由一个线形电位计构成，不带怠速开关，如图 10-13 所示。节气门位置传感器电路如图 10-14 所示。

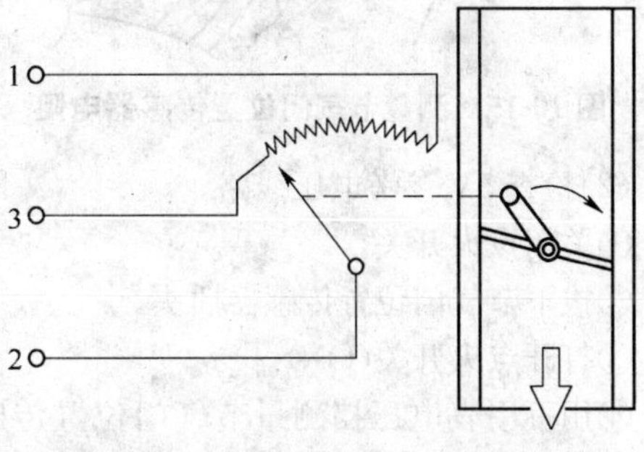

图 10-13　节气门位置传感器示意图

1—5V 参考电压端子　2—信号端子　3—搭铁端子

(1)测量电阻

①关闭点火开关。

②拔下节气门位置传感器插头。

③用万用表电阻挡测量节气门位置传感器端子之间的电阻，如图 10-15 所示，节气门位置传感器 VC 端子与 E2 端子之间的电阻值应为 500～1500Ω，节气门位置传感器 VTA 端子与 E2 端子之间的电阻值应随节气门开度的变化而连续变化。如果电阻值不符合要求，则应更换节气门位置传感器。

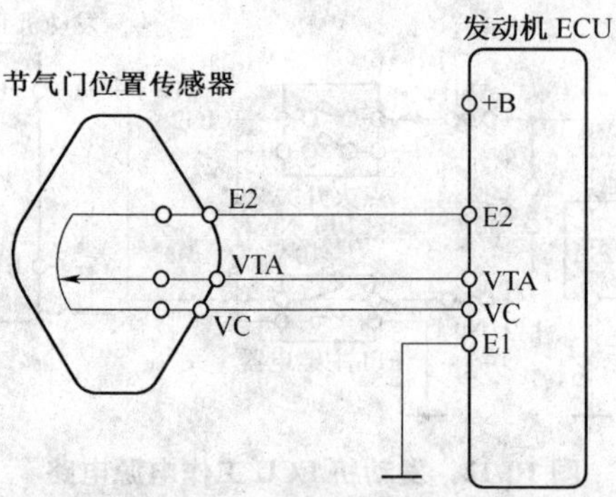

图 10-14 节气门位置传感器电路

E2—搭铁端子 VTA—信号端子
VC—5V 参考电压端子

④插上节气门位置传感器插头。

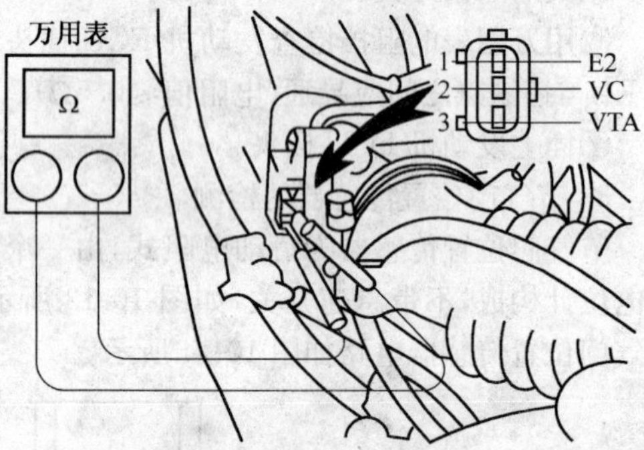

图 10-15 测量节气门位置传感器电阻

(2)检查 5V 参考电压线路

①关闭点火开关。

②拔下节气门位置传感器插头。

③打开点火开关(ON)。

④用万用表电压挡测量节气门位置传感器插头端子 VC 与搭铁点之间应有约 5V 电压。如果电压低或无电压,应检查节气门位置传感器插头端子 VC 和发动机 ECU 插头端子 VC 之间的线路是否短路或断路,或更换 ECU。

⑤关闭点火开关。

⑥插上节气门位置传感器插头。

(3)检查搭铁线路

①关闭点火开关。

②拔下节气门位置传感器插头。

③用万用表电阻挡检查节气门位置传感器插头端子 E2 与搭铁点之间应导通(电阻值≤0.5Ω),否则,检查节气门位置传感器插头端子 E2 和发动机 ECU 插头端子 E2 之间是否断路。

④插上节气门位置传感器插头。

(4)测量信号电压

①打开点火开关(ON)。

②万用表电压挡测量节气门位置传感器 VTA 端子与 E2 端子之间的电压,节气门完全关闭时,信号电压值应为 0.2～0.9V;节气门完全打开时,信号电压值应为 4.0～4.9V。如果电压值不符合要求,则更换节气门位置传感器。

③关闭点火开关。

4. 曲轴位置传感器的检测

电磁感应式曲轴位置传感器如图 10-16 所示,安装在分电器内,由固定在分电器轴上的转子(4 个凸齿)、永久磁铁和线圈等组成。

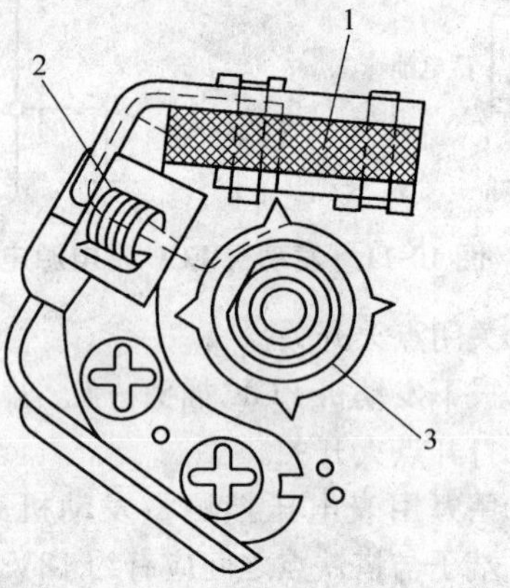

图 10-16 曲轴位置传感器基本结构

1. 永久磁铁 2. 线圈 3. 转子

(1)测量线圈电阻

①关闭点火开关。

②拔下点火组件(IIA)插头。

③用万用表电阻挡测量点火组件(IIA)线圈端子 NE(+)与端子 NE(−)之间的电阻,如图 10-17 所示。在−10℃～50℃时,其电阻值应为

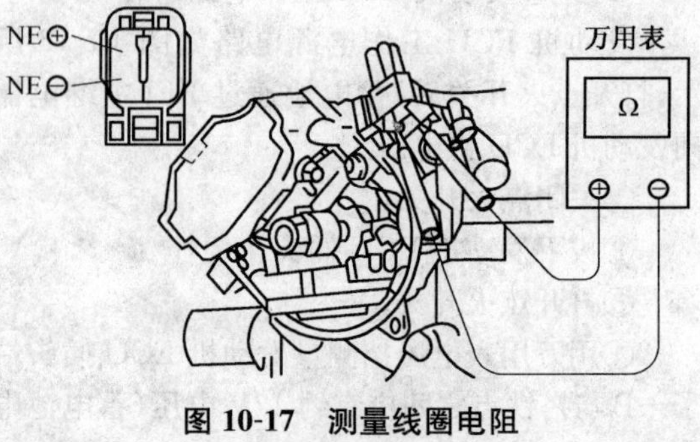

图 10-17 测量线圈电阻

370～550Ω；在 50℃～100℃时，其电阻值应为 470～650Ω。如果电阻值不符合要求，则应更换分电器外壳组件。

④插上点火组件(IIA)插头。

(2)测量间隙

①拆下分电器盖，拆下防尘罩。

②用塞尺检查曲轴位置传感器的线圈与转子之间间隙，如图 10-18 所示，其间隙应为0.2～0.4mm。如果间隙不符合要求，则更换分电器外壳组件。

③装上防尘罩和分电器盖。

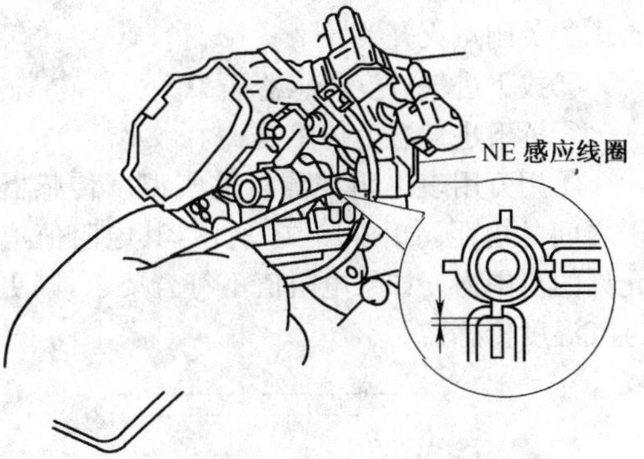

图 10-18　检查曲轴位置传感器间隙

(3)检查线路

①关闭点火开关。

②拔下点火组件(IIA)插头。

③拔下发动机 ECU 插头。

④用万用表电阻挡检查点火组件(IIA)插头 NE(＋)端子和发动机 ECU 插头 NE(＋)端子、点火组件(IIA)插头 NE(－)端子和发动机 ECU 插头 NE(－)端子之间的线路应导通(电阻值≤0.5Ω)。

⑤插上发动机 ECU 插头。

⑥插上点火组件(IIA)插头。

5. 进气压力传感器的检测

膜盒传动式进气压力传感器由膜盒和一个滑动电阻器构成，进气压力使膜盒收缩或膨胀，使滑动电阻值发生变化，如图 10-19 所示。进气压力传感器工作电路如图 10-20 所示。

(1)检查 5V 参考电压线路

①关闭点火开关。

②拔下进气压力传感器插头。

③打开点火开关(ON)。

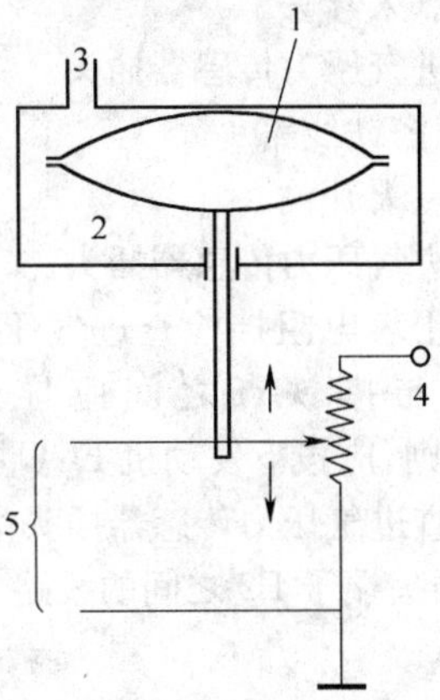

图 10-19　进气压力传感器示意图

1. 膜盒　2. 气室　3. 通进气支管
4. 5V 参考电压　5. 信号电压

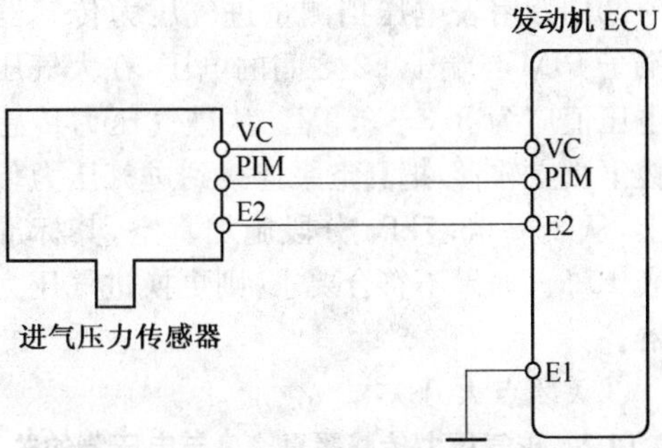

图 10-20　进气压力传感器工作电路

VC—5V 参考电压端子　PIM—信号端子
E2—搭铁端子

④用万用表电压挡测量进气压力传感器插头端子 VC 与搭铁点之间应有约 5V 电压，如图 10-21 所示。如果电压低或无电压，应检查进气压力传感器插头端子 VC 和发动机 ECU 插头端子 VC 之间的线路是否短路或断路，或更换发动机 ECU。

图 10-21　测量进气压力传感器 5V 参考电压

⑤关闭点火开关。

⑥插上进气压力传感器插头。

(2)检查搭铁线路

①关闭点火开关。

②拔下进气压力传感器插头。

③用万用表电阻挡检查进气压力传感器插头端子 E2 与搭铁点之间应导通(电阻值≤0.5Ω),否则,应拔下发动机 ECU 插头,用万用表电阻挡检查进气压力传感器插头端子 E2 和发动机 ECU 插头端子 E2 之间的线路应导通(电阻值≤0.5Ω)。

④插上发动机 ECU 插头。

⑤插上进气压力传感器插头。

(3)测量信号电压

①打开点火开关(ON)。

②用万用表电压挡测量进气压力传感器插头端子 PIM 与端子 E2 之间的电压,在大气压下其电压值应为 3.3～3.9V。从进气压力传感器上拔下真空软管,把真空泵连接到进气压力传感器上,从 20～66.7kPa 分段施加真空,其标准值见表 10-2。如果不符合要求,则更换进气压力传感器。

③关闭点火开关。

表 10-2 进气压力传感器真空度与电压降的关系

真空度(kPa)	20	26.7	40.0	53.5	66.7
电压降(V)	1.1～1.3	1.3～1.5	1.7～1.9	2.1～2.3	3.1～3.3

6. 进气温度传感器的检测

进气温度传感器由一个负温度系数热敏电阻构成,安装在进气管上,如图 10-22 所示。进气温度传感器的电路如图 10-23 所示。

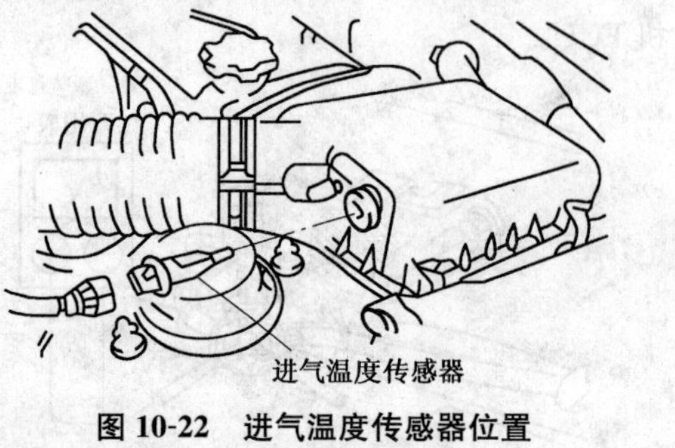

图 10-22 进气温度传感器位置

(1)测量电阻

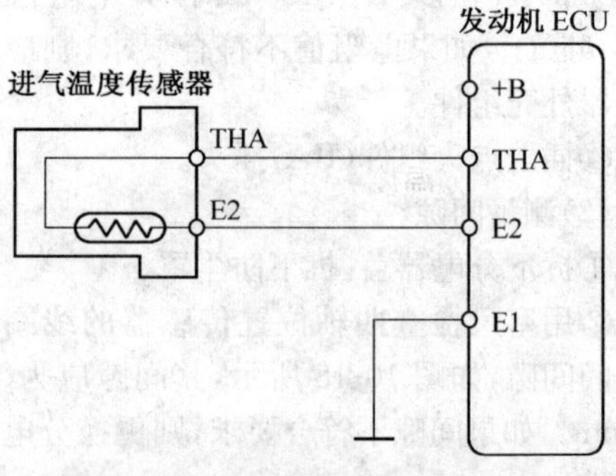

图 10-23 进气温度传感器电路

THA—信号端子 E2—搭铁端子

①关闭点火开关。

②拔下进气温度传感器插头。

③拆下进气温度传感器。

④用万用表电阻挡测量进气温度传感器端子之间的电阻,如图 10-24 所示,其电阻值应在允许的范围内。如果电阻值不符合要求,则更换进气温度传感器。

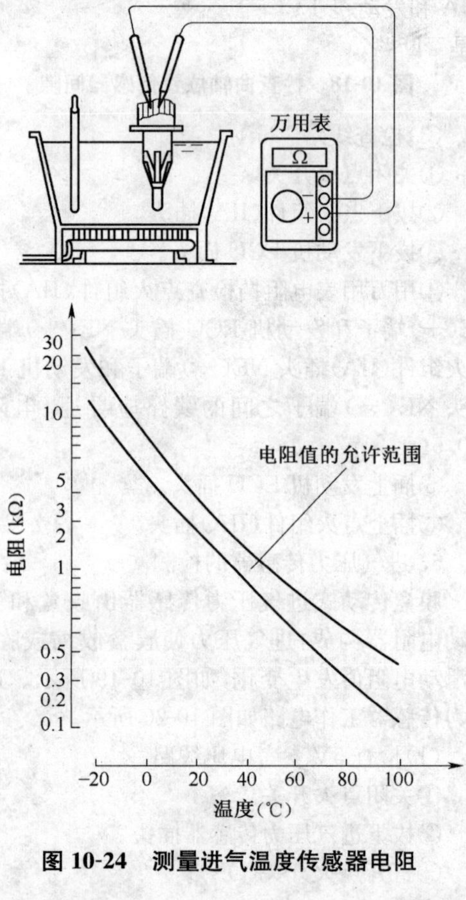

图 10-24 测量进气温度传感器电阻

⑤装上进气温度传感器。

⑥插上进气温度传感器插头。

(2)检查信号线路

①关闭点火开关。

②拔下进气温度传感器插头。

③打开点火开关(ON)。

④用万用表电压挡测量进气温度传感器插头端子 THA 与搭铁点之间应有约 5V 电压。如果电压低或无电压,应检查进气温度传感器插头端子 THA 与发动机 ECU 插头端子 THA 之间的线路是否短路或断路,或更换发动机 ECU。

⑤关闭点火开关。

⑥插上进气温度传感器插头。

(3)检查搭铁线路

①关闭点火开关。

②拔下进气温度传感器插头。

③用万用表电阻挡检查进气温度传感器插头端子 THA 与搭铁点之间应导通(电阻值≤0.5Ω),否则,应检查进气温度传感器插头端子 THA 和发动机 ECU 插头端子 THA 之间的线路是否断路。

④插上进气温度传感器插头。

7. 冷却液温度传感器的检测

冷却液温度传感器安装在发动机缸体上,如图 10-25 所示,由一个负温度系数热敏电阻构成,与进气温度传感器的输出特性相同。冷却液温度传感器电路如图 10-26 所示。

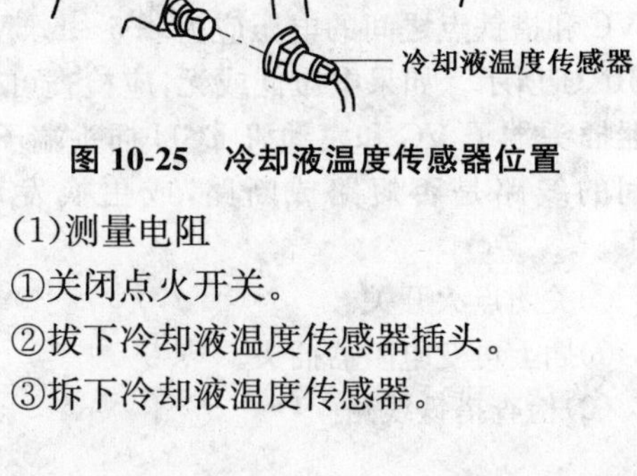

图 10-25　冷却液温度传感器位置

(1)测量电阻

①关闭点火开关。

②拔下冷却液温度传感器插头。

③拆下冷却液温度传感器。

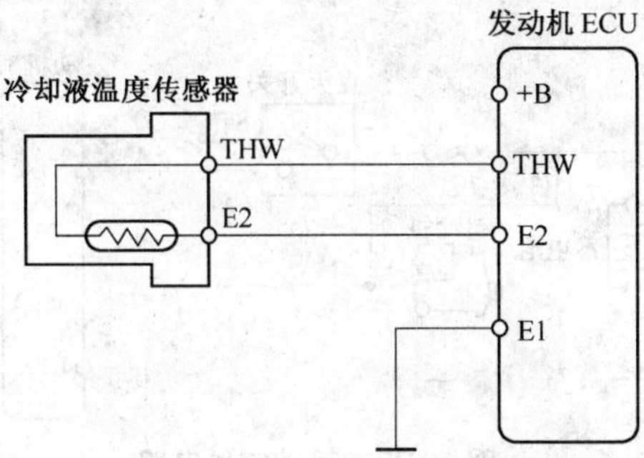

图 10-26　冷却液温度传感器电路

④用万用表电阻挡测量冷却液温度传感器端子之间的电阻(参照进气温度传感器电阻的测量方法),其电阻值应在允许的范围内。如果电阻值不符合要求,则更换冷却液温度传感器。

⑤装上冷却液温度传感器。

⑥插上冷却液温度传感器插头。

(2)检查信号线路

①关闭点火开关。

②拔下冷却液温度传感器插头。

③打开点火开关(ON)。

④用万用表电压挡测量冷却液温度传感器插头端子 THW 与搭铁点之间应有约 5V 电压。如果电压低或无电压,应检查冷却液温度传感器插头端子 THW 与发动机 ECU 插头端子 THW 之间的线路是否短路或断路,或更换发动机 ECU。

⑤关闭点火开关。

⑥插上冷却液温度传感器插头。

(3)检查搭铁线路

①关闭点火开关。

②拔下冷却液温度传感器插头。

③用万用表电阻挡检查冷却液温度传感器插头 THW 端子与搭铁点之间应导通(电阻值≤0.5Ω),否则,应检查冷却液温度传感器插头 THW 端子和发动机 ECU 插头 THW 端子之间的线路是否断路。

④插上冷却液温度传感器插头。

8. 起动信号的检测

当发动机起动时,将点火开关转到起动位置(ST),点火开关向发动机 ECU 输送起动信号,发动机 ECU 将按起动模式控制喷油和点火。起动信号电路如图 10-27 所示,STA 为起动信号端子。

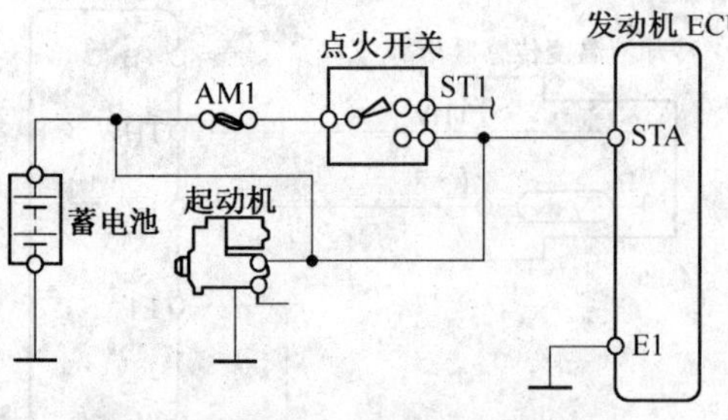

图 10-27 起动信号电路

①关闭点火开关。

②拔下发动机 ECU 插头。

③将点火开关转到起动位置(ST)。

④用万用表电压挡测量发动机 ECU 插头端子 STA 和搭铁点之间应有约 12V 电压(蓄电池电压)。如果电压低或无电压,应检查点火开关(或空档起动开关)端子 ST1 与发动机插头 ECU 端子 STA 之间的线路是否短路或断路。

⑤关闭点火开关

⑥插上发动机 ECU 插头。

9. 可变电阻器的检测

可变电阻器安装位置如图 10-28 所示,通过人工调整可变电阻器,可调节怠速时一氧化碳的排放。

图 10-28 可变电阻器位置

(1)测量电阻

①关闭点火开关。

②拔下可变电阻器插头。

③用万用表电阻挡测量可变电阻器端子 VC 与端子 E2 之间的电阻,其电阻值应为 4～6kΩ,如图 10-29 所示。用专用维修工具(SST 09243-00020),按逆时针方向将可变电阻调整螺钉旋转到头,然后,按顺时针方向将可变电阻调整螺钉旋转到头,用万用表电阻挡测量可变电阻器端子 VAF 与端子 E2 之间的电阻,其电阻值应从约 5kΩ 变到 0Ω,如图 10-30 所示。如果电阻值不符合要求,则更换可变电阻器。

④插上可变电阻器插头。

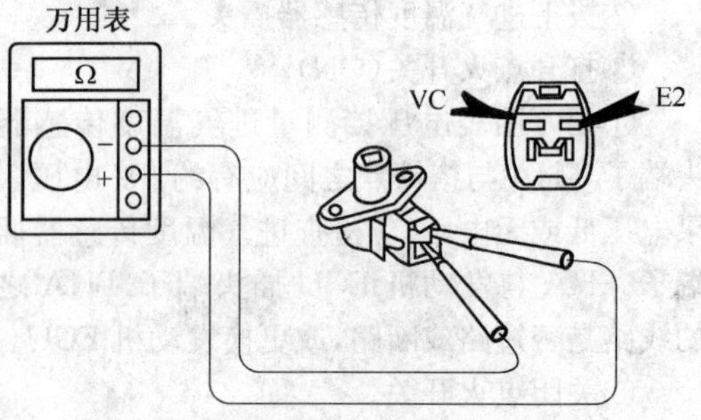

图 10-29 测量可变电阻器端子 VC 与端子 E2 之间的电阻

VC—5V 参考电压端子 E2—搭铁端子

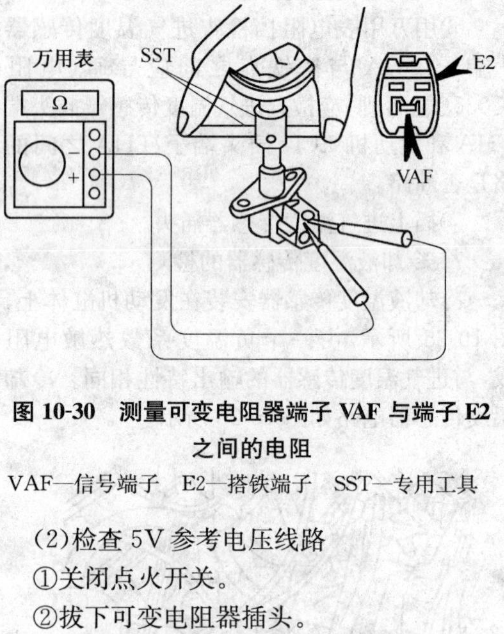

图 10-30 测量可变电阻器端子 VAF 与端子 E2 之间的电阻

VAF—信号端子 E2—搭铁端子 SST—专用工具

(2)检查 5V 参考电压线路

①关闭点火开关。

②拔下可变电阻器插头。

③打开点火开关(ON)。

④用万用表电压挡测量可变电阻器插头端子 VC 和搭铁点之间的电压应为 4.5～5.5V,如图 10-31 所示。如果电压低或无,应检查可变电阻器插头端子 VC 和发动机 ECU 插头端子 VC 之间的线路是否短路或断路,或更换发动机 ECU。

⑤关闭点火开关。

⑥插上可变电阻器插头。

(3)检查搭铁线路

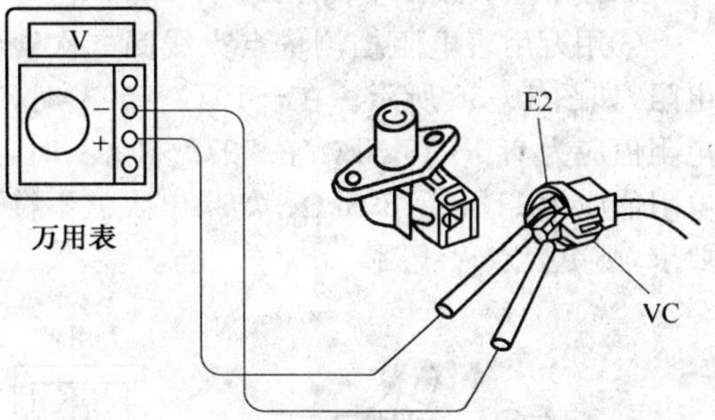

图 10-31　测量可变电阻器 5V 参考电压

VC—5V 参考电压端子　E2—搭铁端子

①关闭点火开关。

②拔下可变电阻插头。

③用万用表电阻挡检查可变电阻插头端子 E2 与搭铁点之间应导通(电阻值≤0.5Ω)，否则，应检查可变电阻插头端子 E2 和发动机 ECU 插头端子 E2 之间的线路是否断路。

④插上可变电阻插头。

10. 喷油器的检测

发动机的 4 个喷油器采用分组喷射方式，即 1 缸与 3 缸为一组，2 缸与 4 缸为一组，由发动机 ECU 分别控制，喷油器电路如图 10-32 所示。

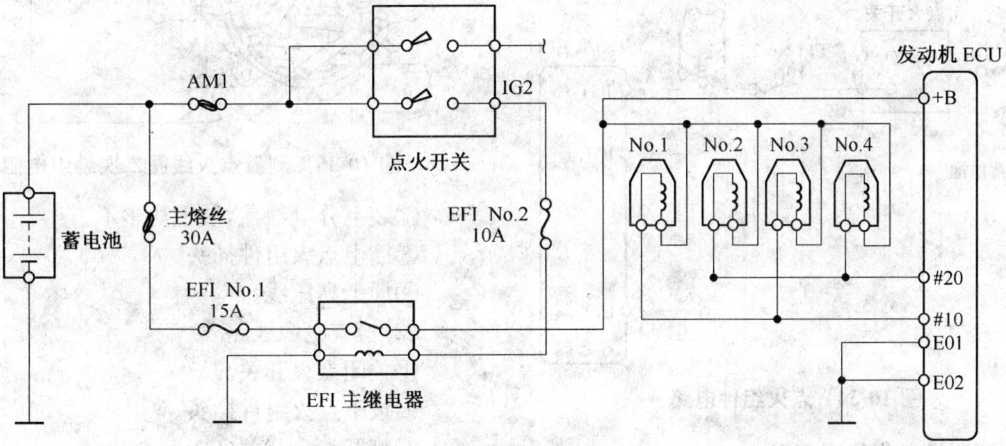

图 10-32　喷油器电路

(1)测量电阻

①关闭点火开关。

②拔下喷油器插头。

③用万用表电阻挡测量喷油器端子之间的电阻，如图 10-33 所示，其电阻值应为 14.0～15.0Ω(20℃)。如果电阻值不符合要求，则更换喷油器。

④插上喷油器插头。

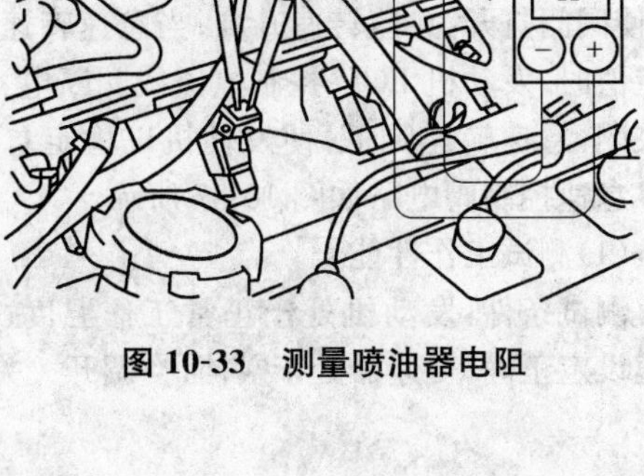

图 10-33　测量喷油器电阻

(2)检查电源线路

①关闭点火开关。

②拔下喷油器插头。

③打开点火开关(ON)。

④用万用表电压挡测量喷油器插头电源端子应有约 12V 电压(蓄电池电压)。如果电压低或无电压，应检查熔丝、EFI 主继电器是否正常，检查喷油器插头电源端子和 EFI 主继电器之间的线路是否短路或断路。

⑤关闭点火开关。

⑥插上喷油器插头。

(3)检查信号线路

①关闭点火开关。

②拔下喷油器插头。

③将 LED 测试灯接到喷油器插头上。

④起动发动机，观察 LED 测试灯应闪烁。如果 LED 测试灯不亮或常亮，应检查 1 缸与 3

缸喷油器插头信号端子和发动机 ECU 插头 10 端子、2 缸与 4 缸喷油器插头信号端子和发动机 ECU 插头端子 20 之间的线路是否断路或短路，或更换发动机 ECU。

⑤关闭点火开关。

⑥取下 LED 测试灯。

⑦插上喷油器插头。

11. 点火线圈的检测

点火组件（IIA）安装在分电器内，由点火线圈、点火器、曲轴位置传感器组合在一起而构成点火组件（IIA）。点火组件电路如图 10-34 所示。

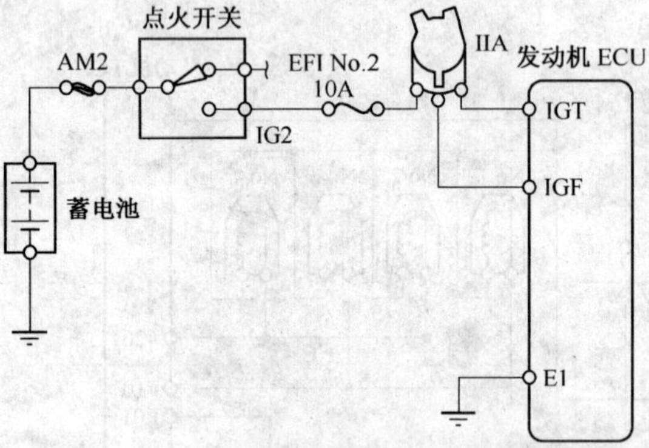

图 10-34 点火组件电路

(1)测量点火线圈电阻

①关闭点火开关。

②拔下点火组件插头。

③拆下分电器盖，拆下防尘罩。

④用万用表电阻挡测量点火线圈一次绕组电阻，如图 10-35 所示。在 −10℃～50℃时，其电阻值应为 1.11～1.75Ω；在 50℃～100℃时，其电阻值应为 1.41～2.05Ω。如果电阻值不符合要求，则更换点火线圈。

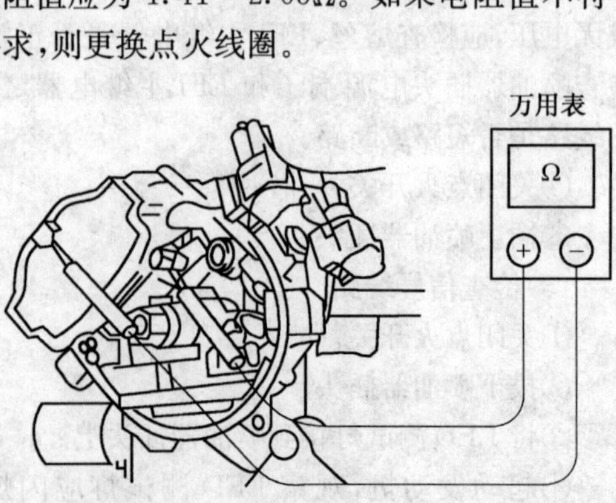

图 10-35 测量点火线圈一次绕组电阻

⑤拔下点火线圈上高压线。

⑥用万用表电阻挡测量点火线圈二次绕组电阻，如图 10-36 所示。在 −10℃～50℃时，其电阻值应为 9.0～15.7kΩ；在 50℃～100℃时，其电阻值应为 11.4～18.8kΩ。如果电阻值不符合要求，则更换点火线圈。

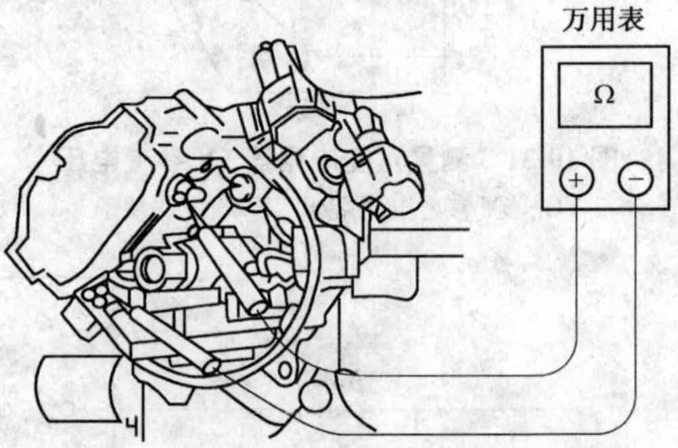

图 10-36 测量点火线圈二次绕组电阻

⑦装上分电器盖，装上防尘罩。

⑧插上点火组件插头。

⑨插上高压线。

(2)检查电源线路

①关闭点火开关。

②拔下点火组件插头。

③打开点火开关(ON)。

④用万用表电压挡测量点火组件插头电源端子与搭铁点之间应有约 12V 电压(蓄电池电压)。如果电压低或无电压，应检查 EFI No. 2 10A 熔丝是否正常，检查点火组件插头电源端子和点火开关端子 IG2 之间的线路是否短路或断路。

⑤关闭点火开关。

⑥插上点火组件插头。

12. 怠速控制阀的检测

怠速控制阀（ISC 阀）安装在进气旁通道中，为电磁开关型，主要由电磁线圈和阀门组成。发动机怠速运转时，发动机 ECU 控制电磁线圈通电，使阀门打开，怠速转速升高；当怠速转速超过预定值时，发动机 ECU 控制电磁线圈断电，使阀门关闭，怠速转速降低，使发动机以稳定怠速运转。怠速控制阀电路如图 10-37 所示。

(1)测试工作性能

测试条件：发动机处于正常工作温度；怠速转速设定正确；变速器处于空档；空调开关关闭。

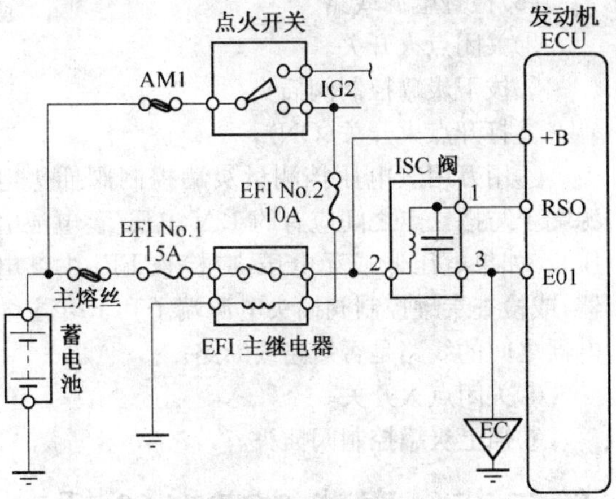

图 10-37　怠速控制阀电路

①用专用维修工具(SST09843-180200)连接检查用连接器端子TE1与端子E1，如图10-38所示。

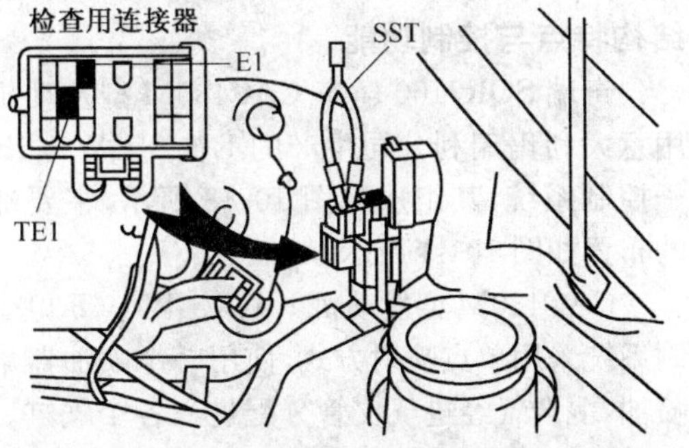

图 10-38　连接检查用连接器端子 TE1 与端子 E1

②使发动机转速保持在900～1300r/min，5s后应能返回怠速转速。如果发动机转速不符合规定，应检查怠速控制阀、线路和发动机ECU。

③卸下检查用连接器上专用维修工具。

(2)检查怠速控制阀动作

①关闭点火开关。

②拔下怠速控制阀插头。

③拆下怠速控制阀。

④使怠速控制阀处于半开状态。

⑤插上怠速控制阀插头。

⑥打开点火开关(ON)。

⑦观察怠速控制阀应在0.5s内完成完全开启、完全关闭、半开启的动作，如图10-39所示。如果怠速控制阀动作不符合要求，则更换怠速控制阀。

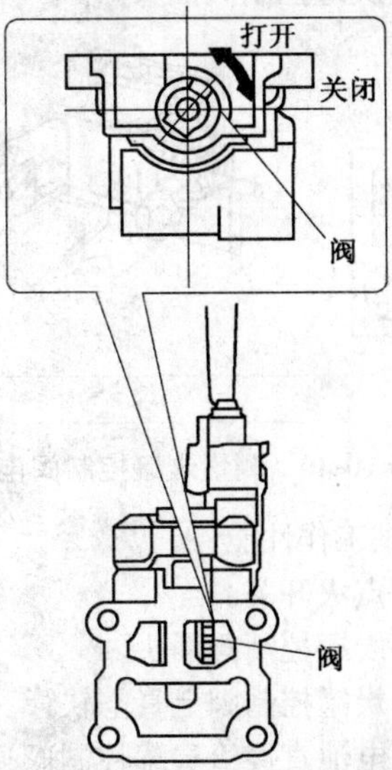

图 10-39　检查怠速控制阀动作

⑧关闭点火开关。

⑨装上怠速控制阀。

⑩插上怠速控制阀插头。

(3)检查电源线路

①关闭点火开关。

②拔下怠速控制阀插头。

③打开点火开关(ON)。

④用万用表电压挡测量怠速控制阀插头电源端子应有约12V电压(蓄电池电压)。如果电压低或无电压，应检查EFI No.1 15A熔丝、EFI主继电器是否正常，或检查怠速控制阀插头电源端子和EFI主继电器之间的线路是否短路或断路。

⑤关闭点火开关。

⑥插上怠速控制阀插头。

13. 炭罐控制阀的检测

炭罐控制阀(真空通道阀VSV)安装在活性炭罐与发动机进气支管之间，由发动机ECU控制炭罐控制阀的开启与关闭。

(1)测量电阻

①关闭点火开关。

②拔下炭罐控制阀插头。

③用万用表电阻挡测量炭罐控制阀端子之间的电阻，其电阻值应为27～33Ω(20℃)，如图10-40所示。如果电阻值不符合要求，则更换炭罐控制阀。

④插上炭罐控制阀插头。

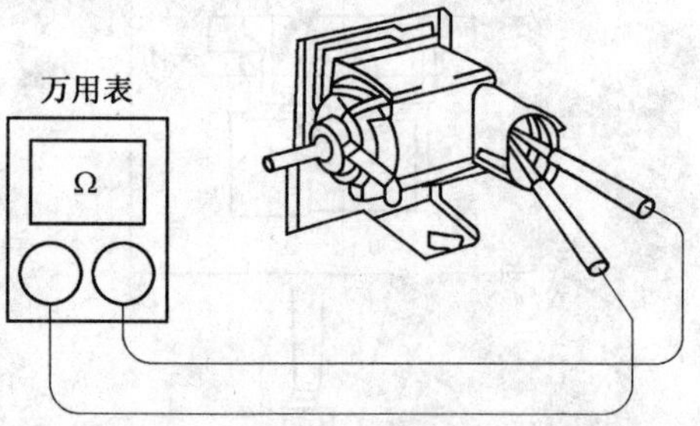

图 10-40 测量炭罐控制阀电阻

(2)测试工作性能

①关闭点火开关。

②拔下炭罐控制阀插头。

③拔下炭罐控制阀上真空软管。

④用蓄电池直接给炭罐控制阀通电，当炭罐控制阀通电时，空气从气口 E 到气口 F 流动容易，如图 10-41 所示；当炭罐控制阀不通电时，从气口 E 到气口 F 的空气流动困难，如图 10-42 所示。如果检查情况不符合要求，则更换炭罐控制阀。

⑤插上炭罐控制阀上真空软管。

⑥插上炭罐控制阀插头。

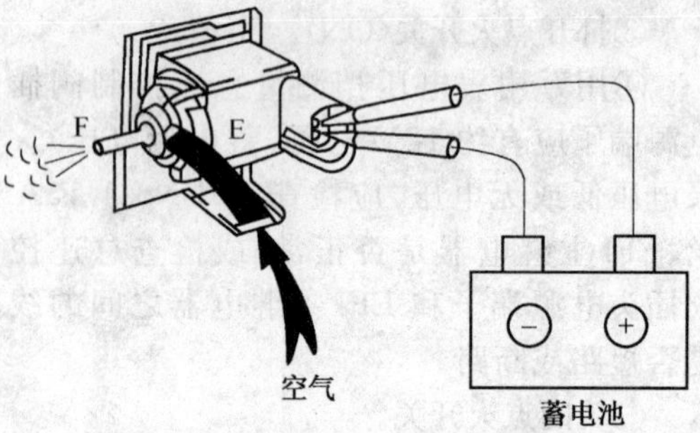

图 10-41 测试通电时工作性能

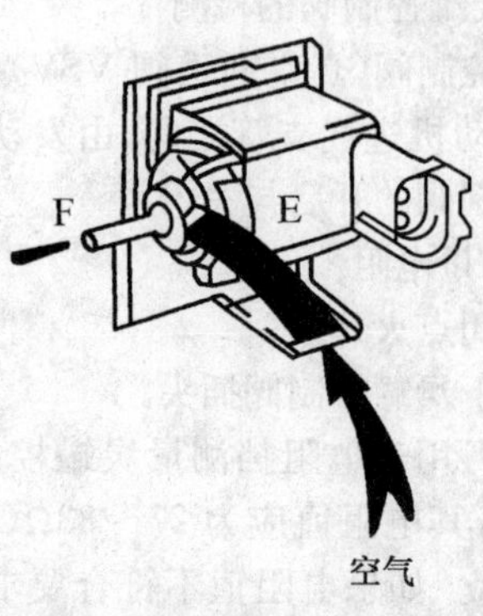

图 10-42 测试不通电时工作性能

(3)检查电源线路

①关闭点火开关。

②拔下炭罐控制阀插头。

③打开点火开关(ON)。

④用万用表电压挡测量炭罐控制阀插头电源端子与搭铁点之间应有约 12V 电压(蓄电池电压)。如果电压低或无电压，应检查 EFI 主继电器，或检查炭罐控制阀插头电源端子和 EFI 主继电器之间的线路是否短路或断路。

⑤关闭点火开关。

⑥插上炭罐控制阀插头。

第二节 奇瑞 SQR7160 轿车 CAC480M 型发动机电子控制系统的检测

一、CAC480M 型发动机电子控制系统的结构特点与控制功能

奇瑞 SQR7160 轿车 CAC480M 型发动机采用意大利玛瑞利公司生产的 L·A·W·6F 电子控制系统，其组成如图 10-43 所示，主要部件的布置如图 10-44 所示。

CAC480M 型发动机 L·A·W·6F 电子控制系统采用单点喷射方式，使用一个喷油器集中喷油，混合气经进气支管分配进入各个气缸。根据其内部预设程序实现喷油、点火、怠速的控制，另外，还设置有汽油蒸发排放控制系统和三元催化转换器。

二、CAC480M 型发动机电子控制系统的故障诊断

CAC480M 型发动机 L·A·W·6F 电子控制系统的 ECU 内有一个长期存储式内存，即使断电也可以对传感器、执行元件的故障进行记忆和诊断。

1. 故障信息

①曲轴位置传感器断路和短路。

②进气压力传感器断路和短路。

③冷却液温度传感器断路和短路。

④进气温度传感器断路和短路。

⑤节气门位置传感器断路和短路。

⑥执行元件控制信号故障。

⑦怠速控制阀不工作。

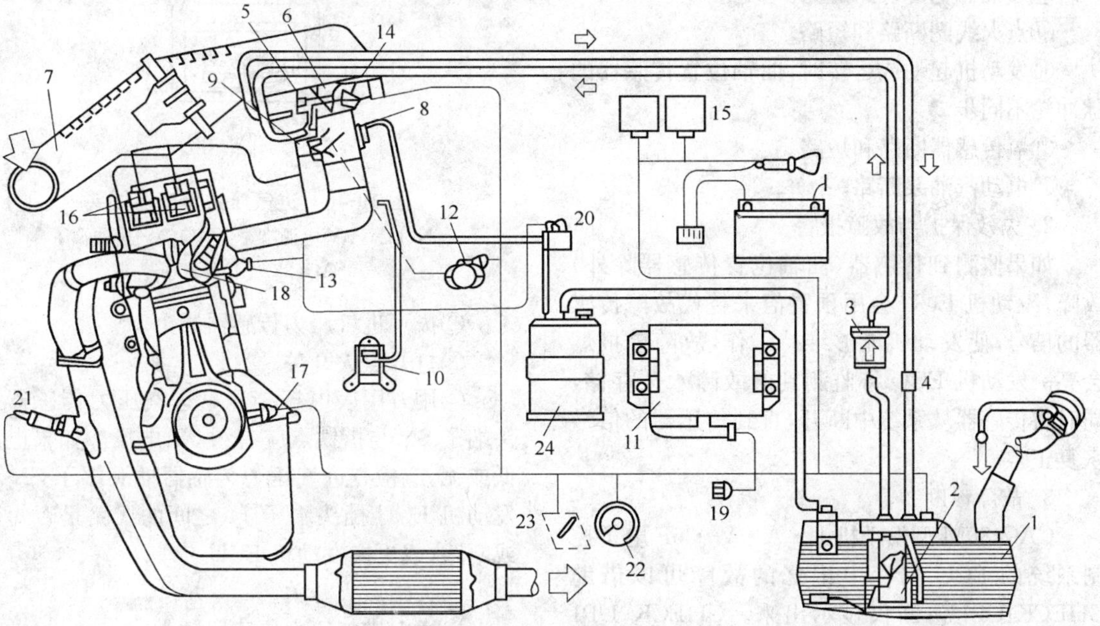

图 10-43　CAC480M 型发动机电子控制系统示意图

1. 油箱　2. 电动汽油泵　3. 汽油滤清器　4. 单向阀　5. 汽油压力调节器　6. 喷油器　7. 空气滤清器　8. 炭罐电磁阀连接管　9. 怠速控制阀　10. 进气压力传感器　11. 发动机 ECU　12. 节气门位置传感器　13. 冷却液温度传感器　14. 进气温度传感器　15. 双继电器　16. 点火线圈　17. 曲轴位置传感器　18. 火花塞　19. 诊断座　20. 炭罐电磁阀　21. 氧传感器　22. 转速表　23. 故障报警灯　24. 活性炭罐

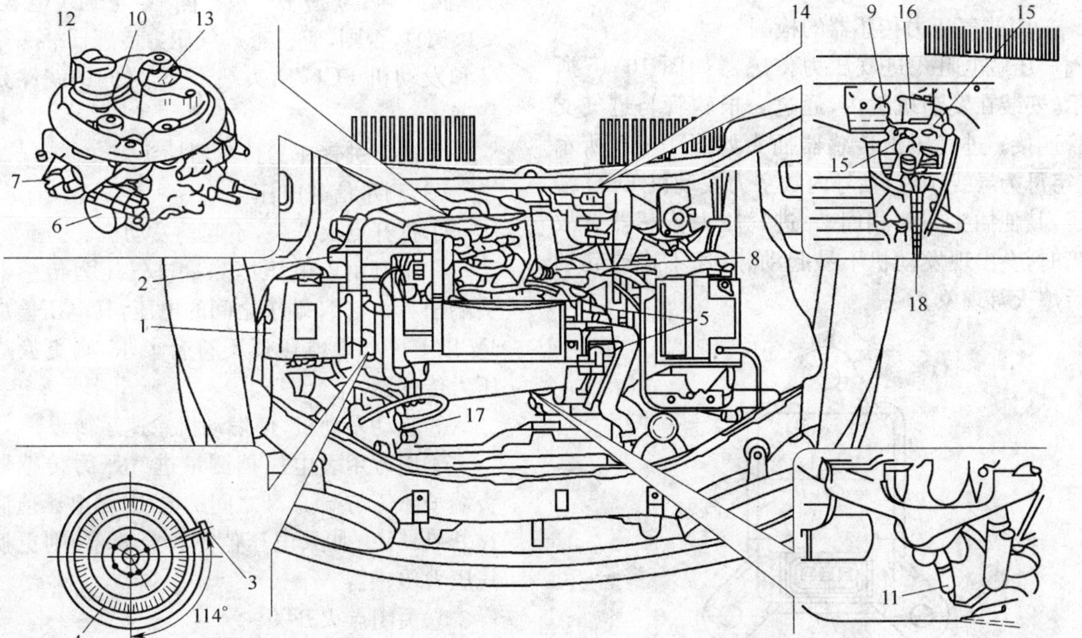

图 10-44　CAC480M 型发动机电子控制单点喷射系统部件位置图

1. 发动机 ECU　2. 诊断座　3. 曲轴位置传感器　4. 飞轮　5. 点火线圈　6. 节气门位置传感器　7. 怠速控制阀　8. 冷却液温度传感器　9. 进气压力传感器　10. 进气温度传感器　11. 氧传感器　12. 汽油压力调节器　13. 喷油器　14. 双继电器　15. 喷射系统熔丝(25A)　16. 发动机 ECU 熔丝(5A)　17. 炭罐电磁阀　18. 氧传感器连接器

⑧喷油器电源线路短路。

⑨点火线圈断路和短路。

⑩发动机起动或运转时，曲轴位置传感器的脉冲轮不同步。

⑪氧传感器断路和短路。

⑫电动汽油泵断路。

2. 失效保护与故障报警

如果监测到传感器（曲轴位置传感器除外）故障，发动机ECU会用预置值来替代故障传感器的信号，使发动机能够维持工作，故障警报灯会亮。发动机ECU将监测到的故障永久存储，同时将传感器从系统中断开，直到传感器的信号恢复正常。

3. 故障诊断

CAC480M型发动机L·A·W·6F电子控制系统的ECU内存中记忆的故障可以借助CHECK-UP1诊断仪显示出来。CHECK-UP1诊断仪除显示短期或长期的故障和参数外，还可以起动喷油器、电动汽油泵、点火模块、怠速控制阀、故障报警灯和炭罐电磁阀。

三、CAC480M型发动机电子控制系统部件的检测

1. 进气压力传感器的检测

压敏电阻式进气压力传感器如图10-45所示，安装在发动机舱内，通过一根软管与进气支管连接。进气压力传感器插头如图10-46所示（字母为导线颜色，括号内数字为发动机ECU端子，其他插头与此相同）。进气压力传感器有故障时，会出现发动机不易起动、怠速不稳或起动后熄火等现象。

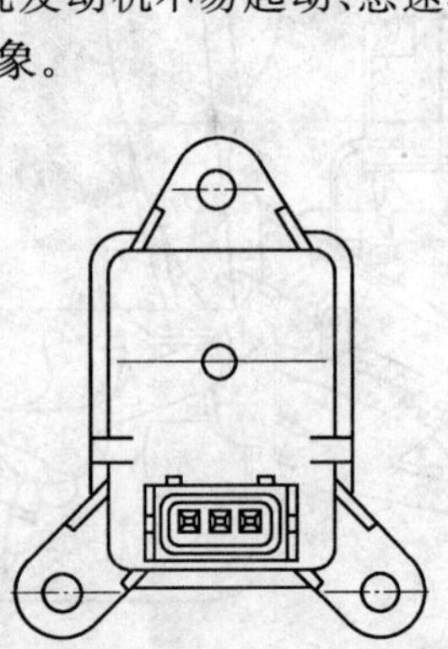

图10-45 进气压力传感器

(1)检查电源线路

①关闭点火开关。

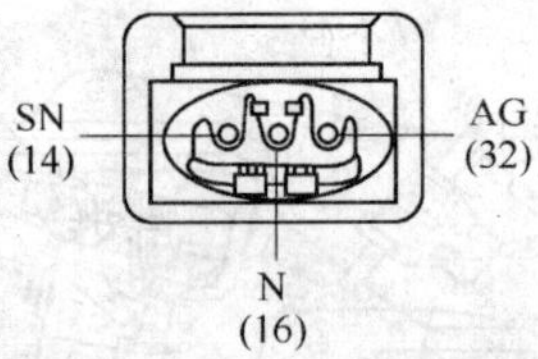

图10-46 进气压力传感器插头

SN(14)—5V电源端子 N(16)—搭铁端子

AG(32)—信号端子

②拔下进气压力传感器插头。

③打开点火开关。

④用万用表电压挡测量进气压力传感器插头端子SN与搭铁点应有约5V电压。如果电压低或无，应检查进气压力传感器插头端子SN和发动机ECU插头端子14之间的线路是否短路或断路，或更换发动机ECU。

⑤关闭点火开关。

⑥插上进气压力传感器插头。

(2)检查搭铁线路

①关闭点火开关。

②拔下进气压力传感器插头。

③用万用表电阻挡检查进气压力传感器插头端子N与搭铁点之间应导通（电阻值≤0.5Ω），否则，应检查进气压力传感器插头端子N和发动机ECU插头端子16之间的线路是否导通。

④插上进气压力传感器插头。

(3)测量信号电压

①打开点火开关，不起动发动机。

②用万用表电压挡测量进气压力传感器插头端子AG与N端子之间的电压，其电压值应在4V以上。如果电压值不符合要求，则更换进气压力传感器。

③起动发动机，使发动机怠速运转。

④用万用表电压挡测量进气压力传感器插头端子AG与端子N之间的电压，其电压值应为1.0～1.5V。如果电压值不符合要求，则更换进气压力传感器。

⑤关闭点火开关。

2. 曲轴位置传感器的检测

曲轴位置传感器通过一个支架固定在发动机的缸体上。曲轴位置传感器为电磁感应式，由电磁感应头和脉冲轮组成，脉冲轮上有（60－2＝

58)个轮齿，其中 2 个缺齿，用于识别 1、4 缸上止点的位置。曲轴位置传感器插头如图 10-47 所示。如果发动机 ECU 接收不到曲轴位置传感器信号，发动机将不能起动，或熄火。

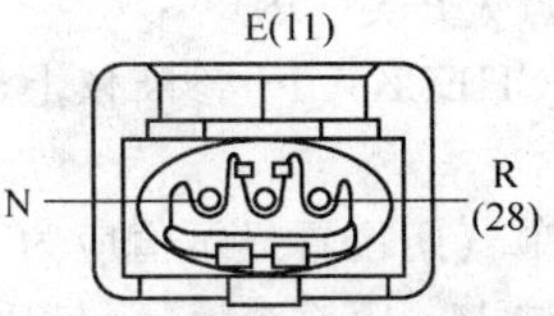

图 10-47　曲轴位置传感器插头

N—屏蔽线端子　E(11)—信号负极端子
R(28)—信号正极端子

(1)检查脉冲轮位置

转动发动机带轮，使 1 缸和 4 缸正好位于上止点位置。检查带轮上的记号与发动机正时轮罩上的记号应对准。检查曲轴位置传感器的电磁感应头应位于脉冲轮缺齿后的第 20 个轮齿位置。

(2)检查间隙

用塞尺在 3 个不同的位置上(相差 120°)检查曲轴位置传感器的电磁感应头与脉冲轮之间的间隙，标准值为(2.0±0.6)mm，如图 10-48 所示。因间隙不能调节，如果间隙不符合要求，则应更换曲轴位置传感器。

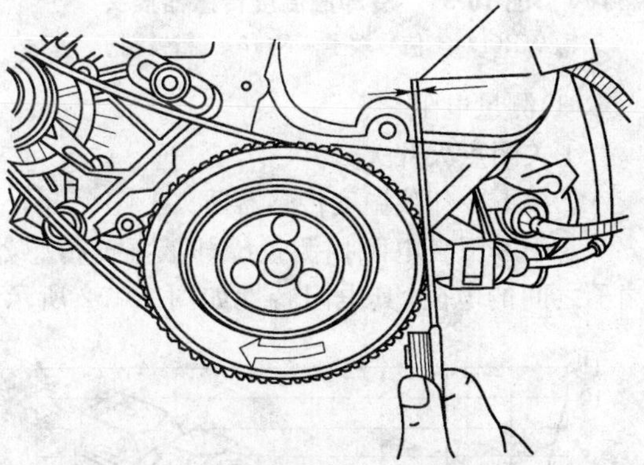

图 10-48　检查曲轴位置传感器间隙

(3)测量线圈电阻

①关闭点火开关。

②拔下曲轴位置传感器插头。

③用万用表电阻挡测量曲轴位置传感器端子 R 与端子 E 之间的电阻，其电阻值应为 544～876Ω(20℃)。如果电阻值不符合要求，则更换曲轴位置传感器。

④插上曲轴位置传感器插头。

(4)检查线路

①关闭点火开关。

②拔下曲轴位置传感器插头。

③拔下发动机 ECU 插头。

④用万用表电阻挡检查曲轴位置传感器插头端子 E 和发动机 ECU 插头端子 11、曲轴位置传感器插头端子 R 和发动机 ECU 插头端子 28 之间的线路应导通(电阻值≤0.5Ω)。

⑤插上发动机 ECU 插头。

⑥插上曲轴位置传感器插头。

3. 节气门位置传感器的检测

节气门位置传感器安装在节气门体上，节气门位置传感器由一个电位计组成，如图 10-49 所示。发动机 ECU 提供 5V 参考电压，其信号电压随节气门的位置变化而变化。节气门位置传感器插头如图 10-50 所示。

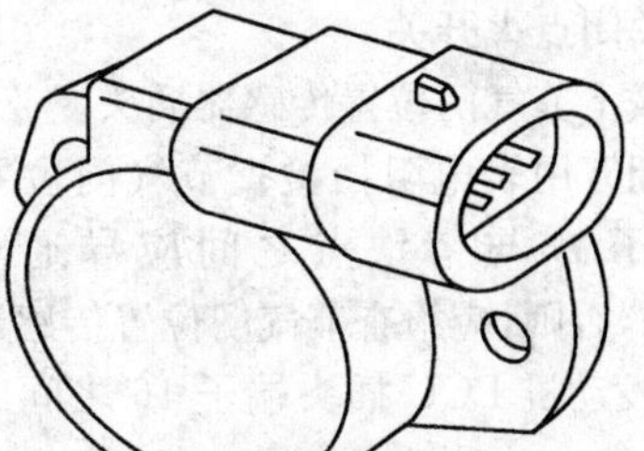

图 10-49　节气门位置传感器

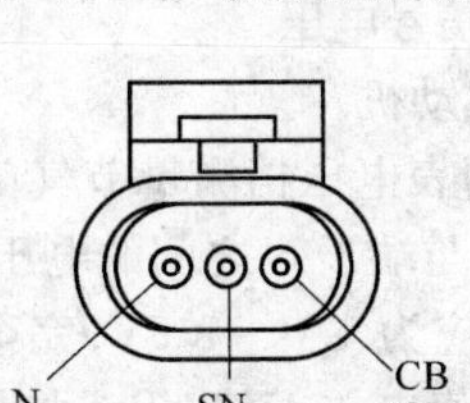

图 10-50　节气门位置传感器插头

N(16)—搭铁端子　SN(14)—5V 参考电压端子　CB(30)—信号端子

(1)测量电阻

①关闭点火开关。

②拔下节气门位置传感器插头。

③用万用表电阻挡测量节气门位置传感器端子之间的电阻，其电阻值见表 10-3。如果电阻值不符合要求，则更换节气门位置传感器。

④插上节气门位置传感器插头。

表 10-3 节气门位置传感器端子之间的电阻值

节气门位置	端子 SN 与端子 CB 之间电阻值(kΩ)	端子 CB 与端子 N 之间电阻值(kΩ)
节气门关闭时	2.3±0.34	1.26±0.20
节气门全开时	1.42±0.21	2.37±0.40

(2)检查 5V 参考电压线路

①关闭点火开关。

②拔下节气门位置传感器插头。

③打开点火开关。

④用万用表电压挡测量节气门位置传感器插头端子 SN 与搭铁点之间应有约 5V 电压。如果电压低或无电压,应检查节气门位置传感器插头端子 SN 和发动机 ECU 插头端子 14 之间是否短路或断路,或更换发动机 ECU。

⑤关闭点火开关。

⑥插上节气门位置传感器插头。

(3)检查搭铁线路

①关闭点火开关。

②拔下节气门位置传感器插头。

③用万用表电阻挡检查节气门位置传感器插头端子 N 与搭铁点之间应导通(电阻值 ≤0.5Ω),否则,应检查节气门位置传感器插头端子 N 和发动机 ECU 插头端子 16 之间的线路是否断路。

④插上节气门位置传感器插头。

(4)测量信号电压

①起动发动机。

②用万用表电压挡测量节气门位置传感器插头端子 SN 与端子 N 之间的电压,发动机怠速时,其电压值应为 1.0～1.5V;完全踩下加速踏板时,其电压值应在 4V 以上。如果电压值不符合要求,则更换节气门位置传感器。

③关闭点火开关。

(5)更换节气门位置传感器

①关闭点火开关。

②拔下节气门位置传感器插头。

③拧下节气门位置传感器固定螺钉,取下节气门位置传感器。

④装上节气门位置传感器,安装时要保证节气门轴在节气门体活动部分的底座上,固定螺钉拧紧力矩为 2～3N·m。

⑤将点火开关转至"ON"位置,并等待几秒钟,再将点火开关转至"ACC"位置。

⑥插上节气门位置传感器插头。

⑦连接 CHECK-UP1 诊断仪。

⑧打开点火开关(ON)。

⑨清除 CHECK-UP1 诊断仪上显示的故障信息。

⑩读取节气门位置显示值应为 2°～14°,如果显示值超过 14°,应检查节气门拉索是否调整正确,节气门拉索不能过紧。当节气门位置显示值不在 2°～14°范围内时,说明节气门位置传感器已经损坏,应更换节气门位置传感器,不允许调整,固定螺钉每次松动或取下后必须更换。

⑪关闭点火开关。

⑫卸下 CHECK-UP1 诊断仪。

4. 冷却液温度传感器的检测

冷却液温度传感器安装在气缸盖上。它由一个负温度系数(NTC)的热敏电阻构成,其电阻值随冷却液的温度变化而变化。冷却液温度传感器插头如图 10-51 所示。

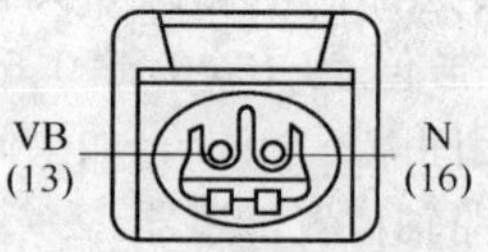

图 10-51 冷却液温度传感器插头

VB(13)—信号端子 N(16)—搭铁端子

(1)测量电阻

①关闭点火开关。

②拔下冷却液温度传感器插头。

③用万用表电阻挡测量冷却液温度传感器端子之间的电阻,其电阻特性如图 10-52 所示,

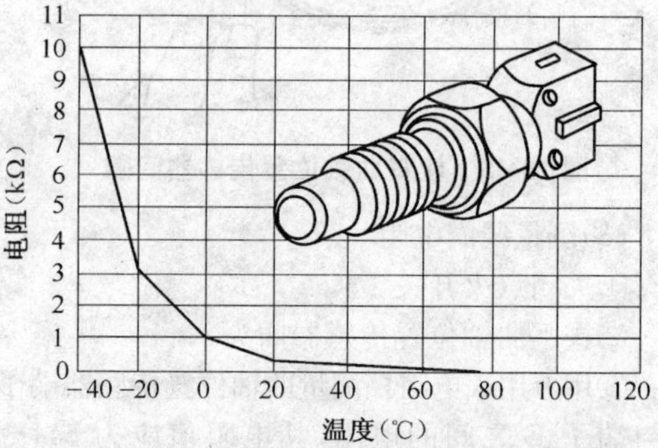

图 10-52 冷却液温度传感器电阻特性

在 20℃时为(3748±460)Ω，在 80℃时为(377±68)Ω。如果电阻值不符合要求，则更换冷却液温度传感器。

④插上冷却液温度传感器插头。

(2)检查信号线路

①关闭点火开关。

②拔下冷却液温度传感器插头。

③打开点火开关。

④用万用表电压挡测量冷却液温度传感器插头端子 VB 与搭铁点之间应有约 5V 电压。如果电压低或无电压，应检查冷却液温度传感器插头端子 VB 和发动机 ECU 插头端子 13 之间的线路是否短路或断路。

⑤关闭点火开关。

⑥插上冷却液温度传感器插头。

(3)检查搭铁线路

①关闭点火开关。

②拔下冷却液温度传感器插头。

③用万用表电阻挡检查冷却液温度传感器插头端子 N 与搭铁点之间应导通(电阻值≤0.5Ω)，否则，应用万用表电阻挡检查冷却液温度传感器插头端子 N 与发动机 ECU 插头端子 16 之间是否断路。

④插上冷却液温度传感器插头。

5. 进气温度传感器的检测

进气温度传感器安装在节气门体上，它由一个负温度系数(NTC)的热敏电阻构成，其电阻值随进气温度的变化而变化。进气温度传感器插头如图 10-53 所示。

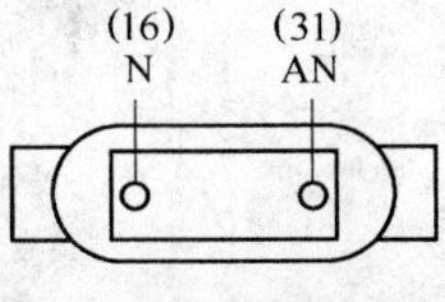

图 10-53　进气温度传感器插头

N(16)—搭铁端子　AN(31)—信号端子

(1)测量电阻

①关闭点火开关。

②拔下进气温度传感器插头。

③用万用表电阻挡测量进气温度传感器端子之间的电阻，其电阻值在 20℃时为(3.85±0.57)Ω。如果电阻值不符合要求，则更换进气温度传感器。

④插上进气温度传感器插头。

(2)检查信号线路

①关闭点火开关。

②拔下进气温度传感器插头。

③打开点火开关。

④用万用表电压挡测量进气温度传感器插头端子 AN 与搭铁点之间应有约 5V 电压。如果电压低或无电压，应检查进气温度传感器插头端子 AN 和发动机 ECU 插头端子 31 之间的线路是否短路或断路。

⑤关闭点火开关。

⑥插上进气温度传感器插头。

(3)检查搭铁线路

①关闭点火开关。

②拔下进气温度传感器插头。

③用万用表电压挡测量进气温度传感器插头端子 N 与搭铁点之间应导通(电阻值≤0.5Ω)，否则，应检查进气温度传感器插头端子 N 和发动机 ECU 插头端子 16 之间的线路是否断路。

④插上进气温度传感器插头。

6. 氧传感器的检测

氧传感器安装在三元催化转换器前端的排气管上，它主要由二氧化锆陶瓷体和加热器组成。氧传感器插头如图 10-54、图 10-55 所示。

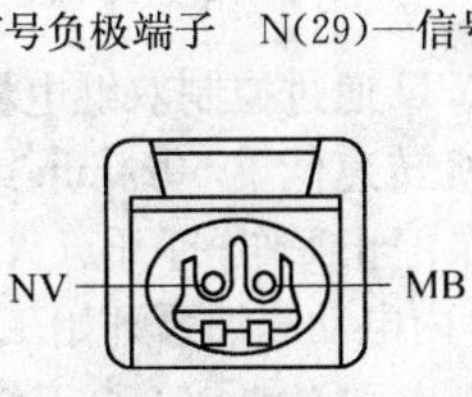

图 10-54　氧传感器信号插头

G(12)—信号负极端子　N(29)—信号正极端子

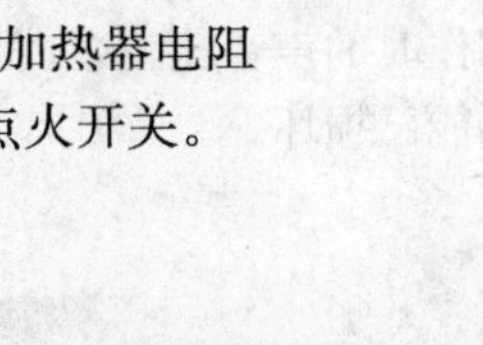

图 10-55　氧传感器加热器插头

NV—加热器搭铁端子　MB—加热器电源端子

(1)测量加热器电阻

①关闭点火开关。

②拔下氧传感器加热器插头。

③用万用表电阻挡测量氧传感器加热器端子 MB 与端子 NV 之间的电阻，其电阻值应为 2.5～4.5Ω。如果电阻值不符合要求，则更换氧传感器。

④插上氧传感器加热器插头。

(2)检查加热器线路

①打开点火开关。

②拔下氧传感器加热器插头。

③用万用表电压挡测量氧传感器加热器插头端子 MB 与搭铁点之间应有约 12V 电压(蓄电池电压)。如果电压低或无电压，应检查氧传感器加热器插头端子 MB 和双继电器插头端子 6 之间的线路是否短路或断路。

④关闭点火开关。

⑤用万用表电阻挡检查氧传感器加热器插头端子 NV 与搭铁点之间应导通(电阻值≤0.5Ω)，否则，应检查氧传感器加热器插头端子 NV 和搭铁处之间的线路是否断路。

⑥插上氧传感器加热器插头。

(3)测量信号电压

①起动发动机并预热。

②发动机怠速时，用万用表电压挡测量氧传感器插头端子 G 与端子 N 之间的信号电压，其信号电压应在 0.3～0.8V 范围内周期性变化。如果信号电压保持在 0.45V，或信号电压变化缓慢，可能是氧传感器损坏，则更换氧传感器。

③关闭点火开关。

7. 电动汽油泵的检测

电动汽油泵安装在油箱内，底壳上局部凹陷构成油池。电动汽油泵的结构如图 10-56 所示。多余的汽油流回油箱内，汽油在循环过程中冲洗和冷却喷油器体。电动汽油泵的输油量为 80L/h。

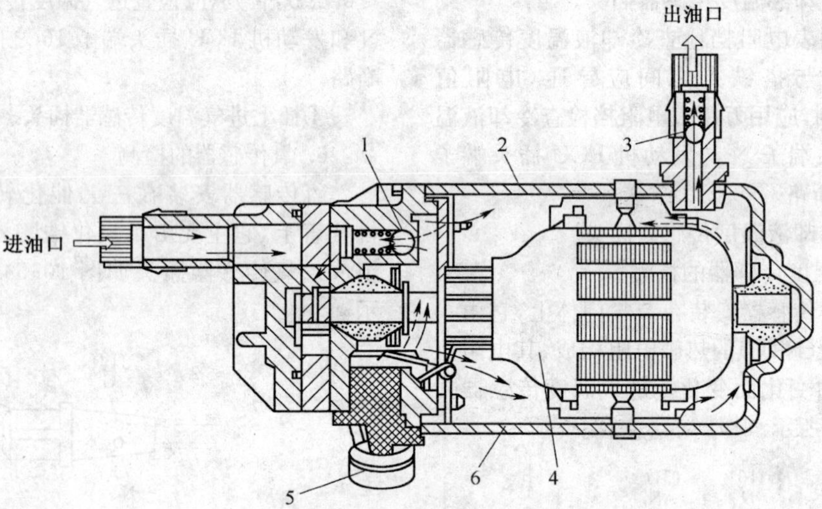

图 10-56 电动汽油泵结构

1. 限压阀 2. 外壳 3. 单向阀 4. 电动机 5. 接线端子 6. 泵体

发动机 ECU 通过控制双继电器向电动汽油泵供电，发动机转速低于 50r/min 或发动机停机时，电动汽油泵停止工作；打开点火开关，无需起动发动机，10s 内电动汽油泵开始工作；发动机起动后和运转中，电动汽油泵一直工作。

(1)检查工作状况

电动汽油泵工作时，查听其运转响声。如果电动汽油泵工作时的声音比正常时明显增大，则电动汽油泵可能已损坏。

(2)测量电阻

①关闭点火开关。

②拔下电动汽油泵插头。

③用万用表电阻挡测量电动汽油泵端子之间的电阻，其电阻值应为 10～20Ω。如果电阻值过大或过小，说明电动汽油泵的电动机电刷接触不良、线圈断路，或线圈短路，应更换电动汽油泵。

④插上电动汽油泵插头。

(3)检查电源线路

①关闭点火开关。

②拔下电动汽油泵插头。

③打开点火开关。

④用万用表电压挡测量电动汽油泵插头电源端子与搭铁点之间应有约 12V 电压(蓄电池电压)。如果电压低或无电压,应检查电动汽油泵插头电源端子和双继电器之间的线路是否短路或断路。

⑤关闭点火开关。

⑥插上电动汽油泵插头。

(4)测量输油量与最大泵油压力

①关闭点火开关。

②拆下喷油器上供油管。

③在供油管上连接汽油压力表。

④连接 CHECK-UP1 诊断仪。

⑤利用 CHECK-UP1 诊断仪起动电动汽油泵。

⑥用量杯从出油口收集汽油,30s 内输油量应不少于 0.6L。如果输油量少于 0.6L/30s,说明泵体或安全阀有故障,应更换电动汽油泵。

⑦关闭汽油压力表阀门。

⑧观察汽油压力表,其最大泵油压力值应不超过 500kPa,否则,应更换电动汽油泵。

⑨取下 CHECK-UP1 诊断仪。

⑩卸下汽油压力表。

⑪装上喷油器上供油管。

8. 节气门体的检测

节气门体由上体总成和下体组成,喷油器、汽油压力调节器和进气温度传感器安装在上体总成上,下体上安装了怠速控制阀和节气门位置传感器,如图 10-57 所示。

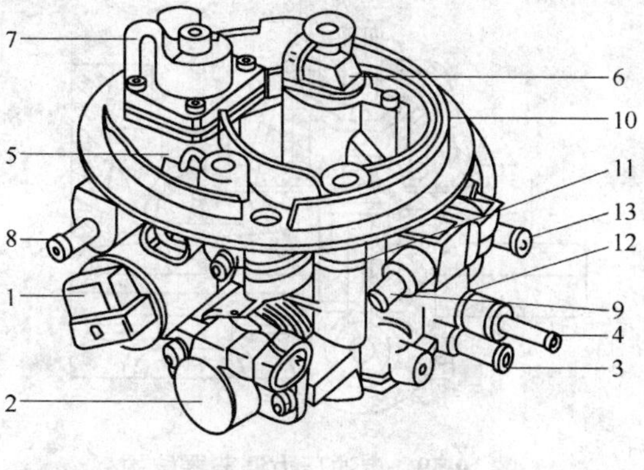

图 10-57　节气门体

1. 怠速执行器　2. 节气门位置传感器　3. 曲轴箱通风软管接口　4. 炭罐电磁阀软管接口　5. 进气温度传感器　6. 喷油器　7. 汽油压力调节器　8. 回油管　9. 进油管　10. 节气门体上体　11. 节气门体垫　12. 节气门体下体　13. 加热水管

发动机怠速由 ECU 控制,无法调整。当怠速转速不在规定范围内时,需要先检查节气门拉索的松紧,然后再用 CHECK-UP1 诊断仪进行全面检查。

检查与调整节气门拉索松紧,如图 10-58 所示,松开套管和拉杆的 2 个反旋螺母;拧松或拧紧拉杆以调整套筒的位置,直到节气门拉索松紧程度合适;将套筒和拉杆上的 2 个反旋螺母拧紧;将加速踏板松开,或将加速踏板踩到底,检查节气门是否完全关闭,或完全打开。

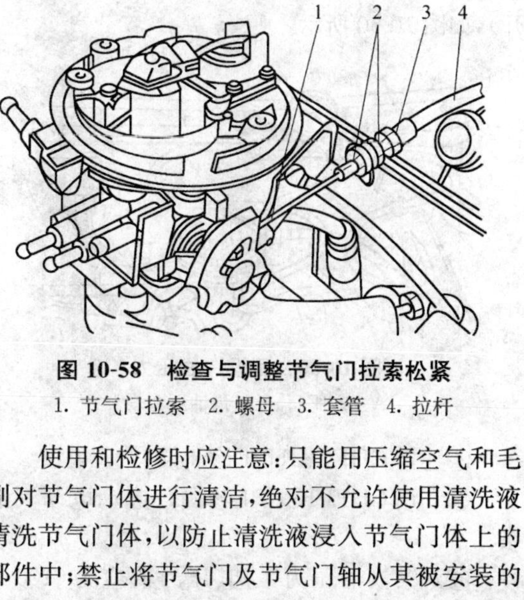

图 10-58　检查与调整节气门拉索松紧

1. 节气门拉索　2. 螺母　3. 套管　4. 拉杆

使用和检修时应注意:只能用压缩空气和毛刷对节气门体进行清洁,绝对不允许使用清洗液清洗节气门体,以防止清洗液浸入节气门体上的部件中;禁止将节气门及节气门轴从其被安装的位置上移出来;禁止触动节气门位置螺钉;如果更换喷油器或汽油压力调节器,必须更换节气门体的整个上体总成。

9. 汽油压力调节器的检测

汽油压力调节器安装在节气门体上,如图 10-59 所示,汽油压力调节器为机械膜片式,通过油管分别与电动汽油泵、喷油器和油箱连接。正常的汽油压力为(100±10)kPa,汽油压力调节器的工作压力在出厂时已设定,在使用中绝对不允许对汽油压力调节器进行调整。

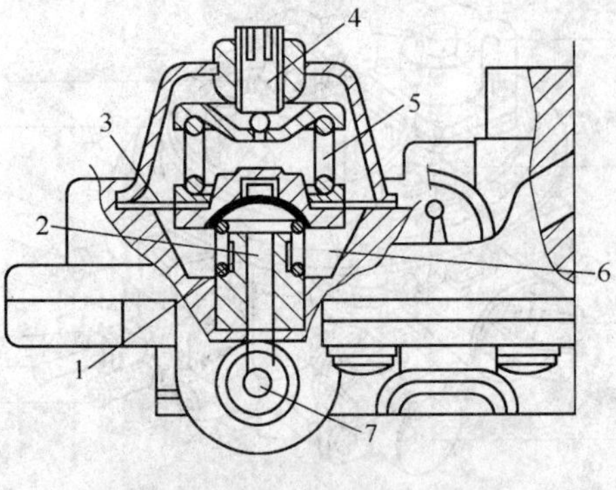

图 10-59 汽油压力调节器结构

1. 弹簧 2. 针孔阀 3. 膜片 4. 调节螺钉 5. 弹簧 6. 喷油器供油管 7. 回油管

汽油压力调节器的检测：

①关闭点火开关。

②拆下喷油器上供油管。

③在供油管上连接汽油压力表(阀门均打开),如图 10-60 所示。

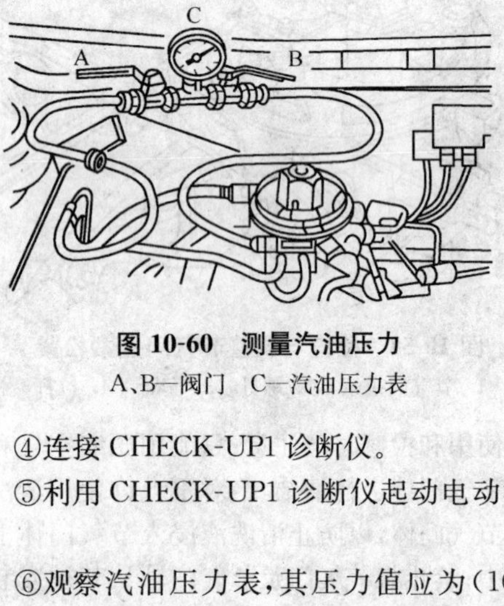

图 10-60 测量汽油压力

A、B—阀门 C—汽油压力表

④连接 CHECK-UP1 诊断仪。

⑤利用 CHECK-UP1 诊断仪起动电动汽油泵。

⑥观察汽油压力表,其压力值应为(100±10)kPa。如果压力值低于(100±10)kPa,说明回油管可能堵塞或折弯。如果压力值超过(100±10)kPa,说明汽油压力调节器有故障,则应更换节气门体上体总成。

⑦取下 CHECK-UP1 诊断仪。

⑧卸下汽油压力表。

⑨装上喷油器上供油管。

10. 喷油器的检测

采用单点汽油喷射,只在节气门体上设置一个喷油器。喷油器如图 10-61 所示,由发动机 ECU 控制通电与断电,使其针阀打开和关闭,将适量的汽油喷入节气门体的进气道中。喷油器插头端子如图 10-62 所示。

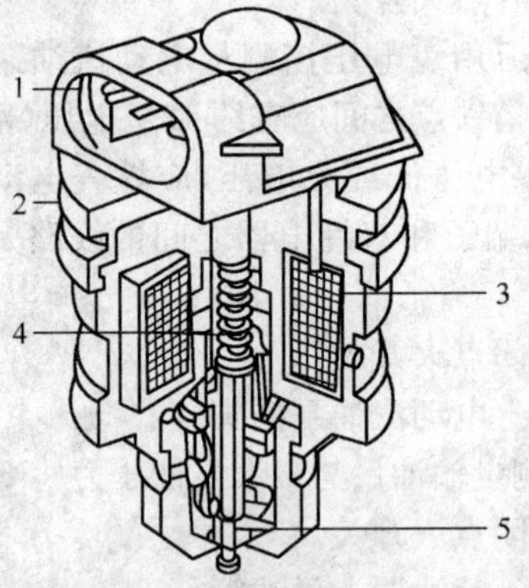

图 10-61 喷油器结构

1. 接线端子 2. 喷油器体 3. 电磁线圈 4. 弹簧 5. 针阀

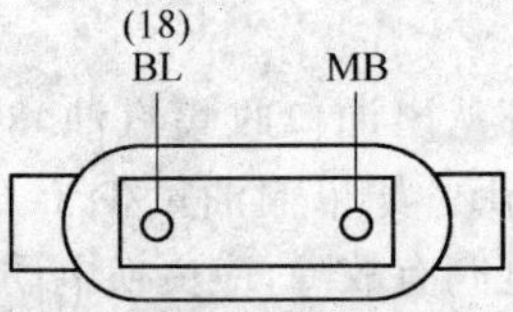

图 10-62 喷油器插头端子

BL(18)—信号端子 MB—电源端子

喷油器的工作参数:线圈电阻值为(18±1.8)Ω(20℃);工作电压为 6～16V;工作温度为－30℃～100℃;正常持续喷油时间为 1～4ms。

(1)检查工作状况

检查发动机怠速时的运转情况,如果发动机运转不平稳,或排气喘振,可能是喷油器堵塞,应清洗喷油器。

(2)测量电阻

①关闭点火开关。

②拔下喷油器插头。

③用万用表电阻挡测量喷油器端子之间的电阻,其电阻值应为(18±1.8)Ω(20℃)。如果电阻值不符合要求,说明喷油器线圈断路或短路,应更换节气门体上体总成。

④插上喷油器插头。

(3)检查电源线路

①关闭点火开关。

②拔下喷油器插头。

③打开点火开关。

④用万用表电压挡测量喷油器插头端子 MB 与搭铁点之间应有约 12V 电压（蓄电池电压）。如果电压低或无电压，应检查喷油器插头端子 MB 和双继电器之间的线路是否短路或断路。

⑤关闭点火开关。

⑥插上喷油器插头。

(4)检查信号线路

①关闭点火开关。

②拔下喷油器插头。

③在喷油器插头端子之间连接 LED 测试灯。

④打开点火开关，起动发动机数秒钟。

⑤在发动机运转时，观察 LED 测试灯应闪烁。如果 LED 测试灯不亮或常亮，应检查喷油器插头 BL 端子和发动机 ECU 插头 18 端子之间的线路是否短路或断路，或更换发动机 ECU。

⑥关闭点火开关。

⑦取下 LED 测试灯。

⑧插上喷油器插头。

(5)检查喷油器泄漏

拆下节气门上进气管。在系统油压正常的情况下，喷油器应无滴油现象，喷油器的喷油口应呈湿润状态。如果喷油器滴油，说明喷油器密封不良，应对喷油器进行清洗，或更换节气门体上体总成。

11. 怠速控制阀的检测

怠速控制阀用于怠速控制，安装在节气门体上。怠速控制阀如图 10-63 所示，由步进电动机和丝杠式减速机构组成，减速机构将电动机的旋转运动转换成直线运动，使阀处于一定开度。怠速控制阀插头如图 10-64 所示。

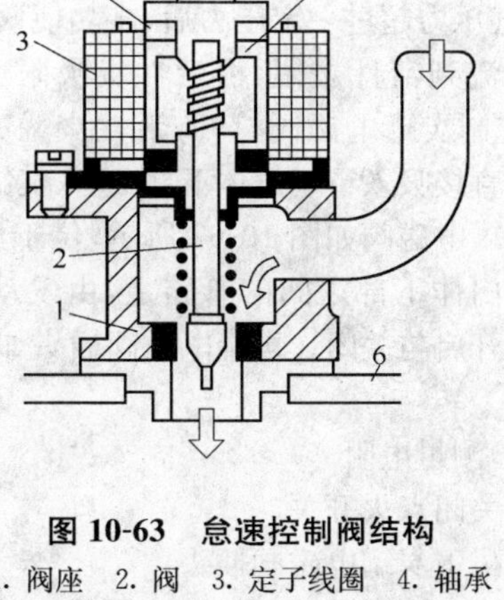

图 10-63　怠速控制阀结构

1. 阀座　2. 阀　3. 定子线圈　4. 轴承
5. 转子　6. 节气门体

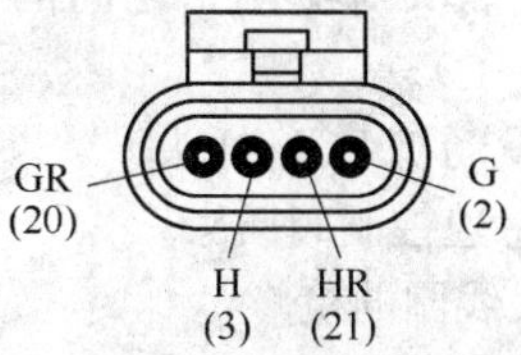

图 10-64　怠速控制阀插头

GR(20)—A 相信号端子　H(3)—D 相信号端子　HR(21)—C 相信号端子　G(2)—B 相信号端子

发动机 ECU 控制怠速控制阀中步进电动机转动，驱动丝杠使阀轴向移动，改变空气旁通道的开度，使发动机怠速时的进气量发生改变。步进电动机的最大步数为 200 步（相当于怠速控制阀开启 8mm），怠速时旁通道的最大进气量取决于阀的最大开度。

当发动机起动时，发动机 ECU 控制怠速控制阀处于全开位置，这样使通过旁通道的空气量最大，发动机容易起动；当发动机起动后，怠速控制阀的位置仅与发动机的冷却液温度有关，发动机 ECU 根据冷却液温度来控制怠速控制阀的位置。如果发动机怠速时打开空调，使发动机负荷加大，发动机 ECU 控制步进电动机的步数，使发动机的转速稳定。

(1)检查与更换怠速控制阀

怠速控制阀的运转情况只能用 CHECK-UP1 诊断仪进行检查。

①关闭点火开关，拆下蓄电池搭铁线。

②蓄电池搭铁线断开至少超过 20min，拔下怠速控制阀插头。

③拧下固定螺栓，取下怠速控制阀。

④安装时，怠速控制阀应无阻力装上，正确就位。

⑤连接蓄电池搭铁线。

⑥以 3.6～4.4N·m 的力矩拧紧螺栓，螺栓每次松动或取下后必须更换。

⑦将点火开关转到“ACC”位置，发动机 ECU 将怠速控制阀调整到处于全开位置。

(2)检查线路

①关闭点火开关。

②拔下怠速控制阀插头。

③拔下发动机 ECU 插头。

④用万用表电阻挡检查怠速控制阀插头和发动机 ECU 插头对应端子之间的线路应导通(电阻值≤0.5Ω)。

⑤插上发动机 ECU 插头。

⑥插上怠速控制阀插头。

12. 点火线圈的检修

采用两个点火线圈，其中一个点火线圈与 1、4 缸火花塞连接，另一个点火线圈与 2、3 缸火花塞连接，点火线圈由发动机 ECU 直接控制。1、4 缸点火线圈插头如图 10-65 所示，2、3 缸点火线圈插头如图 10-66 所示。

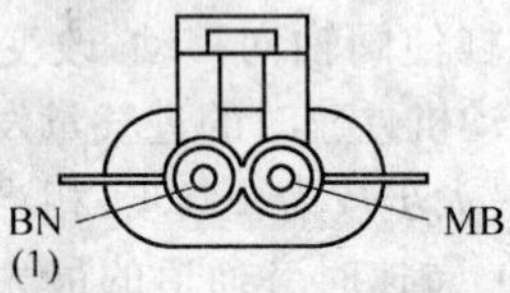

图 10-65 1、4 缸点火线圈插头

BN(1)—信号端子 MB—电源端子

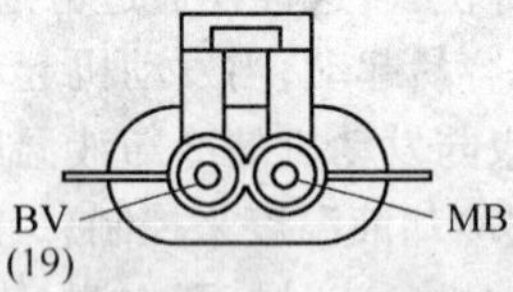

图 10-66 2、3 缸点火线圈插头

BV(19)—信号端子 MB—电源端子

(1)测量电阻

①关闭点火开关。

②拔下点火线圈插头。

③用万用表电阻挡测量点火线圈端子之间的电阻，一次绕组的电阻值在 20℃时应为(0.55±0.055)Ω。如果阻值不符合要求，则更换点火线圈。

④拔下点火线圈上的高压导线。

⑤用万用表电阻挡测量点火线圈 1 缸与 4 缸高压插孔、2 缸与 3 缸高压插孔之间的电阻，一次绕组的电阻值应为(7.4±0.74)kΩ。如果阻值不符合要求，则更换点火线圈。

⑥插上点火线圈插头。

⑦插上点火线圈上的高压导线。

(2)检查电源线路

①关闭点火开关。

②拔下点火线圈插头。

③拔下喷油器插头，停止喷油。

④打开点火开关。

⑤用万用表电压挡测量点火线圈插头端子 MB 与搭铁点之间应有约 12V 电压(蓄电池电压)。如果电压低或无，应检查点火线圈插头端子 MB 和双继电器之间的线路是否短路或断路。

⑥关闭点火开关。

⑦插上喷油器插头。

⑧插上点火线圈插头。

(3)测试点火控制信号

①关闭点火开关。

②拔下点火线圈插头。

③在点火线圈插头端子之间连接 LED 测试灯。

④拔下喷油器插头，停止喷油。

⑤起动发动机数秒钟，观察 LED 测试灯应闪烁。如果 LED 测试灯不亮或常亮，应检查点火线圈插头端子 BN 和发动机 ECU 插头端子 1、点火线圈插头或端子 BV 和发动机 ECU 插头端子 19 之间的线路是否短路或断路。

⑥关闭点火开关。

⑦取下 LED 测试灯。

⑧插上喷油器插头。

⑨插上点火线圈插头。

13. 炭罐电磁阀的检修

汽油蒸发排放控制系统主要由炭罐电磁阀、活性炭罐及气管等组成。当油箱加满汽油时，多功能阀关闭，汽油不能流到活性炭罐中；当油箱内蒸气压力超出设定值时，双向安全阀打开，使油箱内部分蒸气排出；当油箱油位在中间或偏低时，蒸气压力超过一定压力后，多功能阀打开，汽油蒸气流到活性炭罐，由活性炭吸附。发动机 ECU 控制炭罐电磁阀打开，活性炭罐中吸附的蒸气被直接吸入节气门体下部，进入气缸。

炭罐电磁阀如图 10-67 所示，位于活性炭罐与节气门体下部之间的管路上，由发动机 ECU 控制其开启与关闭。炭罐电磁阀插头如图 10-68 所示。

(1)测量电阻

①关闭点火开关

②拔下炭罐电磁阀插头。

③用万用表电阻挡测量炭罐电磁阀端子之

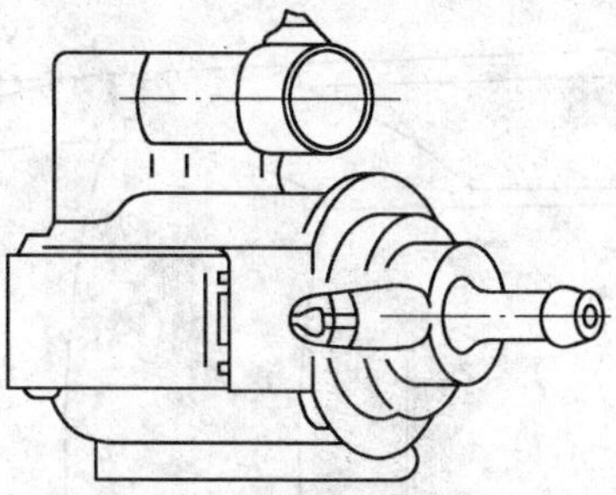

图 10-67 炭罐电磁阀

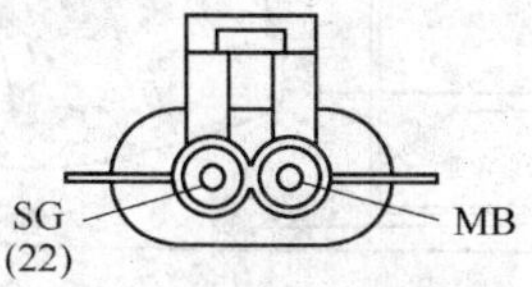

图 10-68 炭罐电磁阀插头

SG(22)—信号端子 MB—电源端子

间的电阻，应无断路或短路现象，否则，应更换炭罐电磁阀。

④插上炭罐电磁阀插头。

(2)检查线路

①关闭点火开关。

②拔下炭罐电磁阀插头。

③起动发动机数秒钟，用万用表电压挡测量炭罐电磁阀插头端子 MB 与搭铁点之间应有 12V 电压(蓄电池电压)。如果电压低或无，应检查炭罐电磁阀插头端子 MB 和双继电器之间的线路是否短路或断路。

④关闭点火开关。

⑤用万用表电阻挡检查炭罐电磁阀插头端子 SG 和发动机 ECU 插头端子 22 之间的线路应导通(电阻值≤0.5Ω)。

⑥插上炭罐电磁阀插头。

第三节 东风雪铁龙富康轿车 TU5JP/K 型发动机电子控制系统的检测

一、TU5JP/K 型发动机电子控制系统的结构特点与控制功能

东风雪铁龙富康 AG 轿车和富康 988 轿车均装备 TU5JP/K 型发动机，该发动机采用德国博世(BOSCH)MP5.2 电子控制系统。TU5JP/K 型发动机 MP5.2 电子控制系统的组成如图 10-69 所示，主要部件的布置如图 10-70 所示。

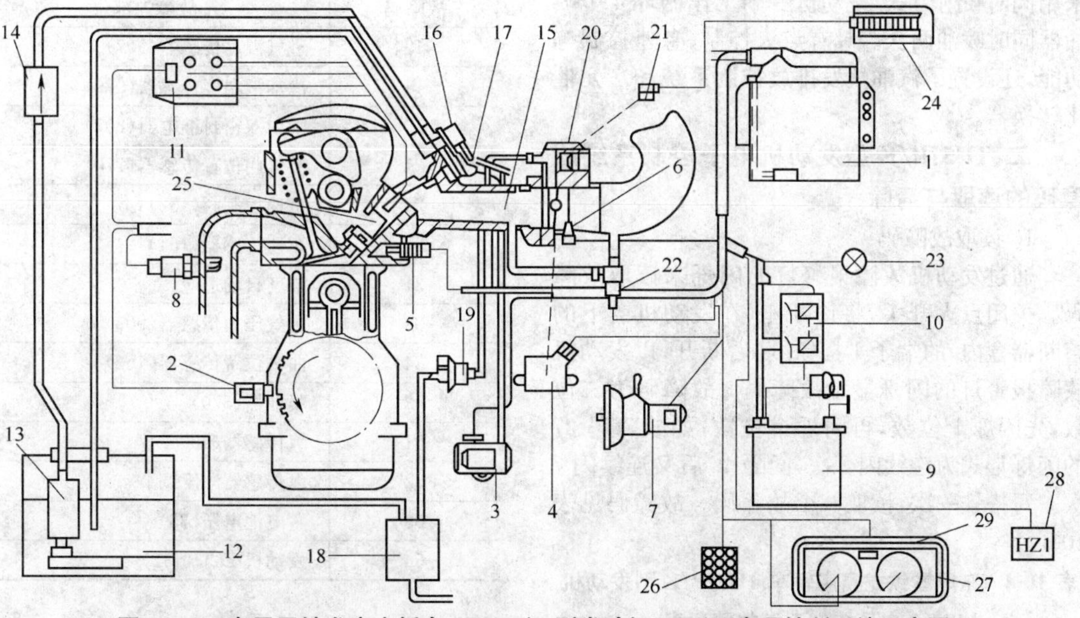

图 10-69 东风雪铁龙富康轿车 TU5JP/K 型发动机 MP5.2 电子控制系统示意图

1. 发动机 ECU 2. 曲轴位置传感器 3. 进气压力传感器 4. 节气门位置传感器 5. 冷却液温度传感器 6. 进气温度传感器 7. 车速传感器 8. 氧传感器 9. 蓄电池 10. 喷射双密封继电器 11. 点火线圈 12. 油箱 13. 电动汽油泵 14. 汽油滤清器 15. 进气管 16. 汽油压力调节器 17. 喷油器 18. 活性炭罐 19. 炭罐电磁阀 20. 油气收集盒 21. 进气预热器 22. 怠速调节阀 23. 故障报警灯 24. 诊断座 25. 火花塞 26. 防盗代码键盘 27. 转速表 28. 空调继电器 29. 汽油表

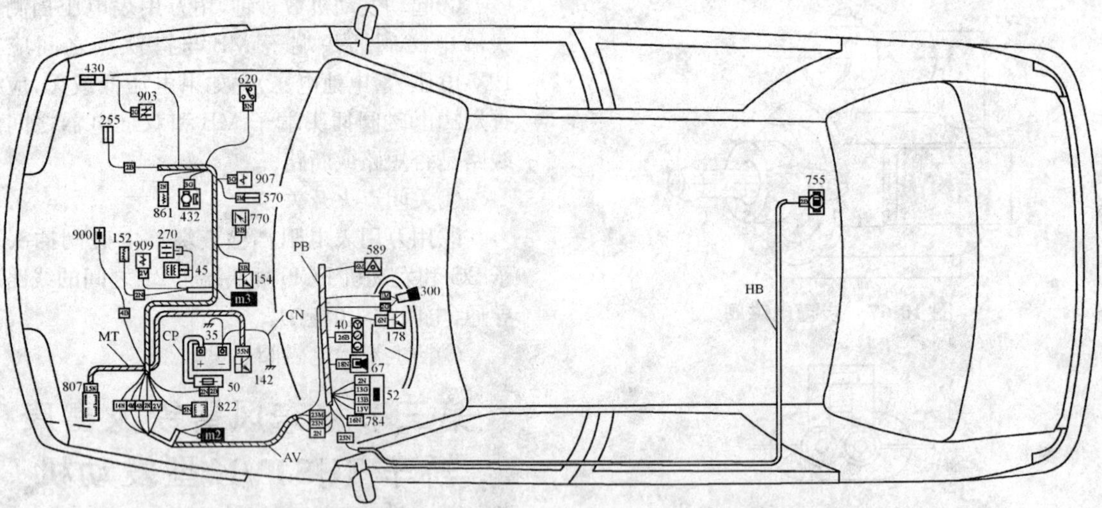

图 10-70 东风雪铁龙富康轿车 TU5JP/K 型发动机 MP5.2 电子控制系统部件位置图

35—蓄电池 40—仪表盘 45—点火线圈 50—发动机舱内熔断器盒 52—驾驶室内熔断器盒 142—发动机 ECU 152—曲轴位置传感器 154—车速传感器 255—空调压缩机离合器 270—电容器 300—点火开关 430—炭罐电磁阀 432—怠速调节阀 570—喷油器 620—惯性开关 755—电动汽油泵 770—节气门位置传感器 784—诊断座 807—喷射双密封继电器 822—空调压缩机继电器 861—进气预热器 900—氧传感器 903—进气压力传感器 907—进气温度传感器 909—冷却液温度传感器 MT—发动机线束 AV—前部线束 PB—仪表线束 CP—蓄电池正极电缆 CN—蓄电池负极电缆 HB—驾驶室线束

TU5JP/K 型发动机 MP5.2 电子控制系统采用同时喷射方式，发动机一个工作循环 4 个喷油器同时喷油两次。具有点火控制、怠速控制等功能，还设置了汽油蒸发排放控制系统和三元催化转换器。

二、TU5JP/K 型发动机电子控制系统故障码的读取与清除

1. 读取故障码

通过发动机故障报警灯的闪烁来读取故障码。关闭点火开关，将诊断座（在发动机盖下的熔断器盒内）的端子 1 搭铁 3s 后断开，以发动机故障报警灯的闪烁显示故障码。故障码为二位数，先闪烁十位数，再闪烁个位数，如故障码 27 的闪烁形式为连续闪 2 次，间隔 1s 后又连续闪 7 次。每搭铁一次，读取一个故障码。故障码见表 10-4。

表 10-4 东风雪铁龙富康轿车 TU5JP/K 型发动机 MP5.2 电子控制系统故障码表

故障码	故障的部位
11	检测结束
12	检测开始
13	进气温度传感器(907)
14	冷却液温度传感器(909)
15	喷射双密封继电器(807)
21	节气门位置传感器(770)
22	怠速控制阀(432)
27	车速传感器(154)
31	浓度自动适应
33	进气压力传感器(903)
34	曲轴位置传感器(152)
42	喷油器(570)
51	氧传感器(900)
52	氧传感器浓度调节
53	蓄电池电压(35)
54	发动机 ECU(142)

2. 清除故障码

关闭点火开关（ON）后再打开，等待 3s 后起动发动机，故障码即被清除。拆下蓄电池负极电缆线也可以清除故障码。

三、TU5JP/K 型发动机电子控制系统部件的检测

1. 节气门位置传感器(770)的检测

节气门位置传感器如图 10-71 所示，安装在发动机节气门体上。它是一个电位计，当节气门开度变化时，节气门位置传感器输出 0.5～4.5V 电压信号。节气门位置传感器电路如图 10-72 所示。

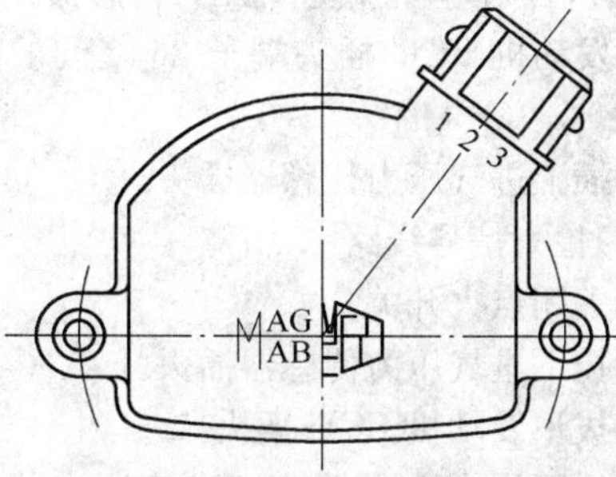

图 10-71　节气门位置传感器

1. 5V 参考电压端子　2. 搭铁端子　3. 信号端子

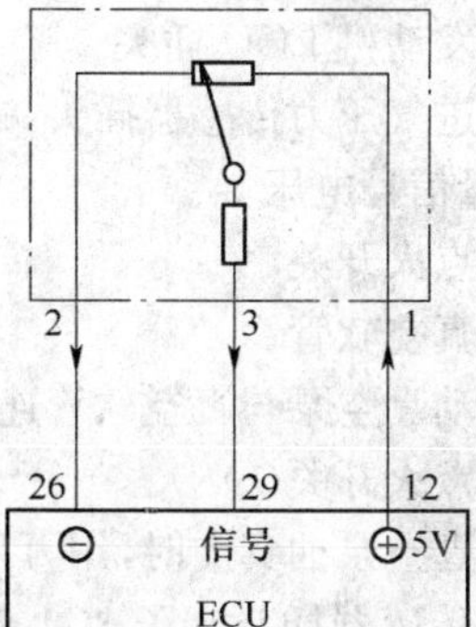

图 10-72　节气门位置传感器电路

(1)测量电阻

①关闭点火开关。

②拔下节气门位置传感器插头。

③用万用表电阻挡测量节气门位置传感器端子 1 与端子 2 之间的电阻，其电阻值应为 2.5kΩ；测量节气门位置传感器端子 2 与端子 3 之间的电阻，不踩加速踏板(节气门全闭)时的电阻值应为 1100Ω，逐渐踩下加速踏板时电阻值应平稳增大，完全踩下加速踏板(节气门全开)时的电阻值应为 1600Ω。如果电阻值不符合要求，则更换节气门位置传感器。

④插上节气门位置传感器插头。

(2)检查 5V 参考电压线路

①关闭点火开关。

②拔下节气门位置传感器插头。

③打开点火开关(ON)。

④用万用表电压挡测量节气门位置传感器插头端子 1 与搭铁点之间应有约 5V 电压。如果电压低或无电压，应检查节气门位置传感器插头端子 1 和发动机 ECU 插头端子 12 之间的线路是否短路或断路，或更换发动机 ECU。

⑤关闭点火开关。

⑥插上节气门位置传感器插头。

(3)检查搭铁线路

①关闭点火开关。

②拔下节气门位置传感器插头。

③用万用表电阻挡检查节气门位置传感器插头端子 2 与搭铁点之间应导通(电阻值≤0.5Ω)，否则，应检查节气门位置传感器插头端子 2 和发动机 ECU 插头端子 26 之间的线路是否断路。

④插上节气门位置传感器插头。

(4)检查信号线路

①关闭点火开关。

②拔下节气门位置传感器插头。

③拔下发动机 ECU 插头。

④用万用表电阻挡检查节气门位置传感器插头端子 3 和发动机 ECU 插头端子 29 之间的线路应导通(电阻值≤0.5Ω)，且与搭铁点之间应不通。

⑤插上发动机 ECU 插头。

⑥插上节气门位置传感器插头。

(5)测量信号电压

①打开点火开关(ON)，或起动发动机。

②用万用表电压挡测量节气门位置传感器插头端子 3 与端子 2 之间的电压，不踩加速踏板(节气门全闭)时的电压值应为 0.5V 左右，逐渐踩下加速踏板(节气门开启)时的电压值应增大至 4.5V 左右，且电压应平稳变化。如果电压值不符合要求，则更换节气门位置传感器。

(6)节气门位置传感器初始化

节气门位置传感器不能调整，拆过蓄电池电缆，清洗节气门体，以及检修或更换节气门位置

传感器后，必须对节气门位置传感器进行初始化。

打开点火开关(ON)，10s 后将加速踏板踩到底，即可完成节气门位置传感器初始化。

2. 进气压力传感器(903)的检测

进气压力传感器如图 10-73 所示，安装在右前翼子板上，用一根真空软管与进气支管连接。进气压力传感器的压敏电阻随进气压力变化，输出 1.4～4.75V 信号电压。进气压力传感器电路如图 10-74 所示。

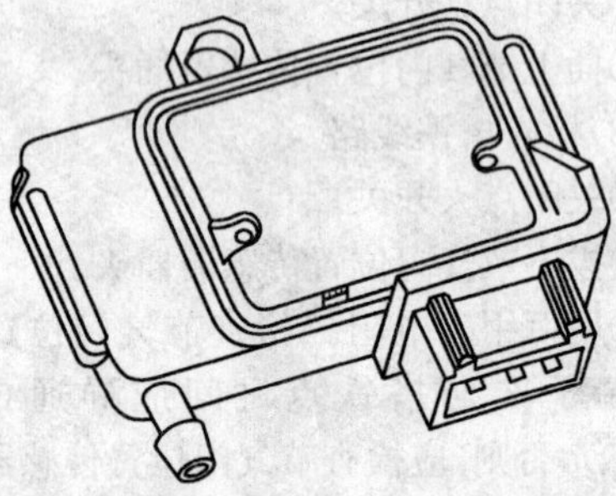

图 10-73 进气压力传感器

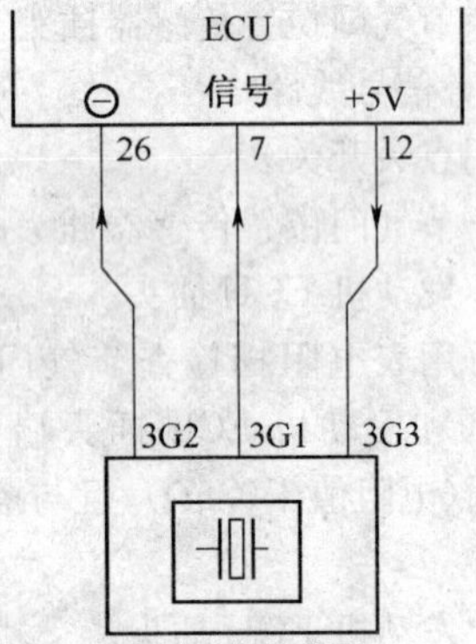

图 10-74 进气压力传感器电路

3G1—信号端子 3G2—搭铁端子

3G3—5V 电源端子

(1)检查 5V 电源线路

①关闭点火开关。

②拔下进气压力传感器插头。

③打开点火开关(ON)。

④用万用表电压挡测量进气压力传感器插头端子 3G3 与搭铁点之间应有约 5V 电压。如果电压低或无电压，应检查进气压力传感器插头端子 3G3 和发动机 ECU 插头端子 12 之间的线路是否短路或断路，或更换发动机 ECU。

⑤关闭点火开关。

⑥插上进气压力传感器插头。

(2)检查搭铁线路

①关闭点火开关。

②拔下进气压力传感器插头。

③用万用表电阻挡检查进气压力传感器插头端子 3G1 与搭铁点之间应导通（电阻值≤0.5Ω)，否则，应检查进气压力传感器插头端子 3G2 和发动机 ECU 插头端子 26 之间的线路是否断路。

④插上进气压力传感器插头。

(3)检查信号线路

①关闭点火开关。

②拔下进气压力传感器插头。

③拔下发动机 ECU 插头。

④用万用表电阻挡检查进气压力传感器插头端子 3G1 和发动机 ECU 插头端子 7 之间的线路应导通（电阻值≤0.5Ω)，且与搭铁点之间不通。

⑤插上发动机 ECU 插头。

⑥插上进气压力传感器插头。

(4)测量信号电压

①关闭点火开关。

②拔下真空软管。

③将手动真空泵与真空软管连接。

④打开点火开关(ON)。

⑤手动真空泵抽真空时，用万用表电压挡测量进气压力传感器插头端子 3G1 与端子 3G2 之间的电压，真空度为 60kPa 时，其电压值应为 1.2V；真空度为 10kPa 时，其电压值应为 4.5V。如果电压值不符合要求，则更换进气压力传感器。

⑥关闭点火开关。

⑦取下手动真空泵。

⑧插上真空软管。

3. 进气温度传感器(907)的检测

进气温度传感器如图 10-75 所示，安装在空气滤清器盖上，由一个负温度系数（NTC)热敏电阻器构成，热敏电阻的电阻值随进气温度的升高而减小。进气温度传感器电路如图 10-76 所示。

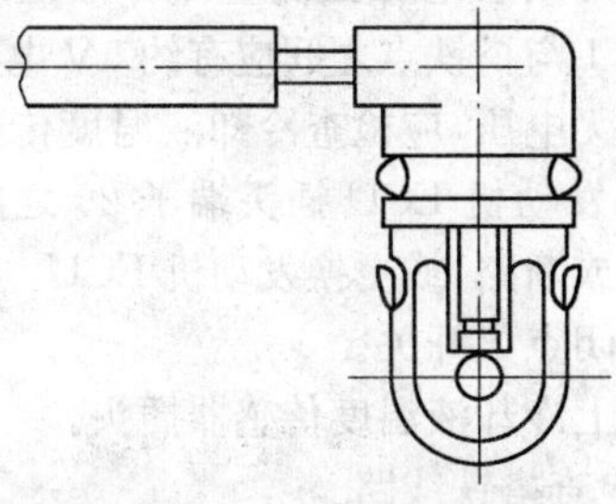

图 10-75 进气温度传感器

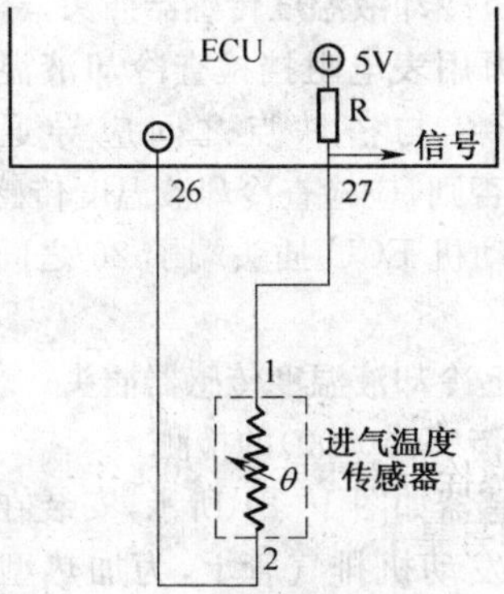

图 10-76 进气温度传感器电路

1. 信号端子 2. 搭铁端子

(1)测量电阻

①关闭点火开关。

②拔下进气温度传感器插头。

③用万用表电阻挡测量进气温度传感器端子之间的电阻值，其电阻值随温度的变化关系如图 10-77 所示，25℃时的电阻值应为 1500～2000Ω。

④插上进气温度传感器插头。

(2)检查信号线路

①关闭点火开关。

②拔下进气温度传感器插头。

③打开点火开关(ON)。

④用万用表电压挡测量进气温度传感器插头端子 1 与搭铁点之间应有约 5V 电压。如果电压低或无电压，应检查进气温度传感器插头端子 1 与发动机 ECU 插头端子 27 之间的线路是否短路或断路，或更换发动机 ECU。

⑤关闭点火开关。

⑥插上进气温度传感器插头。

(3)检查搭铁线路

①关闭点火开关。

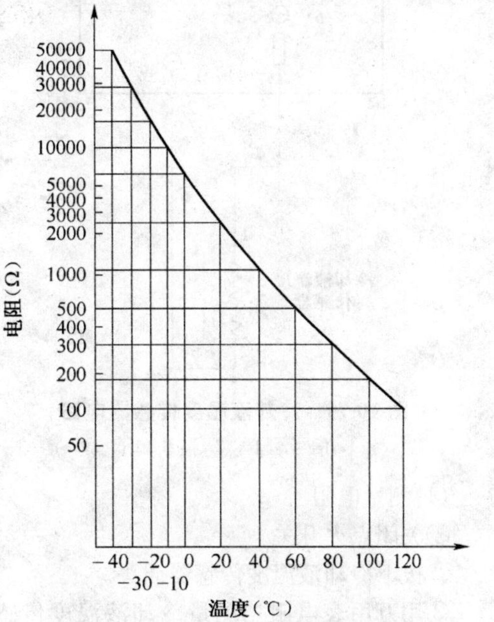

图 10-77 进气温度传感器的电阻特性

②拔下进气温度传感器插头。

③用万用表电阻挡检查进气温度传感器插头端子 2 与搭铁点之间应导通(电阻值≤0.5Ω)，否则，应检查进气温度传感器插头端子 2 和发动机 ECU 插头端子 26 之间的线路是否断路。

④插上进气温度传感器插头。

4. 冷却液温度传感器(909)的检测

冷却液温度传感器如图 10-78 所示，安装在发动机出水室上，由一个负温度系数(NTC)热敏电阻器构成，热敏电阻器的电阻值随冷却液温度的升高而减小。冷却液温度传感器电路如图 10-79 所示。

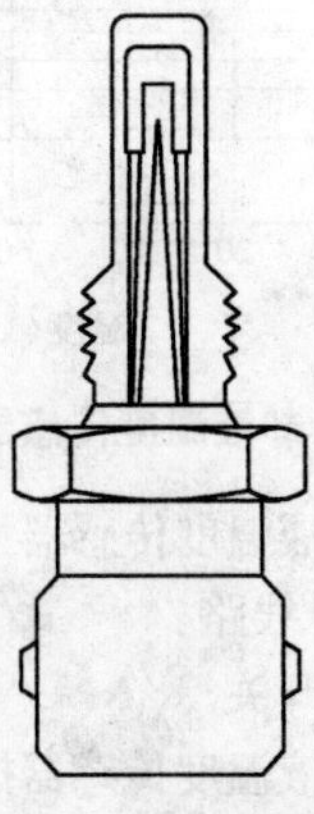

图 10-78 冷却液温度传感器

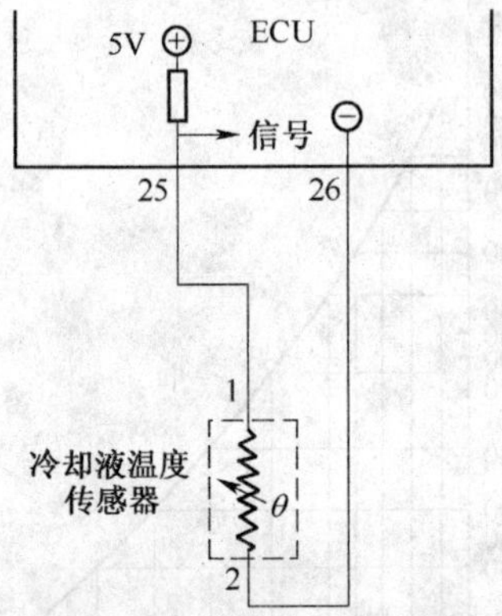

图 10-79 冷却液温度传感器电路

1. 信号端子 2. 搭铁端子

(1)测量电阻

①关闭点火开关。

②拔下冷却液温度传感器插头。

③用万用表电阻挡测量冷却液温度传感器端子之间的电阻，其电阻值随温度的变化关系如图 10-80 所示，25℃时的电阻值应为 1500～2000Ω。

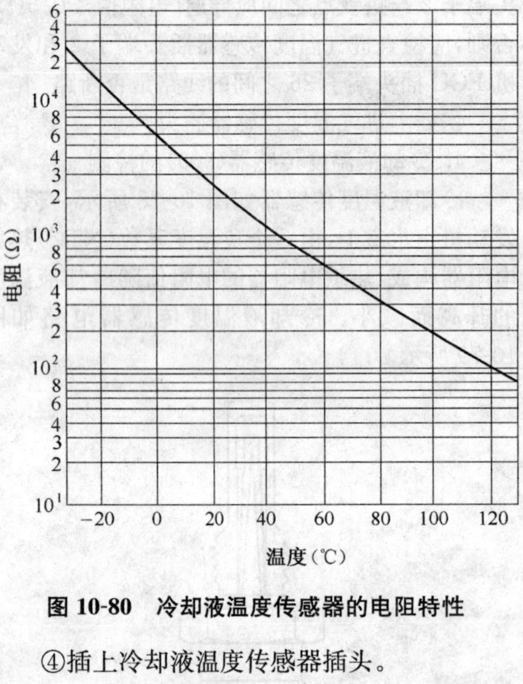

图 10-80 冷却液温度传感器的电阻特性

④插上冷却液温度传感器插头。

(2)检查信号线路

①关闭点火开关。

②拔下冷却液温度传感器插头。

③打开点火开关(ON)。

④用万用表电压挡测量冷却液温度传感器插头端子 1 与搭铁点之间应有约 5V 电压。如果电压低或无电压，应检查冷却液温度传感器插头端子 1 与发动机 ECU 插头端子 25 之间的线路是否短路或断路，或更换发动机 ECU。

⑤关闭点火开关。

⑥插上冷却液温度传感器插头。

(3)检查搭铁线路

①关闭点火开关。

②拔下冷却液温度传感器插头。

③用万用表电阻挡检查冷却液温度传感器插头端子 2 与搭铁点之间应导通(电阻值≤0.5Ω)，否则，应检查冷却液温度传感器插头端子 2 和发动机 ECU 插头端子 26 之间的线路是否断路。

④插上冷却液温度传感器插头。

5. 氧传感器(900)的检测

氧传感器如图 10-81 所示，安装在三元催化转换器前发动机排气管上，为加热型二氧化锆(ZrO_2)式。氧传感器电路如图 10-82 所示。

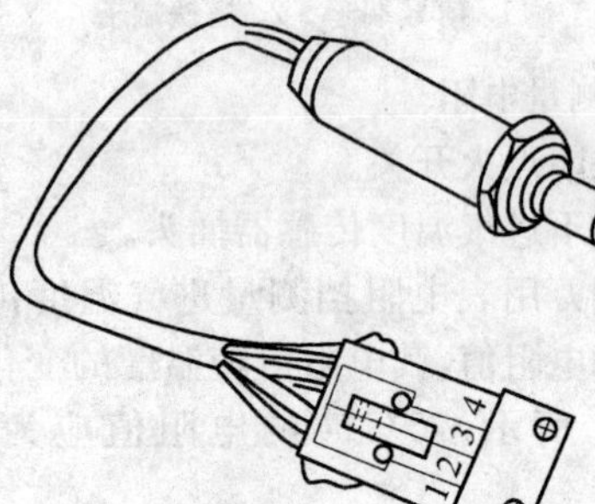

图 10-81 加热型氧传感器

1. 加热器电源端子 2. 加热器搭铁端子
3. 信号负极端子 4. 信号正极端子

(1)测量加热器电阻

①关闭点火开关。

②拔下氧传感器插头。

③用万用表电阻挡测量氧传感器插头端子 1 与端子 2 之间的电阻，其电阻值应为 5～10Ω(300℃)。如果电阻值不符合要求，则更换氧传感器。

④插上氧传感器插头。

(2)检查加热器电源线路

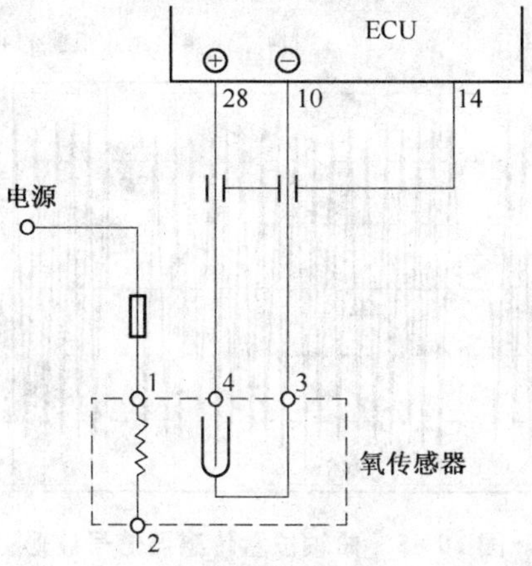

图 10-82　氧传感器工作电路

①关闭点火开关。

②拔下氧传感器插头。

③打开点火开关(ON)。

④用万用表电压挡测量氧传感器插头端子 1 与搭铁点之间应有约 12V 电压(蓄电池电压)。如果电压低或无电压,应检查氧传感器插头端子 1 和喷射双密封继电器插头端子 9 之间的线路是否短路或断路。

⑤关闭点火开关。

⑥插上氧传感器插头。

(3)检查加热器搭铁线路

①关闭点火开关。

②拔下氧传感器插头。

③用万用表电阻挡检查氧传感器插头端子 2 与搭铁点之间应导通(电阻值≤0.5Ω),否则,应检查氧传感器插头端子 2 和搭铁处之间的线路是否断路。

④插上氧传感器插头。

(4)检查信号线路

①关闭点火开关。

②拔下氧传感器插头。

③拔下发动机 ECU 插头。

④用万用表电阻挡检查氧传感器插头端子 4 和发动机 ECU 插头端子 28 之间的线路应导通(电阻值≤0.5Ω),且与搭铁点不通,检查氧传感器插头端子 3 和发动机 ECU 插头端子 10 之间的线路应导通(电阻值≤0.5Ω)。

⑤插上发动机 ECU 插头。

⑥插上氧传感器插头。

(5)测量信号电压

①起动发动机。

②发动机运转 2min 后,用万用表电压挡测量氧传感器插头端子 4 与端子 3 之间的电压,发动机转速为 3000r/min 时,其电压值应高于 0.6V;发动机加速至 4000r/min 时突然放松加速踏板时,其电压值应低于 0.4V。如果无电压,或电压值不变,则更换氧传感器。

③关闭点火开关。

6. 曲轴位置传感器(152)的检测

曲轴位置传感器如图 10-83 所示,安装在飞轮壳上,为电磁感应式,盘形齿轮有(60－2)个齿,其中所缺的两齿位于 1、4 缸上止点前 114°,输出一个频率随发动机转速变化的交流电压信号。电磁感应头与轮齿的间隙为(1±0.5)mm,应保证安装正确,此间隙不可调。曲轴位置传感器电路如图 10-84 所示。

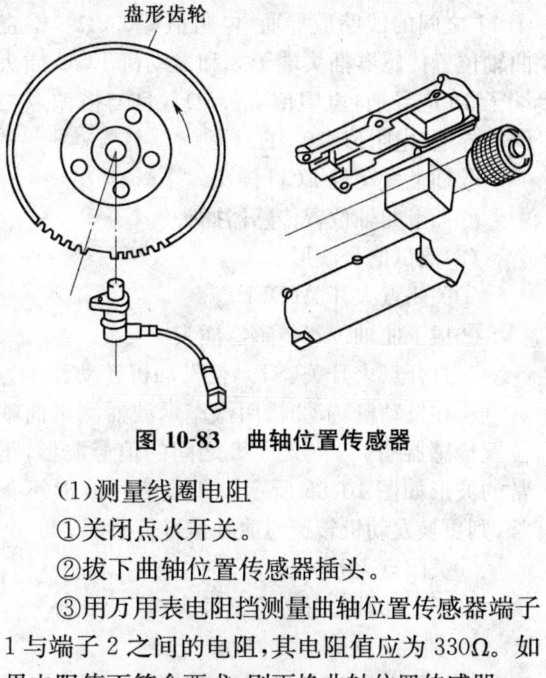

图 10-83　曲轴位置传感器

(1)测量线圈电阻

①关闭点火开关。

②拔下曲轴位置传感器插头。

③用万用表电阻挡测量曲轴位置传感器端子 1 与端子 2 之间的电阻,其电阻值应为 330Ω。如果电阻值不符合要求,则更换曲轴位置传感器。

④插上曲轴位置传感器插头。

(2)检查线路

①关闭点火开关。

②拔下曲轴位置传感器插头。

③拔下发动机 ECU 插头。

④用万用表电阻挡检查曲轴位置传感器插头端子 1、端子 2 和发动机 ECU 插头端子 30、端

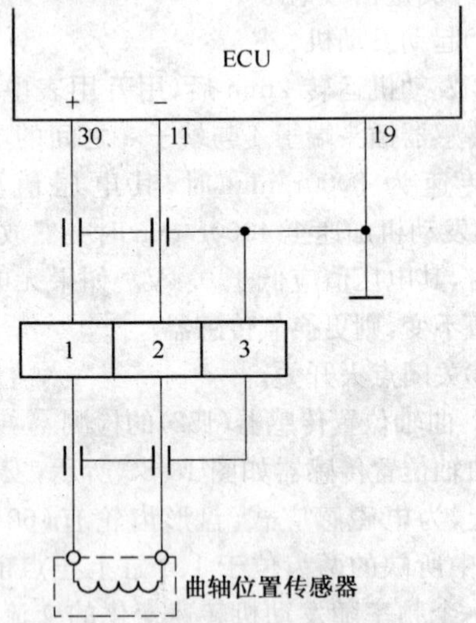

图 10-84 曲轴位置传感器电路

1. 信号正极端子 2. 信号负极端子 3. 屏蔽线搭铁端子

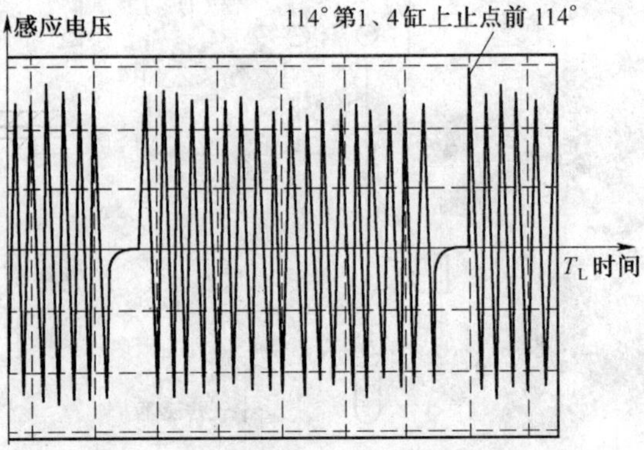

图 10-85 曲轴位置传感器信号波形

子 11 之间的线路应导通(电阻值≤0.5Ω),检查曲轴位置传感器插头端子 3 和发动机 ECU 插头端子 19 应导通(电阻值≤0.5Ω),且与搭铁点之间应导通(电阻值≤0.5Ω)。

⑤插上发动机 ECU 插头。

⑥插上曲轴位置传感器插头。

(3)测试信号波形

①关闭点火开关(OFF)。

②拔下曲轴位置传感器插头。

③打开点火开关(ST),使发动机转动。

④在发动机转动时,用汽车示波器测试曲轴位置传感器端子 1 与端子 2 之间的信号波形,正常的波形如图 10-85 所示。如果信号波形不正常,则更换发动机转速与曲轴位置传感器。

⑤关闭点火开关。

⑥插上曲轴位置传感器插头。

7. 惯性开关(620)的检查

惯性开关固定在右翼子板靠前围板处。惯性开关设置在喷射双密封继电器插头端子 10 与发动机 ECU 插头端子 3 之间,其作用是当车辆遇到猛烈撞击时,自动断开电动汽油泵供电,汽油泵停止工作,以防止高压汽油从泄漏处喷出。按压惯性开关顶部,使惯性开关复位。

(1)检查惯性开关通断

①关闭点火开关。

②拔下惯性开关插头。

③按压惯性开关顶部,使惯性开关复位。

④用万用表电阻挡检查惯性开关端子应导通,否则,应更换惯性开关。

⑤对惯性开关施加一定强度的振动,使惯性开关跳开。

⑥用万用表电阻挡检查惯性开关端子应不通,否则,应更换惯性开关。

⑦插上惯性开关插头。

(2)检查线路

①关闭点火开关。

②拔下惯性开关插头。

③拔下喷射双密封继电器插头。

④拔下发动机 ECU 插头。

⑤用万用表电阻挡检查惯性开关 2M 端子 1 与喷射双密封继电器插头端子 10、惯性开关 2M 端子 2 与发动机 ECU 插头端子 3 之间的线路应导通(电阻值≤0.5Ω),且与搭铁点不通。

⑥插上发动机 ECU 插头。

⑦插上喷射双密封继电器插头。

⑧插上惯性开关插头。

8. 电动汽油泵(755)的检测

电动汽油泵如图 10-86 所示,水平放置在汽油箱内,采用两个增压级,包括叶片涡轮和高压齿轮泵,汽油从进油口由叶片涡轮吸入,再输送到高压齿轮泵腔中,具有一定压力的汽油使单向阀打开从出油口流出。电动汽油泵本体严禁拆卸,以免破坏其密封性。电动汽油泵的性能参数为流量(在 0.3MPa 压力下)120L/h、功率 50W、电阻 0.8Ω、电压 12V、最大电流 10.5A。

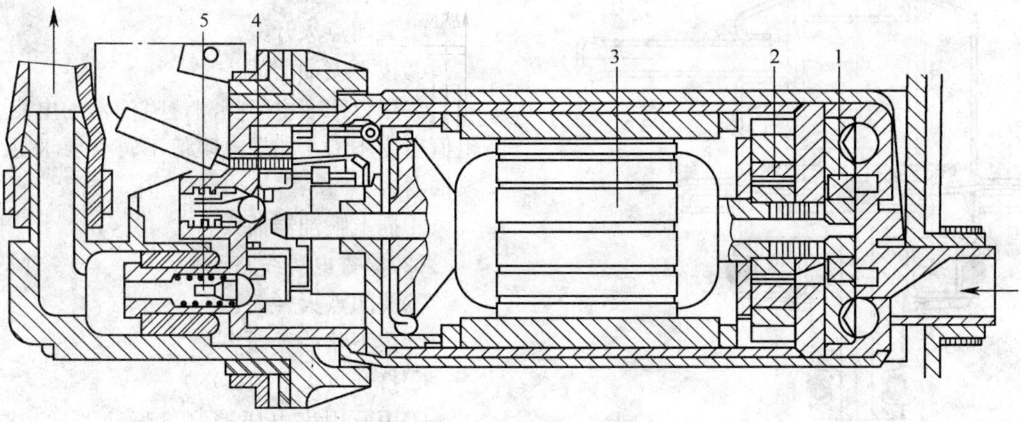

图 10-86　电动汽油泵结构

1. 叶片涡轮　2. 高压齿轮泵　3. 电动机　4. 卸压阀　5. 单向阀

电动汽油泵电路如图 10-87 所示。发动机 ECU 通过控制喷射双密封继电器来接通与断开电动汽油泵电源，在发动机 ECU 和喷射双密封继电器电路中设置了惯性开关，当车辆发生撞击时，惯性开关打开，自动断开电动汽油泵电源，电动汽油泵停止工作，惯性开关复位后，恢复对电动汽油泵的供电控制。

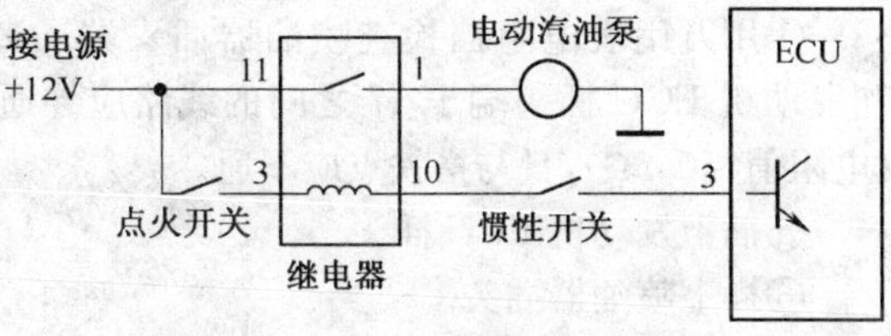

图 10-87　电动汽油泵电路

(1)测量电阻

①关闭点火开关。

②拔下电动汽油泵插头。

③用万用表电阻挡测量电动汽油泵端子 3 与端子 4 之间的电阻，其电阻值应为 0.8Ω。如果电阻值不符要求，则更换电动汽油泵。

④插上电动汽油泵插头。

(2)检查电源线路

①关闭点火开关。

②拔下电动汽油泵插头。

③打开点火开关，使发动机转动。

④在发动机转动时，用万用表电压挡测量电动汽油泵插头端子 3 与搭铁点之间应有约 12V 电压(蓄电池电压)。如果电压低或无电压，应检查惯性开关是否复位，检查熔丝(F17)是否正常，检查电动汽油泵插头端子 3 和喷射双密封继电器插头端子 1 之间的线路是否短路或断路。当电压低于 10.4V 时，电动汽油泵将不会工作。

⑤关闭点火开关。

⑥插上电动汽油泵插头。

(3)检查搭铁线路

①关闭点火开关。

②拔下电动汽油泵插头。

③用万用表电阻挡检查电动汽油泵插头端子 4 与搭铁点之间应导通(电阻值≤0.5Ω)。

④插上电动汽油泵插头。

9. 汽油压力调节器的检测

汽油压力调节器如图 10-88 所示，安装在汽油分配管上，维持喷油器喷油压力恒定。

检查汽油压力调节器工作状况时，装上汽油压力表，起动发动机，观察汽油压力表，发动机怠速时，其压力值应为 250kPa 左右，拔下真空软管时，压力值应有所增大；发动机全负荷时，其压力值应为 300kPa 左右。如果汽油压力不符合要求，则更换汽油压力调节器。

10. 喷油器(570)的检测

喷油器如图 10-89 所示，安装在进气支管上。喷油器的性能参数为电压 12V、电阻 16Ω、静态流量 115g/min(300kPa 压力)、喷射角度 8°～30°。

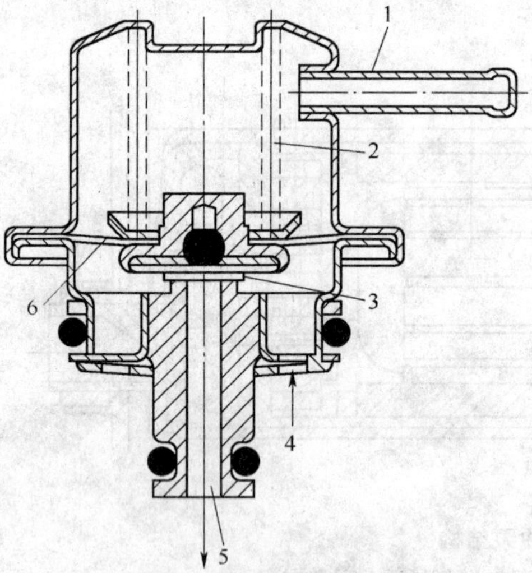

图 10-88 汽油压力调节器结构

1. 真空管接口 2. 弹簧 3. 阀门 4. 进油孔 5. 回油孔 6. 膜片

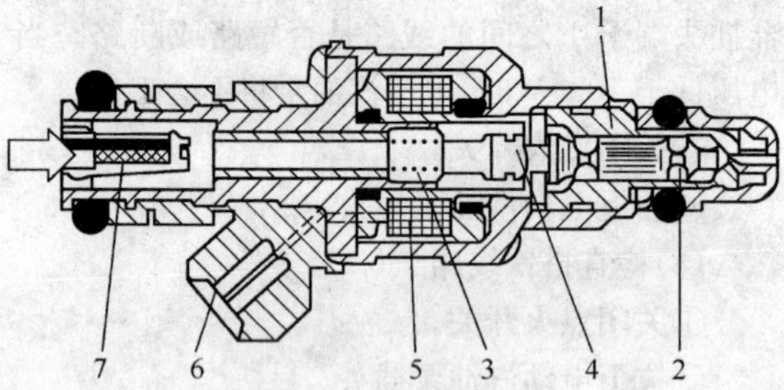

图 10-89 喷油器结构

1. 阀座 2. 针阀 3. 弹簧 4. 衔铁 5. 线圈 6. 接线端子 7. 滤网

喷油器电路如图 10-90 所示，4 个喷油器在发动机 ECU 控制下同时喷油，即发动机每个工作循环(720°曲轴转角)所有喷油器同时喷油两次。

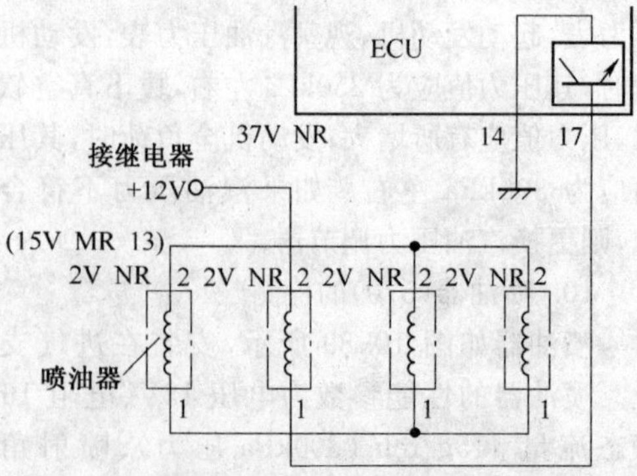

图 10-90 喷油器电路

(1)测量电阻

①关闭点火开关。

②拔下喷油器插头。

③用万用表电阻挡测量喷油器的电阻，其电阻值应为 16Ω。如果电阻值不符合要求，则更换喷油器。

④插上喷油器插头。

(2)检查电源线路

①关闭点火开关。

②拔下喷油器插头。

③打开点火开关(ON)。

④用万用表电压挡测量喷油器插头端子 1 与搭铁点之间应有约 12V 电压(蓄电池电压)。如果电压低或无电压，则检查喷油器插头端子 1 和喷射双密封继电器插头端子 13 之间的线路是否短路或断路。

⑤关闭点火开关。

⑥插上喷油器插头。

(3)检查控制信号线路

①关闭点火开关。

②拔下喷油器插头。

③拔下发动机 ECU 插头。

④用万用表电阻挡检查喷油器插头端子 2 和发动机 ECU 插头端子 17 之间的线路应导通(电阻值≤0.5Ω)，且与搭铁点应不通。

⑤插上发动机 ECU 插头。

⑥插上喷油器插头。

(4)测试喷油信号

①关闭点火开关。

②拔下喷油器插头。

③在喷油器插头端子之间连接 LED 测试灯。

④起动发动机，观察 LED 测试灯应闪烁。如果 LED 测试灯不亮或常亮，应检查喷油器插头端子 2 和发动机 ECU 插头端子 17 之间的线路是否短路或断路，或更换发动机 ECU。

⑤关闭点火开关。

⑥取下 LED 测试灯。

⑦插上喷油器插头。

11. 怠速调节阀(432)的检测

旋转滑阀式怠速调节阀如图 10-91 所示，安装在怠速旁通进气道中。怠速调节阀电路如图

10-92 所示，电枢上有两个线圈，发动机 ECU 控制两个线圈通电，使旋转滑阀处于一定位置。

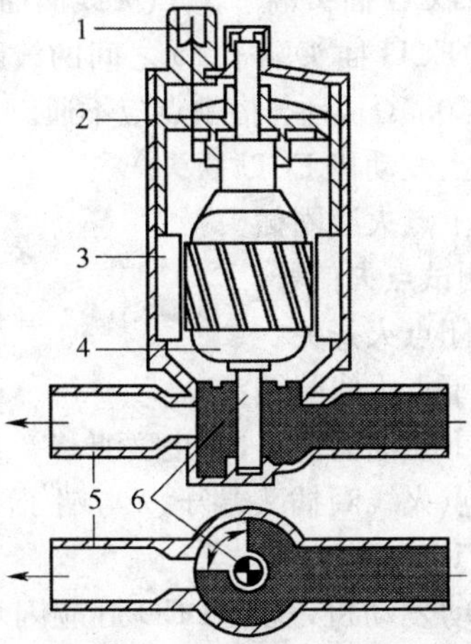

图 10-91　怠速调节阀结构

1. 接线端子　2. 壳体　3. 永久磁铁　4. 电枢　5. 旁通空气通道　6. 旋转滑阀

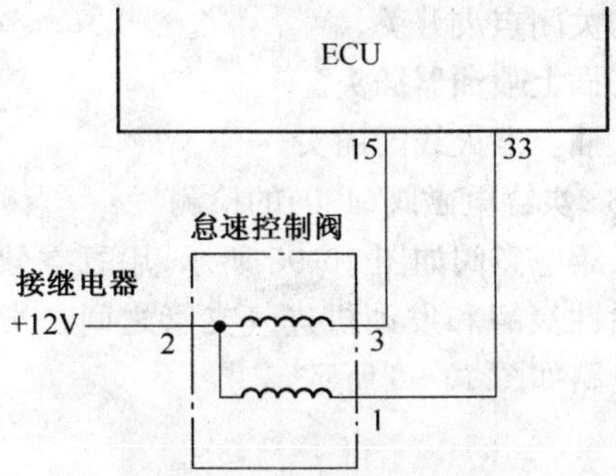

图 10-92　怠速调节阀电路

1. 控制信号端子　2. 电源端子　3. 控制信号端子

(1)检查工作状况

起动发动机，用手触摸怠速调节阀，应感觉有振动。观察发动机转速表，正常怠速时转速应为(850±50) r/min，打开空调开关(夏季)，发动机转速应升高。

(2)测量电阻

①关闭点火开关。

②拔下怠速调节阀插头。

③用万用表电阻挡测量怠速调节阀端子 1 与端子 3 之间的电阻(两个线圈的电阻)，其电阻值应为 27Ω。如果电阻值不符合要求，则更换怠速调节阀。

④插上怠速调节阀插头。

(3)检查电源线路

①关闭点火开关。

②拔下怠速调节阀插头。

③打开点火开关(ON)。

④用万用表电压挡测量怠速调节阀插头端子 2 与搭铁点之间应有约 12V 电压(蓄电池电压)。如果电压低或无电压，应检查怠速调节阀插头端子 2 和喷射双密封继电器插头端子 6 之间线路是否短路或断路。

⑤关闭点火开关。

⑥插上怠速调节阀插头。

(4)检查控制信号线路

①关闭点火开关。

②拔下怠速调节阀插头。

③拔下发动机 ECU 插头。

④用万用表电阻挡检查怠速调节阀插头端子 1 和发动机 ECU 插头端子 33、怠速调节阀插头端子 3 和发动机 ECU 插头端子 15 之间的线路应导通(电阻值≤0.5Ω)，且与搭铁点应不通。

⑤插上发动机 ECU 插头。

⑥插上怠速调节阀插头。

12. 点火线圈(45)的检测

点火系统采用无分电器双点火方式，点火线圈的外形如图 10-93 所示，它安装在发动机左侧。点火线圈电路如图 10-94 所示，并联了一个电容器(270)。

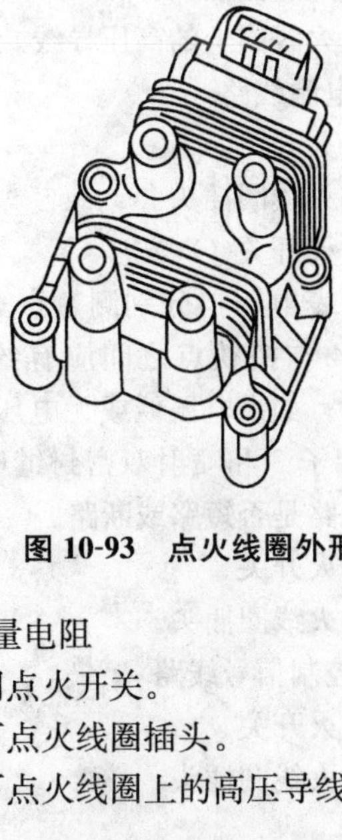

图 10-93　点火线圈外形

(1)测量电阻

①关闭点火开关。

②拔下点火线圈插头。

③拔下点火线圈上的高压导线。

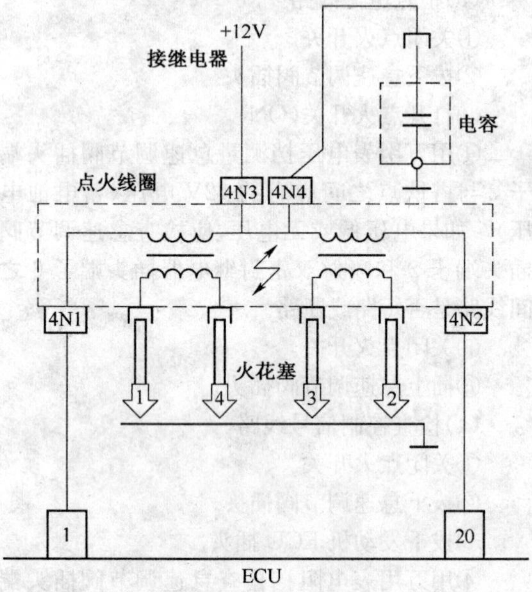

图 10-94 点火线圈电路

④用万用表电阻挡分别测量点火线圈端子 3 与端子 1、端子 2 之间的一次绕组电阻，其电阻值均应为(0.8±0.08)Ω。如果电阻值不符合要求，则更换点火线圈。

⑤用万用表电阻挡分别测量点火线圈 1 缸与 4 缸、2 缸与 3 缸高压导线插孔之间二次绕组的电阻，其电阻值均应为 14.3kΩ。如果电阻值不符合要求，则更换点火线圈。

⑥插上点火线圈插头。

⑦插上点火线圈上的高压导线。

(2)检查电源线路

①关闭点火开关。

②拔下点火线圈插头。

③打开点火开关(ON)。

④用万用表电压挡分别测量点火线圈插头端子 3、端子 4 与搭铁点之间应有约 12V 电压(蓄电池电压)。如果电压低或无电压，应检查点火线圈插头端子 3 和喷射双密封继电器插头端子 9 之间的线路是否短路或断路。

⑤关闭点火开关。

⑥插上点火线圈插头。

(3)检查控制信号线路

①关闭点火开关。

②拔下点火线圈插头。

③拔下发动机 ECU 插头。

④用万用表电阻挡检查点火线圈插头端子 1 和发动机 ECU 插头端子 1、点火线圈插头端子 2 和发动机 ECU 插头端子 20 之间的线路应导通(电阻值≤0.5Ω)，且与搭铁点应不通。

⑤插上发动机 ECU 插头。

⑥插上点火线圈插头。

(4)测试点火信号

①关闭点火开关。

②拔下点火线圈插头。

③拔下喷油器插头，停止喷油。

④在点火线圈插头端子 3 与端子 1、端子 2 之间连接 LED 测试灯。

⑤起动发动机，观察 LED 灯应闪烁。如果 LED 测试灯不亮或常亮，应检查点火线圈插头端子 1 和发动机 ECU 插头端子 1、点火线圈插头端子 2 与 ECU 插头端子 20 之间的线路是否短路或断路，或更换发动机 ECU。

⑥关闭点火开关。

⑦插上喷油器插头。

⑧插上点火线圈插头。

13. 炭罐电磁阀(430)的检测

炭罐电磁阀如图 10-95 所示，用真空软管连接在活性炭罐和发动机进气支管之间。炭罐电磁阀电路如图 10-96 所示。

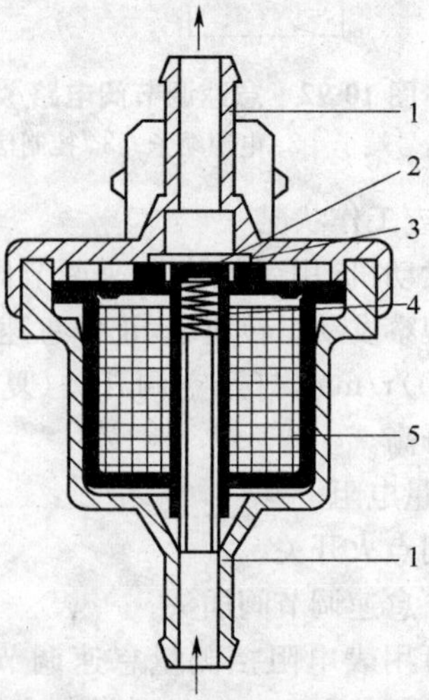

图 10-95 炭罐电磁阀结构

1. 接口 2. 阀门 3. 铁心 4. 弹簧 5. 电磁线圈

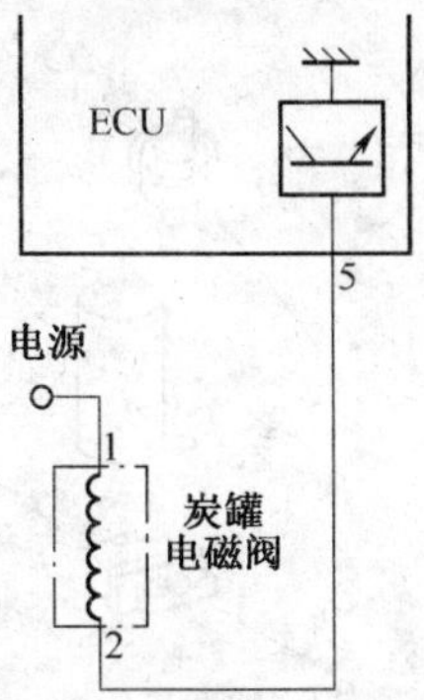

图 10-96　炭罐电磁阀电路

(1)测量线圈电阻

①关闭点火开关。

②拔下炭罐电磁阀插头。

③用万用表电阻挡测量炭罐电磁阀端子之间的电阻，其电阻值应为 27Ω。如果电阻值不符合要求，则更换炭罐电磁阀。

④插上炭罐电磁阀插头。

(2)检查电源线路

①关闭点火开关。

②拔下炭罐电磁阀插头。

③打开点火开关。

④用万用表电压挡测量炭罐电磁阀插头端子 1 与搭铁点之间应有约 12V 电压(蓄电池电压)。如果电压低或无电压，应检查电源盒中熔丝 F5 是否正常，或检查炭罐电磁阀插头端子 1 和电源盒之间的线路是否短路或断路。

⑤关闭点火开关。

⑥插上炭罐电磁阀插头。

(3)检查控制信号线路

①关闭点火开关。

②拔下炭罐电磁阀插头。

③拔下发动机 ECU 插头。

④用万用表电阻挡检查炭罐电磁阀插头端子 2 和发动机 ECU 插头端子 5 之间的线路应导通(电阻值≤0.5Ω)，且与搭铁点应不通。

⑤插上发动机 ECU 插头。

⑥插上炭罐电磁阀插头。

(4)测试控制信号

①关闭点火开关。

②拔下炭罐电磁阀插头。

③在炭罐电磁阀插头端子之间连接 LED 测试灯。

④起动发动机并预热。

⑤观察 LED 测试灯，发动机怠速时，LED 测试灯应不亮，而将发动机加速至 2500r/min 时，LED 测试灯应亮。如果 LED 测试灯不亮或常亮，应检查炭罐电磁阀插头端子 2 和发动机 ECU 插头端子 5 之间的线路是否短路或断路，或更换发动机 ECU。

⑥关闭点火开关。

⑦取下 LED 测试灯。

⑧插上炭罐电磁阀插头。

第四节　东风雪铁龙爱丽舍轿车 TU5JP4 型发动机电子控制系统的检测

一、TU5JP4 型发动机电子控制系统的结构特点与控制功能

东风雪铁龙 DC7163(16V)和 DC7163M(16V)爱丽舍轿车装备 TU5JP4 型发动机。TU5JP4 型发动机采用德国博世(BOSCH)ME7.4.4 电子控制系统。TU5JP4 型发动机 ME7.4.4 电子控制系统的组成如图 10-97 所示，其主要部件的布置如图 10-98 所示。

①软件判别发动机气缸，以顺序喷射方式控制喷油。

②采用电子节气门控制，发动机节气门由发动机 ECU 控制开启与关闭。发动机怠速由电子节气门直接控制，取消了怠速调节阀。

③点火系统采用双点火线圈，无高压线，火花塞直接与点火线圈的高压输出端连接，由发动机 ECU 控制点火线圈的通电时间和点火提前角。

④设置了汽油蒸发排放控制系统和三元催化转换器。

⑤采用发动机 ECU 延时供电控制，在发动机熄火时，发动机 ECU 控制双继电器至少 15s 持续供电(延时供电时间取决于发动机冷却液温度的变化)，延时供电可以保障停机后发动机不过热，以及保存熄火前获得的最新信息。延时供电后，发动机 ECU 不再被供电。

⑥采用电子电磁数码式应答防盗系统，控制发动机防盗起动的解锁与闭锁。

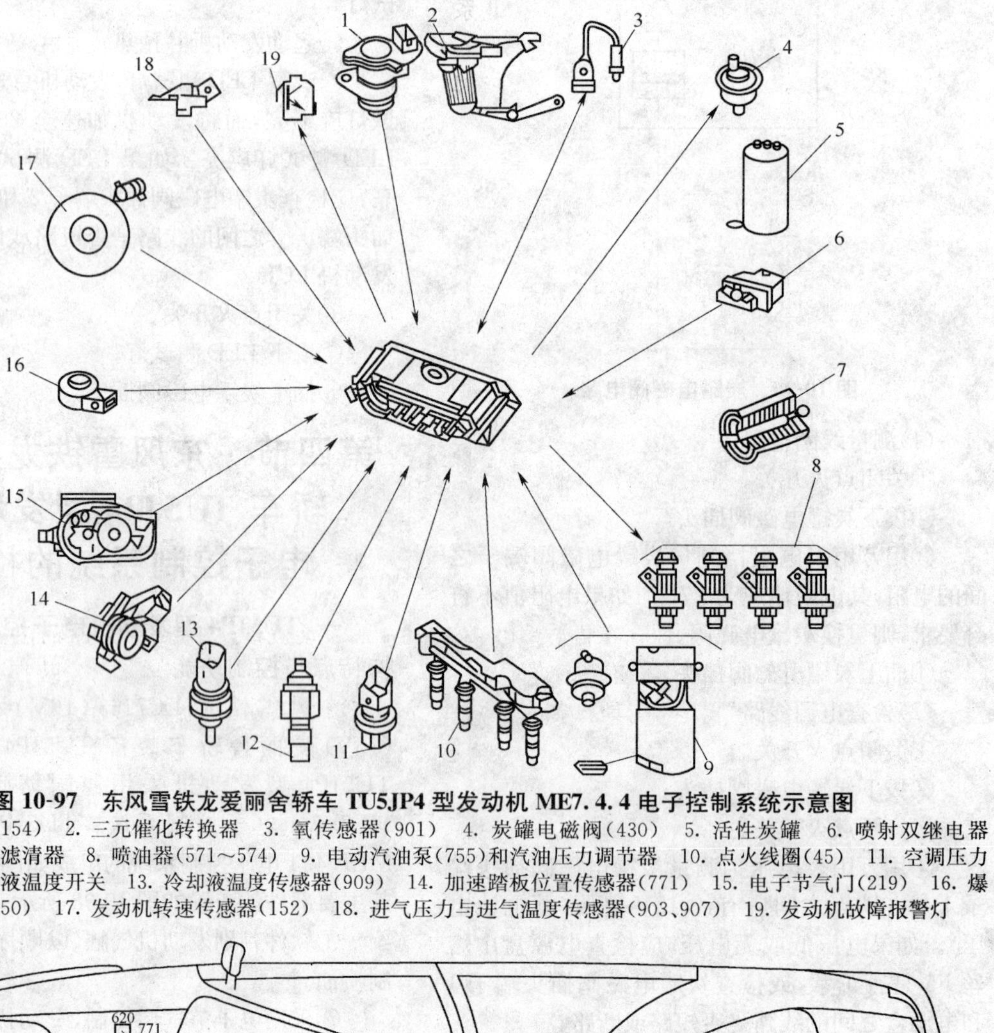

图 10-97 东风雪铁龙爱丽舍轿车 TU5JP4 型发动机 ME7.4.4 电子控制系统示意图

1. 车速传感器(154) 2. 三元催化转换器 3. 氧传感器(901) 4. 炭罐电磁阀(430) 5. 活性炭罐 6. 喷射双继电器(807) 7. 汽油滤清器 8. 喷油器(571～574) 9. 电动汽油泵(755)和汽油压力调节器 10. 点火线圈(45) 11. 空调压力开关 12. 冷却液温度开关 13. 冷却液温度传感器(909) 14. 加速踏板位置传感器(771) 15. 电子节气门(219) 16. 爆燃传感器(150) 17. 发动机转速传感器(152) 18. 进气压力与进气温度传感器(903、907) 19. 发动机故障报警灯

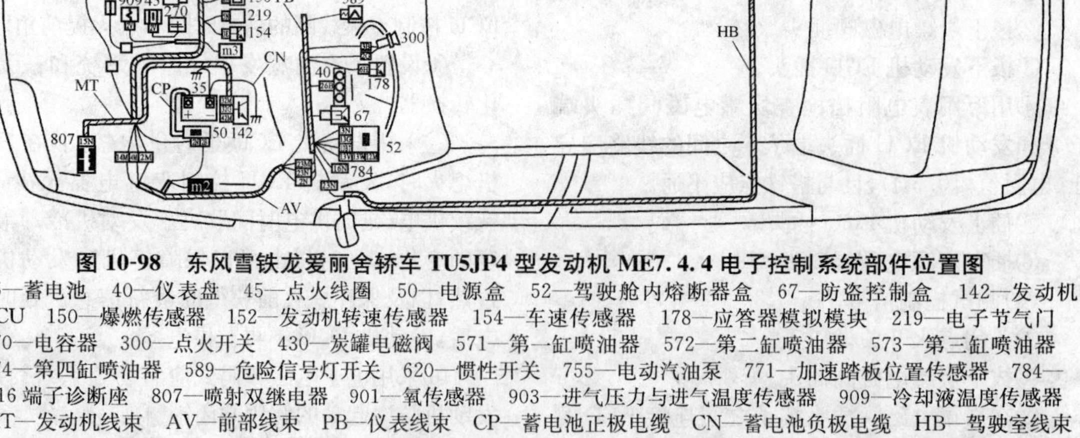

图 10-98 东风雪铁龙爱丽舍轿车 TU5JP4 型发动机 ME7.4.4 电子控制系统部件位置图

35—蓄电池 40—仪表盘 45—点火线圈 50—电源盒 52—驾驶舱内熔断器盒 67—防盗控制盒 142—发动机 ECU 150—爆燃传感器 152—发动机转速传感器 154—车速传感器 178—应答器模拟模块 219—电子节气门 270—电容器 300—点火开关 430—炭罐电磁阀 571—第一缸喷油器 572—第二缸喷油器 573—第三缸喷油器 574—第四缸喷油器 589—危险信号灯开关 620—惯性开关 755—电动汽油泵 771—加速踏板位置传感器 784—16 端子诊断座 807—喷射双继电器 901—氧传感器 903—进气压力与进气温度传感器 909—冷却液温度传感器 MT—发动机线束 AV—前部线束 PB—仪表线束 CP—蓄电池正极电缆 CN—蓄电池负极电缆 HB—驾驶室线束

⑦采用16端子标准诊断插座的OBD-Ⅱ系统，通过PROXSIA专用检测仪可以进行识别、历史记录、故障读取、故障删除、参数测量、模拟检测、初始化、电子编码、下载等测试。

二、TU5JP4型发动机电子控制系统的自诊断

TU5JP4型发动机ME7.4.4电子控制系统的发动机ECU提供识别、历史记录、故障读取、故障删除、参数测量、模拟检测、初始化等诊断服务，可使用PROXIA检测仪(东风雪铁龙车系专用)进行诊断。

①"识别"功能可显示发动机ECU的PSA参考、软件的PSA参考和升级的标志。打开点火开关(M)，发动机停止或发动机运转时，可显示此类信息。

②"历史记录"功能可将诊断维修记录存储在发动机ECU中，这些信息保存在售后部分，共50个，每个售后部分的可用信息有维修时间、行驶里程数、维修工具、标准检测工具。

③"故障读取"功能可显示所有发动机ECU可检测的故障，ECU可储存的故障数为"欧Ⅱ"标准8条、"欧Ⅲ"及以上标准20条。

④"故障删除"功能可删除发动机ECU所有存储的临时性故障。在删除故障之前，必须往故障存储区(售后部分)写入信息，这种写入和下载时存储在发动机ECU识别区域内的写入是类似的，通过"历史记录"功能可以显示这些信息。共有50个售后信息，如果写入信息超过50个，前面存储的信息将会被删除。也可自行执行故障删除，发动机ECU自动删除那些40次加热后未出现的临时性故障。一次"加热"是指汽车的一个运行时段，即指发动机温度从起动时至少增加22℃且至少达到70℃。

⑤"参数测量"功能可推荐一定数量的参数，如喷射、点火、浓度、传感器、行驶、发动机ECU状况等，通过这些参数来分析发动机的运转情况，对诊断故障提供帮助。这些参数只在发动机运转状态下显示。

⑥"模拟检测"功能可依据一定的方式激活某些部件进行模拟检测，以发现执行元件的故障。在打开点火开关(M)、发动机未运转、发动机ECU已解锁的条件下进行模拟检测。执行元件每次模拟检测之后，发动机ECU都将其恢复到其初始位置。模拟检测的项目有1/4缸和2/3缸点火线圈、1～4缸喷油器、喷射双继电器、电子节气门电动机、炭罐电磁阀、冷却液风扇电动机、冷却液温度警报灯、发动机故障报警灯等。

⑦"自适应参数的初始化"功能将喷射系统调整的变量固化存储在发动机ECU的EEPROM中，在删除故障、拔过发动机ECU插头、拆过蓄电池等情况下都将被保存下来。只有对喷射系统的喷油器和燃油泵进行维修时才执行自适应参数的初始化。在执行了自适应参数的初始化之后，有必要执行电子节气门和加速踏板位置传感器的初始化。

三、TU5JP4型发动机电子控制系统部件的检测

1. 发动机转速传感器(152)的检测

发动机转速传感器(即曲轴位置传感器)如图10-99所示，型号为DG6，安装在飞轮壳上，为电磁感应式，(60－2)齿的信号齿环所缺的2齿用于确定1、4缸上止点位置，利用缺齿信号和点火线圈的相位信号可进一步判断1、4缸是压缩行程还是排气行程。电磁感应头与信号齿环的间隙为(1.0±0.5)mm(不可调)，螺栓的拧紧力矩为(8±2)N·m。

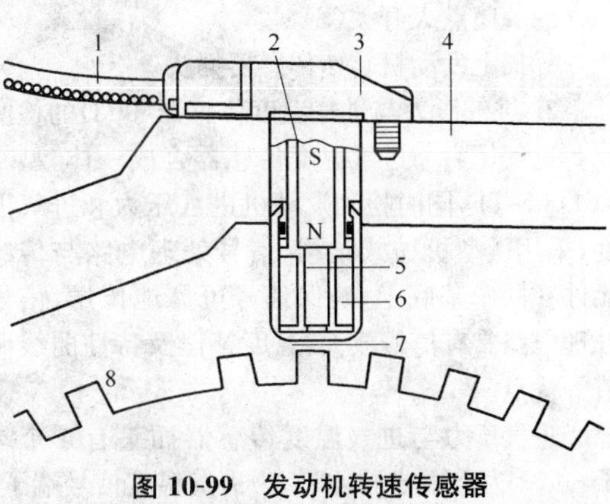

图10-99 发动机转速传感器

1. 导线 2. 永久磁铁 3. 电磁感应头 4. 飞轮壳 5. 铁心 6. 线圈 7. 间隙 8. 信号齿环

发动机转速传感器插头有2个端子，2N 1为信号正极端子，2N 2为信号负极端子。

(1)测量线圈电阻

①关闭点火开关(S)。

②拔下发动机转速传感器插头。

③用万用表电阻挡测量发动机转速传感器2N端子1与2N端子2之间的电阻，其电阻值应为(860±86)Ω(20℃)。如果电阻值不符合要求，则更换发动机转速传感器。

④插上发动机转速传感器插头。

(2)检查线路

①关闭点火开关(S)。

②拔下发动机转速传感器插头。

③拔下发动机ECU插头。

④用万用表电阻挡检查发动机转速传感器插头2N端子1和发动机ECU插头32G/B端子1、发动机转速传感器插头2N端子2和发动机ECU插头32GB端子2之间应导通(电阻值≤0.5Ω)，检查发动机ECU插头48M/M端子4与搭铁点之间(屏蔽线)应导通(电阻值≤0.5Ω)。

⑤插上发动机ECU插头。

⑥插上发动机转速传感器插头。

(3)测量信号电压

①关闭点火开关(S)。

②拔下发动机转速传感器插头。

③打开点火开关(D)，使发动机转动。

④在发动机转动时，万用表电压挡测量发动机转速传感器端子之间的电压，应有电压输出。如果无电压，则更换发动机转速传感器。

⑤关闭点火开关(S)。

⑥插上发动机转速传感器插头。

2. 进气压力与进气温度传感器(903)的检测

进气压力与进气温度传感器合成一体，型号为DS-S-TF，同时检测发动机进气压力和进气温度，采用微型机械式结构，信号处理电路与传感元件在同一基底上，确保信号可靠地传送，信号处理电路具有信号放大、温度补偿及特性曲线调节等优点。

进气压力与进气温度传感器插头有4个端子，4G 1为搭铁端子，4G 2为进气温度信号端子，4G 3为5V电源端子，4G 4为进气压力信号端子。

(1)检查5V电源线路

①关闭点火开关(S)。

②拔下进气压力与进气温度传感器插头。

③打开点火开关(M)。

④用万用表电压挡测量进气压力与进气温度传感器插头4G端子3与搭铁点之间应有约5V电压。如果电压低或无电压，应检查进气压力与进气温度传感器插头4G端子3和发动机ECU插头32N/A端子2之间的线路是否短路或断路，或更换发动机ECU。

⑤关闭点火开关(S)。

⑥插上进气压力与进气温度传感器插头。

(2)检查搭铁线路

①关闭点火开关(S)。

②拔下进气压力与进气温度传感器插头。

③用万用表电阻挡检查进气压力与进气温度传感器插头4G端子1与搭铁点之间应导通(电阻值≤0.5Ω)，否则，应检查进气压力与进气温度传感器插头4G端子1与发动机ECU插头32G/C端子1之间的线路是否断路。

④插上进气压力与进气温度传感器插头。

(3)测量进气压力信号电压

①打开点火开关(D)，起动发动机。

②用万用表电压挡测量进气压力与进气温度传感器接头4G端子4与4G端子1的电压，发动机怠速运转时，信号电压为1.4V左右，快速踩下加速踏板后松开，信号电压可达到4.0V左右，然后下降到1.5V左右。如果电压值不符合要求，则更换进气压力与进气温度传感器。

③关闭点火开关(S)。

3. 电子节气门总成(219)的检测

电子节气门(ETC)总成如图10-100所示，包括双电位计节气门位置传感器、节气门电动机及传动齿轮。节气门开启不再由加速踏板拉索操纵，而是采用电子控制节气门。发动机ECU输出指令，通过电动机与传动齿轮来调节节气门开度，从而控制进气量。用双电位计节气门位置传感器检测节气门的开度，节气门位置传感器中两个电位计反向安装，当节气门位置发生变化时，两个信号电压均线性变化，其中一个增加，同时另一个减小。双电位计节气门位置传感器不可调节。可利用电子节气门进行怠速控制，取消了怠速调节阀。

电子节气门出现故障后，发动机ECU将无法控制节气门开启。发动机ECU能随时对电子节气门进行故障诊断，以最大限度保护驾驶安全。电子节气门出现故障时，发动机进入援救模式。

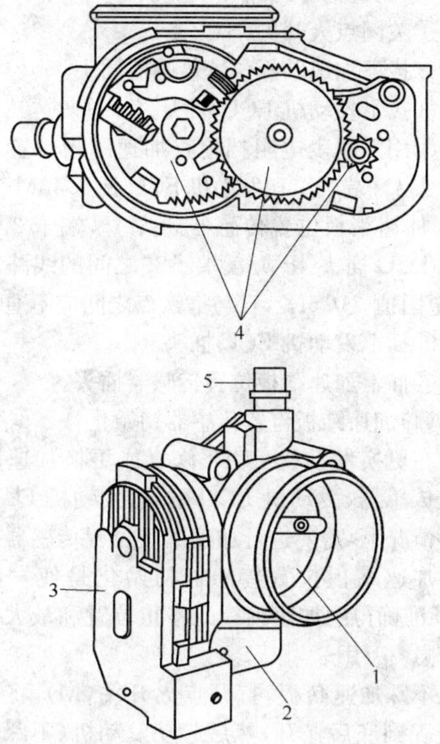

图 10-100　电子节气门总成

1. 节气门　2. 电动机　3. 双电位计节气门位置传感器　4. 传动齿轮　5. 炭罐电磁阀真空管接口

电子节气门插头有 6 个端子，6N 1 为电动机负极端子，6N 2 为电动机正极端子，6N 3 为双电位计搭铁端子，6N 4 为电位计 2 信号端子，6N 5 为 5V 参考电压端子、6N 6 为电位计 1 信号端子。

(1)检查 5V 参考电压线路

①关闭点火开关(S)。

②拔下电子节气门插头。

③打开点火开关(M)。

④用万用表电压挡测量电子节气门插头 6N 端子 5 与搭铁点之间应有约 5V 电压。如果电压低或无电压，应检查电子节气门插头 6N 端子 5 和发动机 ECU 插头 32N/B 端子 4 之间的线路是否短路或断路，或更换发动机 ECU。

⑤关闭点火开关(S)。

⑥插上电子节气门插头。

(2)检查搭铁线路

①关闭点火开关(S)。

②拔下电子节气门插头。

③用万用表电阻挡检查电子节气门插头 6N 端子 3 与搭铁点之间应导通(电阻值≤0.5Ω)，否则，检查电子节气门插头 6N 端子 3 和发动机 ECU 插头 32N/B 端子 1 之间的线路是否断路。

④插上电子节气门插头。

(3)检测信号线路

①关闭点火开关(S)。

②拔下电子节气门插头。

③拔下发动机 ECU 插头。

④用万用表电阻挡检查电子节气门插头 6N 端子 1 和发动机 ECU 插头 32N/H 端子 1、电子节气门插头 6N 端子 2 和发动机 ECU 插头 32N/G 端子 1、电子节气门插头 6N 端子 4 和发动机 ECU 插头 32N/B 端子 4、电子节气门插头 6N 端子 6 和发动机 ECU 插头 32N/A 端子 1 之间的线路应导通(电阻值≤0.5Ω)，且与搭铁点之间应不通。

⑤插上发动机 ECU 插头。

⑥插上电子节气门插头。

(4)检查工作状况

①拆下节气门体上进气管。

②打开点火开关(D)，起动发动机。

③发动机运转时，踩下加速踏板，观察节气门应正常动作。

④关闭点火开关。

⑤装上进气管。

(5)电子节气门初始化

在更换发动机 ECU、修复或更换电子节气门、发动机 ECU 下载、发动机 ECU 编码等情况下，需要进行电子节气门初始化。电子节气门初始化在于读取节气门的最大开启、关闭等 9 个位置的信息。

打开点火开关(M)并保持 30s(不能关闭点火开关，不能踩加速踏板)，然后关闭点火开关(S)15s(记忆节气门初始化参数)即可完成电子节气门初始化。

4. 加速踏板位置传感器(771)的检测

加速踏板位置传感器如图 10-101 所示，它安装在发动机舱内，通过一根拉索连接到加速踏板上，用于检测加速踏板的动作，向发动机 ECU 输送驾驶人操纵加速踏板意图的信号。

加速踏板位置传感器由双电位计组成，两个

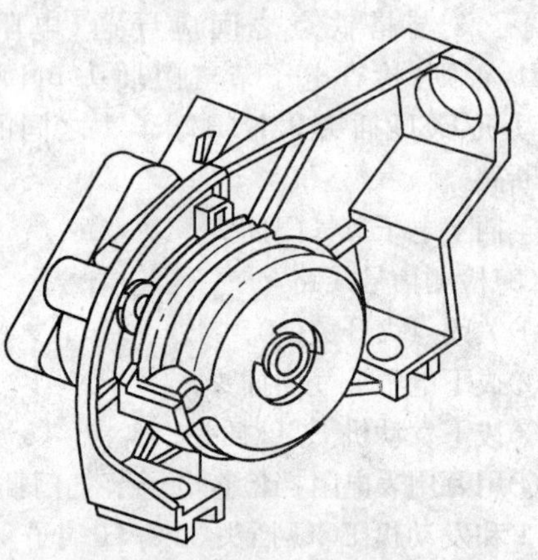

图 10-101 加速踏板位置传感器

电位计同方向安装，当加速踏板位置发生变化时，其电阻值同时线性增加或减小，输出的两个信号中一个信号的电压是另一个信号的两倍。当发动机起动时，驾驶人不踩或轻踩加速踏板，节气门在预设程序的控制下开启到一个固定位置，发动机 ECU 对发动机进行起动控制。

加速踏板位置传感器插头有 4 个端子，4N 1 为电位计 1 的信号端子，4N 2 为电位计 2 的信号端子，4N 3 为 5V 参考电压端子，4N 4 为搭铁端子。

(1)检查 5V 参考电压线路

①关闭点火开关(S)。

②拔下加速踏板位置传感器插头。

③打开点火开关(M)。

④用万用表电压挡测量加速踏板位置传感器插头 4N 端子 3 与搭铁点之间应有约 5V 电压。如果电压低或无电压，应检查加速踏板位置传感器插头 4N 端子 3 和发动机 ECU 插头 48M/B 端子 1 之间的线路是否短路或断路，或更换发动机 ECU。

⑤关闭点火开关(S)。

⑥插上加速踏板位置传感器插头。

(2)检查搭铁线路

①关闭点火开关(S)。

②拔下加速踏板位置传感器插头。

③用万用表电阻挡检查加速踏板位置传感器插头 4N 端子 4 与搭铁点之间应导通(电阻值≤0.5Ω)，否则，应检查加速踏板位置传感器插头 4N 端子 4 和发动机 ECU 插头 48M/K 端子 1 之间的线路是否断路。

④插上加速踏板位置传感器插头。

(3)检查信号线路

①关闭点火开关(S)。

②拔下加速踏板位置传感器插头。

③拔下发动机 ECU 插头。

④用万用表电阻挡检查加速踏板位置传感器插头 4N 端子 1 和发动机 ECU 插头 48M/A 端子 1、加速踏板位置传感器插头 4N 端子 2 和发动机 ECU 插头 48M/A 端子 2 之间的线路应导通(电阻值≤0.5Ω)，且与搭铁点之间应不通。

⑤插上发动机 ECU 插头。

⑥插上加速踏板位置传感器插头。

(4)加速踏板位置传感器初始化

在更换发动机 ECU、修复或更换加速踏板位置传感器、发动机 ECU 下载、发动机 ECU 编码等情况下，需要进行加速踏板位置传感器初始化。加速踏板位置传感器初始化是使发动机 ECU 准确得到加速踏板的停止位置和最大位置的信息。

不踩加速踏板，打开点火开关(M)，将加速踏板踩到底后松开，然后起动发动机(不踩加速踏板)，即可完成加速踏板位置传感器初始化。

5. 冷却液温度传感器(909)的检测

冷却液温度传感器的型号为 TF-W，由一个负温度系数(NTC)热敏电阻器构成，与冷却液温度开关并联在一起，安装在气缸盖上。其中冷却液温度开关的作用是当发动机温度达到有害发动机时，发动机 ECU 根据其信号使冷却液温度警报灯亮起。

冷却液温度传感器插头有 2 个端子，2V1 为信号端子，2V2 为搭铁端子。

(1)测量电阻

①关闭点火开关(S)。

②拔下冷却液温度传感器插头。

③拆下冷却液温度传感器。

④将冷却液温度传感器放在水中加热，用万用表电阻挡测量冷却液温度传感器端子 2V1 和端子 2V2 之间的电阻，在 20℃时，其电阻值应为(2.5±0.125)kΩ；在 100℃时，其电阻值应为 300～400Ω。如果电阻值不符合要求，则更换冷却液温度传感器。

⑤装上冷却液温度传感器。

⑥插上冷却液温度传感器插头。

(2)检查信号线路

①关闭点火开关(S)。

②拔下冷却液温度传感器插头。

③打开点火开关(M)。

④用万用表电阻挡检查冷却液温度传感器插头 2V 端子 1 与搭铁点之间应有约 5V 电压。如果电压低或无电压,应检查冷却液温度传感器插头 2V 端子 1 和发动机 ECU 插头 32N/E 端子 3 之间的线路是否短路或断路,或更换发动机 ECU。

⑤关闭点火开关(S)。

⑥插上冷却液温度传感器插头。

(3)检查搭铁线路

①关闭点火开关(S)。

②拔下冷却液温度传感器插头。

③拔下发动机 ECU 插头。

④用万用表电阻挡检查冷却液温度传感器插头 2V 端子 2 与搭铁点之间应导通(电阻值≤0.5Ω),否则,应检查冷却液温度传感器插头 2V 端子 2 和发动机 ECU 插头 32N/D 端子 4 之间的线路是否断路。

⑤插上发动机 ECU 插头。

⑥插上冷却液温度传感器插头。

6. 氧传感器(901)的检测

氧传感器安装在三元催化转换器前排气支管上,型号是 LSE4。氧传感器为平板型,如图 10-102 所示,活性陶瓷体为板状,大部分在陶瓷支承体内,有双层保护套管,具有更强的抗化学腐蚀和更大的抗机械应力的能力。其特点是缩短了闭环控制起动时间,具有稳定的控制性能,降低了加热频率,尺寸小,质量轻,绝缘性能好。

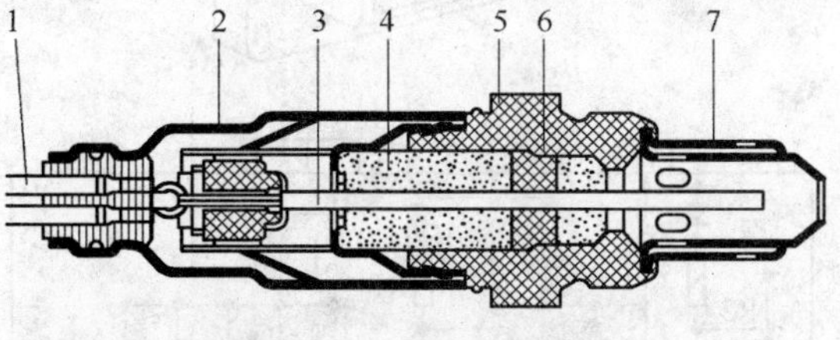

图 10-102　氧传感器结构

1. 接线端子　2. 弹簧垫圈　3. 板型传感器单元　4. 陶瓷支承壳体　5. 传感器壳体　6. 陶瓷密封衬垫　7. 保护套管

氧传感器开始工作的温度为 120℃,其内部加热器可以在 15s 后达到正常工作所需 350℃的温度。氧传感器长期处于过高的排气温度中,对空燃比变化的响应速度会变慢。在发动机 ECU 中有一个诊断功能模块,负责监控响应频率,当发现氧传感器响应过于延迟时,会点亮故障报警灯。

氧传感器插头有 4 个端子,4V 1 为加热器电源端子,4V 2 为加热器控制端子,4V 3 为氧传感器信号正极端子,4V 4 为氧传感器信号负极端子。

(1)测量加热器电阻

①关闭点火开关(S)。

②拔下氧传感器插头。

③用万用表电阻挡测量氧传感器 4V 端子 1 与 4V 端子 2 之间的电阻,其电阻值应为 9Ω(20℃)。如果电阻值不符合要求,则更换氧传感器。

④插上氧传感器插头。

(2)检查加热器电源线路

①关闭点火开关(S)。

②拔下氧传感器插头。

③打开点火开关(M),起动发动机。

④用万用表电压挡测量氧传感器插头 4V 端子 1 与搭铁点之间应有约 12V 电压(蓄电池电压)。如果电压低或无电压,应检查氧传感器插头 4V 端子 1 和喷射双继电器插头 15M 端子 13 之间的线路是否短路或断路。

⑤关闭点火开关(S)。

⑥插上氧传感器插头。

(3)检查加热器控制线路

①关闭点火开关(S)。

②拔下氧传感器插头。

③拔下发动机 ECU 插头。

④用万用表电阻挡检查氧传感器插头 4V 端子 2 和发动机 ECU 插头 32N/F 端子 2 之间的线路应导通(电阻值≤0.5Ω),且与搭铁点不通。

⑤插上发动机 ECU 插头。

⑥插上氧传感器插头。

(4)检查氧传感器信号线路

①关闭点火开关(S)。

②拔下氧传感器插头。

③拔下发动机 ECU 插头。

④用万用表电阻挡检查氧传感器插头 4V 端子 3 和发动机 ECU 插头 32G/B 端子 3 之间的线

路应导通(电阻值≤0.5Ω),且与搭铁点之间应不通;检查氧传感器插头4V端子4和发动机ECU插头32G/A端子3之间的线路应导通(电阻值≤0.5Ω)。

⑤插上发动机ECU插头。

⑥插上氧传感器插头。

(5)测量信号电压

①起动发动机,使氧传感器达到正常工作温度(350℃)。

②在发动机怠速运转时,用万用表电压挡测量氧传感器插头4V端子3和4V端子4之间的电压,其电压值应在0.1～0.9V之间快速波动。如果电压值在0.45V附近不变或变化缓慢,则更换氧传感器。

③关闭点火开关(S)。

7. 爆燃传感器(150)的检测

爆燃传感器如图10-103所示,安装在发动机缸体侧,螺栓拧紧力矩为(20±5)N·m。爆燃传感器的型号是KS-1,为非共振型压电式。

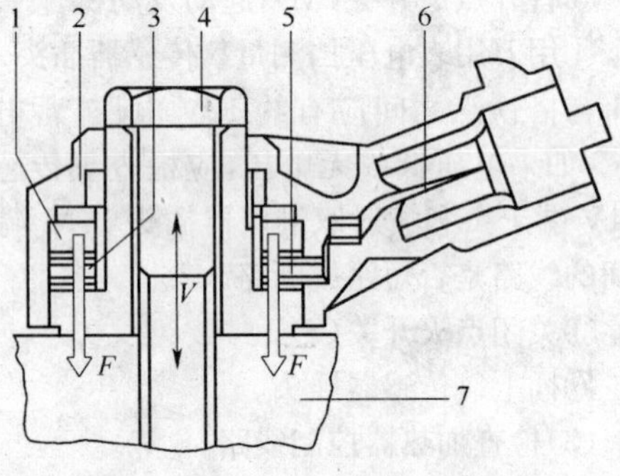

图10-103 爆燃传感器结构与工作过程

1. 振动体 2. 外壳 3. 压电陶瓷 4. 螺栓 5. 接触面 6. 接线端子 7. 缸体

爆燃传感器插头有2个端子,2N 1为信号正极端子,2N 2为信号负极端子。

(1)检查绝缘性

①关闭点火开关(S)。

②拔下爆燃传感器插头。

③用万用表电阻挡分别测量爆燃传感器端子之间的电阻,在常温下其电阻值应大于1MΩ。

如果电阻值不符合要求,则更换爆燃传感器。

④插上爆燃传感器插头。

(2)检查线路

①关闭点火开关(S)。

②拔下爆燃传感器接头。

③拔下发动机ECU插头。

④用万用表电阻挡检查爆燃传感器插头2N端子1和发动机ECU插头端子32N/C端子3、爆燃传感器插头2N端子2和发动机ECU插头端子32N/B端子3之间的线路应导通(电阻值≤0.5Ω)。

⑤插上发动机ECU插头。

⑥插上爆燃传感器接头。

(3)测量信号电压

①关闭点火开关(S)。

②拔下爆燃传感器接头。

③用小锤在爆燃传感器附近轻敲,用万用表电压挡测量爆燃传感器2N端子1和端子2之间的电压,应有信号电压输出。如果无电压,则更换爆燃传感器。

④插上爆燃传感器接头。

8. 喷射双继电器(807)的检测

喷射双继电器如图10-104所示,包括功率继电器(R_1)和供电继电器(R_2)。喷射双继电器工作状态:打开点火开关(D),发动机不运转时,为发动机ECU、喷油器、点火线圈、电动油泵、炭罐电磁阀、氧传感器加热器等部件供电2～3s;发动机运转时,为各部件连续供电;发动机熄火时,

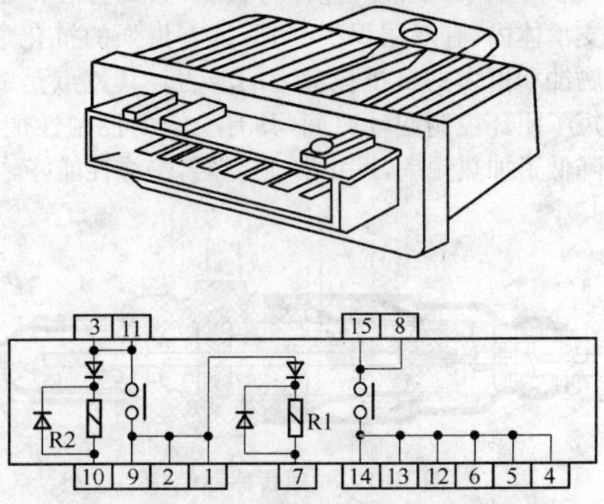

图10-104 喷射双继电器结构及端子

1. 空端子 2. 发动机ECU供电端子 3、8、11、15. 继电器常电源端子 4. 喷油器供电端子 6. 电动汽油泵供电端子 7. 接惯性开关端子 9. 空端子 10. 发动机ECU控制端子 12. 车速传感器供电端子 14. 炭罐电磁阀供电端子 R_1—功率继电器 R_2—供电继电器

对发动机 ECU 延时供电 5s，以使发动机冷却和存储信息。

(1)检查工作状况

打开点火开关(D)，或起动发动机，应能察听到喷射双继电器动作响声。

(2)测试工作性能

①关闭点火开关(S)。

②拔下喷射双继电器插头。

③用导线连接蓄电池正极与喷射双继电器端子 3、8、11、15，用导线连接蓄电池负极与喷射双继电器端子 7、10。

④用万用表电压挡分别测量喷射双继电器端子 1、2、4、5、6、12、13、14，应有约 12V 电压(蓄电池电压)。如果无电压，则更换喷射双继电器。

(3)检查电源线路

①关闭点火开关(S)。

②拔下喷射双继电器插头。

③用万用表电压挡测量喷射双继电器插头 15M 端子 3、8、11、15，应有约 12V 电压(蓄电池电压)。如果电压低或无电压，应检查电源盒中熔丝 F5、F6 是否正常，或检查喷射双继电器插头 15M 端子 3、8、11、15 和电源盒(50)之间的线路是否短路或断路。

④插上喷射双继电器插头。

9. 电动汽油泵(755)的检测

电动汽油泵与汽油压力调节器均位于油箱内，如图 10-105 所示，采用无回油系统，如图 10-106 所示，多余的汽油直接回流油箱。汽油压力调节器维持燃油分配管内压力恒定，不参考发动机进气压力的变化，压力规定值为 350kPa。喷油器两端的压力是变化的，在一定的喷射时间内喷油量也是变化的，发动机 ECU 将根据进气压力传感器的信号，对喷油量进行修正和补偿，以精确控制喷油量。

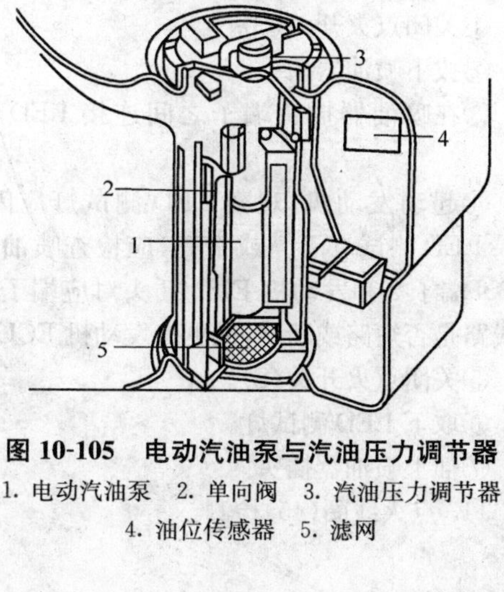

图 10-105　电动汽油泵与汽油压力调节器

1. 电动汽油泵　2. 单向阀　3. 汽油压力调节器　4. 油位传感器　5. 滤网

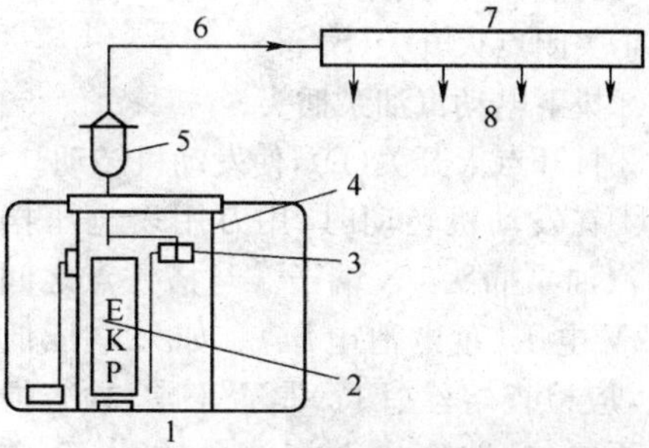

图 10-106　无回油系统示意图

1. 油箱　2. 油位传感器　3. 回油管　4. 汽油泵体　5. 滤清器　6. 供油管　7. 汽油分配管　8. 喷油器

电动汽油泵为直流电动机驱动的叶片泵，如图 10-107 所示。发动机 ECU 控制喷射双继电器向电动汽油泵供电。输油量大约为 110L/h。

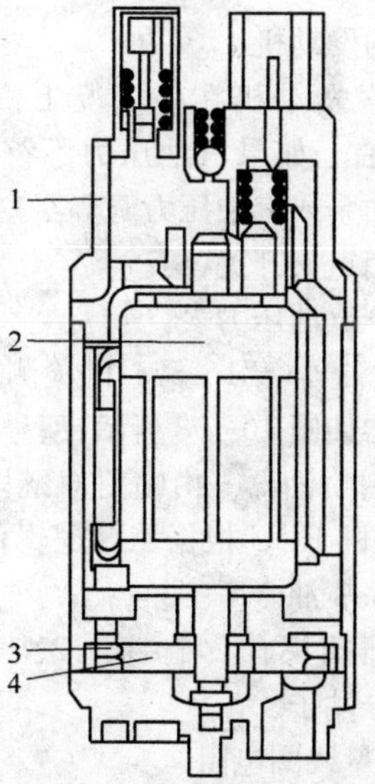

图 10-107　电动汽油泵结构

1. 壳体　2. 直流电动机　3. 油道　4. 叶片泵

电动汽油泵插头端子：4N1 为搭铁端子，4N3 为电源端子。

(1)测量电动机电阻

①关闭点火开关(S)。

②拔下电动汽油泵插头。

③用万用表电阻挡测量电动汽油泵 4N 端子 1 与 4N 端子 3 之间的电阻，应无短路或断路，否则，应则更换电动汽油泵。

④插上电动汽油泵插头。

(2)检查电源线路

①关闭点火开关(S)。

②拔下电动汽油泵插头。

③打开点火开关(D)，使发动机转动。

④在发动机转动时，用万用表电压挡测量电动汽油泵插头 4N 端子 3 与搭铁点之间应有约 12V 电压(蓄电池电压)。如果电压低或无电压，应检查熔丝(F17)是否正常，检查惯性开关是否复位，检查电动汽油泵插头 4N 端子 3 和喷射双继电器插头 15M 端子 6 之间的线路是否短路或断路。

⑤关闭点火开关(S)。

⑥插上电动汽油泵插头。

(3)测量汽油压力

①关闭点火开关(S)。

②在供油管与汽油分配管之间连接汽油压力表。

③起动发动机。

④观察发动机在各工况下汽油压力应为 350kPa 左右。如果汽油压力不符合要求，则更换电动汽油泵或汽油压力调节器。

⑤关闭点火开关(S)。

⑥卸下汽油压力表。

10. 喷油器(571～574)的检测

喷油器如图 10-108 所示，型号为 EV6. E，即双孔双束型喷油器。由喷射双继电器向喷油器供电，发动机 ECU 根据工况逻辑信号控制 4 个喷油器顺序喷油。

喷油器插头有 2 个端子，2N1 为电源端子，2N2 为信号端子。

(1)测量线圈电阻

①关闭点火开关(S)。

②拔下喷油器插头。

③用万用表电阻挡测量喷油器端子之间的电阻，其电阻值应为 14. 5Ω(20℃)。如果电阻值不符合要求，则更换喷油器。

④插上喷油器插头。

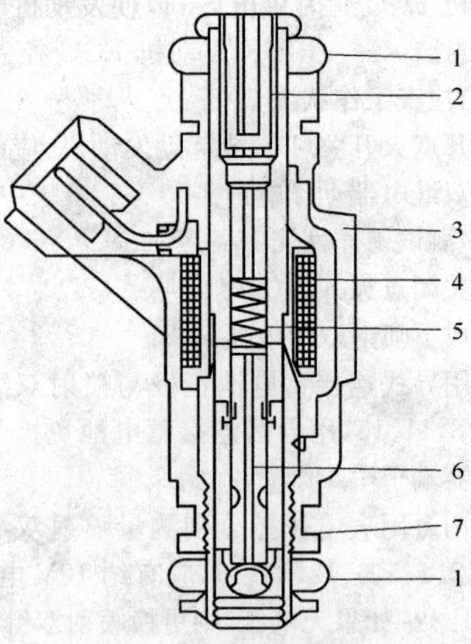

图 10-108 喷油器结构

1. O形圈 2. 滤网 3. 壳体 4. 线圈 5. 弹簧 6. 针阀 7. 阀座

(2)检查电源线路

①关闭点火开关(S)。

②拔下喷油器插头。

③打开点火开关(D)，使发动机转动。

④在发动机转动时，用万用表电压挡测量喷油器插头 2N 端子 1 与搭铁点之间应有约 12V 电压(蓄电池电压)。如果电压低或无电压，应检查喷油器插头 2N 端子 1 和喷射双继电器插头 15M 端子 4 之间的线路是否短路或断路。

⑤关闭点火开关(S)。

⑥插上喷油器插头。

(3)测试控制信号

①关闭点火开关(S)。

②拔下喷油器插头。

③在喷油器插头端子之间连接 LED 测试灯。

④起动发动机，观察 LED 测试灯应闪烁。如果 LED 测试灯不亮或常亮，应检查喷油器插头 2N 端子 2 和发动机 ECU 插头对应端子之间的线路是否短路或断路，或更换发动机 ECU。

⑤关闭点火开关(S)。

⑥取下 LED 测试灯。

⑦插上喷油器插头。

11. 点火线圈(45)检测

点火系统采用双点火方式，点火线圈与火花塞直接连接，无高压线。发动机 ECU 控制两个线圈组的通电与断电，以控制点火时刻和点火次序。

点火线圈有 4 个端子，4G1 为 1 缸与 4 缸控制信号端子，4G2 为 2 缸与 3 缸控制信号端子，4G3 为搭铁端子，4G4 为电源端子。

(1)测量电阻

①关闭点火开关(S)。

②拔下点火线圈插头。

③用万用表电阻挡分别测量点火线圈 4G 端子 1 与 4G 端子 3、4G 端子 2 与 4G 端子 3 之间的电阻，应无短路或断路，否则，应更换点火线圈。

④取下点火线圈。

⑤用万用表电阻挡分别测量点火线圈 1 缸与 4 缸高压输出插孔、2 缸与 3 缸高压输出插孔之间的电阻，应无短路或断路。否则，更换点火线圈。

⑥装上点火线圈。

⑦插上点火线圈插头。

(2)检查电源线路

①关闭点火开关(S)。

②拔下点火线圈插头。

③打开点火开关(M)，使发动机转动。

④用万用表电压挡测量点火线圈插头 4G 端子 4 与搭铁点之间应有约 12V 电压(蓄电池电压)。如果电压低或无电压，应检查点火线圈插头 4G 端子 4 和喷射双继电器插头 15M 端子 4 之间的线路是否短路或断路。

⑤关闭点火开关(S)。

⑥插上点火线圈插头。

(3)测试点火信号

①关闭点火开关(S)。

②拔下点火线圈插头。

③拔下喷油器插头，停止喷油。

④将 LED 测试灯连接在点火线圈插头 4G 端子 1 与 4G 端子 4、4G 端子 2 与 4G 端子 4 之间。

⑤打开点火开关(D)，使发动机运转数秒钟，观察 LED 测试灯应闪烁。如果 LED 测试灯不亮或常亮，应检查点火线圈插头 4G 端子 1 和发动机 ECU 插头 32N/G 端子 3、点火线圈插头 4G 端子 2 和发动机 ECU 插头 32N/H 端子 3 之间的线路是否短路或断路，或更换发动机 ECU。

⑥关闭点火开关(S)。

⑦插上喷油器插头。

⑧插上点火线圈插头。

12. 炭罐电磁阀(430)的检测

炭罐电磁阀安装在活性炭罐与发动机进气支管之间，如图 10-109 所示，型号为 FEV2。炭罐电磁阀由喷射双继电器供电，发动机 ECU 控制炭罐电磁阀开启与关闭。

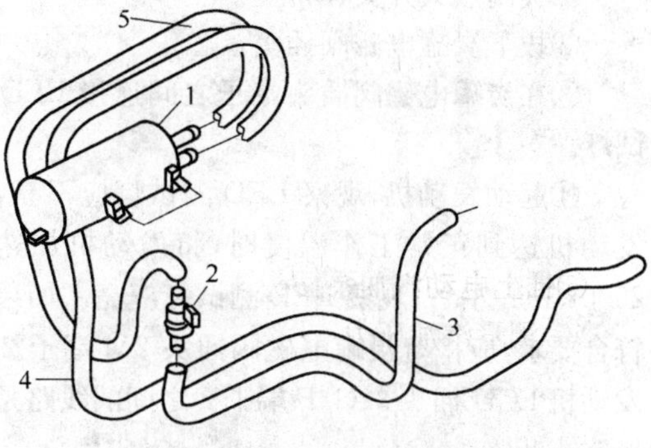

图 10-109　炭罐电磁阀位置

1. 活性炭罐　2. 炭罐电磁阀　3. 发动机进气真空管　4. 接油箱蒸气管　5. 连接炭罐电磁阀与活性炭罐真空管

炭罐电磁阀有 2 个端子，2M1 为电源端子，2M2 为控制信号端子。

(1)检查导通情况

①关闭点火开关(S)。

②拔下炭罐电磁阀插头。

③拔下炭罐电磁阀与活性炭罐连接的真空管。

④打开点火开关(D)，起动发动机。

⑤用蓄电池直接给炭罐电磁阀通电，用手指触摸炭罐电磁阀的真空管口应有吸力(此时炭罐电磁阀应开启)，而断电后，无真空吸力(此时炭罐电磁阀应关闭)。如果不符合要求，则更换炭罐电磁阀。

⑥关闭点火开关(S)。

⑦插上真空管。

⑧插上炭罐电磁阀插头。

(2)检查电源线路

①关闭点火开关(S)。

②拔下炭罐电磁阀插头。

③打开点火开关(M)。

④用万用表电压挡测量炭罐电磁阀插头2M端子间应有约12V电压(蓄电池电压)。如果无电压,应检查炭罐电磁阀插头2M端子1和喷射双继电器插头15M端子14之间的线路是否断路或短路。

⑤关闭点火开关(S)。

⑥插上炭罐电磁阀插头。

(3)测试控制信号

①关闭点火开关(S)。

②拔下炭罐电磁阀插头。

③在炭罐电磁阀插头端子之间连接LED测试灯。

④起动发动机,观察LED测试灯应不亮,待发动机达到正常工作温度时,将发动机加速至2500r/min左右,观察LED测试灯应亮。如果不符合要求,应检查炭罐电磁阀插头2M端子2和发动机ECU插头32G/F端子2之间的线路是否短路或断路。

⑤关闭点火开关(S)。

⑥取下LED测试灯。

⑦插上炭罐电磁阀插头。

第五节 上海大众桑塔纳GLi轿车AFE型发动机电子控制系统的检测

一、AFE型发动机电子控制系统的结构特点与控制功能

上海大众桑塔纳GLi轿车(99新秀)和桑塔纳2000GLi轿车(世纪新秀)均装用AFE型发动机。AFE型发动机采用德国博世(BOSCH)M1.5.4电子控制系统。AFE型发动机M1.5.4电子控制系统的组成如图10-110所示,其主要部件的布置如图10-111所示。

AFE型发动机M1.5.4电子控制系统采用有分电器点火系统,发动机ECU根据传感器输入的信号,对喷油、点火、怠速等进行控制,设置了汽油蒸发排放控制系统和三元催化转换器。

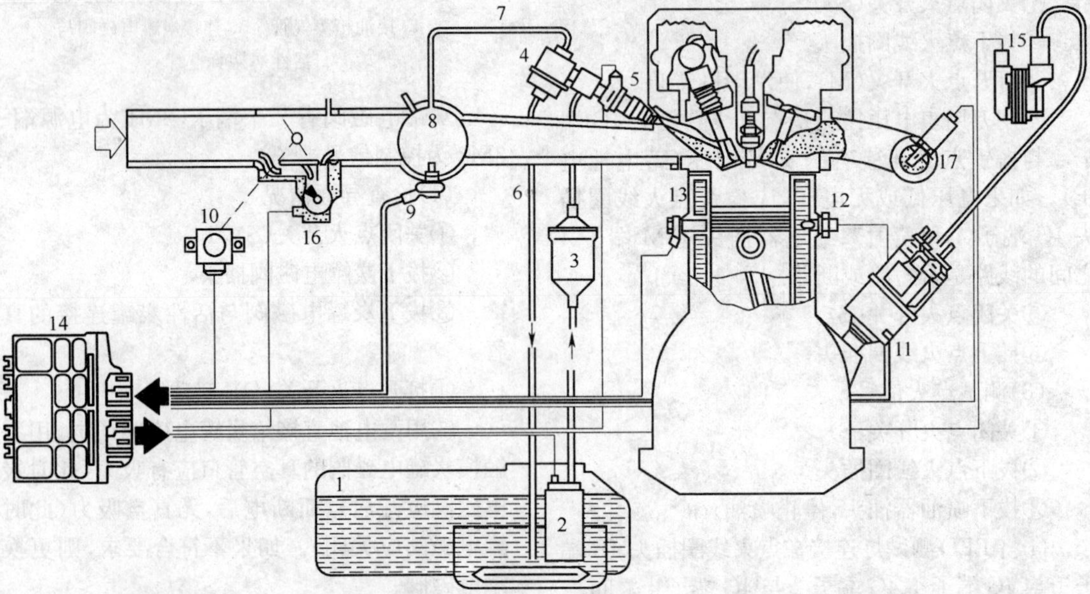

图10-110 上海大众桑塔纳GLi轿车AFE型发动机M1.5.4电子控制系统示意图

1. 油箱 2. 电动汽油泵 3. 汽油滤清器 4. 汽油压力调节器 5. 喷油器 6. 回油管 7. 真空管 8. 进气支管 9. 进气压力与进气温度传感器 10. 节气门位置传感器 11. 曲轴位置传感器(分电器内) 12. 冷却液温度传感器 13. 爆燃传感器 14. 发动机ECU 15. 点火线圈 16. 怠速调节器 17. 氧传感器

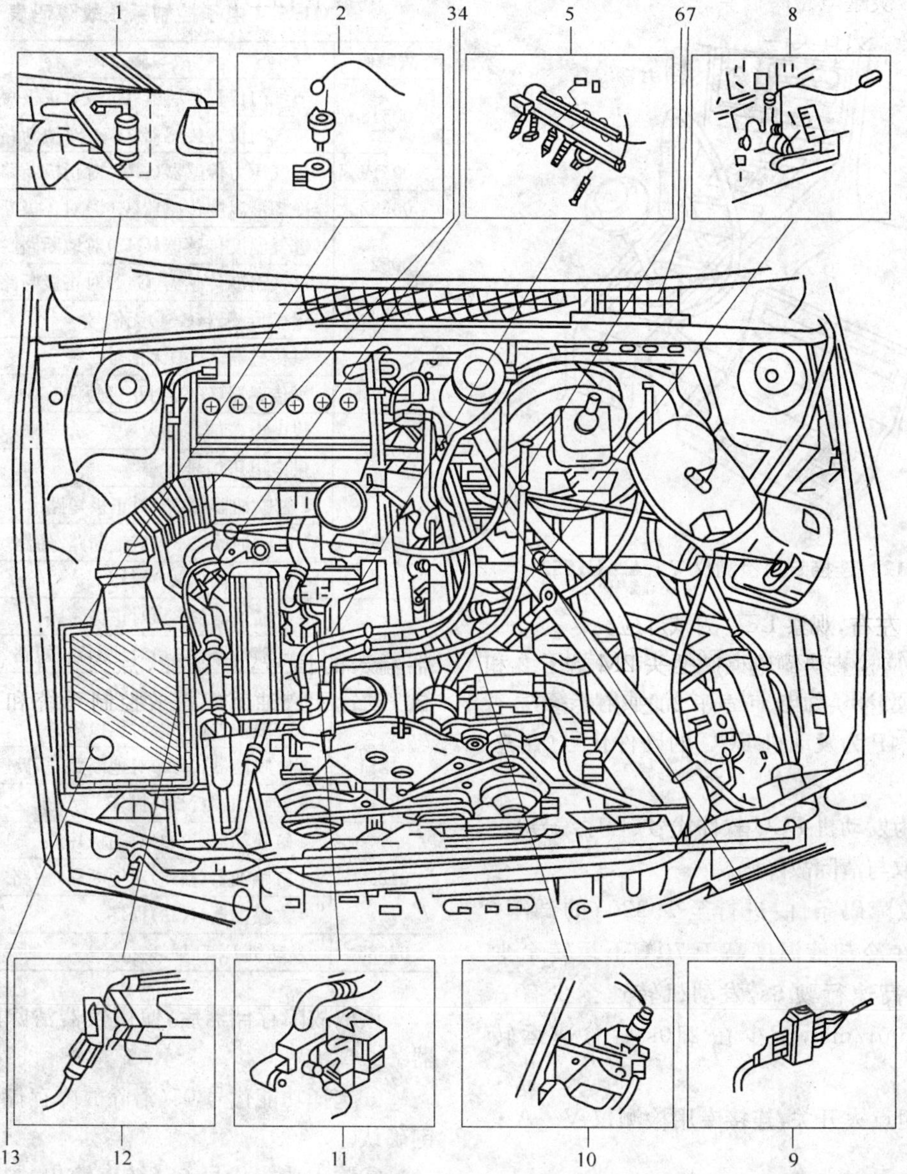

图 10-111　上海大众桑塔纳 GLi 轿车 AFE 型发动机 M1.5.4 电子控制系统部件位置图

1. 活性炭罐(位于右前翼子板内侧)　2. 活性炭罐电磁阀(位于空气滤清器旁)　3. 进气管　4. 节气门位置传感器　5. 汽油分配管　6. 喷油器　7. 发动机 ECU(位于驾驶人侧仪表板下)　8. 爆燃传感器　9. 连接器(四端子,用于氧传感器)　10. 点火线圈　11. 怠速调节器　12. 进气压力与进气温度传感器　13. 空气滤清器

二、AFE 型发动机电子控制系统的自诊断

1. 连接专用检测仪 V. A. G1552

关闭点火开关,将大众车系专用检测仪 V. A. G1552 与诊断座连接,如图 10-112 所示。

仪器连接后,打开点火开关,输入地址码 01(发动机电子系统),按 Q 键确认,显示屏上显示:

300907311A MOTRONIC M1. 5. 4P 1303

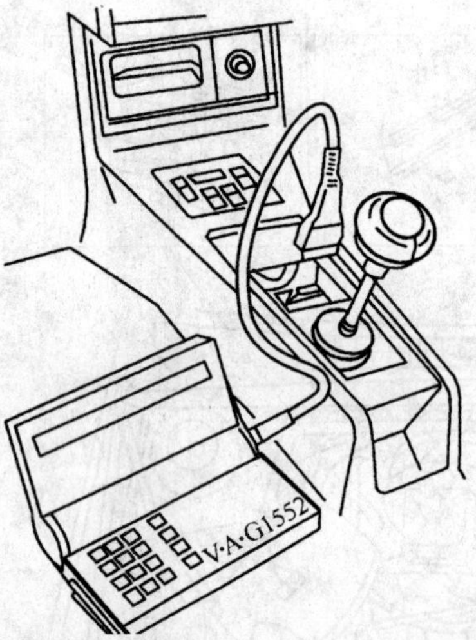

图 10-112 连接专用检测仪 V·A·G1552

其中：

330907311A 为发动机 ECU 零件编号；

MOTRONIC 为电子控制汽油喷射系统；

M1.5.4P 为发动机 ECU 的硬件代号(制造编号)；

1303 为发动机 ECU 软件代号(程序编号)。

2. 读取与清除故障码

读取故障码条件：进行至少 220s 的试车，试车中应在冷却液温度高于 70℃下运转至少 174s，至少高速行驶 6s，发动机转速至少有一次超过 2200r/min，至少在 210s 后怠速运转 10s。

①关闭点火开关，连接专用检测仪 V·A·G1552。

②打开点火开关(ON)，或起动发动机，使发动机怠速运转。

③输入地址码 01(发动机电子系统)，按 Q 键确认。

④选择功能代号 02(读取故障存储器)，按 Q 键确认。如有故障存储，则显示故障内容。上海桑塔纳 GLi 轿车 AFE 型发动机 M1.5.4 电子控制系统故障码及含义见表 10-5。

⑤输入功能代号 06(结束输出)，按 Q 键确认。

表 10-5 上海桑塔纳 GLi 轿车 AFE 型发动机 M1.5.4 电子控制系统故障码表

故障码	故障内容
00518	节气门位置传感器(G69)对正极短路
	节气门位置传感器(G69)对地断路/短路
00519	进气压力传感器(G71)对正极断路/短路
00522	冷却液温度传感器(G62)对正极断路/短路
00523	进气温度传感器(G42)对地断路
	进气温度传感器(G42)对正极断路/短路
00524	爆燃传感器(G61)无信号
00525	氧传感器(G39)无信号
	氧传感器(G39)对正极短路
00532	供电电压信号过大
	供电电压信号过小
01249	1 缸喷油器(N30)对正极短路
	1 缸喷油器(N30)对地断路/短路
	1 缸喷油器(N30)损坏
01250	2 缸喷油器(N31)对正极短路
	2 缸喷油器(N31)对地断路/短路
	2 缸喷油器(N31)损坏
01251	3 缸喷油器(N32)对正极短路
	3 缸喷油器(N32)对地断路/短路
	3 缸喷油器(N32)损坏
01252	4 缸喷油器(N33)对正极短路
	4 缸喷油器(N33)对地断路/短路
	4 缸喷油器(N33)损坏
65535	发动机 ECU 损坏

读取故障存储器后，使用仪器清除故障存储器。

⑥选择功能代号 05(清除故障存储器)，按 Q 键确认。

⑦输入功能代号 06(结束输出)，按 Q 键确认。

重新进行试车并再次读取故障存储器，不得再有故障显示。

3. 执行机构诊断

怠速调节器的诊断：

①关闭点火开关，连接专用检测仪 V·A·G1552。

②打开点火开关(ON)。

③输入地址码 01(发动机电子系统)。

④输入功能代号 03(执行机构诊断)，按 Q

键确认，怠速调节器应发出连续“嗒嗒”声。如果怠速调节器不动作，应检查怠速调节器及其线路。

⑤输入功能代号 06（结束输出），按 Q 键确认。

炭罐电磁阀的诊断：

①关闭点火开关，连接检测仪 V. A. G1552。

②打开点火开关（ON）。

③输入地址码 01（发动机电子系统）。

④输入功能代号 03（执行机构诊断），按 Q 键确认，用手感觉炭罐电磁阀的振动。如果炭罐电磁阀不动作，应检查炭罐电磁阀及其线路。

⑤输入功能代号 06（结束输出），按 Q 键确认。

4. 阅读数据块

①关闭点火开关（OFF），连接检测仪 V·A·G1552。

②打开点火开关（ON）或发动机怠速运转。

③输入地址码 01（发动机电子系统）。

④输入功能代号 08（阅读数据块），按 Q 键确认，输入显示组号，根据发动机运行状态读出相关数据，上海桑塔纳 GLi 轿车 AFE 型发动机 M1. 5. 4 电子控制系统数据块见表 10-6。

⑤输入功能代号 06（结束输出），按 Q 键确认。

表 10-6　上海桑塔纳 GLi 轿车 AFE 型发动机 M1. 5. 4 电子控制系统数据表

显示组号	显示屏显示	参数含义	正常数值（怠速时）
01	Read measuring value block 01 1　2　3　4	发动机转速	(800±50)r/min
		冷却液温度	80℃～150℃
		氧传感器电压	0～1.0V
		系统状态	00000000
02	Read measuring value block 02 1　2　3　4	发动机转速	(800±50)r/min
		发动机负荷	1.0～2.5ms
		系统电压	10～14.5V
		进气温度	与环境温度有关
03	Read measuring value block 03 1　2　3　4	发动机转速	(800±50)r/min
		发动机负荷	1.0～2.5ms
		节气门开度	0°～5°
		空	—
04	Read measuring value block 04 1　2　3　4	发动机转速	(800±50)r/min
		发动机负荷	1.0～2.5ms
		车速	0km/h
		发动机状态	01000001
05	Read measuring value block 05 1　2　3　4	发动机转速	(800±50)r/min
		炭罐清除	TE not active
		空	—
		空	—

三、AFE 型发动机电子控制系统部件的检测

1. 曲轴位置传感器（G40）的检测

曲轴位置传感器（霍尔传感器）安装在分电器内，为霍尔效应式。曲轴位置传感器的基本组成如图 10-113 所示。曲轴位置传感器电路如图 10-114 所示。

（1）检查 5V 电源线路

①关闭点火开关。

②拔下曲轴位置传感器插头。

③打开点火开关（ON）。

④用万用表电压挡测量曲轴位置传感器插头端子 1 与搭铁点之间应有约 5V 电压。如果电压低或无电压，应检查曲轴位置传感器插头端子

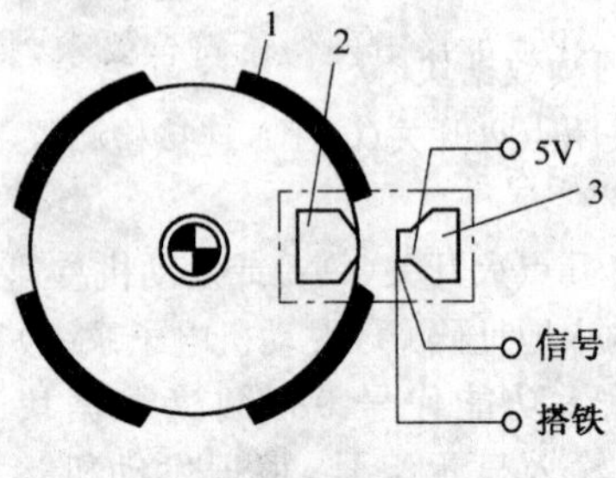

图 10-113 曲轴位置传感器基本组成

1. 转子(叶轮) 2. 永久磁铁
3. 霍尔元件与集成电路

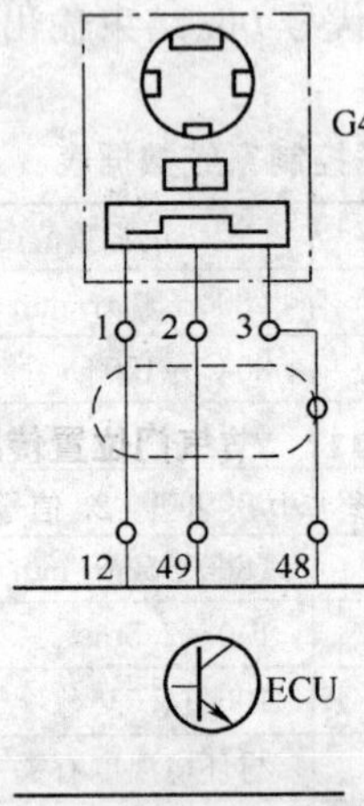

图 10-114 曲轴位置传感器(G40)电路

1. 5V 电源端子 2. 信号端子
3. 搭铁端子

1 和发动机 ECU 插头端子 12 之间的线路是否短路或断路，或更换发动机 ECU。

⑤关闭点火开关。

⑥插上曲轴位置传感器插头。

(2)检查搭铁线路

①关闭点火开关。

②拔下曲轴位置传感器插头。

③用万用表电阻挡测量曲轴位置传感器插头端子 3 与搭铁点之间应导通(电阻值≤0.5Ω)，否则，应检查曲轴位置传感器插头端子 3 和发动机 ECU 插头端子 48 之间的线路是否断路。

④插上曲轴位置传感器插头。

(3)检查信号线路

①关闭点火开关。

②拔下曲轴位置传感器插头。

③拔下发动机 ECU 插头。

④用万用表电阻挡检查曲轴位置传感器插头端子 3 和发动机 ECU 插头端子 49 之间的线路应导通(电阻值≤0.5Ω)，且与搭铁点不导通。

⑤插上发动机 ECU 插头。

⑥插上曲轴位置传感器插头。

(4)测试信号

①关闭点火开关。

②将 LED 测试灯连接到曲轴位置传感器插头端子 2 与端子 3 之间。

③起动发动机数秒钟，观察 LED 测试灯应有规律闪烁。如果 LED 测试灯不闪烁(不亮或常亮)，则更换曲轴位置传感器。

④取下 LED 测试灯。

2. 进气压力传感器(G71)与进气温度传感器(G17)的检测

进气压力传感器与进气温度传感器制成一体，如图 10-115 所示，安装在节气门后进气支管上。进气压力传感器为压敏电阻式，进气温度传感器由一个负温度系数热敏电阻器构成。进气压力与进气温度传感器电路如图 10-116 所示。

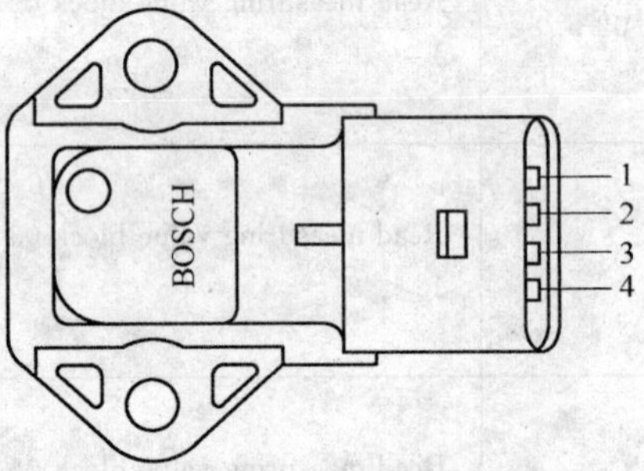

图 10-115 进气压力与进气温度传感器

1. 搭铁端子 2. 进气温度信号端子 3. 5V 电压端子
4. 进气压力信号端子

(1)检查 5V 电压线路

①关闭点火开关。

②拔下进气压力与进气温度传感器插头。

③打开点火开关(ON)。

④用万用表电压挡分别测量进气压力与进气温度传感器插头端子 3、端子 2 与搭铁点之间应有约 5V 电压。如果电压低或无电压，应检查进气压力与进气温度传感器插头端子 3 和发动机 ECU 插头端子 12、进气压力与进气温度传感器插头端子 2 和发动机 ECU 插头端子 44 之间

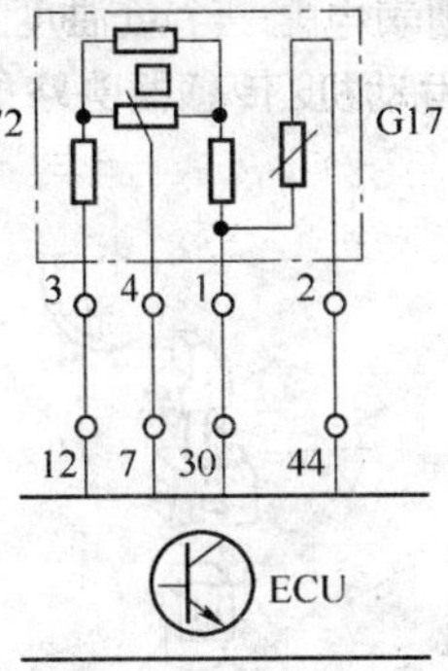

图 10-116　进气压力传感器(G72)与进气温度传感器(G71)电路

1. 搭铁端子　2. 进气温度信号端子
3. 5V 电压端子　4. 进气压力信号端子

的线路是否短路或断路,或更换发动机 ECU。

⑤关闭点火开关。

⑥插上进气压力与进气温度传感器插头。

(2)检查搭铁线路

①关闭点火开关。

②拔下进气压力与进气温度传感器插头。

③用万用表电阻挡检查进气压力与进气温度传感器插头端子 1 与搭铁点之间应导通(电阻值≤0.5Ω),否则,应检查进气压力与进气温度传感器插头端子 1 和发动机 ECU 插头端子 30 之间的线路是否断路。

④插上进气压力与进气温度传感器插头。

(3)检查进气压力信号线路

①关闭点火开关。

②拔下进气压力与进气温度传感器插头。

③拔下发动机 ECU 插头。

④用万用表电阻挡检查进气压力与进气温度传感器插头端子 4 和发动机 ECU 插头端子 7 之间的线路应导通(电阻值≤0.5Ω),且与搭铁点不导通。

⑤插上发动机 ECU 插头。

⑥插上进气压力与进气温度传感器插头。

(4)测量进气压力信号电压

①打开点火开关,并起动发动机。

②用万用表电压挡测量进气压力与进气温度传感器插头端子 4 与端子 1 之间的电压,打开点火开关(ON)时,进气压力信号电压值应为 3.8～4.2V;发动机怠速运转时,进气压力信号电压值应为 0.8～1.3V;踩下加速踏板时,电压值应发生变化。如果电压值不符合要求,则更换进气压力与进气温度传感器。

③关闭点火开关。

3. 节气门位置传感器(G69)的检测

节气门位置传感器安装在节气门体上,早期采用开关式节气门位置传感器。节气门位置传感器如图 10-117 所示,为滑动电阻式。节气门位置传感器电路如图 10-118 所示。

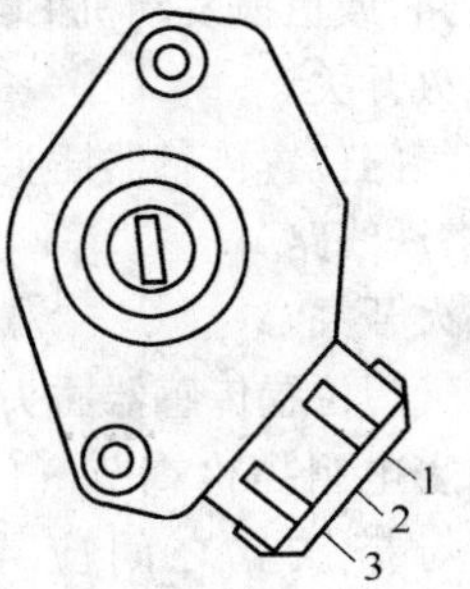

图 10-117　节气门位置传感器

1. 5V 参考电压端子　2. 信号端子
3. 搭铁端子

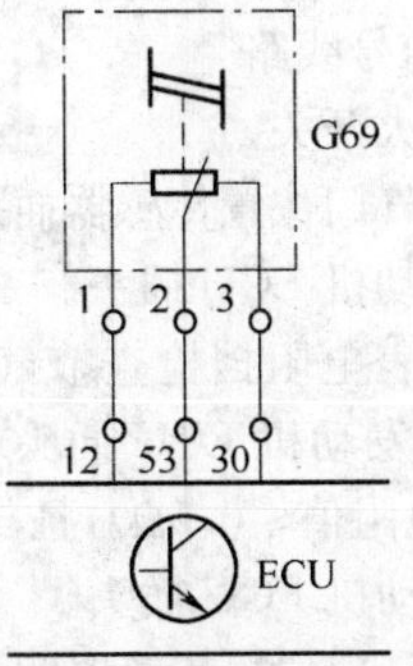

图 10-118　节气门位置传感器(G69)电路

1. 5V 参考电压端子　2. 信号端子
3. 搭铁端子

(1)测量电阻

①关闭点火开关。

②拔下节气门位置传感器插头。

③用万用表电阻挡测量节气门位置传感器端子 1 与端子 3 之间的电阻,其电阻值应约为 2.2kΩ;测量节气门位置传感器端子 2 和端子 3 之间的电阻,慢慢踩下加速踏板,其电阻值应在 962Ω～2.1kΩ 之间连续变化。如果电阻值不符合要求,则更换节气门位置传感器。

④插上节气门位置传感器插头。

(2)检查5V参考电压线路

①关闭点火开关。

②拔下节气门位置传感器插头。

③打开点火开关。

④用万用表电压挡测量节气门位置传感器插头端子1与搭铁点之间应有约5V电压。如果电压低或无电压，应检查节气门位置传感器插头端子1和发动机ECU插头端子12之间的线路是否短路或断路，或更换发动机ECU。

⑤关闭点火开关。

⑥插上节气门位置传感器插头。

(3)检查搭铁线路

①关闭点火开关。

②拔下节气门位置传感器插头。

③用万用表电阻挡检查节气门位置传感器插头端子3与搭铁点之间应导通(电阻值≤0.5Ω)，否则，应检查节气门位置传感器插头端子3和发动机ECU插头端子30之间的线路是否断路。

④插上节气门位置传感器插头。

(4)检查信号线路

①关闭点火开关。

②拔下节气门位置传感器插头。

③拔下发动机ECU插头。

④用万用表电阻挡检查节气门位置传感器插头端子2与发动机ECU插头端子53之间的线路应导通(电阻值≤0.5Ω)，且与搭铁点不通。

⑤插上发动机ECU插头。

⑥插上节气门位置传感器插头。

(5)测量信号电压

①打开点火开关，或起动发动机。

②用万用表电压挡测量节气门位置传感器插头端子2与端子3之间的电压，不踩加速踏板(节气门完全关闭)时，其电压值应为0.1～0.9V；慢慢踩下加速踏板时，电压值应逐渐增大；加速踏板踩到底(节气门完全打开)时，其电压值应为3.0～4.8V。如果电压值不符合要求，则更换节气门位置传感器。

③关闭点火开关。

4. 冷却液温度传感器(G62)的检测

冷却液温度传感器安装在发动机出水管上，如图10-119所示，由一个负温度系数热敏电阻器构成。冷却液温度传感器电路如图10-120所示。

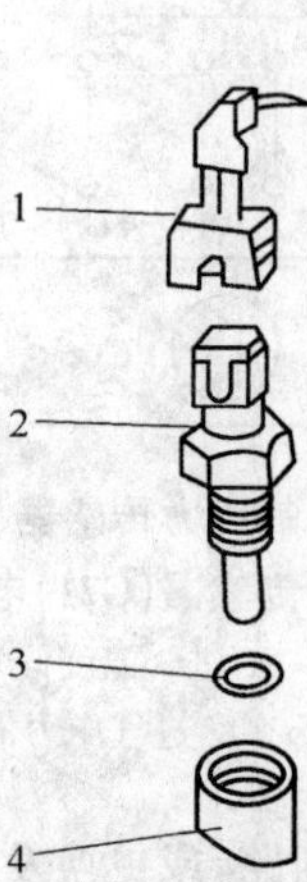

图10-119 冷却液温度传感器

1. 导线插头 2. 冷却液温度传感器 3. O形圈 4. 接口

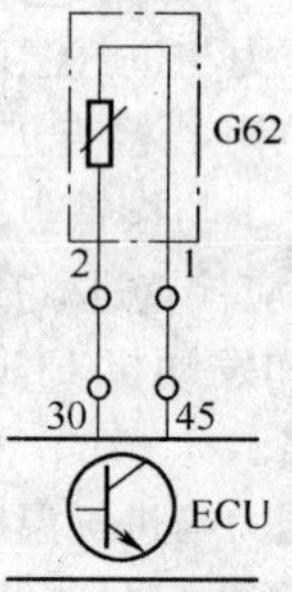

图10-120 冷却液温度传感器(G62)电路

1. 信号端子 2. 搭铁端子

(1)检查信号线路

①关闭点火开关。

②拔下冷却液温度传感器插头。

③打开点火开关。

④用万用表电压挡测量冷却液温度传感器插头端子1与搭铁点之间应有约5V电压。如果电压低或无电压，应检查冷却液温度传感器插头端子1和发动机ECU插头端子45之间的线路是否短路或断路，或更换发动机ECU。

⑤关闭点火开关。

⑥插上冷却液温度传感器插头。

(2)检查搭铁线路

①关闭点火开关。

②拔下冷却液温度传感器插头。

③用万用表电阻挡检查冷却液温度传感器插头端子2与搭铁点之间应导通（电阻值≤0.5Ω），否则，应检查冷却液温度传感器插头端子2和发动机ECU插头端子30之间的线路是否断路。

④插上冷却液温度传感器插头。

5. 氧传感器(G39)的检测

氧传感器安装在排气管上，如图10-121所示，为加热型氧化锆式。氧传感器与插头如图10-122所示，其电路如图10-123所示。

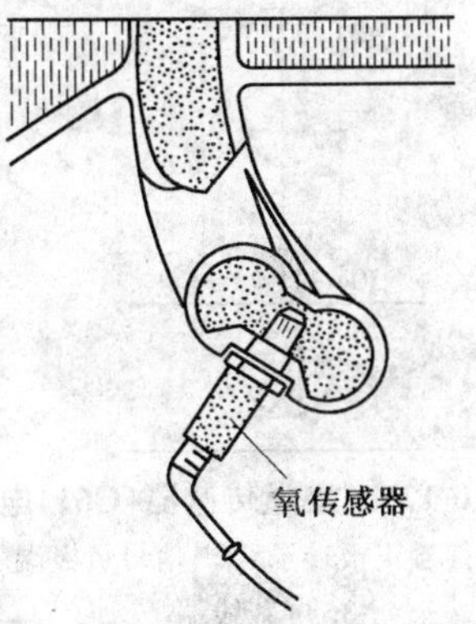

图10-121　氧传感器安装位置

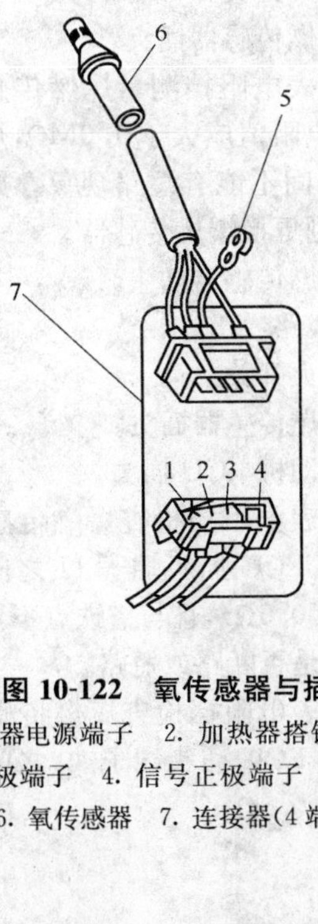

图10-122　氧传感器与插头

1. 加热器电源端子　2. 加热器搭铁端子　3. 信号负极端子　4. 信号正极端子　5. 搭铁线　6. 氧传感器　7. 连接器(4端子)

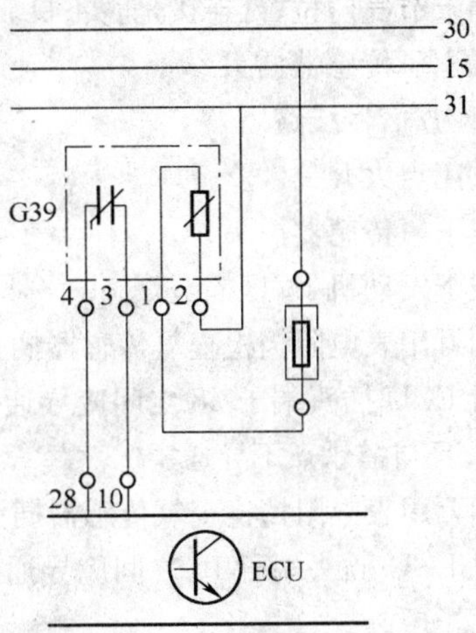

图10-123　氧传感器(G39)电路

1. 加热器电源端子　2. 加热器搭铁端子　3. 信号负极端子　4. 信号正极端子

(1)测量加热器电阻

①关闭点火开关。

②拔下氧传感器插头。

③用万用表电阻挡测量氧传感器端子1和端子2之间的电阻，其电阻值应为0.5～20Ω（与温度相关）。如果电阻值不符合要求，则更换氧传感器。

④插上氧传感器插头。

(2)检查加热器电源线路

①关闭点火开关。

②拔下氧传感器插头。

③打开点火开关(ON)。

④用万用表电压挡测量氧传感器插头端子1与搭铁点之间应有约12V电压（蓄电池电压）。如果电压低或无电压，应检查氧传感器熔丝17是否正常，或检查氧传感器插头端子1和汽油泵继电器之间的线路是否短路或断路。

⑤关闭点火开关。

⑥插上氧传感器插头。

(3)检查加热器搭铁线路

①关闭点火开关。

②拔下氧传感器插头。

③用万用表电阻挡检查氧传感器插头端子2与搭铁点之间应导通（电阻值≤0.5Ω），否则，应检查氧传感器插头端子2与搭铁处之间的线路

是否断路，或检查搭铁处连接是否不良。

④插上氧传感器插头。

(4)检查信号线路

①关闭点火开关。

②拔下氧传感器插头。

③拔下发动机 ECU 插头。

④用万用表电阻挡检查氧传感器插头端子 4 和发动机 ECU 插头端子 28 之间应导通(电阻值≤0.5Ω)，且与搭铁点不导通。

⑤用万用表电阻挡检查氧传感器插头端子 3 和发动机 ECU 插头端子 10 之间应导通(电阻值≤0.5Ω)。

⑥插上氧传感器插头。

⑦插上发动机 ECU 插头。

(5)测量信号电压

①起动发动机，并预热。

②发动机以 2500r/min 左右的转速运行 1min，然后使发动机怠速运转。

③用指针式万用表电压挡测量氧传感器信号电压，万用表指针的摆动量应大于 0.3V。如果不符合要求，必要时更换氧传感器。

④关闭点火开关，使发动机熄火。

6. 爆燃传感器(G61)的检测

爆燃传感器安装在发动机 2 缸与 3 缸之间的气缸体上，如图 10-124 所示，规定的螺栓拧紧力矩为 20N·m。爆燃传感器如图 10-125 所示，电路如图 10-126 所示。

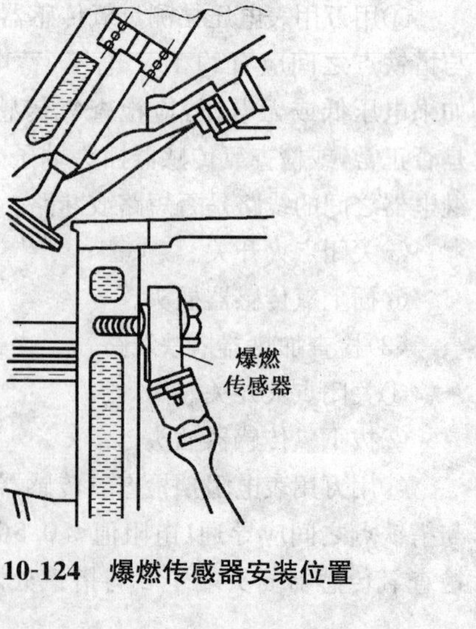

图 10-124 爆燃传感器安装位置

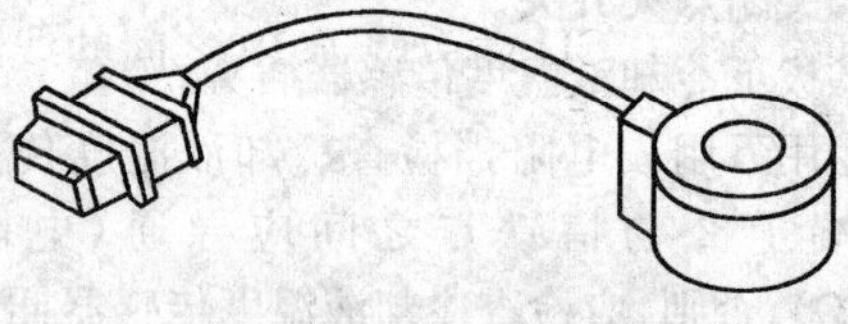

图 10-125 爆燃传感器

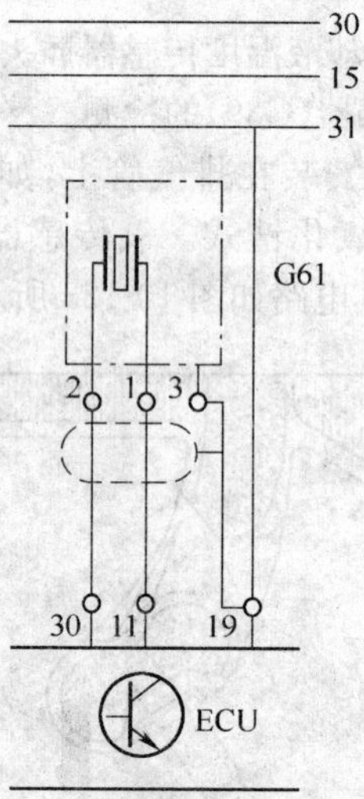

图 10-126 爆燃传感器(G61)电路

1. 信号正极端子 2. 信号负极端子
3. 屏蔽线端子

(1)测量电阻

①关闭点火开关。

②拔下爆燃传感器插头。

③用万用表电阻挡测量爆燃传感器端子之间的电阻，其电阻值应大于 1.0MΩ，爆燃传感器任何两个端子间不能有短路现象。如果电阻值不符合要求，则更换爆燃传感器。

④插上爆燃传感器插头。

(2)检查线路

①关闭点火开关。

②拔下爆燃传感器插头。

③拔下发动机 ECU 插头。

④用万用表电阻挡检查爆燃传感器插头端子 1 和发动机 ECU 插头端子 11 之间的线路应导通(电阻值≤0.5Ω)，且与搭铁点不导通，否则，应检查该线路是否断路或短路。

⑤用万用表电阻挡检查爆燃传感器插头端子 2 和发动机 ECU 插头端子 30 之间的线路应导通(电阻值≤0.5Ω)。

⑥用万用表电阻挡检查爆燃传感器插头端子 2 和发动机 ECU 插头端子 19 之间的线路应导通(电阻值≤0.5Ω)。

⑦插上发动机 ECU 插头。

⑧插上爆燃传感器插头。

7. 汽油压力调节器的检测

汽油压力调节器如图 10-127 所示,安装在汽油分配管上,用真空软管连接汽油压力调节器与发动机进气支管。

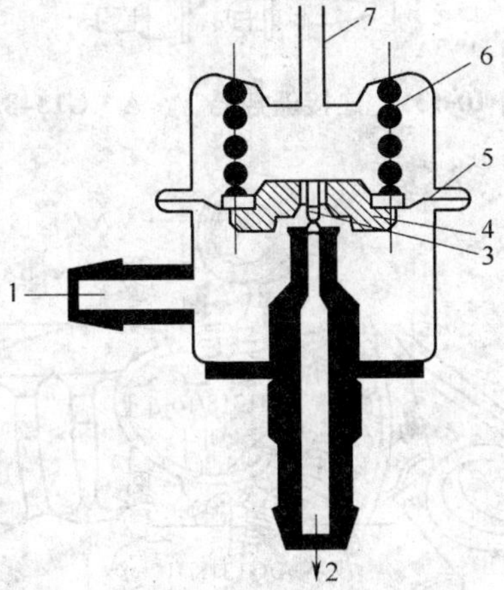

图 10-127　汽油压力调节器结构

1. 进油口　2. 回油管接口　3. 阀门　4. 阀座　5. 膜片　6. 弹簧　7. 真空软管接口

(1)测试工作状况

①连接汽油压力表(V·A·G1318)。

②起动发动机并怠速运转。

③观察汽油压力表,发动机怠速时,其压力值应为 0.25MPa;迅速踩下加速踏板,其压力值应为 0.29MPa;发动机怠速时,从汽油压力调节器上拔下真空软管,其压力值应为 0.30MPa 左右。

④关闭点火开关,使发动机熄火。

⑤拆下汽油压力表。

(2)检查密封性

①连接汽油压力表(V·A·G1318)。

②起动发动机并怠速运转。

③关闭点火开关,使发动机熄火。

④发动机熄火 10min 后,观察汽油压力表,其压力值至少应有 0.2MPa。如果压力值低于 0.2MPa,应检查油管是否泄漏,汽油泵单向阀是否密封良好,汽油分配管和喷油器的接口 O 形圈是否密封良好。

⑤重新起动发动机,使发动机怠速运转。

⑥关闭点火开关,使发动机熄火。

⑦用钳子夹住回油管,10min 后,观察汽油压力表,其压力值至少应有 0.2MPa。如果压力值不高于 0.2MPa,则更换油压调节器。

⑧拆下汽油压力表。

8. 电动汽油泵的检测

电动汽油泵是由永磁电动机驱动的滚子泵,如图 10-128 所示,安装在油箱内。电动汽油泵插头如图 10-129 所示。电动汽油泵电路如图 10-130 所示,发动机 ECU 通过控制汽油泵继电器向电动汽油泵供电,在电动汽油泵与汽油泵继电器的线路上设有熔丝(S5)。

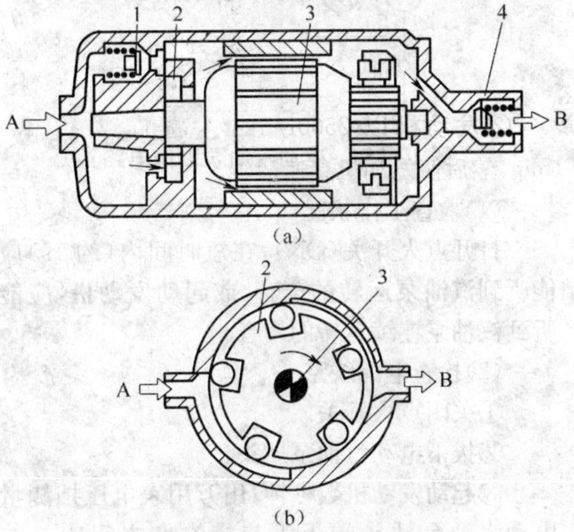

图 10-128　电动汽油泵

(a)结构　(b)滚柱式汽油泵

1. 限压阀　2. 滚柱式汽油泵　3. 永磁电机　4. 单向阀　A—进油口　B—出油口

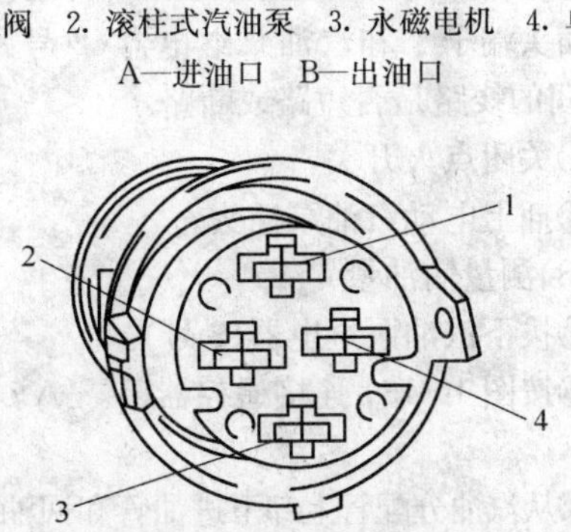

图 10-129　电动汽油泵插头

1. 汽油泵搭铁端子　2. 汽油表信号端子　3. 汽油泵电源端子　4. 汽油表搭铁端子

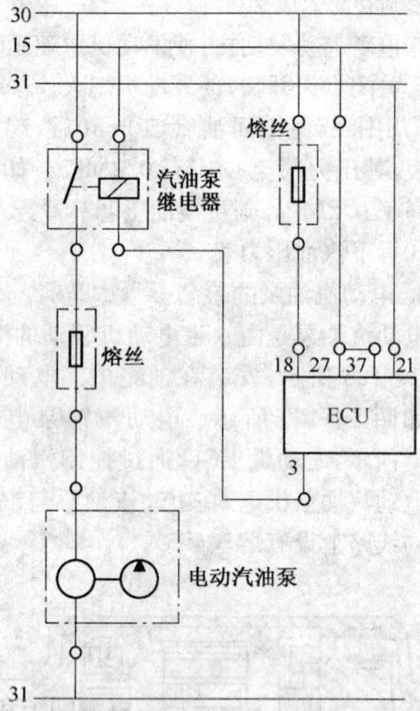

图 10-130 电动汽油泵工作电路

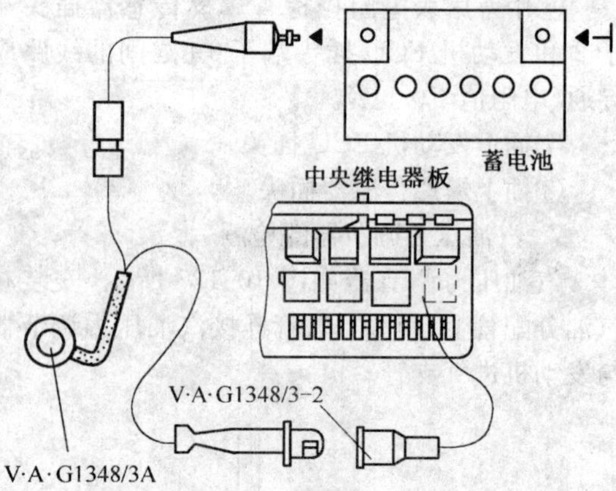

图 10-131 连接遥控器 V·A·G1348/3A

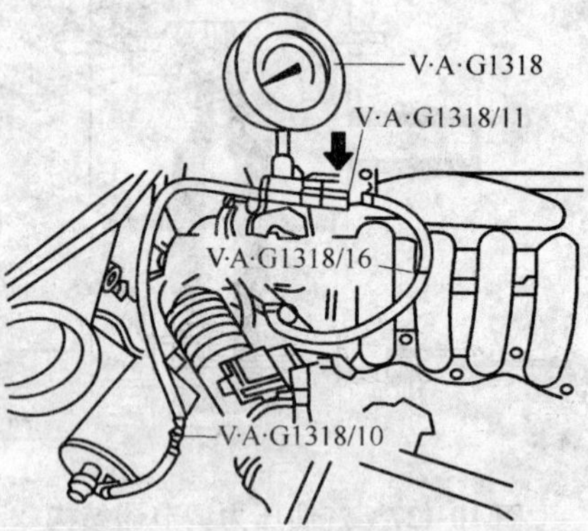

图 10-132 连接汽油压力表(V. A. G1318)

(1)检查工作状况

打开点火开关(ON),在短时间内(约 1s)应能听到汽油泵运转的声音,或起动发动机,应能听到汽油泵连续运转的声音。

(2)检查电源线路

①关闭点火开关。

②拔下电动汽油泵插头。

③起动发动机数秒钟,用万用表电压挡测量电动汽油泵插头端子 1 与搭铁点之间应有约 12V 电压(蓄电池电压)。如果电压低或无电压,应检查电动汽油泵熔丝是否正常,或检查电动汽油泵插头端子 1 和汽油泵继电器(2 号)插孔 1/85 之间的线路是否短路或断路。

④关闭点火开关。

⑤插上电动汽油泵插头。

(3)测量输油量

①拔下汽油泵继电器(2 号)。

②按图 10-131 连接遥控器(V·A·G1348/3A)。

③从汽油分配管上卸下进油管和回油管,将汽油压力表(V·A·G1318)连接在分配管进油管一端,如图 10-132 所示。将汽油压力表(V·A·G1318)输出端口用辅助油管伸至一量杯内。

④打开汽油压力表截止阀,排除管道中的空气。

⑤关上汽油压力表截止阀,并倒空量杯,重新接好。

⑥将遥控器接通,使电动汽油泵泵油 30s。

⑦将量杯中的汽油量与额定值比较,输油量与电压的关系如图 10-133 所示。如果实际输油量低于额定值,则检查系统油压是否正常,系统油压过高,应更换油压调节器;系统油压过低,应检查油管是否弯折或堵塞,检查汽油滤清器是否堵塞。

⑧拆下汽油压力表。

⑨拆下遥控器。

⑩插上汽油泵继电器。

9. 喷油器(N30~N33)的检测

喷油器结构如图 10-134 所示。喷油器与汽油分配管连接,位于每个气缸进气门处的进气支管上。喷油器电路如图 10-135 所示,由汽油泵

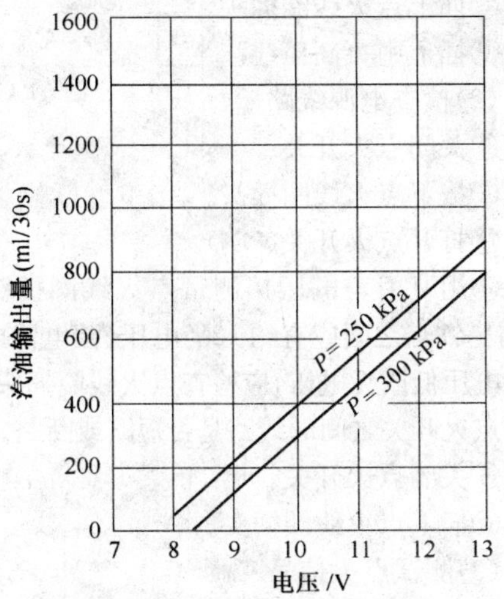

图 10-133　输油量与电压的关系

继电器供电，发动机 ECU 控制喷油器顺序喷油。

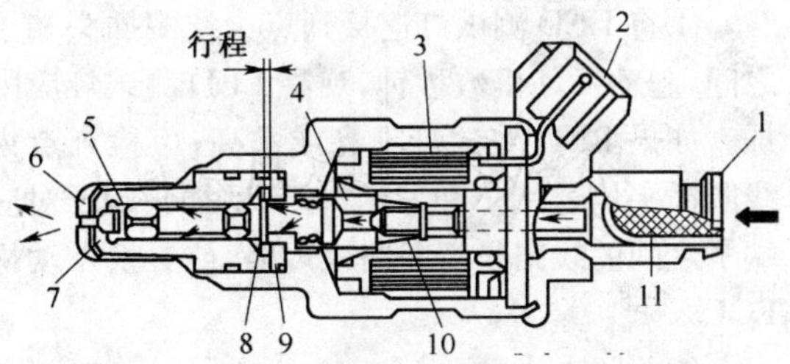

图 10-134　喷油器结构

1. 进油接口　2. 接线端子　3. 电磁线圈　4. 铁心　5. 针阀　6. 外壳　7. 阀体　8. 凸缘　9. 调整垫　10. 弹簧　11. 滤网

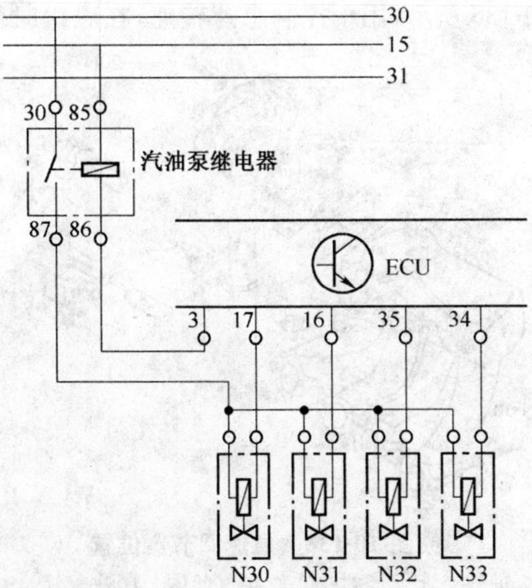

图 10-135　喷油器电路

(1)检查工作状况

发动机运转时，利用听诊器查听喷油器应有“咔嗒”声，且声音的间隔随发动机转速增加而缩短，或用手逐缸触摸喷油器应振动。

(2)测量电阻

①关闭点火开关。

②拔下喷油器插头。

③用万用表电阻挡测量喷油器端子之间的电阻，其电阻值应为(15.9±0.35)Ω(20℃)。如果电阻值不符合要求，则更换喷油器。

④插上喷油器插头。

(3)检查电源线路

①关闭点火开关。

②拔下喷油器插头。

③打开点火开关。

用万用表电阻挡测量喷油器插头电源端子间应有约 12V 电压(蓄电池电压)。如果电压低或无电压，应检查喷油器插头电源端子和汽油泵继电器之间的线路是否短路或断路。

④关闭点火开关。

⑤插上喷油器插头。

(4)测试喷油信号

①关闭点火开关。

②拔下喷油器插头。

③将 LED 测试灯连接到喷油器插头上。

④起动发动机，观察 LED 测试灯应闪烁。如果 LED 测试灯不闪烁(不亮或常亮)，应检查喷油器插头信号端子和发动机 ECU 插头对应端子之间的线路是否断路或短路，或更换发动机 ECU。

⑤关闭点火开关。

⑥插上喷油器插头。

10. 点火线圈(N152)的检测

点火线圈产生的高压电由分电器配送至各气缸的火花塞，由发动机控制点火正时。点火系统的组成如图 10-136 所示，电路如图 10-137 所示。

(1)测量电阻

①关闭点火开关。

②拔下点火线圈插头。

③拔下点火线圈上中央高压线。

④用万用表电阻挡测量点火线圈的一次绕组电阻，其电阻值应为 1.2～1.4Ω。如果电阻值

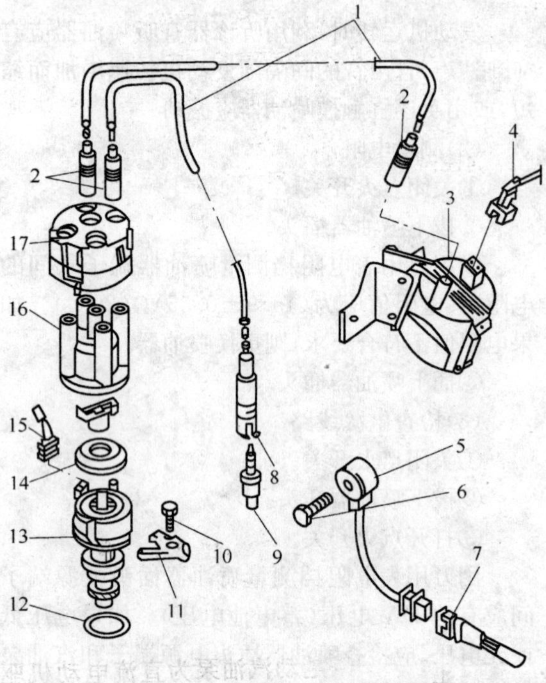

图 10-136 点火系统的组成

1. 高压线 2. 高压线插头 3. 点火线圈 4. 点火线圈插头 5. 爆燃传感器 6. 螺栓 7. 爆燃传感器插头 8. 火花塞插头 9. 火花塞 10. 螺栓 11. 压板 12. O形圈 13. 分电器 14. 防尘盖 15. 霍尔效应式曲轴位置传感器插头 16. 分电器盖 17. 屏蔽罩

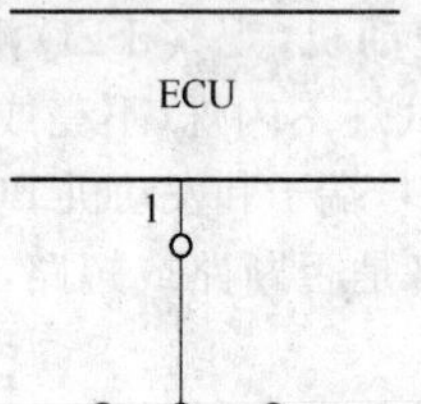

图 10-137 点火线圈(N152)电路

1. 点火信号端子 4. 中央高压线插孔 15. 一次绕组电源端子

不符合要求,则更换点火线圈。

⑤用万用表电阻挡测量点火线圈的二次绕组电阻,其电阻值应为6～8kΩ。如果电阻值不符合要求,则更换点火线圈。

⑥插上点火线圈插头。

⑦插上中央高压线。

(2)检查电源线路

①关闭点火开关。

②拔下点火线圈插头。

③打开点火开关(ON)。

④用万用表电压挡测量点火线圈插头端子15与搭铁点之间应有约12V电压(蓄电池电压)。如果电压低或无电压,应检查点火线圈插头15端子和点火开关之间的线路是否短路或断路。

⑤关闭点火开关。

⑥插上点火线圈插头。

(3)测试点火信号

①关闭点火开关。

②拔下点火线圈插头。

③拔下4个喷油器插头,停止喷油。

④将LED测试灯连接到点火线圈插头端子之间,起动发动机数秒钟,观察LED测试灯应闪烁。如果LED测试灯不亮或常亮,应检查点火线圈插头信号端子和发动机ECU插头端子对应端子之间的线路是否断路或短路,或更换发动机ECU。

⑤关闭点火开关。

⑥插上4个喷油器插头。

⑦插上点火线圈插头。

11. 怠速调节器(N71)的检测

怠速调节器安装在旁通进气道中,如图10-138所示,用于控制怠速转速,在暖机时由附

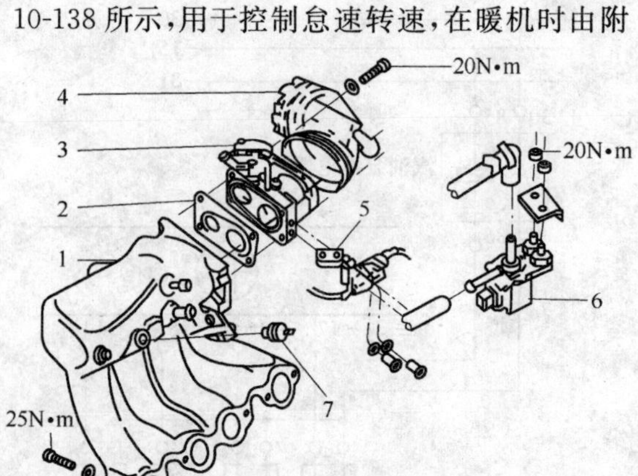

图 10-138 怠速调节器位置

1. 进气支管 2. 衬垫 3. 节气门体 4. 进气管 5. 节气门位置传感器 6. 怠速调节器 7. 附加空气阀

加空气阀根据发动机冷却液温度控制附加空气。怠速调节器为单线圈旋转滑阀，其结构如图 10-139 所示。怠速调节器电路如图 10-140 所示。

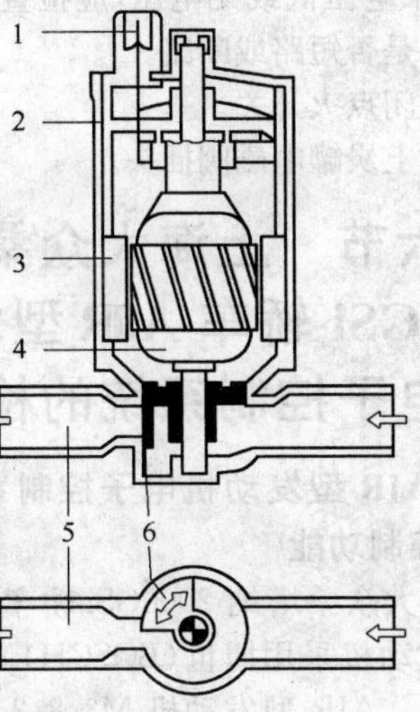

图 10-139　怠速调节器结构

1. 接线端子　2. 壳体　3. 永久磁铁　4. 电枢　5. 旁通道　6. 旋转滑阀

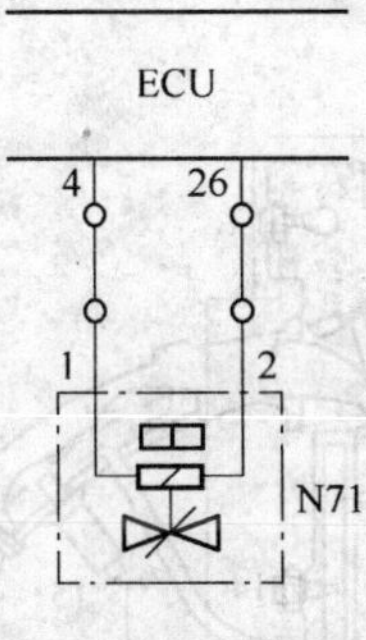

图 10-140　怠速调节器(N71)电路

(1)检查工作状况

①连接专用检测仪 V・A・G1552。

②对怠速调节器进行"执行机构诊断"，怠速调节器应发出连续"嗒嗒"声。如果怠速调节器不动作，说明怠速调节器可能有故障。

③关闭点火开关。

④拔下怠速调节器插头。

⑤将 LED 测试灯连接在怠速调节器插头端子之间。

⑥重新执行上述"执行机构诊断"程序，LED 测试灯若闪烁，应更换怠速调节器；LED 测试灯若不亮或常亮，应检查怠速调节器和发动机 ECU 之间的线路是否正常，必要时更换发动机 ECU。

⑦取下 LED 测试灯。

⑧插上怠速调节器插头。

(2)检查线路

①关闭点火开关。

②拔下怠速调节器插头。

③拔下发动机 ECU 插头。

④用万用表电阻挡检查怠速调节器插头和发动机 ECU 插头相应端子之间的线路是否断路或短路。

⑤插上发动机 ECU 插头。

⑥插上怠速调节器插头。

12. 炭罐电磁阀的检测

炭罐电磁阀位于活性炭罐与发动机进气支管之间，如图 10-141 所示。发动机 ECU 控制炭罐电磁阀的开启与关闭。

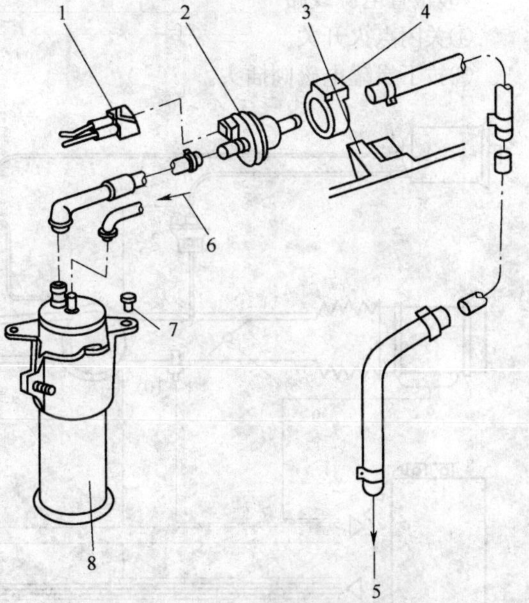

图 10-141　炭罐电磁阀位置

1. 炭罐电磁阀插头　2. 炭罐电磁阀　3. 支架　4. 橡胶垫　5. 接进气支管　6. 来自油箱　7. 螺栓　8. 活性炭罐

(1)检查工作状况

①连接专用检测仪 V・A・G1552。

②对炭罐电磁阀进行"执行机构诊断"，可用手感觉炭罐电磁阀的振动。如果炭罐电磁阀不动作，说明炭罐电磁阀有故障。

③关闭点火开关。

④拔下炭罐电磁阀插头。

⑤将 LED 测试灯连接在炭罐电磁阀插头端子之间。

⑥重新执行“执行机构诊断”程序，LED 测试灯若闪烁，应更换炭罐电磁阀；LED 测试灯若不亮或常亮，应检查炭罐电磁阀和发动机 ECU 之间的线路是否正常，必要时更换发动机 ECU。

⑦取下 LED 测试灯。

⑧插上炭罐电磁阀插头。

(2)测量电阻

①关闭点火开关。

②拔下炭罐电磁阀插头。

③用万用表电阻挡测量炭罐电磁阀端子之间的电阻，其电阻值应为 22～30Ω。如果电阻值不符合要求，则更换炭罐电磁阀。

④插上炭罐电磁阀插头。

(3)检查电源线路

①关闭点火开关。

②拔下炭罐电磁阀插头。

③打开点火开关(ON)。

④用万用表电压挡测量炭罐电磁阀插头电源端子与搭铁点之间应有约 12V 电压(蓄电池电压)。如果电压低或无电压，应检查炭罐电磁阀电源线路是否短路或断路。

⑤关闭点火开关。

⑥插上炭罐电磁阀插头。

第六节 上海大众桑塔纳 2000GSi 轿车 AJR 型发动机电子控制系统的检测

一、AJR 型发动机电子控制系统的结构特点与控制功能

上海大众桑塔纳 2000GSi 轿车(时代超人)AJR 型发动机采用博世(BOSCH)M3.8.2 电子控制系统。AJR 型发动机 M3.8.2 电子控制系统组成如图 10-142 所示，其主要部件的布置如图 10-143 所示。

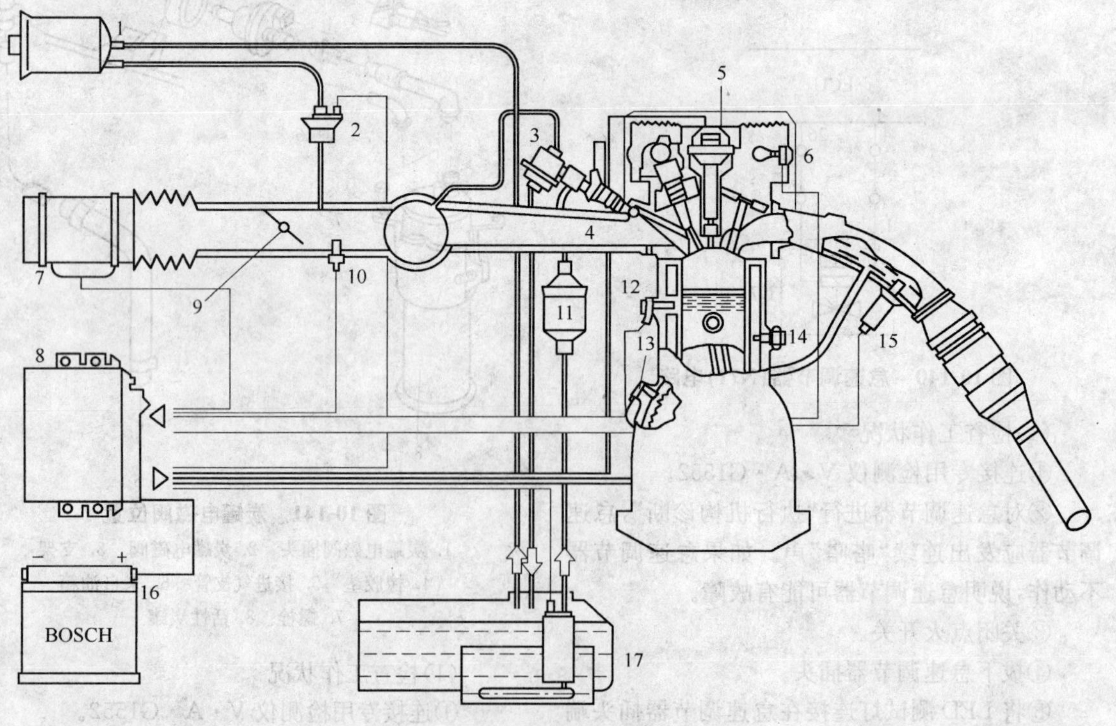

图 10-142 上海大众桑塔纳 2000GSi 轿车 AJR 型发动机 M3.8.2 电子控制系统示意图

1. 活性炭罐 2. 活性炭罐电磁阀 3. 油压调节器 4. 喷油器 5. 点火线圈 6. 霍尔传感器 7. 空气流量传感器 8. ECU 9. 节气门体(节气门控制组件) 10. 进气温度传感器 11. 汽油滤清器 12. 爆燃传感器 13. 发动机转速传感器 14. 冷却液温度传感器 15. 氧传感器 16. 蓄电池 17. 电动汽油泵

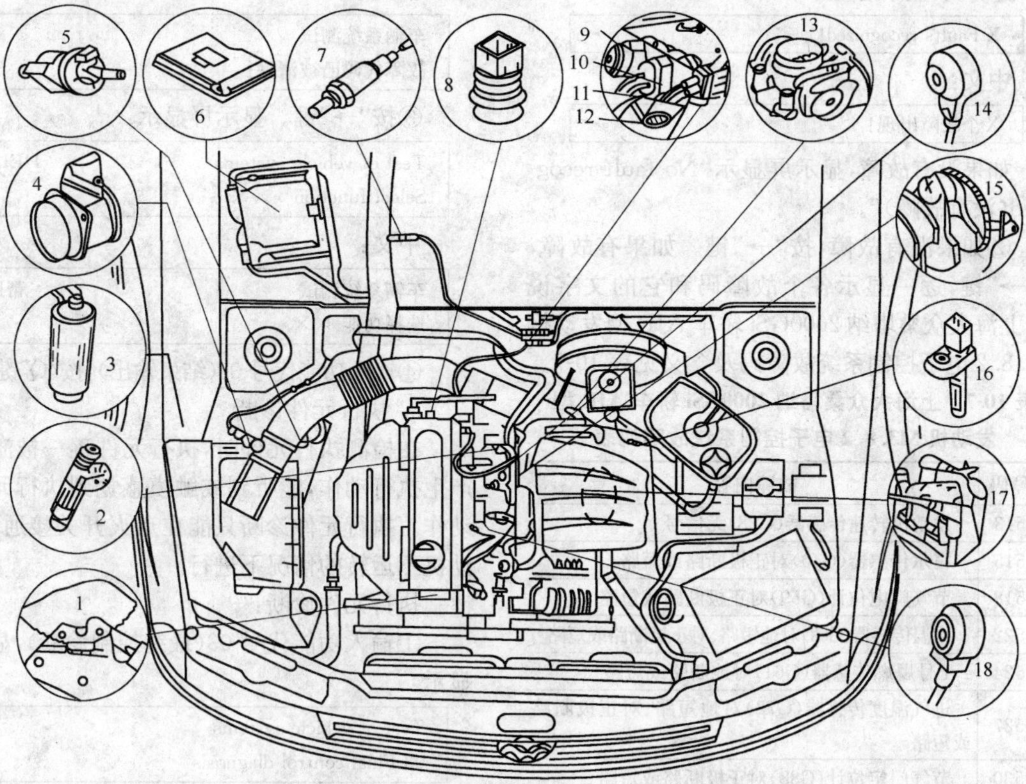

图10-143 上海大众桑塔纳2000GSi轿车AJR型发动机M3.8.2电子控制系统部件位置图

1. 霍尔传感器(G40) 2. 喷油器(N30-N33) 3. 活性炭罐 4. 空气流量传感器(G70) 5. 活性炭罐电磁阀(N80) 6. 发动机ECU(J220) 7. 氧传感器(G39) 8. 冷却液温度传感器(G62) 9. 发动机转速传感器插接器(灰色) 10. 1号爆燃传感器插接器(白色) 11. 氧传感器插接器(黑色) 12. 2号爆燃传感器插接器(蓝色) 13. 节气门控制组件(J338) 14. 2号爆燃传感器(G66) 15. 发动机转速传感器(G28) 16. 进气温度传感器(G72) 17. 点火线圈(N152) 18. 1号爆燃传感器(G61)

AJR型发动机M3.8.2电子控制系统采用节气门直动式怠速控制方式，具有顺序喷油和无分电器双点火功能，设置了汽油蒸发排放控制系统和三元催化转换器。

二、AJR型发动机电子控制系统的自诊断

使用大众汽车公司V·A·G1552专用检测仪对上海大众桑塔纳2000GSi轿车AJR型发动机M3.8.2电子控制系统进行自诊断测试，可以用来查询发动机ECU版本、读取和清除故障码、基本设定、发动机ECU编码、执行元件诊断和读取测量数据块等。

1. 查询发动机ECU版本

关闭点火开关，将V·A·G1552检测仪与诊断座连接。打开点火开关，输入地址码01(发动机电子控制系统)，按“Q”键确认，显示屏显示：

330 907 404 1.8L R4/2V MOTR HS D01 →
Coding 08001 WSC ×××××

330 907 404：发动机ECU零件号；

1.8L：发动机排量；

R4/2V：直列式发动机，四缸，每缸2气门；

MOTR：Motronic；

HS：手动变速箱(AT：自动变速器)

D01：发动机ECU软件版本

Coding 08001：发动机ECU编码

WSC×××××：维修站代码

2. 读取与清除故障码

(1)读取故障码

①输入功能代号02(读取故障存储器)，按

"Q"键确认,显示屏显示:

X Faults recognized! →

中文:

X 个故障出现! →

如果没有故障,显示屏显示"No fault recognized(没有故障)"。

②如果没有故障,按"→"键。如果有故障,按"→"键,逐一显示各个故障码和它的文字说明,上海大众桑塔纳2000GSi轿车AJR型发动机M3.8.2电子控制系统故障码及含义见表10-7。

表 10-7 上海大众桑塔纳 2000GSi 轿车 AJR 型发动机 M3.8.2 电子控制系统故障码表

故障码	故障内容
00513	发动机转速传感器(G28)无信号
00515	霍尔传感器(G40)对正极断路或短路
00518	节气门电位计(G69)对正极断路或短路
00522	水温传感器(G62)对地短路、对正极断路或短路
00524	1号爆燃传感器(G61)对地断路或短路
00527	进气温度传感器(G72)对地短路、对正极断路或短路
00530	节气门定位计(G88)对正极断路或短路
00540	2号爆燃传感器(G66)对地断路或短路
00553	空气流量传感器(G70)对地断路或短路
00668	30号端子电压过低
01165	节气门控制组件(J338)基本设定错误
01247	活性炭罐电磁阀(N80)对地断路或短路
01249	第1缸喷油器(N30)对正极断路或短路
01250	第2缸喷油器(N31)对正极断路或短路
01251	第3缸喷油器(N32)对正极断路或短路
01252	第4缸喷油器(N33)对正极断路或短路

(2)清除故障码

①按"→"键,显示屏显示:

Test of vehicle systems	HELP
Select function ××	

中文:

车辆系统测试	帮助
选择功能 ××	

②输入功能代号05(清除故障存储器),按"Q"键确认,显示屏显示:

Test of vehicle systems	→
Fault memory is erased!	

中文:

车辆系统测试	→
故障代码已被清除!	

③按"→"键。显示屏显示:

Test of vehicle systems	HELP
Select function ××	

中文:

车辆系统测试	帮助
选择功能 ××	

④输入功能代号06(结束输出),按"Q"键确认。

3. 执行元件诊断

在检测执行元件时,执行元件逐一被激活而产生执行动作,能听到或触摸感觉到执行元件的动作。执行元件诊断只能在点火开关接通,而发动机不运转的情况下进行。

执行元件诊断:

①输入功能代号03(最终控制诊断),显示屏显示:

Test of vehicle systems	Q
03 Final control diagnosis	

中文:

车辆系统测试	确认
03 执行元件诊断	

②按Q键确认,显示屏显示:

Final control diagnosis	→
Injector cylinder 1-N30	

中文:

执行元件诊断	→
第1缸喷油器-N30	

③踩加速踏板,使节气门控制组件中怠速开关打开,第1缸喷油器将发出"咔嗒"声5次。

④按"→"键,检查下一缸喷油器。依次对4个缸的喷油器进行检查,如果没有听到喷油器的"咔嗒"声,说明喷油器不动作。

⑤按"→"键,显示屏显示:

Final control diagnosis	→
ACF Solenoid 1-N80	

中文:

执行元件诊断	→
活性炭罐电磁阀 1-N80	

活性炭罐电磁阀将连续动作，可以听到“咔嗒”声或触摸感觉到电磁阀动作。如果活性炭罐电磁阀没有“咔嗒”声，说明活性炭罐电磁阀不动作。

⑥按“→”键，结束检查。

在执行元件诊断过程中，电动汽油泵在连续工作。重复进行执行元件诊断时，必须关闭点火开关 2s 再接通。

4. 基本设定

基本设定是对发动机 ECU 和节气门控制组件进行匹配。在拆过蓄电池电缆线、拔下节气门控制组件插头或更换节气门控制组件、拔下发动机 ECU 插头或更换发动机 ECU 等情况下，需要对节气门控制组件进行基本设定，使发动机 ECU 记忆节气门位置，实现发动机精确控制。基本设定应在冷却液温度不低于 80℃、关闭空调及其他用电设备、故障存储器中没有故障信息等条件下进行。

①输入地址码 01(发动机电子控制系统)，按“Q”键确认，显示屏显示：

Test of vehicle systems	HELP
Select function ××	

中文：

车辆系统测试	帮助
选择功能××	

②输入功能代号 04(基本设定)，按“Q”键确认，显示屏显示：

Introduction of basic setting	HELP
Enter display group number ××	

中文：

基本设定	帮助
输入显示组 XX	

③输入 098(显示组 98 号)，按“Q”键确认，显示屏显示：

System in basic setting 098	→
4.420V 3.820V Leedlauf ADP. EIN	

中文：

基本设定 098	→
4.420V 3.820V 怠速匹配打开	

按“Q”键后，怠速电机驱动节气门到最小、最大和中间位置，发动机 ECU 记忆节气门开度，此过程不超过 10s。显示屏显示：

System in basic setting	→
4.420V 3.820V Leedlauf ADP. i. o	

中文：

基本设定 098	→
4.420V 3.820V 怠速匹配完成	

匹配状态：ADP. i. o(匹配完成)；ADP. n. i. o(匹配未完成)；ADP. runing(正在进行匹配)；ADP. ERROR(匹配错误)。

④按“→”键，显示屏显示：

Test of vehicle systems	HELP
Select function ××	

中文：

车辆系统测试	帮助
选择功能××	

⑤输入功能代号 06(结束输出)，按“Q”确认。

5. 发动机 ECU 编码

如果发动机 ECU 没有显示，或者更换了发动机 ECU，都必须对发动机 ECU 编码。

①输入功能代号 07(电子控制单元编码)，按“Q”键确认，屏幕显示：

Code control unit	Q
Feed in code number ×××××(0-32000)	

中文：

电子控制单元编码	Q
输入编码号 ×××××(0-32000)	

②输入车辆编码号 08001，按“Q”键确认。显示屏显示：

Test of vehicle systems	HELP
Enter address word ××	

中文：

车辆系统测试	帮助
输入地址码 ××	

③关闭点火开关，再打开点火开关，新输入的编码将起作用。

④按“→”键。显示屏显示：

Test of vehicle systems	HELP
Select function ××	

中文：

车辆系统测试	帮助
选择功能 ××	

⑤输入功能代号 06(结束输出)，按"Q"键确认。

6. 读取测量数据块

①输入功能代号 08(读取测量数据块)，按"Q"键确认，屏幕显示：

Read measuring value block	HELP
Enter display group number ××	

中文：

读取测量数据块	帮助
输入显示组号 ××	

②输入显示组号，按"Q"键确认。例如输入 03 显示组号，按"Q"键确认。屏幕显示：

Read measuring value block 0	→
800r/min 14.00V 93.6℃ 39.1℃	

中文：

读取测量数据块	→
800r/min 14.00V 93.6℃ 39.1℃	

③按"↑"键，进一组；按"↓"键，退一组；按"C"键，退回重输显示组号。上海大众桑塔纳 2000GSi 轿车 AJR 型发动机 M3.8.2 电子控制系统各显示组内容见表 10-8。

表 10-8 上海大众桑塔纳 2000GSi 轿车 AJR 型发动机 M3.8.2 电子控制系统显示组表

组号	显示屏显示	参数说明(怠速时正常值)
00	Read measuring value block 0 1 2 3 4 5 6 7 8 9 10	1—冷却液温度(170～204) 2—发动机负荷(20～50) 3—发动机转速(70～90) 4—蓄电池电压(146～212) 5—节气门角度(0～12) 6—怠速空气流量控制值(118～138) 7—怠速空气流量测量值(112～144) 8—混合气成份控制值(78～178) 9—混合气成份测量值(115～141) 10—混合气成份测量值(118～138)

续表 10-8

组号	显示屏显示	参数说明(怠速时正常值)
01	Read measuring value block 1 1 2 3 4	1—发动机转速(800r/min ±30r/min) 2—发动机负荷(1.00～2.50ms) 3—节气门角度(0°～5°) 4—点火提前角(12°±4.5°)
02	Read measuring value block 2 1 2 3 4	1—发动机转速(800r/min ±30r/min) 2—发动机负荷(1.00～2.50ms) 3—发动机每循环喷射持续时间(2.0～5.0ms) 4—进气质量(2.0～4.0g/s)
03	Read measuring value block 3 1 2 3 4	1—发动机转速(800r/min ±30r/min) 2—蓄电池电压(10.0～14.5V) 3—冷却液温度(80～105℃) 4—进气温度(与环境温度有关)
04	Read measuring value block 4 1 2 3 4	1—节气门角度(0°～5°) 2—空档位置怠速空气质量测量值(－1.70～＋1.70g/s) 3—自动变速箱驱动档怠速空气质量测量值 4—工作状况(Leerlauf 怠速；Tetllast 部分负荷；Vollast 全负荷；Schub 加浓；Anreicherung 超速)
05	Read measuring value block 5 1 2 3 4	1—怠速转速(测量值)(800r/min±30r/min) 2—怠速转速(规定值)(800r/min) 3—怠速控制(－10%～＋10%) 4—进气质量(2.0～4.0g/s)
06	Read measuring value block 6 1 2 3 4	1—怠速转速(800r/min±30r/min) 2—怠速控制(－10%～＋10%) 3—混合气λ控制(－10%～＋10%) 4—λ点火提前角(12°±4.5°)

续表 10-8

组号	显示屏显示	参数说明(怠速时正常值)
07	Read measuring value block 7 1 2 3 4	1—混合气λ控制(−10%～+10%) 2—氧传感器电压(0.1～1.0V) 3—活性炭罐电磁阀占空比(0～99%) 4—油箱净化系统动作时混合气修正因素(1.00)
08	Read measuring value block 8 1 2 3 4	1—发动机每循环喷射持续时间(2.0～5.0ms) 2—怠速时λ调节值(−10%～+10%) 3—部分负荷时λ调节值(−8%～+8%) 4—油箱净化系统(TE active 炭罐电磁阀动作;TE not active 炭罐电磁阀关闭;λ adaption 炭罐电磁阀关闭λ调节起作用)
09	Read measuring value block 9 1 2 3 4	1—发动机转速(测量值)(800r/min±30r/min) 2—混合气λ控制(−10%～+10%) 3—氧传感器电压(0～1.0V) 4—怠速时λ调节值(0～99%)
10	Read measuring value block 10 1 2 3 4	1—活性炭罐电磁阀N80占空比(0%～99%) 2—油箱净化系统动作时进混合气修正因素(1.00) 3—活性炭罐过滤器充满水平(−3%～+32%) 4—ACF阀供应空气的比例(0.00)
11	Read measuring value block 11 1 2 3 4	1—发动机转速(800r/min) 2—发动机负荷(曲轴每转喷射持续时间)(1.00～2.50ms) 3—车速(0km/h) 4—汽油消耗(0.5～1.5L/h)
12	Read measuring value block 12 1 2 3 4	1—发动机转速(800r/min) 2—蓄电池电压(10.0～14.5V) 3—汽油消耗(0.5～1.5L/h) 4—点火提前角(12°±4.5°)

续表 10-8

组号	显示屏显示	参数说明(怠速时正常值)
13	Read measuring value block 13 1 2 3 4	1—第1缸爆燃控制点火滞后角(0°～15°) 2—第2缸爆燃控制点火滞后角(0°～15°) 3—第3缸爆燃控制点火滞后角(0°～15°) 4—第4缸爆燃控制点火滞后角(0°～15°)
14	Read measuring value block 14 1 2 3 4	1—发动机转速(800r/min) 2—发动机负荷(曲轴每转喷射持续时间)(1.00～2.50ms) 3—第1缸爆燃控制点火滞后角(0°～15°) 4—第2缸爆燃控制点火滞后角(0°～15°)
15	Read measuring value block 15 1 2 3 4	1—发动机转速(800r/min) 2—发动机负荷(曲轴每转喷射持续时间)(1.00～2.50ms) 3—第3缸爆燃控制点火滞后角(0°～15°) 4—第4缸爆燃控制点火滞后角(0°～15°)
16	Read measuring value block 16 1 2 3 4	1—第1缸爆燃传感器信号电压(0.3～1.4V) 2—第2缸爆燃传感器信号电压(0.3～1.4V) 3—第3缸爆燃传感器信号电压(0.3～1.4V) 4—第4缸爆燃传感器信号电压(0.3～1.4V)
17	Read measuring value block 17 1 2 3 4	1—发动机转速(800r/min) 2—发动机负荷(曲轴每转喷射持续时间)(1.00～2.50ms) 3—催化转换器加热能量平衡 4—点火提前角(目前催化转换器未装)(12°±4.5°)

续表 10-8

组号	显示屏显示	参数说明(怠速时正常值)
18	Read measuring value block 18 1 2 3 4	1—发动机转速(800 r/min) 2—发动机负荷(没有高度修正,1.00～2.50ms) 3—发动机负荷(有高度修正,未规定) 4—按空气密度来修正的高度修正因素(0～20%)
19	Read measuring value block 19 1 2 3 4	1—发动机转速(800r/min ±30r/min) 2—发动机负荷(曲轴每转喷射持续时间,1.00～2.50ms) 3—变速箱档位信号 4—点火提前角(12°±4.5°)
20	Read measuring value block 20 1 2 3 4	1—发动机转速(800r/min ±30r/min) 2—选档杆位置 3—空调开关(low/high) 4—空调压缩机(AVS—关;EIN—开)
21	Read measuring value block 21 1 2 3 4	1—发动机转速(800r/min ±30r/min) 2—发动机负荷(曲轴每转喷射持续时间,1.00～2.50ms) 3—冷却液温度(80℃～105℃) 4—λ控制关闭/打开(AVS—关;EIN—开)
23	Read measuring value block 23 1 2 3 4	1—节气门控制部件工作状态(01000000) 2—节气门定位器最小停止位置(72%～95%) 3—节气门定位器紧急运行停止位置(67%～83%) 4—节气门定位器最大停止位置(18%～54%)

续表 10-8

组号	显示屏显示	参数说明(怠速时正常值)
24	Read measuring value block 24 1 2 3 4	1—发动机转速(800r/min ±30r/min) 2—发动机负荷(曲轴每转喷射持续时间,1.00～2.50ms) 3—点火提前角(12°±4.5°) 4—第1至第4缸总点火滞后角平均值(0°)
98	Read measuring value block 98 1 2 3 4	1—节气门电位计电压(0～5V) 2—节气门定位电位计电压(0～5V) 3—怠速开关工作状态(Leerlanf/Part throttle 怠速/部分负荷) 4—匹配状态(ADP. runing 正在进行匹配;ADP. i. o 匹配完成;ADP. n. i. o 匹配未完成;ADP. ERROR 匹配错误)
99	Read measuring value block 99 1 2 3 4	1—发动机转速(800r/min ±30r/min) 2—冷却液温度(80℃～105℃) 3—混合气在成份λ控制(−10%～+10%) 4—λ控制关闭/打开(λ-Reg. OFF/λ-Reg. ON)

三、AJR型发动机电子控制系统部件的检测

1. 空气流量计(G70)的检测

空气流量传感器如图 10-144 所示,采用热膜式空气质量计,安装在空气滤清器和节气门体之间。空气流量传感器电路如图 10-145 所示。空气流量传感器插头如图 10-146 所示。

(1)检查 12V 电源线路

①关闭点火开关。

②拔下空气流量传感器插头。

③起动发动机。

④用万用表电压挡测量空气流量传感器插头端子 2 与搭铁点的电压,其电压值应约为 12V

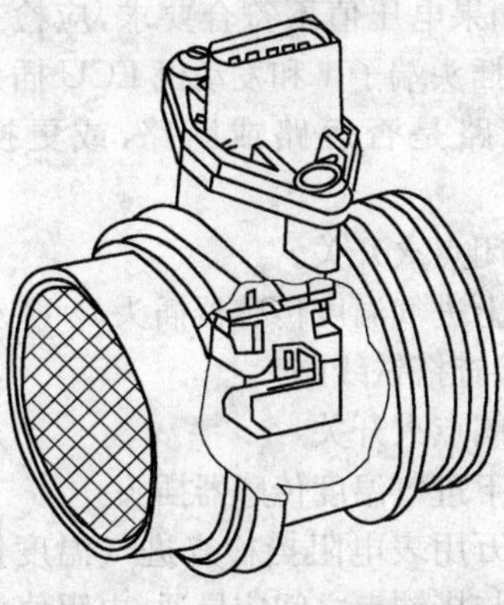

图 10-144　热膜式空气流量传感器

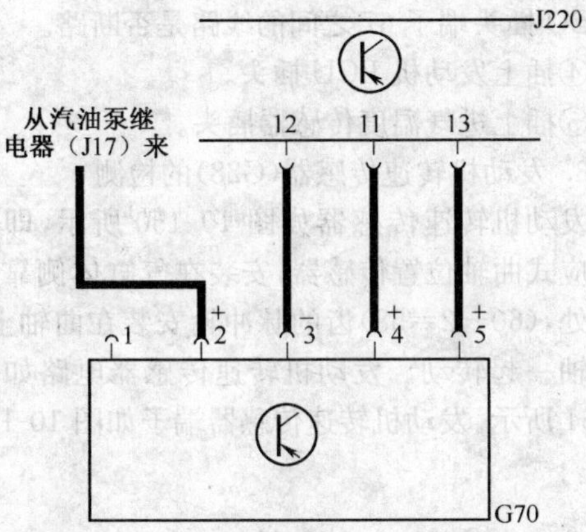

图 10-145　空气流量传感器(G70)电路

1. 空端子　2. 12V 电源端子　3. 搭铁端子　4. 5V 电源端子　5. 信号端子

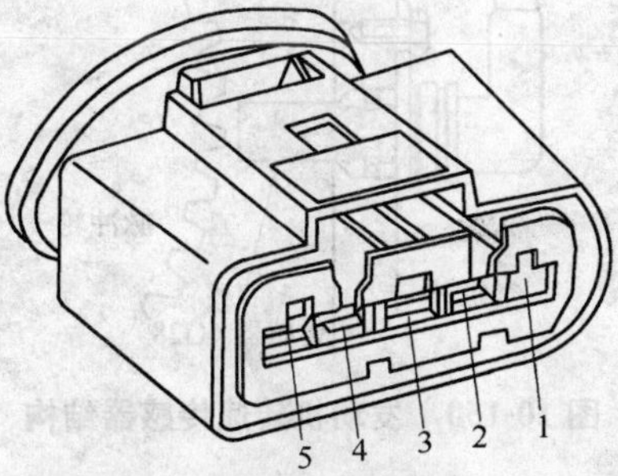

图 10-146　空气流量传感器插头

1. 空端子　2. 12V 电源端子　3. 搭铁端子　4. 5V 电源端子　5. 信号端子

(蓄电池电压)。如果电压低或无电压,应检查附加熔丝(S)是否正常,检查汽油泵继电器是否正常,检查汽油泵继电器和空气流量传感器插头端子 2 之间的线路是否短路或断路。

⑤关闭点火开关。

⑥插上空气流量传感器插头。

(2)检查 5V 电源线路

①关闭点火开关。

②拔下空气流量传感器插头。

③起动发动机。

④用万用表电压挡测量空气流量传感器插头端子 4 与搭铁点的电压,其电压值应约为 5V。如果电压低或无电压,应检查空气流量传感器插头端子 4 和发动机 ECU 插头端子 11 之间的线路是否短路或断路,或更换发动机 ECU。

⑤关闭点火开关。

⑥插上空气流量传感器插头。

(3)检查搭铁线路

①关闭点火开关。

②拔下空气流量传感器插头。

③用万用表电阻挡检查空气流量传感器插头端子 3 与搭铁点之间应导通(电阻值≤0.5V),否则,应检查空气流量传感器插头端子 3 和发动机 ECU 插头端子 12 之间的线路是否断路。

④关闭点火开关。

⑤插上空气流量传感器插头。

(4)测量信号电压

①关闭点火开关。

②拆下空气滤清器。

③打开点火开关(ON)。

④用电吹风机(450W)向空气流量传感器入口吹气,用万用表电压挡测量空气流量传感器插头端子 5 与端子 3 之间的电压,其电压值应为 2.0～4.0V。如果电压不变化,则更换空气流量计。

⑤关闭点火开关。

⑥拔下空气流量传感器插头。

⑦拔下发动机 ECU 插头。

⑧用万用表电阻挡检查空气流量传感器插头端子 5 和发动机 ECU 插头端子 13 之间的线路应导通(电阻值≤0.5Ω),且与搭铁点不通。

⑨插上发动机 ECU 插头。

⑩插上空气流量传感器插头。

2. 进气温度传感器(G72)的检测

进气温度传感器由一个负温度系数的热敏电阻器构成,安装在进气支管上,如图 10-147 所示。进气温度传感器电路如图 10-148 所示。进气温度传感器插头如图 10-149 所示。

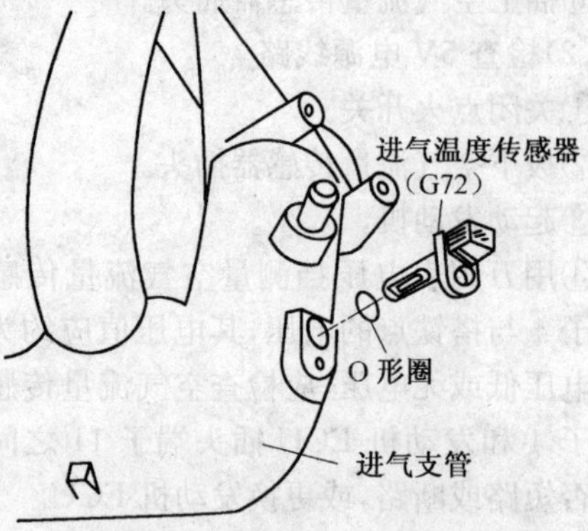

图 10-147 进气温度传感器位置

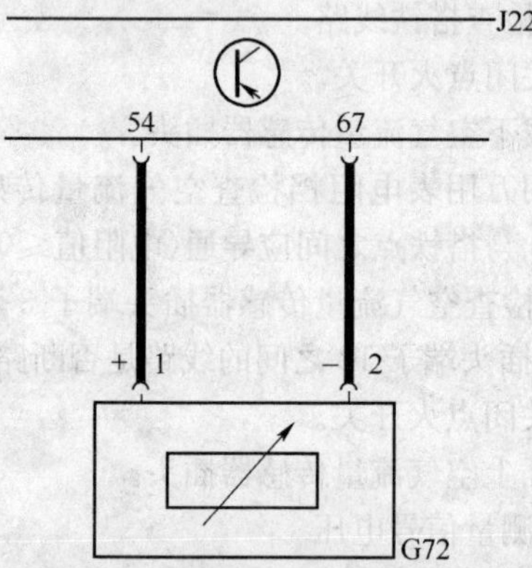

图 10-148 进气温度传感器(G72)工作电路

1. 信号端子 2. 搭铁端子

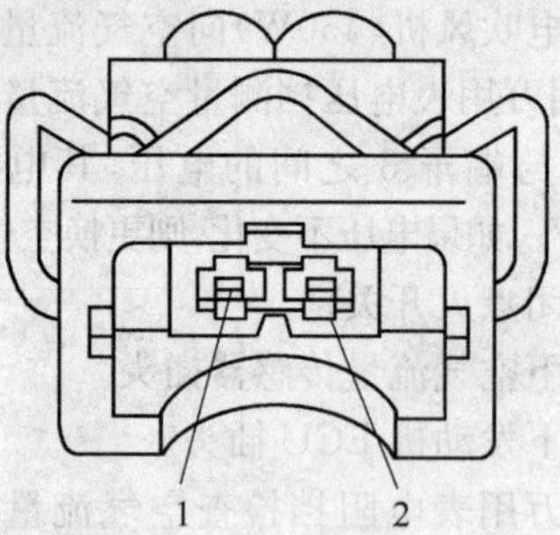

图 10-149 进气温度传感器插头

1. 信号端子 2. 搭铁端子

(1)检查信号线路

①关闭点火开关。

②拔下进气温度传感器插头。

③打开点火开关(ON)。

④用万用表电压挡测量进气温度传感器插头端子 1 与搭铁点 2 之间的电压,其电压值应约为 5V。如果电压值不符合要求,应检查进气温度传感器插头端子 1 和发动机 ECU 插头端子 54 之间的线路是否短路或断路,或更换发动机 ECU。

⑤关闭点火开关。

⑥插上进气温度传感器插头。

(2)检查搭铁线路

①关闭点火开关。

②拔下进气温度传感器插头。

③用万用表电阻挡检查进气温度传感器插头端子 2 与搭铁点之间应导通(电阻值≤0.5Ω),否则,应检查进气温度传感器插头端子 2 和发动机 ECU 插头端子 67 之间的线路是否断路。

④插上发动机 ECU 插头。

⑤插上进气温度传感器插头。

3. 发动机转速传感器(G28)的检测

发动机转速传感器如图 10-150 所示,即电磁感应式曲轴位置传感器,安装在气缸体侧靠近飞轮处,(60−2=58)齿的脉冲轮安装在曲轴上,与曲轴一起转动。发动机转速传感器电路如图 10-151 所示。发动机转速传感器端子如图 10-152 所示。

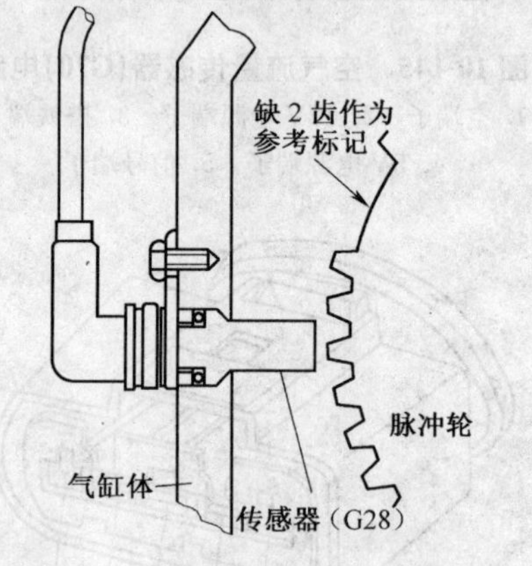

图 10-150 发动机转速传感器结构

(1)测量电阻

①关闭点火开关。

②拔下发动机转速传感器插头。

③用万用电阻挡表测量发动机转速传感器端子 2 与端子 3 之间的电阻,其电阻值应为 480~1000Ω。如果电阻值不符合要求,更换发动机转速传感器。

④插上发动机转速传感器插头。

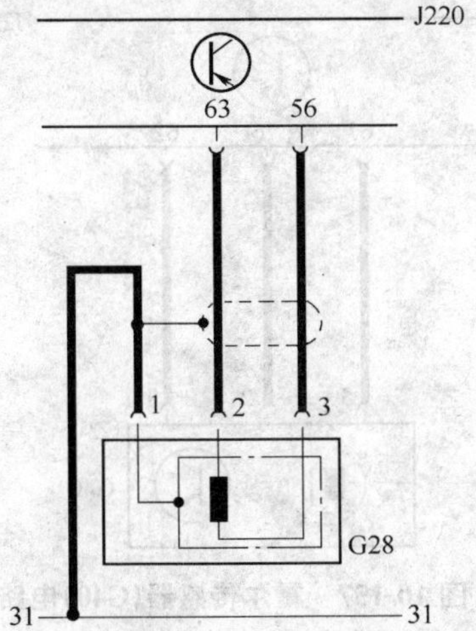

图 10-151　发动机转速传感器(G28)电路

1. 屏蔽线端子　2. 信号负极端子
3. 信号正极端子

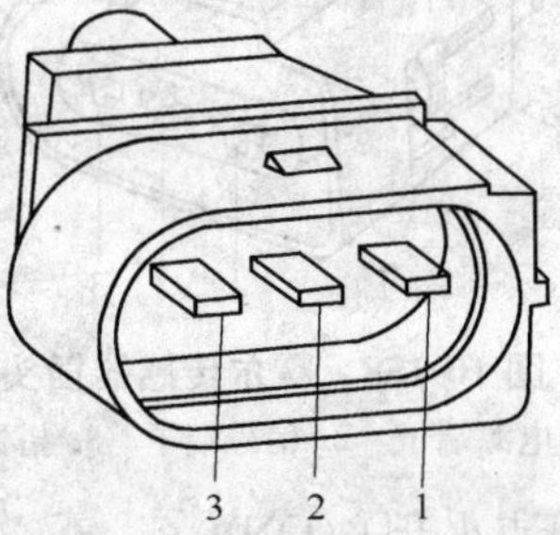

图 10-152　发动机转速传感器端子

1. 屏蔽线端子　2. 信号负极端子
3. 信号正极端子

(2)检查线路

①关闭点火开关。

②拔下发动机转速传感器插头。

③拔下发动机 ECU 插头。

④检查发动机转速传感器插头端子 1 与搭铁点之间是否断路，检查发动机转速传感器端子 2 和发动机 ECU 插头端子 63、发动机转速传感器端子 3 和发动机 ECU 插头端子 56 之间的线路是否短路或断路。

⑤插上发动机 ECU 插头。

⑥插上发动机转速传感器插头。

4. 冷却液温度传感器(G62)的检测

冷却液温度传感器由一个负温度系数的热敏电阻器构成，安装在气缸盖后端出水管上，与水温表传感器(G2)组合在一起，如图 10-153 所示。冷却液温度传感器电路如图 10-154 所示。冷却液温度传感器端子如图 10-155 所示。

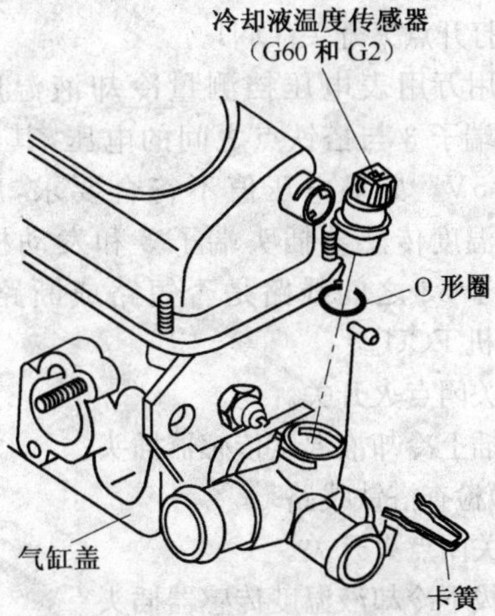

图 10-153　冷却液温度传感器位置

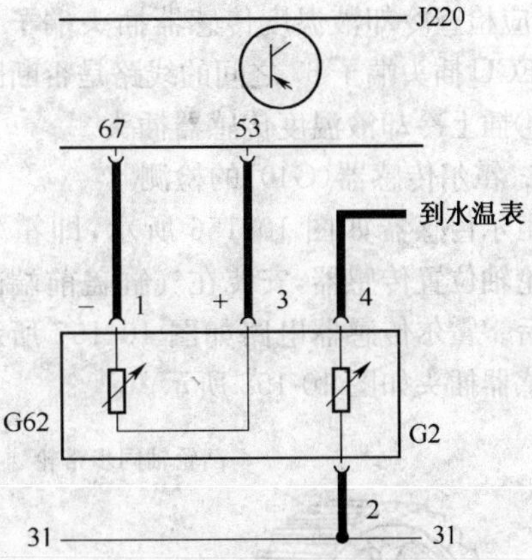

图 10-154　冷却液温度传感器(G62)电路

1. G62 信号搭铁端子　2. G2 搭铁端子
3. G62 信号端子　4. G2 信号端子

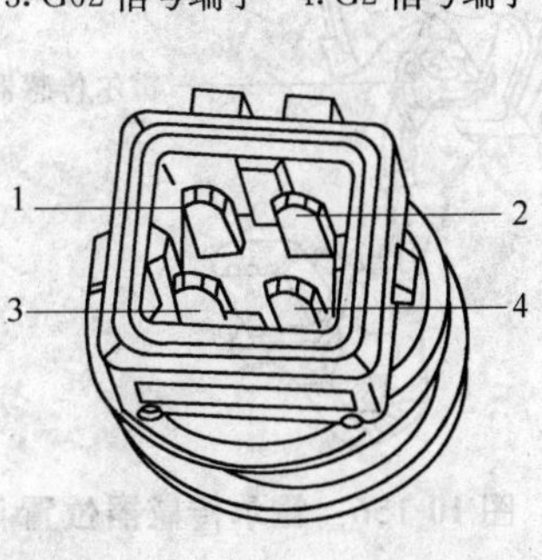

图 10-155　冷却液温度传感器端子

1. G62 信号搭铁端子　2. G2 搭铁端子
3. G62 信号端子　4. G2 信号端子

(1)检查信号线路

①关闭点火开关。

②拔下冷却液温度传感器插头。

③打开点火开关(ON)。

④用万用表电压挡测量冷却液温度传感器插头端子 3 与搭铁点之间的电压,其电压值应约为 5V。如果电压值不符合要求,应检查冷却液温度传感器插头端子 3 和发动机 ECU 插头端子 53 之间线路是否短路或断路,或更换发动机 ECU。

⑤关闭点火开关。

⑥插上冷却液温度传感器插头。

(2)检查搭铁线路

①关闭点火开关。

②拔下冷却液温度传感器插头。

③用万用表电阻挡检查冷却液温度传感器插头端子 1 与搭铁点之间应导通(电阻值≤0.5Ω),否则,应检查冷却液温度传感器插头端子 1 和发动机 ECU 插头端子 67 之间的线路是否断路。

④插上冷却液温度传感器插头。

5. 霍尔传感器(G40)的检测

霍尔传感器如图 10-156 所示,即霍尔效应式凸轮轴位置传感器,安装在气缸盖前端凸轮轴带轮后。霍尔传感器电路如图 10-157 所示。霍尔传感器插头如图 10-158 所示。

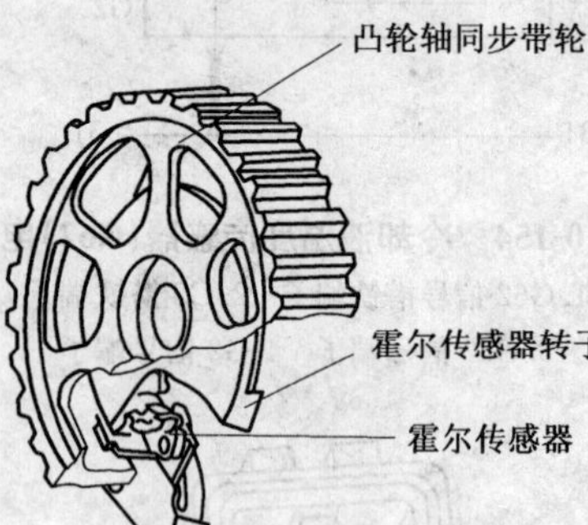

图 10-156 霍尔传感器位置

(1)检查 5V 电源线路

①关闭点火开关。

②拔下霍尔传感器插头。

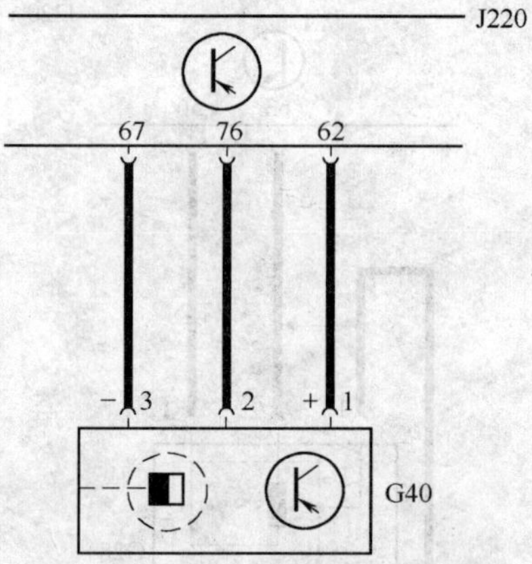

图 10-157 霍尔传感器(G40)电路

1. 5V 电源端子 2. 信号端子 3. 搭铁端子

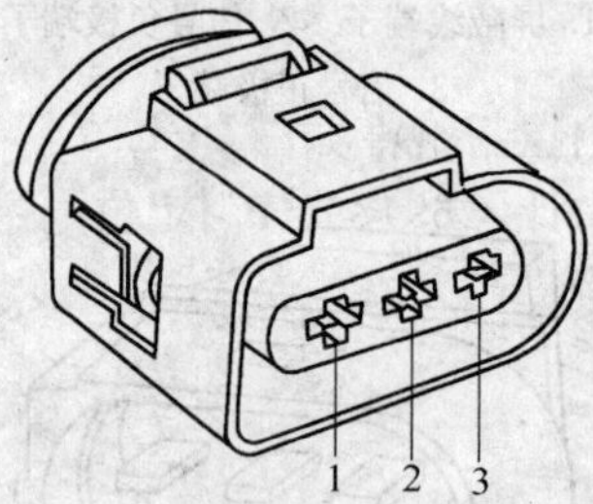

图 10-158 霍尔传感器插头

1. 5V 电源端子 2. 信号端子 3. 搭铁端子

③打开点火开关(ON)。

④用万用表电压挡测量霍尔传感器插头端子 1 与搭铁点之间的电压,其电压值应约为 5V。如果电压值不符合要求,则检查霍尔传感器插头端子 1 和发动机 ECU 插头端子 62 之间的线路是否短路或断路,或更换发动机 ECU。

⑤关闭点火开关。

⑥插上霍尔传感器插头。

(2)检查搭铁线路

①关闭点火开关。

②拔下霍尔传感器插头。

③用万用表电阻挡检查霍尔传感器插头端子 3 与搭铁点之间应导通(电阻值≤0.5Ω),否则,应检查霍尔传感器插头端子 3 和发动机 ECU 插头端子 67 之间的线路是否断路。

④插上霍尔传感器插头。

(3)测试信号

①打开点火开关。

②用万用表电压挡测量霍尔传感器插头端子2与端子3之间的电压，其电压值约为12V（蓄电池电压）。

③将LED测试灯连接在霍尔传感器插头端子2与端子3之间，起动发动机，观察LED测试灯应有规律闪烁，否则，应更换霍尔传感器。

④关闭点火开关。

⑤拔下霍尔传感器插头。

⑥拔下发动机ECU插头。

⑦用万用表电阻挡检查霍尔传感器插头端子2和发动机ECU插头端子76之间的线路应导通（电阻值≤0.5Ω），且与搭铁点不导通。

⑧插上发动机ECU插头。

⑨插上霍尔传感器插头。

6. 节气门控制组件（J338）的检测

节气门控制组件如图10-159所示，它包括节气门电位计（G69）、节气门定位电位计（G88）、怠速开关（F60）和节气门定位器（V60）。节气门控制组件电路如图10-160所示。节气门控制组件插头如图10-161所示。

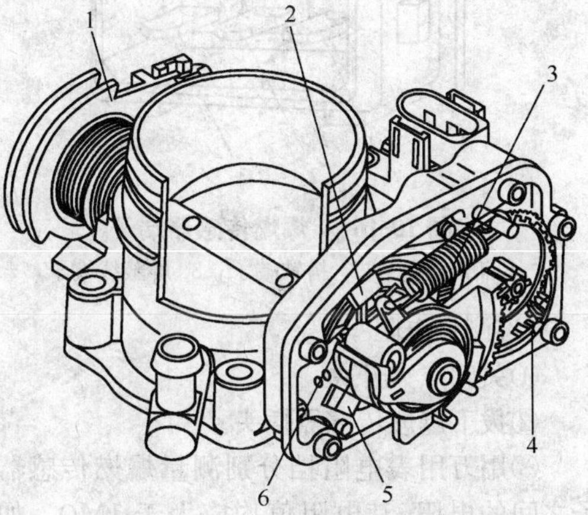

图10-159　节气门控制组件

1. 节气门拉索轮　2. 节气门定位电位计（G88）　3. 紧急运行弹簧　4. 节气门定位器（V60）　5. 节气门电位计（G69）　6. 怠速开关（F60）

（1）测量电阻

①关闭点火开关。

②拔下节气门控制组件插头。

③用万用表电阻挡测量节气门控制组件端子之间的电阻，其电阻值见表10-9。

④插上节气门控制组件插头。

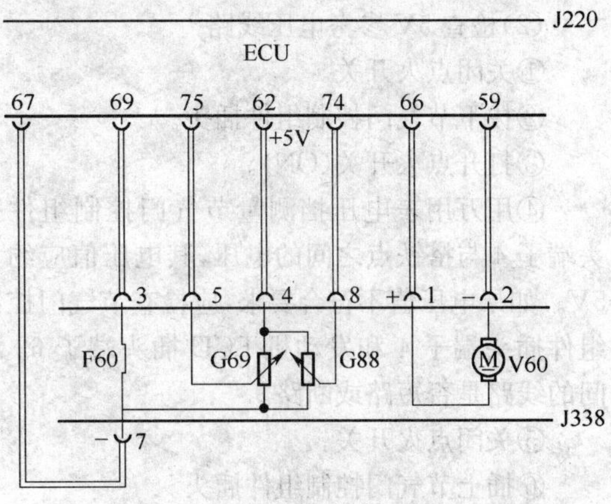

图10-160　节气门控制组件(J338)电路

F60—怠速开关　G69—节气门电位计　G88—节气门定位电位计　V60—节气门定位器

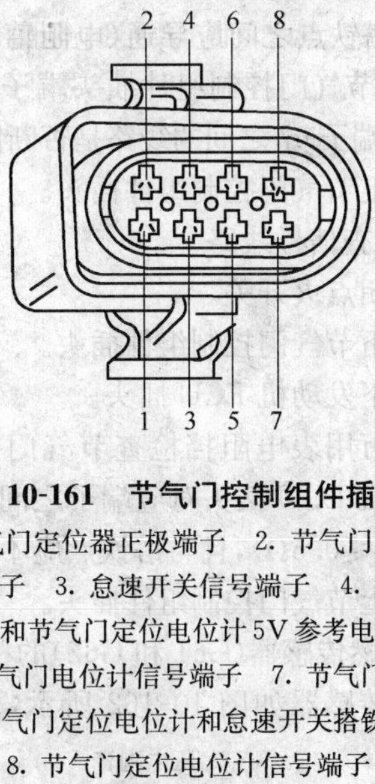

图10-161　节气门控制组件插头

1. 节气门定位器正极端子　2. 节气门定位器负极端子　3. 怠速开关信号端子　4. 节气门电位计和节气门定位电位计5V参考电压端子　5. 节气门电位计信号端子　7. 节气门电位计、节气门定位电位计和怠速开关搭铁端子　8. 节气门定位电位计信号端子

表10-9　节气门控制组件端子之间电阻值

端子	节气门状态	电阻值	部件
1-2	—	3～200Ω	节气门定位器（V60）
3-7	节气门关闭	≤1.0Ω	怠速开关
	节气门开启	∞	
4-7	—	700Ω	节气门电位计（G69）与节气门定位电位计（G88）
5-7	节气门关闭	1760Ω	节气门电位计（G69）
	节气门全开	950Ω	
8-7	节气门关闭	1170Ω	节气门定位电位计（G88）
	节气门全开	735Ω	

(2)检查5V参考电压线路

①关闭点火开关。

②拔下节气门控制组件插头。

③打开点火开关(ON)。

④用万用表电压挡测量节气门控制组件插头端子4与搭铁点之间的电压，其电压值应约为5V。如果电压值不符合要求，应检查节气门控制组件插头端子4和发动机ECU插头端子62之间的线路是否短路或断路。

⑤关闭点火开关。

⑥插上节气门控制组件插头。

(3)检查搭铁线路

①关闭点火开关。

②拔下节气门控制组件插头。

③用万用表电阻挡检查节气门控制组件插头端子7与搭铁点之间应导通(电阻值≤0.5Ω)，否则，应检查节气门控制组件插头端子7和发动机ECU插头端子67之间的线路是否断路或短路。

④插上节气门控制组件插头。

(4)检查信号线路

①关闭点火开关。

②拔下节气门控制组件插头。

③拔下发动机ECU插头。

④用万用表电阻挡检查节气门控制组件插头与发动机ECU插头对应端子之间的线路应导通(电阻值≤0.5Ω)，且与搭铁点应不通。

⑤插上节气门控制组件插头。

7. 爆燃传感器(G61和G62)的检测

爆燃传感器如图10-162所示，两个爆燃传感器(G61和G62)分别安装在进气管侧气缸体第1、2缸和第3、4缸之间，螺栓拧紧力矩为20N·m。爆燃传感器电路如图10-163所示。爆燃传感器端子如图10-164所示。

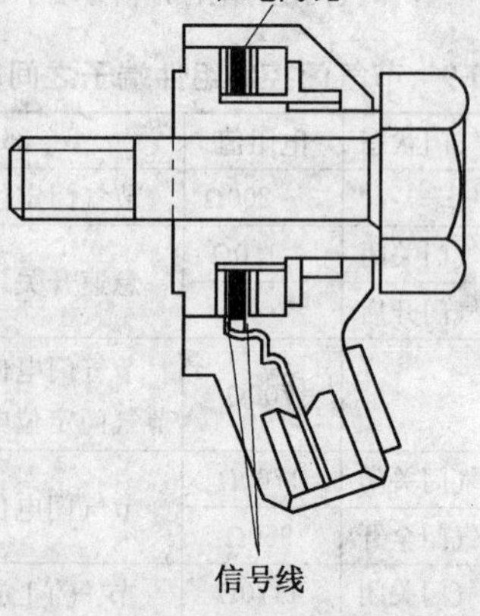

图10-162 爆燃传感器结构

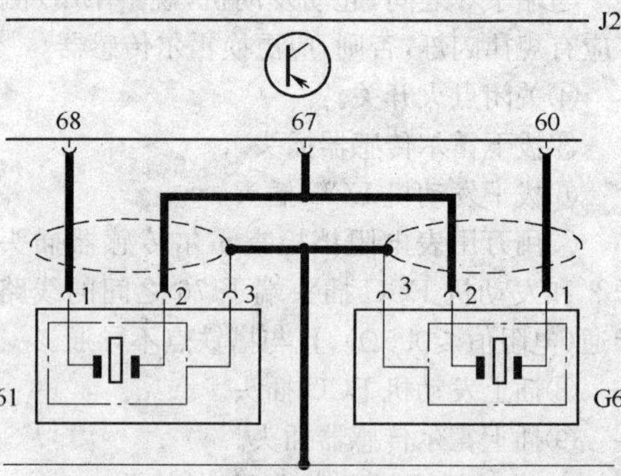

图10-163 爆燃传感器(G61和G62)电路

1. 信号端子 2. 搭铁端子 3. 屏蔽线端子

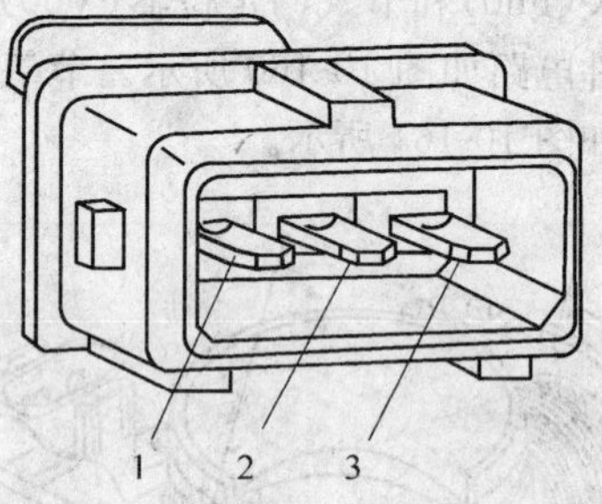

图10-164 爆燃传感器端子

1. 信号端子 2. 搭铁端子 3. 屏蔽线端子

(1)测量电阻

①关闭点火开关。

②拔下爆燃传感器插头。

③用万用表电阻挡分别测量爆燃传感器端子之间的电阻，其电阻值均应大于1MΩ。如果电阻值不符合要求，则更换爆燃传感器。

④插上爆燃传感器插头。

(2)检查线路

①关闭点火开关。

②拔下爆燃传感器插头。

③用万用表电阻挡检查爆燃传感器插头端子3与搭铁点应导通(电阻值≤0.5Ω)，否则，应检查爆燃传感器插头端子3和搭铁处之间的线路是否断路，或搭铁不良。

④用万用表电阻挡检查爆燃传感器插头端

子2与搭铁点应导通(电阻值≤0.5Ω),否则,应检查爆燃传感器插头端子2和发动机ECU插头端子67之间的线路是否断路。

⑤拔下发动机ECU插头。

⑥用万用表电阻挡检查爆燃传感器插头端子1和发动机ECU插头端子68、端子60之间的线路应导通(电阻值≤0.5Ω),且与搭铁点之间应不通。

⑦插上发动机ECU插头。

⑧插上爆燃传感器插头。

8. 氧传感器(G39和Z19)的检测

氧传感器安装在排气管上,如图10-165所示,为加热型氧化锆式,设有加热器(Z19)。氧传感器电路如图10-166所示。氧传感器端子如图10-167所示。

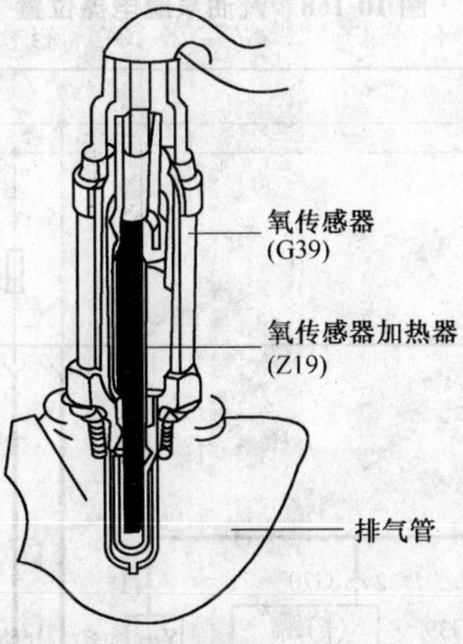

图10-165　加热型氧传感器位置

(1)测量加热器电阻

①关闭点火开关。

②拔下氧传感器插头。

③用万用表电阻挡测量氧传感器端子1与端子2之间的电阻,其电阻值应为1～5Ω(25℃),温度上升时电阻值应迅速增大。如果电阻值不符合要求,则更换氧传感器。

④插上氧传感器插头。

(2)检查加热器电源线路

①关闭点火开关。

②拔下氧传感器插头。

③打开点火开关。

④用万用表电压挡测量氧传感器端子1与搭铁点之间的电压,其电压值应约为12V(蓄电池电压)。如果电压低或无电压,则检查氧传感器端子1和汽油泵继电器之间的线路是否断路或短路。

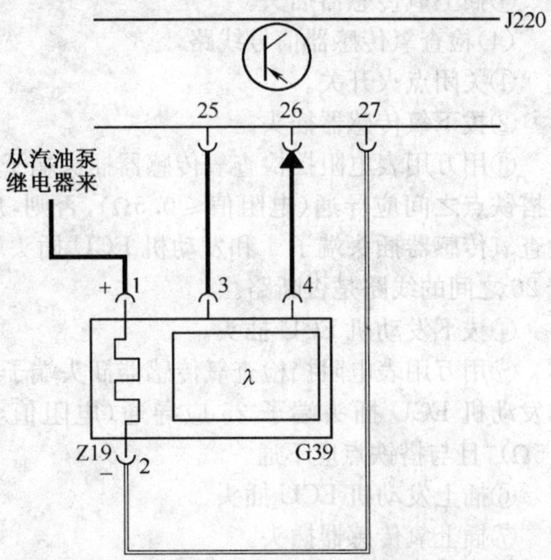

图10-166　氧传感器(G39)与加热器(Z19)电路

1. 加热器电源端子　2. 加热器搭铁端子　3. 氧传感器搭铁端子　4. 氧传感器信号端子

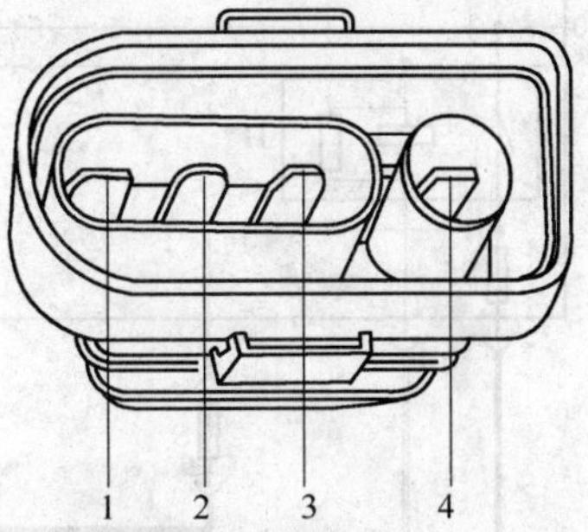

图10-167　氧传感器端子

1. 加热器电源端子　2. 加热器搭铁端子
3. 氧传感器搭铁端子　4. 氧传感器信号端子

⑤关闭点火开关。

⑥插上氧传感器插头。

(3)检查加热器搭铁线路

①关闭点火开关。

②拔下氧传感器插头。

③用万用表电阻挡检查氧传感器端子2与搭铁点之间应导通(电阻值≤0.5Ω),否则,应检查氧传感器端子2和发动机ECU插头端子27之间的线路是否断路。

④插上氧传感器插头。

(4)检查氧传感器信号线路

①关闭点火开关。

②拔下氧传感器插头。

③用万用表电阻挡检查氧传感器插头端子 4 与搭铁点之间应导通(电阻值≤0.5Ω),否则,应检查氧传感器插头端子 4 和发动机 ECU 插头端子 26 之间的线路是否断路。

④拔下发动机 ECU 插头。

⑤用万用表电阻挡检查氧传感器插头端子 3 和发动机 ECU 插头端子 25 应导通(电阻值≤0.5Ω),且与搭铁点应不通。

⑥插上发动机 ECU 插头。

⑦插上氧传感器插头。

9. 汽油泵继电器(J17)的检测

汽油泵继电器位于继电器板 2 号位置,如图 10-168 所示。汽油泵继电器电路如图 10-169 所示,由发动机 ECU 控制汽油泵继电器的通断,以控制电动汽油泵、喷油器、空气流量传感器、炭罐电磁阀、氧传感器加热器的供电。汽油泵继电器插孔如图 10-170 所示。

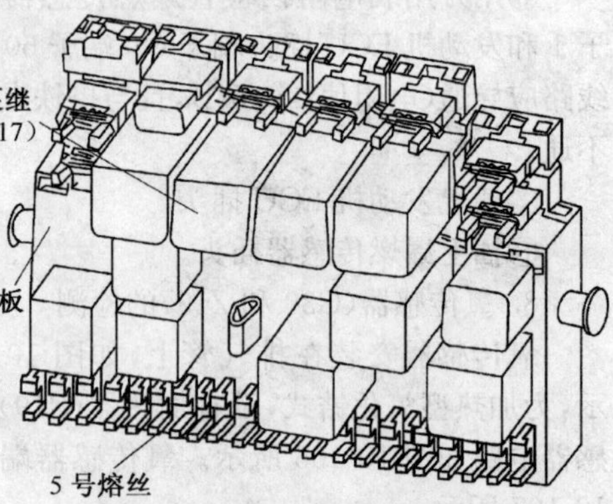

图 10-168 汽油泵继电器位置

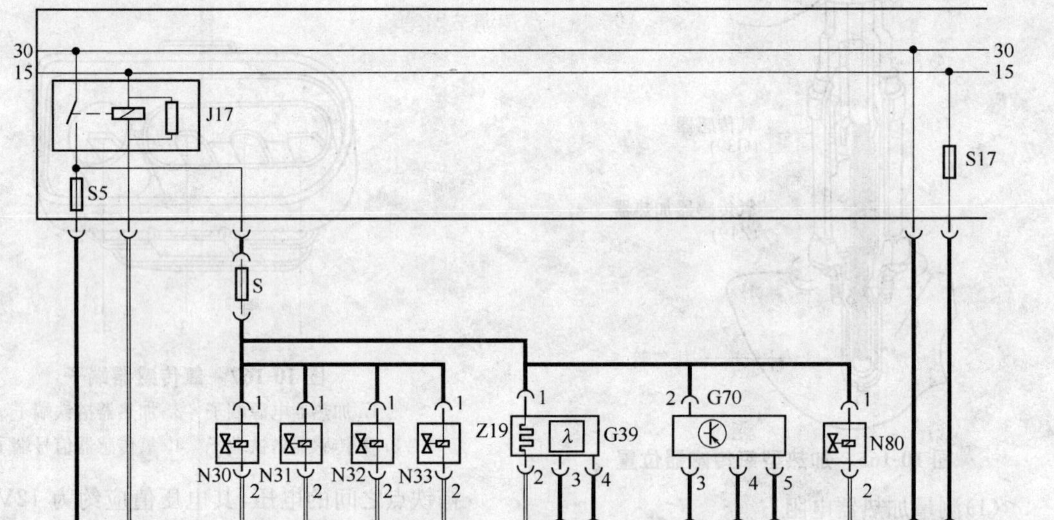

图 10-169 电动汽油泵继电器(J17)电路

G6—电动汽油泵 G28—发动机转速传感器 N30~N33—喷油器 G39—氧传感器 Z19—氧传感器加热器 G70—空气流量传感器 N80—炭罐电磁阀

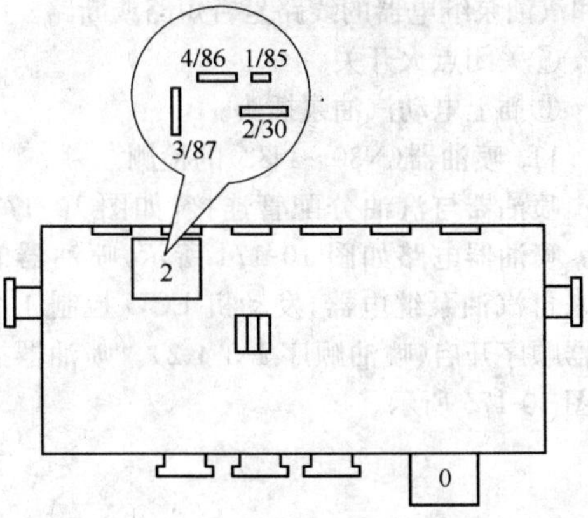

图10-170　汽油泵继电器端子

1/85—接ECU端子4　2/30—接蓄电池正极　3/87—接汽油泵熔丝(S5)、喷油器等　4/86—接点火开关端子15

(1)检查工作状况

打开点火开关(ON),应能听到汽油泵继电器的动作声,或用手触摸汽油泵继电器,能感觉到汽油泵继电器的振动。

(2)检查电源线路

①关闭点火开关。

②从继电器板上取下汽油泵继电器。

③用万用表电压挡测量继电器板2号继电器座插孔2/30应有约12V电压(蓄电池电压),如果电压低或无电压,则检查继电器座插孔2/30和蓄电池正极之间的线路是否短路或断路。

④打开点火开关(ON)。

⑤用万用表电压挡测量继电器板2号继电器插孔4/86应有约12V电压(蓄电池电压)。如果电压低或无电压,则检查继电器座插孔4/86和点火开关端子15之间的线路是否短路或断路。

⑥关闭点火开关。

⑦插上汽油泵继电器。

(3)检查控制线路

①关闭点火开关。

②取下汽油泵继电器。

③拔下发动机ECU插头。

④检查继电器板2号继电器座插孔1/85和发动机ECU插头端子4之间的线路是否短路或断路。

⑤插上发动机ECU插头。

⑥插上汽油泵继电器。

10. 电动汽油泵(G6)的检测

电动汽油泵位于油箱内,安装在一个圆形壳体中,如图10-171所示。电动汽油泵是由永磁电动机驱动的滚子泵。电动汽油泵电路可参照汽油泵继电器电路(见图10-169),在电动汽油泵与汽油泵继电器之间设有熔丝(S5),发动机ECU控制汽油泵继电器对电动汽油泵供电。汽油泵端子如图10-172所示。

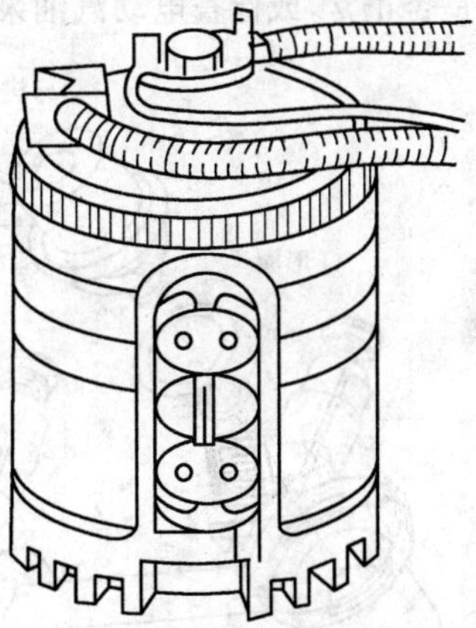

图10-171　电动汽油泵位置

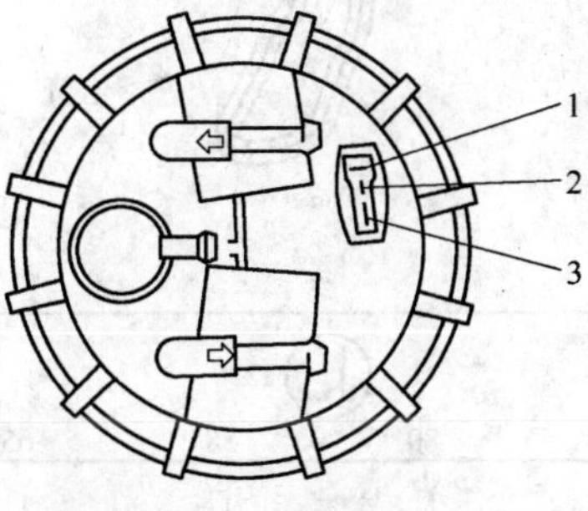

图10-172　电动汽油泵端子

1. 搭铁端子　2. 电源端子　3. 汽油表信号端子

(1)检查工作状况

打开油箱盖,打开点火开关(ON),同时在油箱加油口处察听电动汽油泵是否有运转声音。应能听到电动汽油泵运转声音,且运转1～3s后停止。

(2)测量电阻

①关闭点火开关。

②拔下电动汽油泵插头。

③用万用表电阻挡测量电动汽油泵端子1与端子2之间的电阻,其阻值应为2～3Ω。如果电阻值不符合要求,则更换电动汽油泵。

④插上电动汽油泵插头。

(3)检查电源线路

①关闭点火开关。

②拔下电动汽油泵插头。

③打开点火开关。

④在打开点火开关时，用万用表电压挡测量电动汽油泵插头端子2，应有约12V电压（蓄电池电压）。如果电压低或无电压，则检查汽油泵熔丝(S5)是否正常，或检查电动汽油泵插头端子2和汽油泵继电器的线路是否短路或断路。

⑤关闭点火开关。

⑥插上电动汽油泵插头。

11. 喷油器(N30～N33)的检测

喷油器与汽油分配管连接，如图10-173所示。喷油器电路如图10-174所示，喷油器的电源来自汽油泵继电器，发动机ECU控制4个喷油器顺序开启（喷油顺序1-3-4-2）。喷油器插头如图10-175所示。

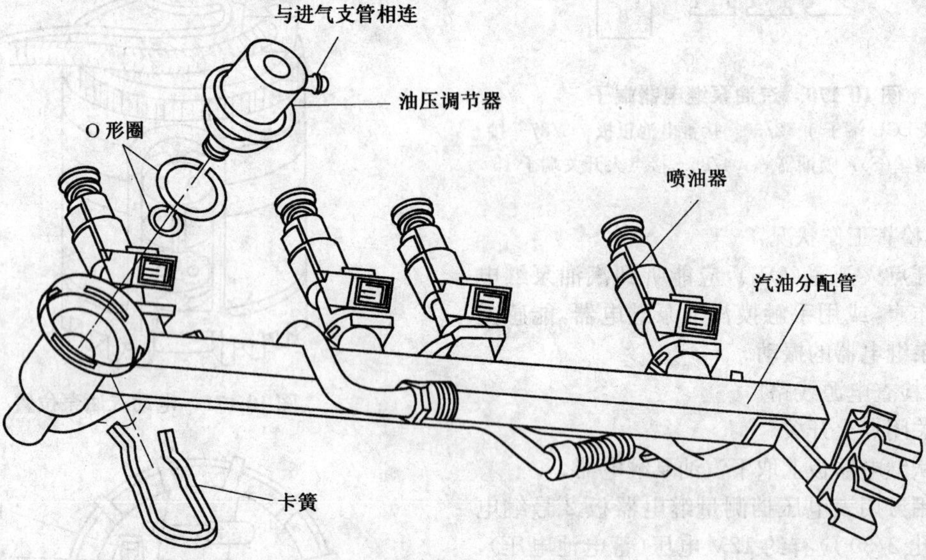

图10-173 喷油器位置

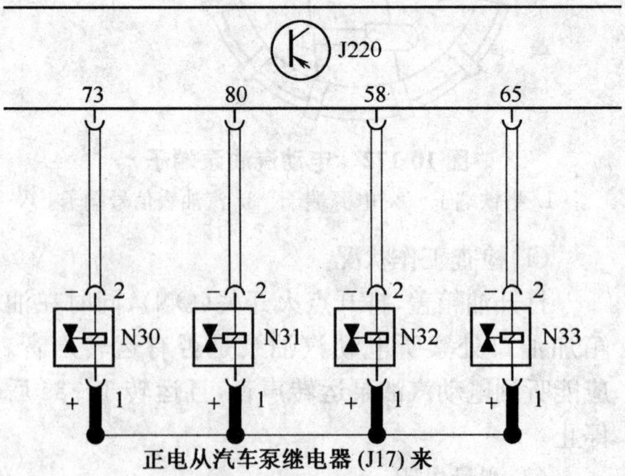

图10-174 喷油器工作电路

1. 电源端子 2. 信号端子

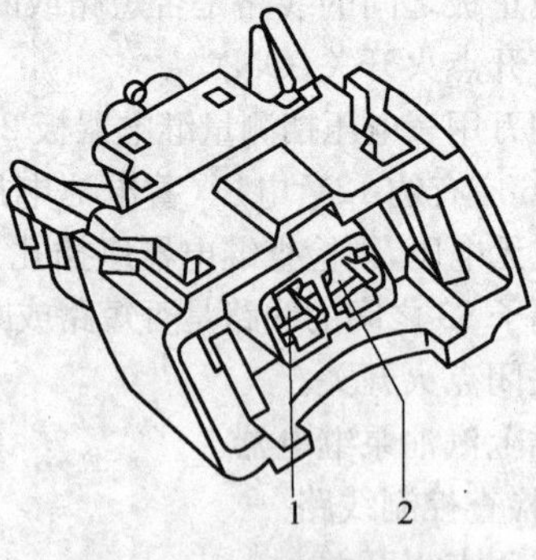

图10-175 喷油器插头

1. 电源端子 2. 信号端子

(1)测量电阻

①关闭点火开关。

②拔下喷油器插头。

③用万用表电阻挡测量喷油器的电阻，其电阻值应为13～18Ω。如果电阻值不符合要求，则更换喷油器。

④插上喷油器插头。

(2)检查电源线路

①关闭点火开关。

②拔下喷油器插头。

③打开点火开关。

④点火开关打开时,用万用表电压挡测量喷油器插头端子1与搭铁点之间应有约12V电压(蓄电池电压)。如果电压低或无电压,则检查喷油器插头端子1和汽油泵继电器之间的线路是否短路或断路。

⑤关闭点火开关。

⑥插上喷油器插头。

(3)测试喷油信号

①关闭点火开关。

②拔下喷油器插头。

③在喷油器插头端子之间连接LED测试灯。

④起动发动机,观察LED测试灯应闪烁。如果LED测试灯不亮或常亮,则检查喷油器插头端子2和发动机ECU插头对应端子之间的线路是否断路或短路,或更换发动机ECU。

⑤关闭点火开关。

⑥取下LED测试灯。

⑦插上喷油器插头。

12. 点火线圈总成(N152)的检测

点火线圈总成如图10-176所示,点火线圈总成的高压线插孔旁有A、B、C、D标记,分别对应1、2、3、4缸的高压线。点火线圈电路如图10-177所示,点火线圈总成由两个点火线圈(N和N128,N128为1、4缸点火线圈,N为2、3缸点火线圈)和功率输出极(N122)组成。点火线圈总成插头如图10-178所示。

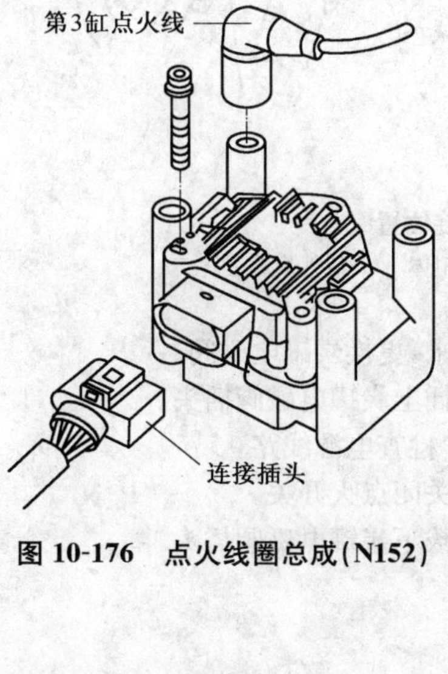

图10-176　点火线圈总成(N152)

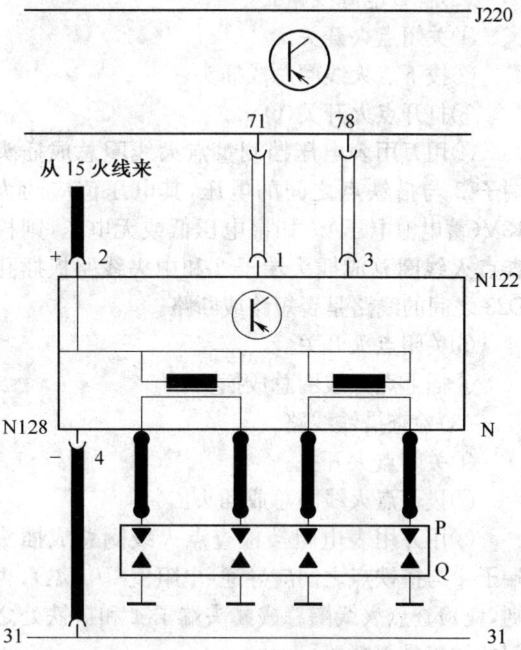

图10-177　点火线圈总成电路

N128—1、4缸点火线圈　N—2、3缸点火线圈　N122—功率输出极　1. 1、4缸点火线圈信号端子　2. 电源端子　3. 2、3缸点火线圈信号端子　4. 搭铁

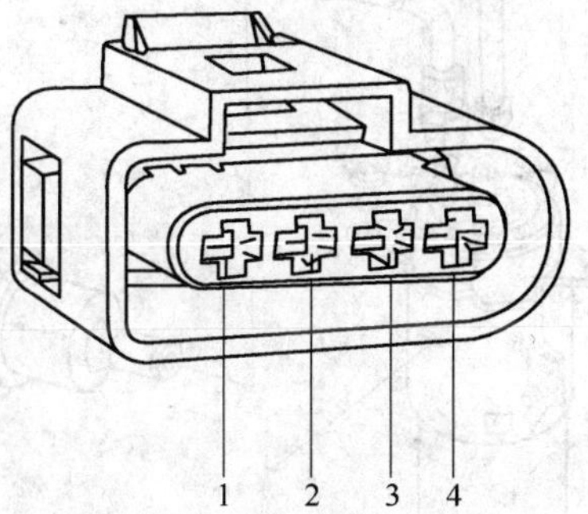

图10-178　点火线圈总成插头

1. 1、4缸点火线圈信号端子　2. 电源端子　3. 2、3缸点火线圈信号端子　4. 搭铁

(1)测量电阻

①关闭点火开关。

②拔下点火线圈总成上高压线。

③用万用表电阻挡测量点火线圈总成高压线插孔A与插孔B、插孔C与插孔D之间的电阻,其电阻值应为4.0～6.0kΩ。如果电阻值不符合要求,则更换点火线圈总成。

④插上点火线圈总成上高压线。

(2)检查电源线路

①关闭点火开关。

②拔下点火线圈总成插头。

③打开点火开关(ON)。

④用万用表电压挡测量点火线圈总成插头端子2与搭铁点之间的电压,其电压值应约为12V(蓄电池电压)。如果电压低或无电压,则检查点火线圈总成插头端子2和中央线路板插孔D23之间的线路是否短路或断路。

⑤关闭点火开关。

⑥插上点火线圈总成插头。

(3)检查搭铁线路

①关闭点火开关。

②拔下点火线圈总成插头。

③用万用表电阻挡检查点火线圈总成插头端子4与搭铁点之间应导通(电阻值≤0.5Ω),否则,应检查点火线圈总成插头端子4和搭铁处之间的线路是否断路。

④插上点火线圈总成插头。

(4)测试点火信号

①关闭点火开关。

②拔下4个喷油器插头,停止喷油。

③拔下点火线圈总成插头。

④将LED测试灯连接到点火线圈总成插头端子1(或端子3)与端子4之间。

⑤打开点火开关(ST),起动发动机数秒钟,观察LED测试灯应闪烁。如果LED测试灯不亮或常亮,应检查点火线圈总成插头端子1(或端子3)与发动机ECU插头端子71(或端子78)之间的线路是否短路或断路,或更换发动机ECU。

⑥关闭点火开关。

⑦插上喷油器插头。

⑧插上点火线圈总成插头。

13. 炭罐电磁阀(N80)的检测

炭罐电磁阀安装位置如图10-179所示。炭罐电磁阀电路如图10-180所示。炭罐电磁阀插头如图10-181所示。

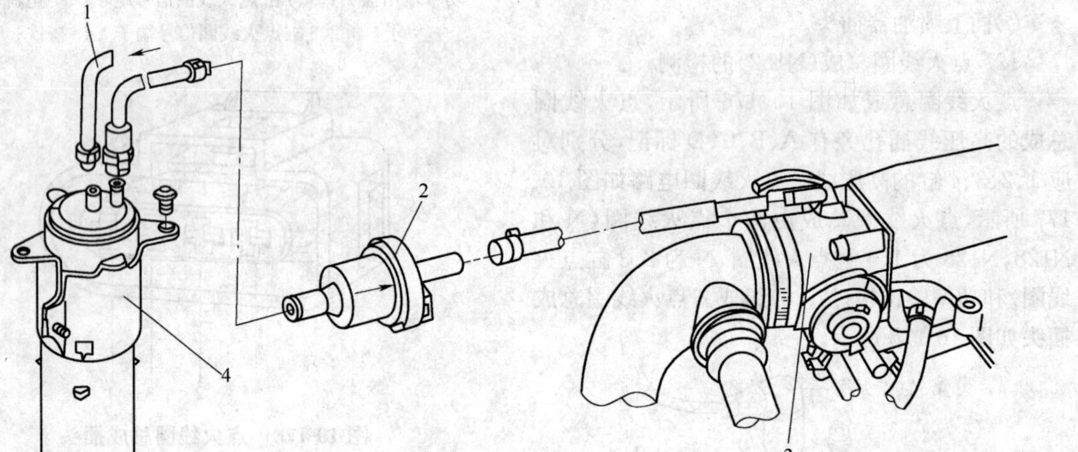

图10-179 炭罐电磁阀安装位置

1. 从汽油箱来 2. 炭罐电磁阀 3. 节气门体 4. 活性炭罐

(1)测量电阻

①关闭点火开关。

②拔下炭罐电磁阀插头。

③用万用表电阻挡测量炭罐电磁阀端子间的电阻,其电阻值应为22~30Ω。如果电阻值不符合要求,更换炭罐电磁阀。

④插上炭罐电磁阀插头。

(2)检查电源线路

①关闭点火开关。

②拔下炭罐电磁阀插头。

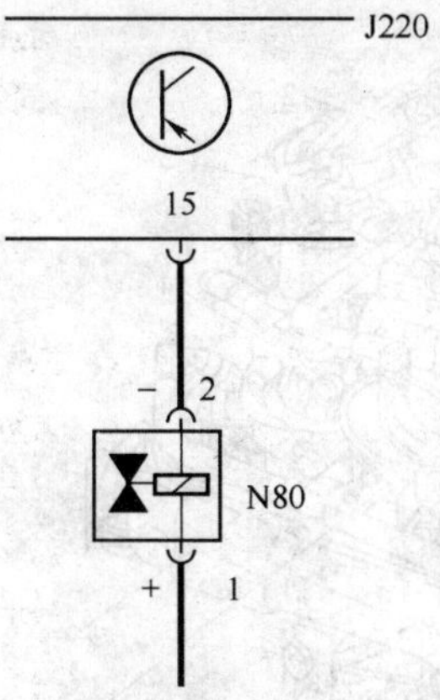

图 10-180　炭罐电磁阀电路

1. 电源端子　2. 信号端子

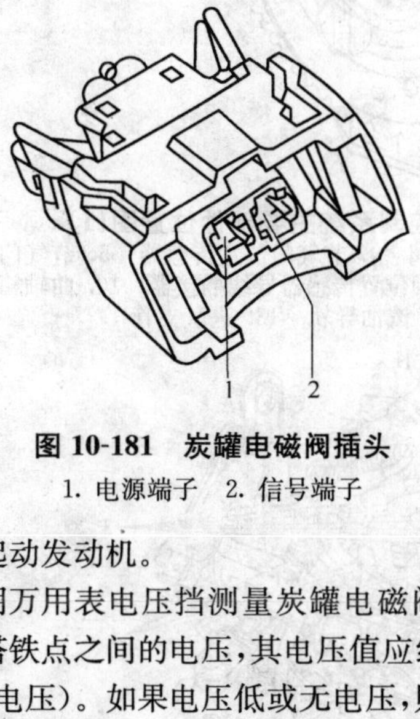

图 10-181　炭罐电磁阀插头

1. 电源端子　2. 信号端子

③起动发动机。

④用万用表电压挡测量炭罐电磁阀插头端子 1 与搭铁点之间的电压，其电压值应约为 12V（蓄电池电压）。如果电压低或无电压，则检查炭罐电磁阀插头端子 1 和汽油泵继电器之间的线路是否短路或断路。

⑤关闭点火开关。

⑥插上炭罐电磁阀插头。

(3)测试信号

①关闭点火开关。

②拔下炭罐电磁阀插头。

③将 LED 测试灯连接到炭罐电磁阀插头端子之间。

④起动发动机并预热。

⑤待发动机温度正常后，将发动机加速至 2500r/min 左右，LED 测试灯应闪烁。如果 LED 测试灯不亮或常亮，则检查炭罐电磁阀插头端子 2 和发动机 ECU 插头端子 15 之间的线路是否断路或短路。

⑥关闭点火开关。

⑦拔下 LED 测试灯。

⑧插上炭罐电磁阀插头。

第七节　上海通用别克轿车 L46 型发动机电子控制系统的检测

一、L46 型发动机电子控制系统的结构特点与控制功能

上海通用别克轿车 L46 型发动机(3.0LV6)装备在上海通用别克 GL、GLX、新世纪等轿车上。L46 型发动机电子控制系统主要部件布置如图 10-182、图 10-183 所示。L46 型发动机电子控制系统由电子控制多点汽油喷射系统、无分电器双点火系统、闭环控制废气再循环系统、汽油蒸发排放控制系统、三元催化转换器等组成。

L46 型发动机电子控制系统的核心部件为动力系统控制模块（发动机综合控制、自动变速器控制、自动空调控制、巡航控制等），即 PCM。PCM 根据传感器信号控制汽油泵继电器、汽油喷射、点火正时、怠速稳定、废气再循环、炭罐清洗、冷却风扇等。喷油模式有起动模式、清除溢油模式、加速增油模式、减速减油模式、切断燃油模式、备用燃油模式等，使混合气空燃比控制更加精确。点火模式有点火控制(IC)模式和点火旁通模式。PCM 与第二代串行数据通信电路连接，使 PCM 与其他电子控制模块共享数据信息。

二、L46 型发动机电子控制系统的自诊断

使用 TECH-2 扫描工具(GM 汽车专用检测仪)读取与清除故障码、测试发动机数据参数。TECH-2 扫描工具如图 10-184 所示。

1. 读取与清除故障码

使用 TECH-2 扫描工具读取与清除故障码。上海通用别克轿车 L46 型发动机电子控制系统故障码及其含义见表 10-10。

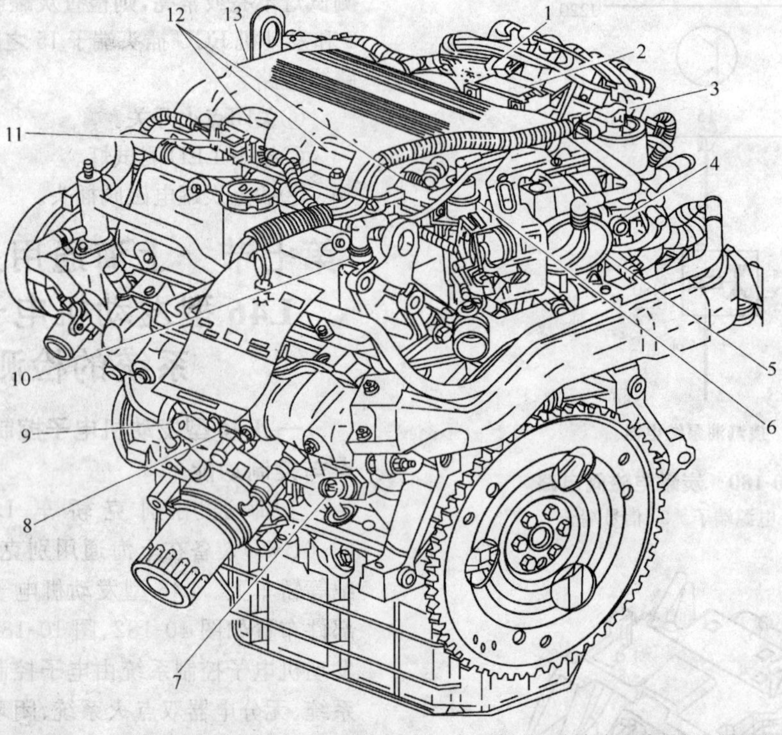

图 10-182 上海通用别克轿车 L46 型发动机电子控制系统主要部件位置图(1)

1. 喷油器导线插接器 2. 进气压力传感器 3. 废气再循环(EGR)阀 4. 节气门位置传感器 5. 节气门体 6. 汽油压力调节器 7. 机油压力开关 8. 爆燃传感器 9. 24X 曲轴位置传感器导线插接器 10. 曲轴箱通风(PCV)阀 11. 凸轮轴位置传感器导线插接器 12. 汽油导轨 13. 进气支管

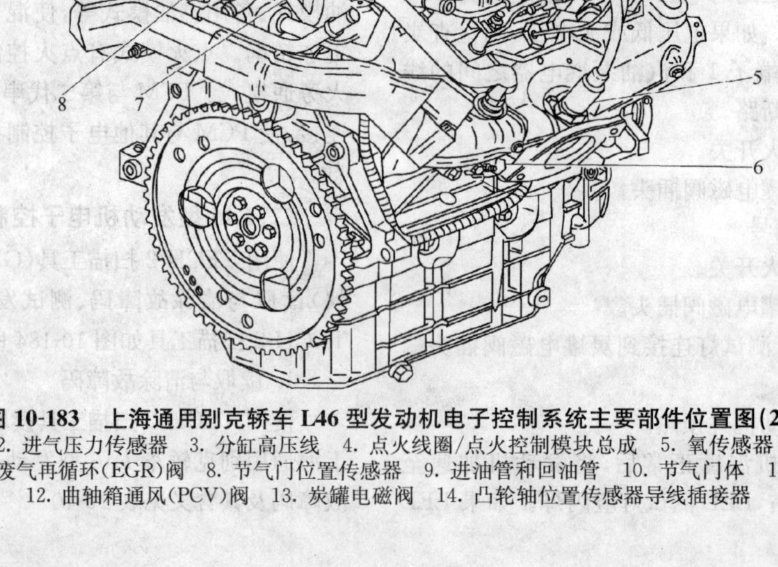

图 10-183 上海通用别克轿车 L46 型发动机电子控制系统主要部件位置图(2)

1. 进气支管 2. 进气压力传感器 3. 分缸高压线 4. 点火线圈/点火控制模块总成 5. 氧传感器 6. 7X 曲轴位置传感器 7. 废气再循环(EGR)阀 8. 节气门位置传感器 9. 进油管和回油管 10. 节气门体 11. 怠速控制阀 12. 曲轴箱通风(PCV)阀 13. 炭罐电磁阀 14. 凸轮轴位置传感器导线插接器

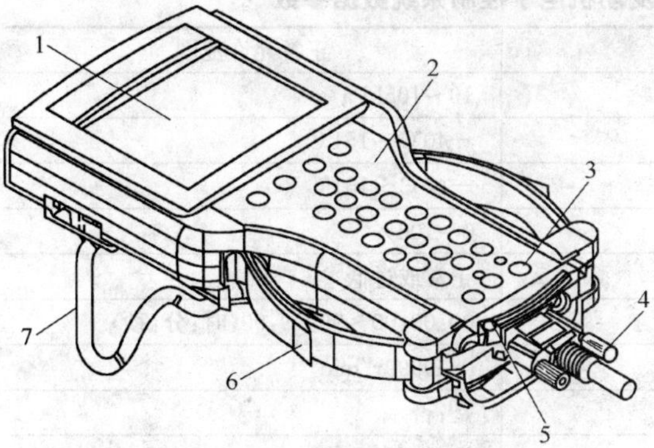

图 10-184　TECH-2 扫描工具

1. 显示屏　2. 键盘　3. 电源键　4. 测试线插头　5. 通信接口(VCI)锁定钮　6. 拉带　7. 支架

表 10-10　上海通用别克轿车 L46 型发动机电子控制系统故障码表

故障码	故障码说明
P0101	空气流量(MAF)传感器性能
P0102	空气流量(MAF)传感器频率过低
P0103	空气流量(MAF)传感器频率过高
P0107	进气压力(MAP)传感器电路电压过低
P0108	进气压力(MAP)传感器电路电压过高
P0112	进气温度(IAT)传感器电路电压过低
P0113	进气温度(IAT)传感器电路电压过高
P0117	冷却液温度(ECT)传感器电路电压过低
P0118	冷却液温度(ECT)传感器电路电压过高
P0121	节气门位置(TP)传感器性能
P0122	节气门位置(TP)传感器电路电压过低
P0123	节气门位置(TP)传感器电路电压过高
P0131	HO_2S 电路电压过低
P0132	HO_2S 电路电压过高
P0133	HO_2S 电路响应过慢
P0134	HO_2S 电路活动不足
P0201	喷油器 1 控制电路
P0202	喷油器 2 控制电路
P0203	喷油器 3 控制电路
P0204	喷油器 4 控制电路
P0205	喷油器 5 控制电路
P0206	喷油器 6 控制电路
P0230	燃油泵继电器控制电路
P0300	检测到发动机缺火
P0325	爆燃传感器(KS)系统
P0327	爆燃传感器(KS)电路

续表 10-10

故障码	故障码说明
P0336	24X 参照信号电路
P0341	凸轮轴位置(CMP)传感器性能
P0403	废气再循环(EGR)电磁阀控制电路
P0404	废气再循环(EGR)打开位置性能
P0405	废气再循环(EGR)位置传感器电路电压过低
P0443	蒸发排放(EVAP)电磁阀控制电路
P0480	冷却风扇继电器 1 控制电路
P0481	冷却风扇继电器 2 控制电路
P0502	车速传感器电路频率低
P0503	车速传感器电路间断
P0506	怠速控制系统转速过低
P0507	怠速控制系统转速过高
P0560	系统电压
P0601	PCM 存储器
P0602	PCM 未编程
P0650	MIL 控制电路
P1106	MAP 传感器电路间断电压过高
P1107	MAP 传感器电路间断电压过低
P1111	IAT 传感器电路间断电压过高
P1112	IAT 传感器电路间断电压过低
P1114	ECT 传感器电路间断电压过低
P1115	ECT 传感器电路间断电压过高
P1121	TP 传感器电压过高
P1122	TP 传感器电路间断电压过低
P1336	CKP 系统变化未读出
P1351	IC 电路断路
P1352	旁通电路断路
P1361	IC 控制电路未触发
P1362	点火旁通电路短路
P1374	3X 参照电路
P1404	EGR 阀卡滞打开
P1546	A/C 继电器电路故障
P1602	EBCM/EBTCM 串行数据电路
P1605	HVAC 串行数据电路
P1610	标准车身模块串行数据电路
P1626	防盗系统燃油启用电路
P1630	防盗 PCM 处于读出模式
P1631	防盗口令不正规
P1635	5V 参照(A)电路
P1639	5V 参照(B)电路

2. 数据流测试

使用 TECH-2 扫描工具测试发动机数据参数。上海通用别克轿车 L46 型发动机电子控制系统数据参数见表 10-11。

表 10-11 上海通用别克轿车 L46 型发动机电子控制系统数据参数

类 型	序 号	参数名称	正常允许范围
基本数据	1	气压计	10～105kPa
	2	冷却液温度(ECT)	－40℃～151℃
	3	起动时发动机冷却液温度	－40℃～151℃
	4	发动机负荷	0～100％
	5	发动机润滑油液压	正常或过低
	6	发动机运行时间	00:00:00～99:99:99(时:分:秒)
	7	发动机转速	0～9999r/min
	8	存在凸轮信号	是;否
	9	低速风扇	接通;断开
	10	高速风扇	接通;断开
	11	机油显示灯	接通;断开
	12	车速	0～255km/h
	13	车辆防盗(VTD)燃油中止	起动;未起动
	14	故障指示灯(MIL)	接通;断开
	15	非易失性存储器	通过;故障
	16	非正常使用管理	起动;未起动
排放数据	17	所需废气再循环(EGR)位置	0～100％
	18	实际废气再循环(EGR)位置	0～100％
	19	空燃比	0.0～25.5,闭环控制时 14.2～14.7
	20	所需怠速	0～387r/min
	21	EGR 阀	0～5V
	22	EGR 载荷循环	0～100％
	23	EGR 反馈	0～5V
	24	EGR 位置误差	0～100％
	25	EGR 流量测试计数	0～255
	26	EVAP 炭罐清污	0～100％
	27	EVAP 通风电磁阀	打开;关闭
	28	HO_2S_1	0～1132mV
	29	HO_2S_1	就绪;已就绪
	30	HO_2S_1	0～1132mV
	31	HO_2S_1	就绪;已就绪
	32	HO_2S_X	0～255
燃油数据	33	指令燃油泵	接通;断开
	34	减少燃油模式	起动;未起动
	35	燃油微调单元	单元号
	36	燃油微调显示	启用;中止
	37	喷油器脉宽	0～1000ms
	38	长期燃油微调(FT)	－23％～16％
	39	短期燃油微调(FT)	－10％～10％
	40	(混合气加浓)动力增强	起动;未起动
	41	反馈状态	开环;闭环

续表 10-11

类　型	序　号	参数名称	正常允许范围
进气数据	42	空气流量(MAF)	0～512g/s
	43	空气流量(MAF)频率	0～32000Hz
	44	进气压力(MAP)	10～105kPa/0～4.97V
	45	怠速电动机位置	0～255
	46	进气温度(IAT)	－40℃～151℃
	47	起动进气温度(IAT)	－40℃～151℃
	48	节气门位置(TP)	0～100%
	49	节气门位置传感器电压	0～5V
点火数据	50	指令发电机	接通；断开
	51	发电机指示灯	接通；断开
	52	3X 曲轴传感器	0～9999r/min
	53	24X 曲轴传感器	0～1600r/min
	54	点火模式	旁路；IC
	55	爆燃滞后	0°～25.5°
	56	总计缺火故障	0～65535
	57	当前缺火缸号	0～198
	58	以往缺火缸号	0～198
	59	第 1 次故障后的总数火数	0～65535
	60	点火正时	－64°～64°
	61	总计当前缺火计数	0～99

三、L46 型发动机电子控制系统部件的检测

1. 空气流量传感器的检测

空气流量传感器安装在进气管上，用于测量进气流量。采用热线式空气流量传感器，其输出信号被转换成频率信号，信号分辨率高且抗干扰性能强，发动机怠速时，信号频率为 3000Hz，全负荷时，信号频率大于 7000Hz。空气流量传感器电路如图10-185 所示。空气流量传感器插头如图 10-186 所示。

(1)检查电源线路

①关闭点火开关。

②拔下空气流量传感器插头。

③打开点火开关。

④用万用表电压挡测量空气流量传感器插头端子 C 与搭铁点之间应有约 12V(蓄电池电压)。如果电压低或无电压，应检查熔断器 27 是否正常，检查空气流量传感器插头端子 C 和熔断器 27 之间的线路是否短路或断路。

⑤关闭点火开关。

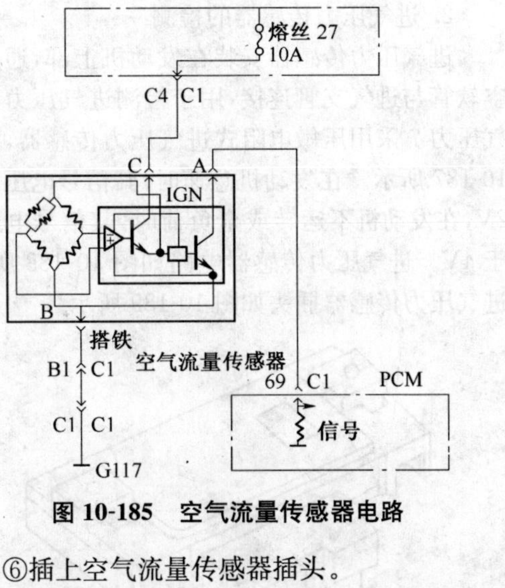

图 10-185　空气流量传感器电路

⑥插上空气流量传感器插头。

(2)检查搭铁线路

①关闭点火开关。

②拔下空气流量传感器插头。

③用万用表电阻挡检查空气流量传感器插头端子 B 与搭铁点之间应导通(电阻值≤0.5Ω)，

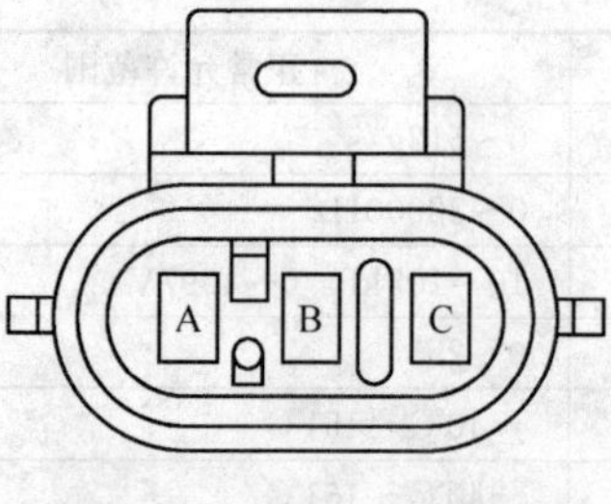

图 10-186 空气流量传感器插头

A—信号端子 B—搭铁端子 C—12V 电源端子

否则，应检查空气流量传感器插头端子 B 和搭铁处之间的导线是否断路，或搭铁不良。

④插上空气流量传感器插头。

(3)检查信号线路

①关闭点火开关。

②拔下空气流量传感器插头。

③拔下 PCM 上插头 C1。

④用万用表电阻挡检查空气流量传感器插头 A 端子和 PCM 的 C1 插头端子 69/C1 应导通(电阻值≤0.5Ω)，且与搭铁点之间应不通。

⑤插上 PCM 上 C1 插头。

⑥插上空气流量传感器插头。

2. 进气压力传感器的检测

进气压力传感器安装在发动机上部，通过真空软管与进气支管连接，用于检测进气压力和大气压力。采用压敏电阻式进气压力传感器，如图 10-187 所示。在发动机怠速时，其信号电压小于 2V，在发动机不运转或全负荷时，其信号电压大于 4V。进气压力传感器电路如图 10-188 所示。进气压力传感器插头如图 10-189 所示。

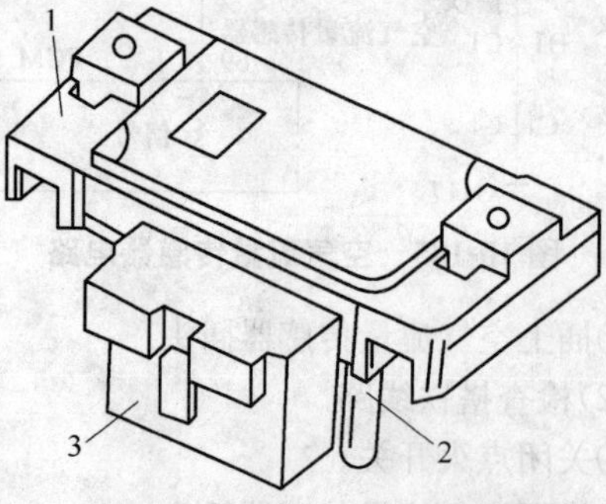

图 10-187 进气压力传感器

1. 传感器 2. 真空管 3. 接线端子

(1)检查电源线路

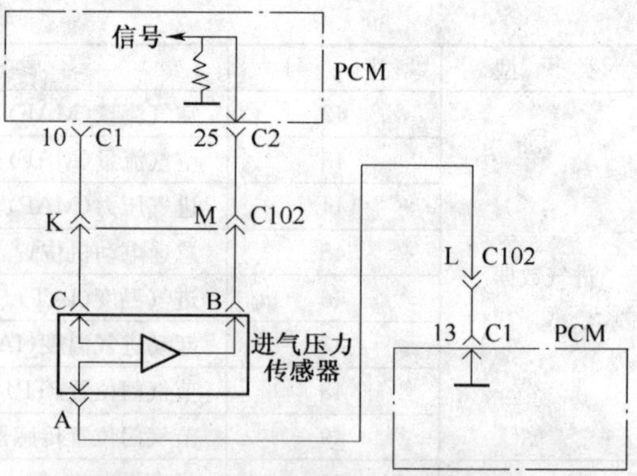

图 10-188 进气压力传感器电路

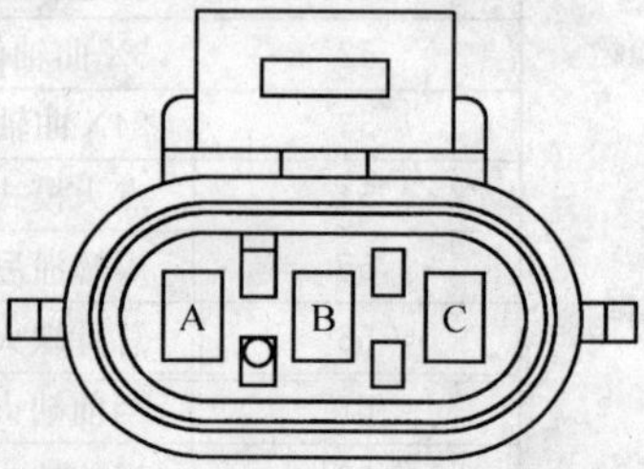

图 10-189 进气压力传感器插头

A—搭铁端子 B—信号端子 C—5V 电源端子

①关闭点火开关。

②拔下进气压力传感器插头。

③打开点火开关。

④用万用表电压挡测量进气压力传感器插头端子 C 与搭铁点之间应有约 5V 电压。如果电压低或无电压，应检查进气压力传感器插头端子 C 和 PCM 的 C1 插头端子 10/C1 之间的线路是否短路或断路，或更换 PCM。

⑤关闭点火开关。

⑥插上进气压力传感器插头。

(2)检查搭铁线路

①关闭点火开关。

②拔下进气压力传感器插头。

③用万用表电阻挡检查进气压力传感器插头 A 端子与搭铁点之间应导通(电阻值≤0.5Ω)，否则，应检查进气压力传感器插头 A 端子和 PCM 的 C1 插头端子 13/C1 之间的线路是否断路。

④插上进气压力传感器插头。

(3)检查信号线路

①关闭点火开关。

②拔下进气压力传感器插头。

③拔下 PCM 上 C2 插头。

④用万用表电阻挡检查进气压力传感器插头端子 B 与 PCM 的 C2 插头端子 25/C2 之间应导通(电阻值≤0.5Ω),且与搭铁点之间应不通。

⑤插上 PCM 上 C2 插头。

⑥插上进气压力传感器插头。

(4)测量信号电压

①关闭点火开关。

②拔下进气压力传感器上真空软管。

③将手动真空泵接在进气压力传感器真空软管接口上。

④打开点火开关。

⑤用手动真空泵对进气压力传感器施加真空。

⑥用万用表电压挡测量进气压力传感器插头端子 B 与端子 A 之间的电压,读取随着真空度变化而变化的电压值,见表 10-12。如果电压值不符合要求,则更换进气压力传感器。

⑦关闭点火开关。

⑧取下手动真空泵。

⑨插上进气压力传感器上真空软管。

表 10-12　进气压力传感器电压值与真空度关系

真空度(kPa)	600	500	400	300	200	100
电压值(V)	0.6	1.0	1.3	1.6	2.2	2.6

3. 进气温度传感器的检测

进气温度传感器安装在进气管上,由一个负温度系数的热敏电阻构成。进气温度传感器电路如图 10-190 所示。进气温度传感器插头如图 10-191 所示。

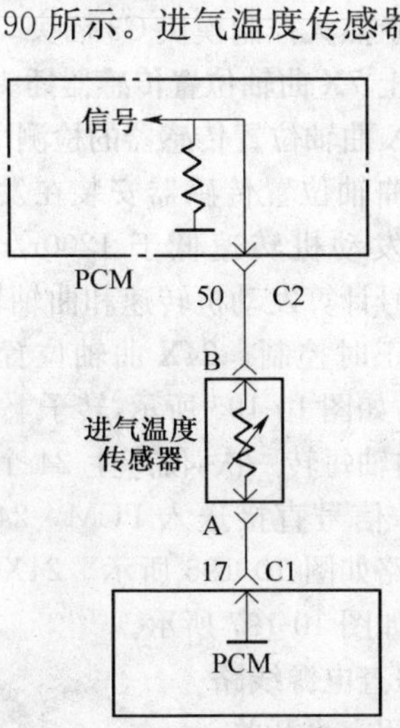

图 10-190　进气温度传感器电路

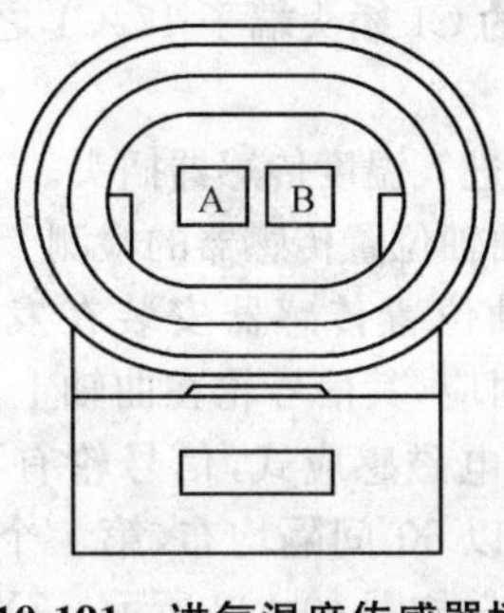

图 10-191　进气温度传感器插头

A—搭铁端子　B—信号端子

(1)测量电阻

①关闭点火开关。

②拔下进气温度传感器插头。

③拆下进气温度传感器。

④用电热吹风机或红外线烤灯加热进气温度传感器。

⑤用万用表电阻挡测量在不同温度下传感器端子之间的电阻,其电阻值见表 10-13。如果电阻值不符合要求,则更换进气温度传感器。

⑥装上进气温度传感器。

⑦插上进气温度传感器插头。

表 10-13　进气温度传感器电阻与温度的关系

温度(℃)	0	20	40	60	80
电阻(kΩ)	6	2.2	1.1	0.6	0.25

(2)检查信号线路

①关闭点火开关。

②拔下进气温度传感器插头。

③打开点火开关。

④用万用表电压挡测量进气温度传感器插头端子 B 与搭铁点之间的电压应有约 5V。如果电压低或无电压,应检查进气温度传感器插头端子 B 和 PCM 的 C2 插头端子 50/C2 之间的线路是否短路或断路,或更换 PCM。

⑤关闭点火开关。

⑥插上进气温度传感器插头。

(3)检查搭铁线路

①关闭点火开关。

②拔下进气温度传感器插头。

③用万用表电阻挡检查进气温度传感器插头端子 A 与搭铁点之间,应导通(电阻值

≤0.5Ω)，否则，应检查进气温度传感器插头端子A和PCM的C1插头端子17/C1之间的线路是否断路。

④插上进气温度传感器插头。

4.7X曲轴位置传感器的检测

7X曲轴位置传感器安装在发动机机体中部，与曲轴对应，其信号轮在曲轴上。7X曲轴位置传感器为电磁感应式，信号轮有7个槽，第1至第6个槽以60°间隔均布，第7个槽与第6个槽间隔为10°，如图10-192所示。7X曲轴位置传感器产生的信号送入点火模块，由点火模块向PCM提供3X参考信号。7X曲轴位置传感器电路如图10-193所示。7X曲轴位置传感器插头如图10-194所示。PCM根据3X参考信号计算发动机转速高于1600r/min时的转速和确定曲轴位置。

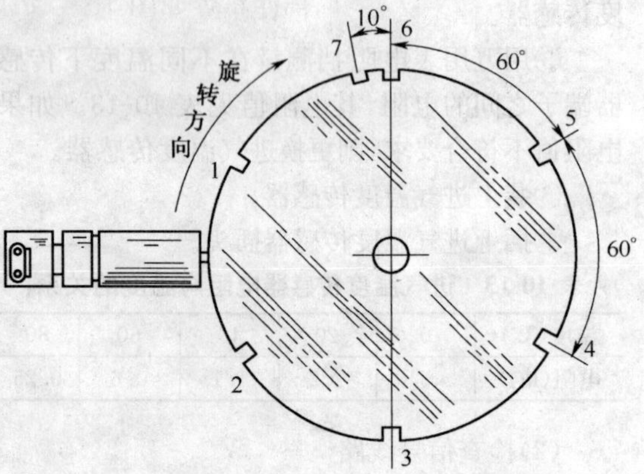

图10-192 7X曲轴位置传感器结构

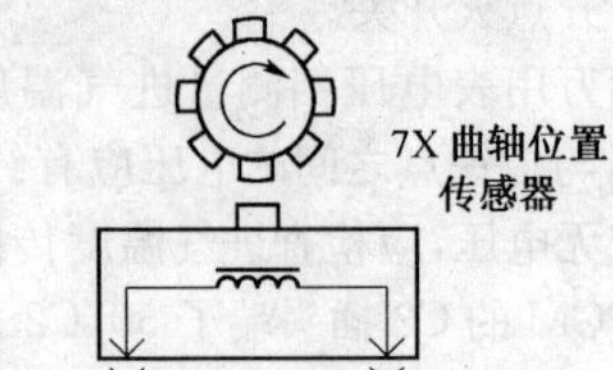

图10-193 7X曲轴位置传感器电路

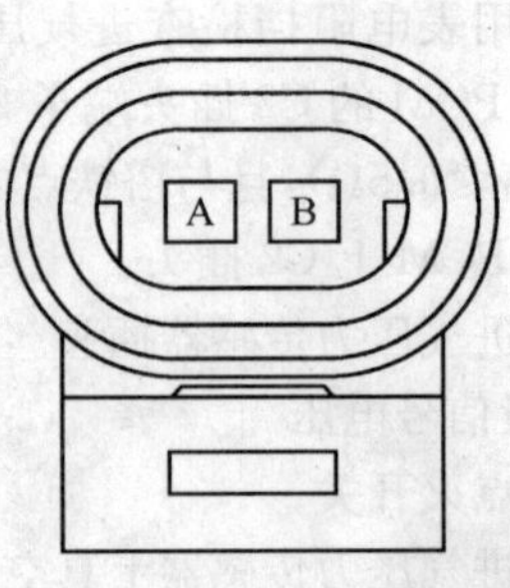

图10-194 7X曲轴位置传感器插头

A—信号正极端子 B—信号负极端子

(1)测量电阻

①关闭点火开关。

②拔下7X曲轴位置传感器插头。

③用万用表电阻挡测量7X曲轴位置传感器端子之间的电阻，其电阻值应为800～1000Ω。如果电阻值不符合要求，则应更换7X曲轴位置传感器。

④插上7X曲轴位置传感器插头。

(2)检查线路

①关闭点火开关。

②拔下7X曲轴位置传感器插头。

③拔下点火控制模块C3插头。

④用万用表电阻挡检查7X曲轴位置传感器插头端子A和点火控制模块C3插头端子A、7X曲轴位置传感器插头端子B和点火控制模块C3插头端子C之间的线路，应导通(电阻值≤0.5Ω)。

⑤插上点火控制模块C3插头。

⑥插上7X曲轴位置传感器插头。

5.24X曲轴位置传感器的检测

24X曲轴位置传感器安装在发动机右前部下侧。在发动机转速低于1200r/min时，PCM利用其信号计算发动机转速和曲轴转角，以改善怠速点火正时控制。24X曲轴位置传感器为霍尔效应式，如图10-195所示，转子上有24个均匀的轮齿，曲轴每转一次，便产生24个高低脉冲信号(方波)，信号直接送入PCM。24X曲轴位置传感器电路如图10-196所示。24X曲轴位置传感器插头如图10-197所示。

(1)检查电源线路

①关闭点火开关。

②拔下24X曲轴位置传感器插头。

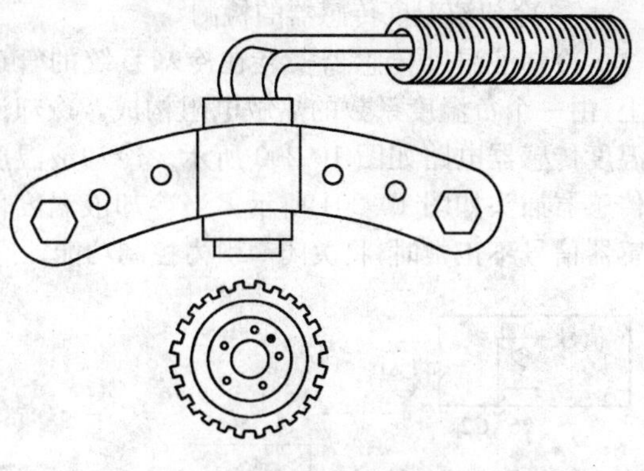

图 10-195　24X 曲轴位置传感器结构

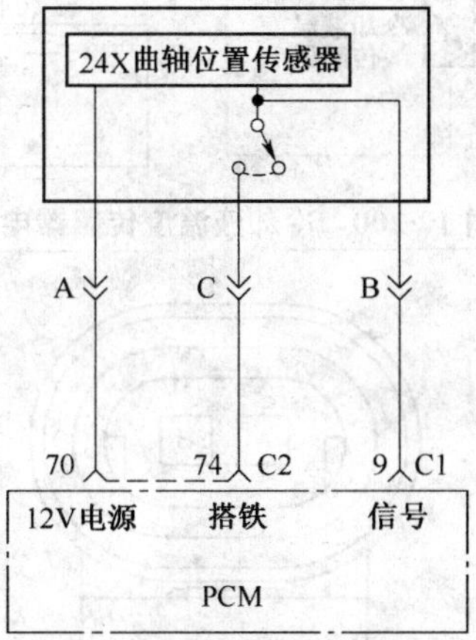

图 10-196　24X 曲轴位置传感器电路

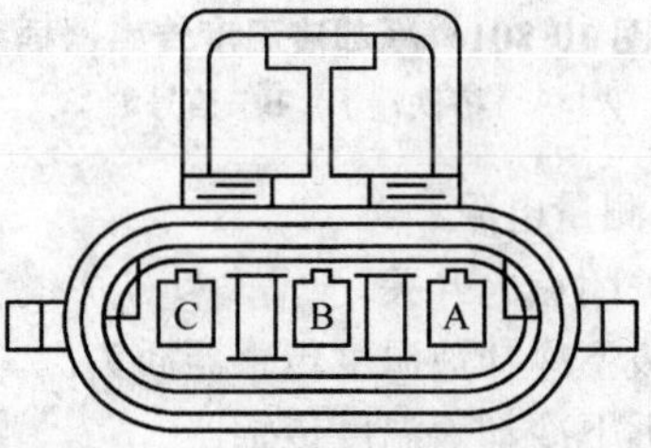

图 10-197　24X 曲轴位置传感器插头

A—电源端子　B—信号端子　C—搭铁端子

③打开点火开关。

④用万用表电压挡测量 24X 曲轴位置传感器 A 端子与搭铁点之间，应有约 12V 电压（蓄电池电压）。如果电压低或无电压，应检查 24X 曲轴位置传感器端子 A 和 PCM 的 C2 插头端子 70/C2 之间的线路是否短路或断路。

⑤关闭点火开关。

⑥插上 24X 曲轴位置传感器插头。

(2)检查搭铁线路

①关闭点火开关。

②拔下 24X 曲轴位置传感器插头。

③用万用表电阻挡检查 24X 曲轴位置传感器端子 C 与搭铁点之间，应导通（电阻值 ≤0.5Ω），否则，应检查 24X 曲轴位置传感器端子 C 和 PCM 的 C2 插头端子 74/C2 之间是否断路。

④插上 24X 曲轴位置传感器插头。

(3)测试输出信号

①关闭点火开关。

②拔下 24X 曲轴位置传感器插头。

③在 24X 曲轴位置传感器插头端子 B 与端子 C 之间连接一个 LED 测试灯。

④起动发动机，观察 LED 测试灯应有规律闪烁，否则，更换 24X 曲轴位置传感器。

⑤关闭点火开关。

⑥取下 LED 测试灯。

⑦插上 24X 曲轴位置传感器插头。

6. 节气门位置传感器的检测

节气门位置传感器安装在节气门体上，由一个电位计构成，不带怠速开关。节气门位置传感器电路如图 10-198 所示。节气门位置传感器插头如图 10-199 所示。

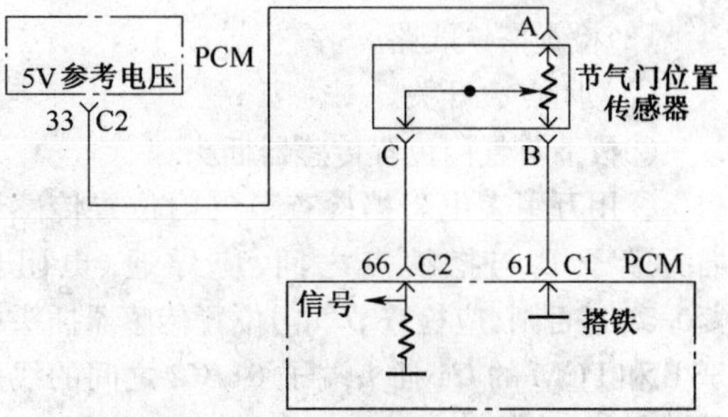

图 10-198　节气门位置传感器电路

(1)测量电阻

①关闭点火开关。

②拔下节气门位置传感器插头。

③用万用表电阻挡测量节气门位置传感器端子之间的电阻，其中端子 A 与端子 B 之间的电阻值应为 4.7～5.2kΩ；端子 C 与端子 B 之间的电阻值在节气门全闭时应为 0.5～0.9kΩ，在节气门全开时应为 4.8～5.2kΩ。如果电阻值不符合要求，则更换节气门位置传感器。

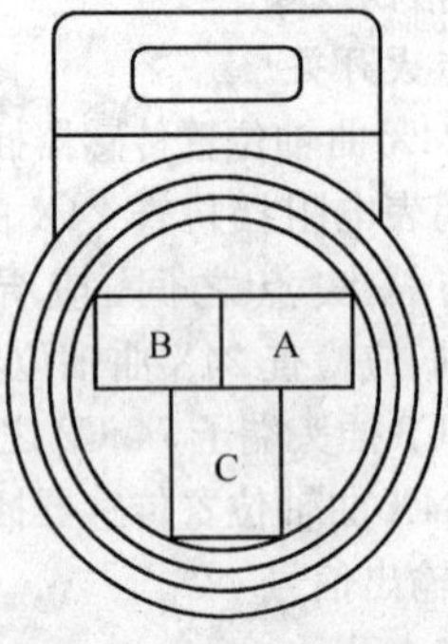

图 10-199 节气门位置传感器插头

A—5V 参考电压端子 B—搭铁端子 C—信号端子

④插上节气门位置传感器插头。

(2)检查 5V 参考电压线路

①关闭点火开关。

②拔下节气门位置传感器插头。

③打开点火开关。

④用万用表电压挡测量节气门位置传感器插头端子 A 与搭铁点之间应有约 5V 电压，否则，应检查节气门位置传感器插头端子 A 和 PCM 的 C2 插头端子 33/C2 之间的线路是否短路或断路。

⑤关闭点火开关。

⑥插上节气门位置传感器插头。

(3)检查搭铁线路

①关闭点火开关。

②拔下节气门位置传感器插头。

③用万用表电阻挡检查节气门位置传感器插头端子 B 与搭铁点之间，应导通（电阻值 $\leqslant 0.5\Omega$），否则，应检查节气门位置传感器插头端子 B 和 PCM 的 C1 插头端子 61/C2 之间的线路是否断路。

④插上节气门位置传感器插头。

(4)测量信号电压

①打开点火开关。

②用万用表电压挡测量节气门位置传感器插头端子 C 与端子 B 之间的电压，节气门完全关闭时，其电压值应为 0.5V 左右；缓慢开启节气门，其电压值应增大；节气门完全打开时，其电压值应为 3.8V。如果电压值不符合要求，则更换节气门位置传感器。

③关闭点火开关。

7. 冷却液温度传感器的检测

冷却液温度传感器安装在冷却系统的管道上，由一个负温度系数的热敏电阻构成。冷却液温度传感器电路如图 10-200 所示。冷却液温度传感器插头如图 10-201 所示。当冷却液温度传感器信号不正常时，将关闭牵引力控制功能。

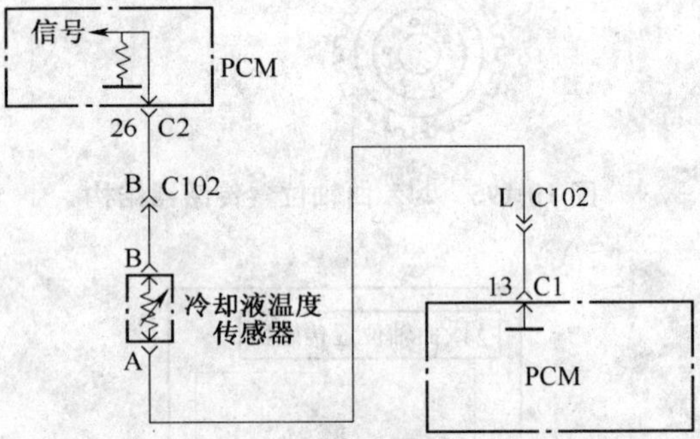

图 10-200 冷却液温度传感器电路

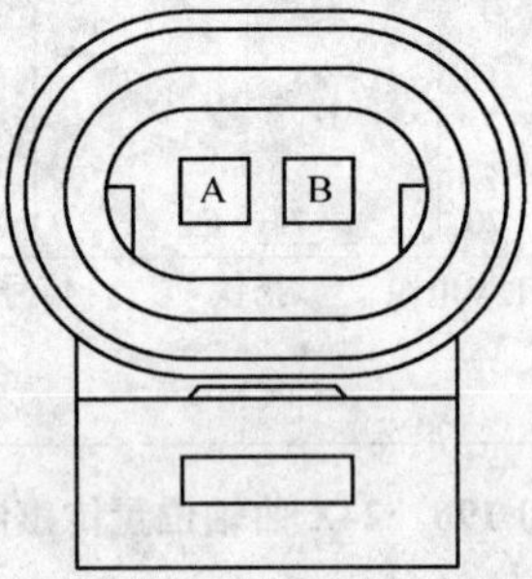

图 10-201 冷却液温度传感器插头

A—搭铁端子 B—信号端子

(1)测量电阻

①关闭点火开关。

②拔下冷却液温度传感器插头。

③拆下冷却液温度传感器。

④将冷却液温度传感器置于水中加热。

⑤用万用表电阻挡测量在不同温度下冷却液温度传感器端子之间的电阻，其电阻值与温度的关系应符合要求。如果电阻值不符合要求，则更换冷却液温度传感器。

⑥装上冷却液温度传感器。

⑦插上冷却液温度传感器插头。

(2)检查电源线路

①关闭点火开关。

②拔下冷却液温度传感器插头。

③打开点火开关。

④用万用表电压挡测量冷却液温度传感器插头端子 B 与搭铁点之间应有约 5V 电压。如果电压低或无电压，应检查冷却液温度传感器插头端子 B 和 PCM 插头端子 26/C2 之间的线路是否短路或断路，或更换 PCM。

⑤关闭点火开关。

⑥插上冷却液温度传感器插头。

(3)检查搭铁线路

①关闭点火开关。

②拔下冷却液温度传感器插头。

③用万用表电阻挡检查冷却液温度传感器插头端子 A 与搭铁点之间，应导通（电阻值≤0.5Ω)，否则，应检查冷却液温度传感器插头端子 A 和 PCM 的 C1 插头端子 13 之间的线路是否断路。

④插上冷却液温度传感器插头。

(4)测量信号电压

①起动发动机。

②在发动机运转过程中，用万用表电压挡测量冷却液温度传感器插头端子 B 与搭铁点之间的电压，随发动机冷却液温度升高，电压值应逐渐下降，当发动机温度达到正常工作温度(85℃～95℃)时，其信号电压应为 1.5～2.5V。如果电压值不符合要求，则更换冷却液温度传感器。

③关闭点火开关。

8. 凸轮轴位置传感器的检测

凸轮轴位置传感器安装在凸轮轴链轮附近水泵后面的正时盖上，信号轮固定在正时链轮上。凸轮轴位置传感器为霍尔效应式，如图 10-202 所示，信号轮上有一个凸齿，在第 1 缸活塞位于进气行程时产生信号，信号送入 PCM。凸轮轴位置传感器电路如图 10-203 所示。凸轮轴位置传感器插头如图 10-204 所示。PCM 根据凸轮轴位置传感器信号判定第 1 缸活塞位置，以确定喷油顺序和点火顺序。

(1)检查电源线路

①关闭点火开关。

②拔下凸轮轴位置传感器插头。

③打开点火开关。

④用万用表电压挡测量凸轮轴位置传感器插头端子 A 与搭铁点之间应有 12V 电压。如果电压低或无电压，应检查凸轮轴位置传感器插头端子 A 和 PCM 的 C2 插头端子 72/C2 之间的线路是否短路或断路，或更换 PCM。

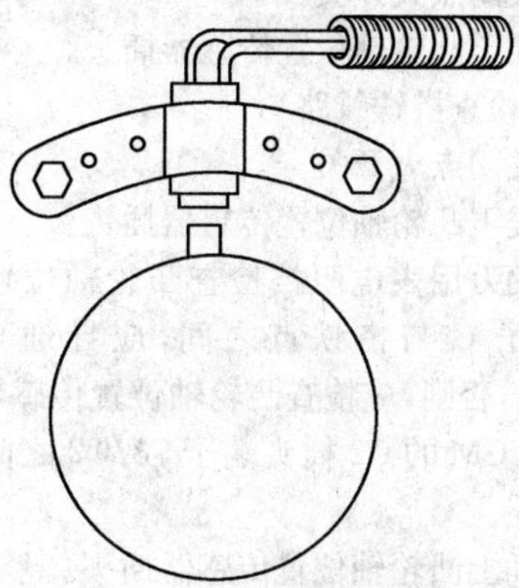

图 10-202　凸轮轴位置传感器

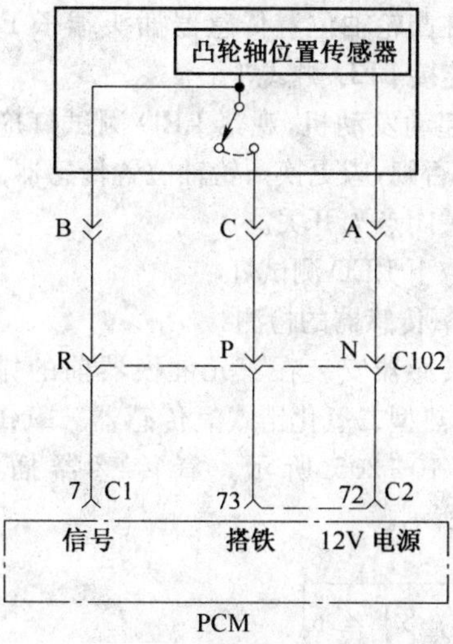

图 10-203　凸轮轴位置传感器电路

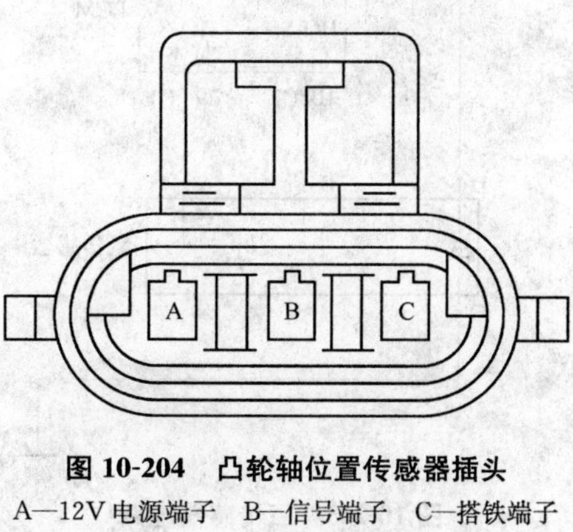

图 10-204　凸轮轴位置传感器插头

A—12V 电源端子　B—信号端子　C—搭铁端子

⑤关闭点火开关。

⑥插上凸轮轴位置传感器插头。

(2)检查搭铁线路

①关闭点火开关。

②拔下凸轮轴位置传感器插头。

③用万用表电阻挡检查凸轮轴位置传感器插头端子C与搭铁点之间，应导通(电阻值≤0.5Ω)，否则，应检查凸轮轴位置传感器插头C端子和PCM的C2插头端子73/C2之间的线路是否断路。

④插上凸轮轴位置传感器插头。

(3)测试输出信号

①关闭点火开关。

②在凸轮轴位置传感器插头端子B与端子C之间连接LED测试灯。

③起动发动机，观察LED测试灯应有规律地闪烁，否则，应更换凸轮轴位置传感器。

④关闭点火开关。

⑤取下LED测试灯。

9. 氧传感器的检测

氧传感器安装在三元催换器前的排气支管上，为加热型二氧化锆式氧传感器。氧传感器电路如图10-205所示。氧传感器插头如图10-206所示。

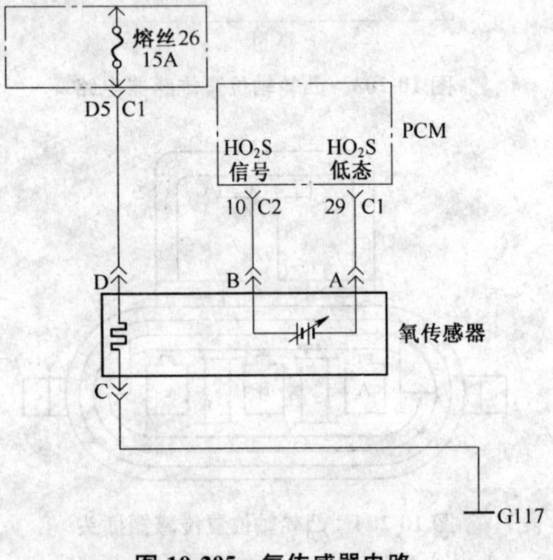

图10-205 氧传感器电路

(1)测量加热器电阻

①关闭点火开关。

②拔下氧传感器插头。

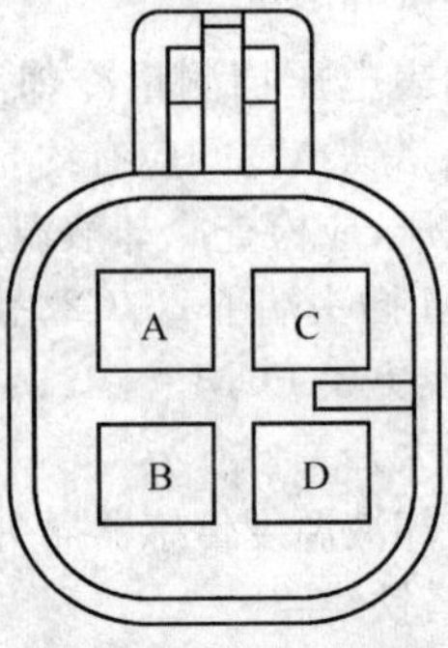

图10-206 氧传感器插头

A—信号搭铁端子 B—信号端子
C—加热器搭铁端子 D—加热器电源端子

③用万用表电阻挡测量氧传感器端子C与端子D之间的电阻，其电阻值应为10～40Ω。如果电阻值不符合要求，则更换氧传感器。

④插上氧传感器插头。

(2)检查加热器电源线路

①关闭点火开关。

②拔下氧传感器插头。

③打开点火开关。

④用万用表电压挡测量氧传感器插头端子D与搭铁点之间的电压应有约12V(蓄电池电压)。如果电压低或无电压，应检查熔断器26是否正常，检查氧传感器插头端子D和点火开关之间的线路是否短路或断路。

⑤关闭点火开关。

⑥插上氧传感器插头。

(3)检查信号线路

①关闭点火开关。

②拔下氧传感器插头。

③拔下PCM上C1和C2插头。

④用万用表电阻挡检查氧传感器插头端子A和拔下PCM的C2插头端子10/C2、氧传感器插头端子B和拔下PCM的C1插头端子29/C1之间的线路，应导通(电阻值≤0.5Ω)。

⑤插上PCM上C1和C2插头。

⑥插上氧传感器插头。

(4)测量信号电压

①起动发动机并预热至正常工作温度。

②用万用表电压挡测量氧传感器插头端子B与端子A之间的电压，发动机在2500r/min左右运转时，电压值在0～1V之间变化，且10s内变

化应不少于 8 次；发动机转速迅速升高至 4500r/min 时，其电压值应大于 0.6V。如果电压值不符合要求，则更换氧传感器。

③关闭点火开关。

10. 爆燃传感器的检测

只设置一个爆燃传感器，安装在发动机右侧气缸体上，为压电式非共振型，单根导线。

(1)测量电阻

①关闭点火开关。

②拔下爆燃传感器插头。

③用万用表电阻挡测量爆燃传感器端子与外壳间的电阻，其电阻值应为∞，否则，应更换爆燃传感器。

④插上爆燃传感器插头。

(2)检测信号线路

①关闭点火开关。

②拔下爆燃传感器插头。

③拔下 PCM 上 C1 插头。

④用万用表电阻挡测量爆燃传感器插头端子和 PCM 的 C1 插头端子 33/C1 之间的线路应导通(电阻值≤0.5Ω)，且与搭铁点应不通。

⑤插上 PCM 上 C1 插头。

⑥插上爆燃传感器插头。

11. 车速传感器

车速传感器安装在自动变速器输出轴上，为电磁感应式。车速传感器电路如图 10-207 所示。车速传感器插头如图 10-208 所示。PCM 根据车速传感器信号计算车速，以控制发动机喷油、自动变速器换档、巡航行驶等。

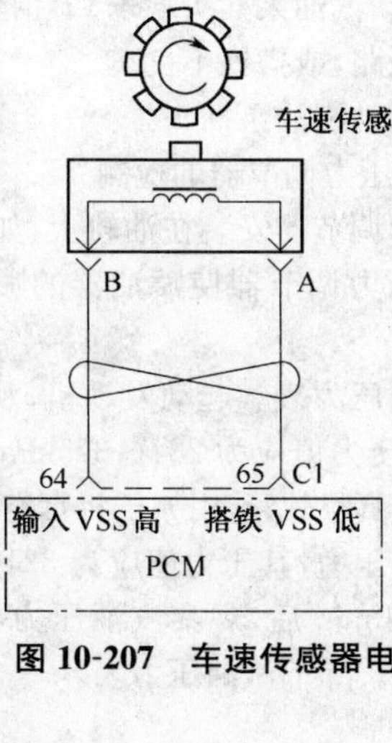

图 10-207　车速传感器电路

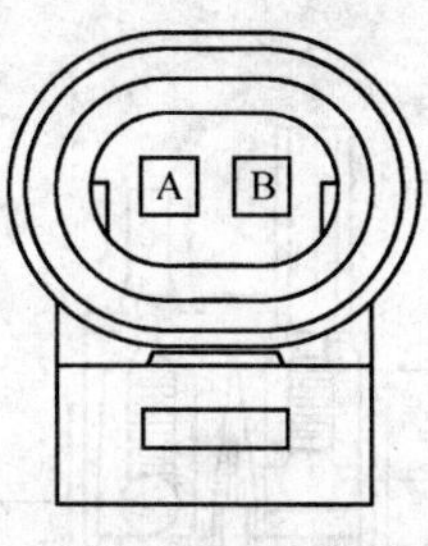

图 10-208　车速传感器插头

A—信号负极端子　B—信号正极端子

(1)测量电阻

①关闭点火开关。

②拔下车速传感器插头。

③用万用表电阻挡测量车速传感器电阻，其电阻值应为 981～1864Ω。如果电阻值不符合要求，则更换车速传感器。

④插上车速传感器插头。

(2)测试输出信号

①关闭点火开关。

②拔下车速传感器插头。

③拆下车速传感器。

④用一根铁条迅速靠近与离开车速传感器的电磁感应头，同时用万用表电压挡测量车速传感器端子之间的电压，应有 0.5V 左右的脉冲感应电压，否则，应更换车速传感器。

⑤装上车速传感器。

⑥插上车速传感器插头。

(3)检查线路

①关闭点火开关。

②拔下车速传感器插头。

③拔下 PCM 上 C1 插头。

④用万用表电阻挡检查车速传感器插头端子 A 和 PCM 的 C1 插头端子 65/C1、车速传感器插头端子 B 和 PCM 的 C1 插头端子 64/C1 之间的线路应导通(电阻值≤0.5Ω)。

⑤插上 PCM 上 C1 插头。

⑥插上车速传感器插头。

12. 电动汽油泵的检测

电动汽油泵位于油箱内，主要由电动机、转子泵、单向阀、减压阀等组成，如图 10-209 所示。电动汽油泵电路如图 10-210 所示，PCM 控制汽油泵继电器线圈供电，而不是搭铁，具有安全保护作用。电动汽油泵插头如图 10-211 所示。

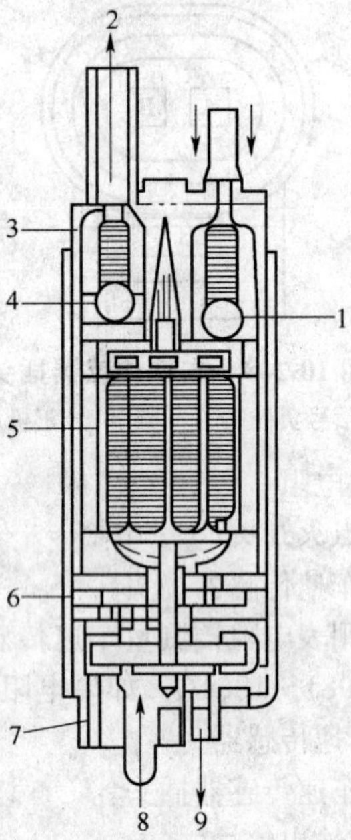

图 10-209 电动汽油泵结构

1. 限压阀 2. 出油口 3. 端盖 4. 单向阀 5. 电动机 6. 油泵 7. 蒸气分离器总成 8. 进油口 9. 蒸气出口

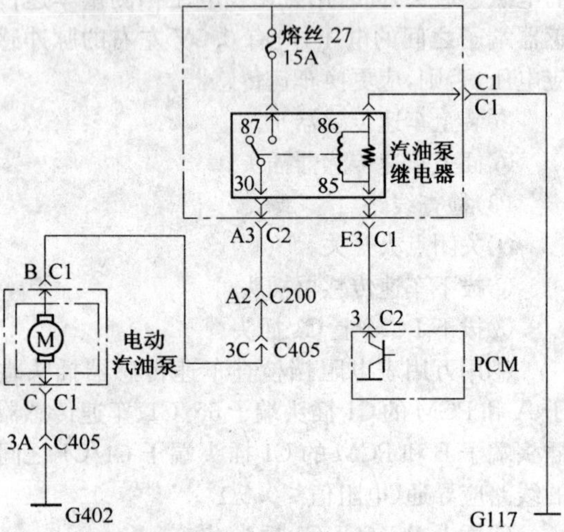

图 10-210 电动汽油泵电路

(1)测量电阻

①关闭点火开关。

②拔下电动汽油泵插头。

③用万用表电阻挡测量电动汽油泵端子 B 与端子 C 之间的电阻，其电阻值应为 10～20Ω。如果电阻值不符合要求，则更换电动汽油泵。

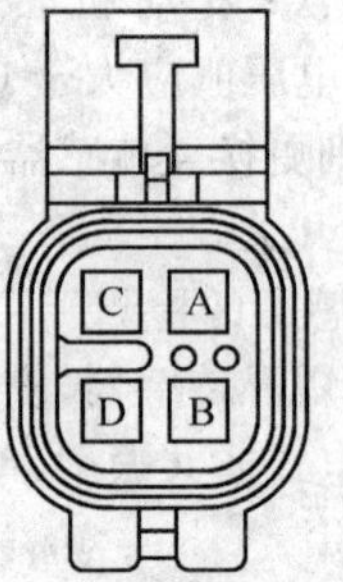

图 10-211 电动汽油泵插头

A—油面信号端子 B—汽油泵电源端子 C—汽油泵搭铁端子 D—油面信号搭铁端子

④插上电动汽油泵插头。

(2)检查电源线路

①关闭点火开关。

②拔下电动汽油泵插头。

③用万用表电压挡测量电动汽油泵插头端子 B 与搭铁点之间的电压，点火开关关闭时，其电压值应为 0V；点火开关打开时，其电压值应约为 12V(蓄电池电压)；点火开关打开 2s 后，其电压值应由 12V 变为 0V。如果电压低或无电压，应检查电动汽油泵插头端子 B 和汽油泵继电器之间的线路是否短路或断路，或检查汽油泵继电器控制信号线路是否正常。

④插上电动汽油泵插头。

(3)检查搭铁线路

①关闭点火开关。

②拔下电动汽油泵插头。

③用万用表电阻挡检查电动汽油泵插头端子 C 与搭铁点之间，应导通(电阻值≤0.5Ω)，否则，应检查电动汽油泵插头端子 C 和搭铁处之间的线路是否断路，或搭铁不良。

④插上电动汽油泵插头。

13. 汽油压力调节器的检测

汽油压力调节器安装在油轨上，如图 10-212 所示。汽油压力调节器使喷油器的喷油压力保持恒定。

连接汽油压力表。起动发动机，观察怠速时汽油压力，其压力值应为 284～325kPa；拔下汽油压力调节器上真空软管，用夹子将真空软管夹紧，观察此时汽油压力，其压力值应为 334～375kPa；发动机熄火 10min 后，观察汽油压力，压力下降应小于 34kPa。卸下汽油压力表。

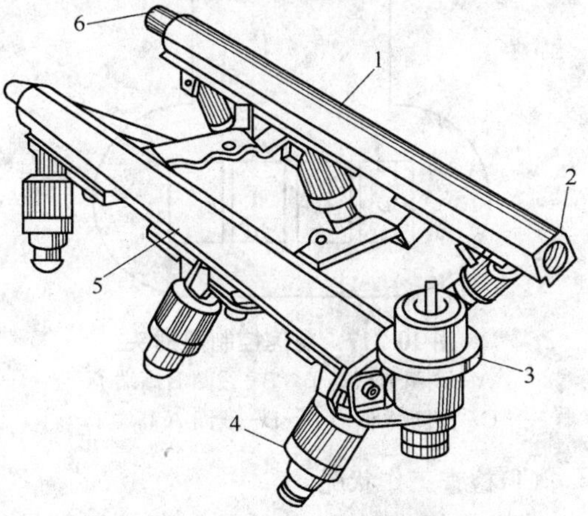

图 10-212　汽油压力调节器安装位置

1. 右油轨　2. 进油口　3. 汽油压力调节器
4. 喷油器　5. 左油轨　6. 油压测试口

14. 喷油器的检测

喷油器通过左右油轨安装在发动机进气支管上，位于各缸进气门前，由 PCM 控制其开启与关闭。喷油器结构如图 10-213 所示。喷油器电路如图 10-214 所示。喷油器插头如图 10-215 所示。

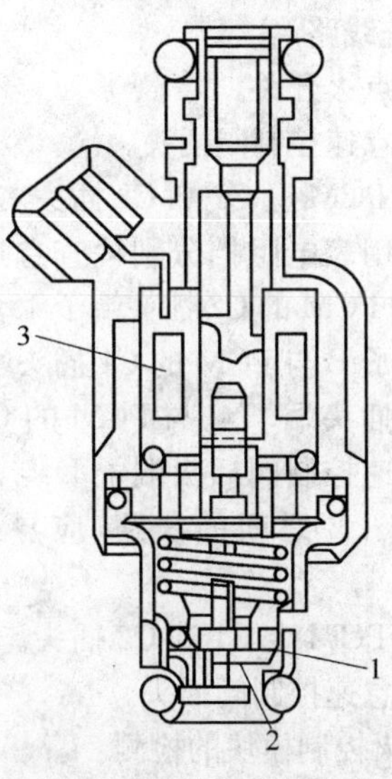

图 10-213　喷油器结构

1. 针阀　2. 导向板　3. 电磁线圈

(1)检查工作状况

①起动发动机并预热。

②发动机怠速运转时，用旋具或听诊器察听各缸喷油器工作声音，喷油器正常工作会发出有

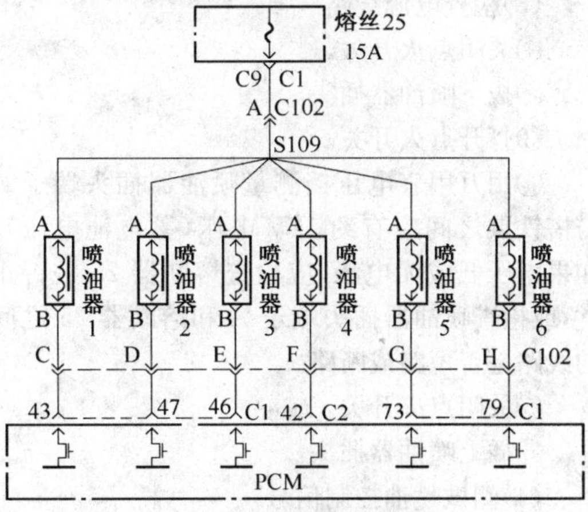

图 10-214　喷油器电路

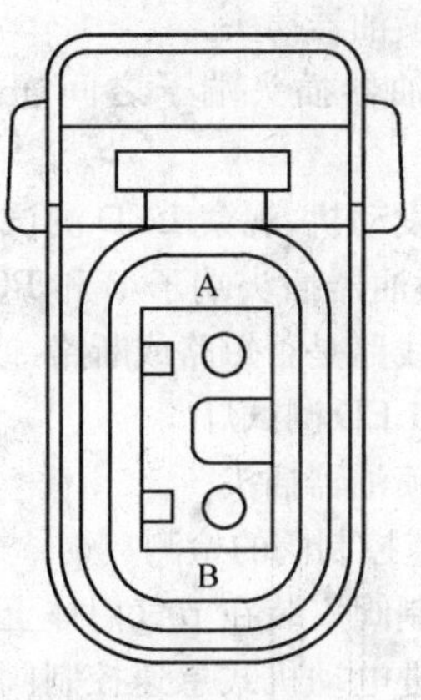

图 10-215　喷油器插头

A—电源端子　B—信号端子

节奏的“嗒嗒”声。若听到某缸喷油器的工作声音很小，则该缸喷油器工作不正常，可能是针阀卡滞；若听不到某缸喷油器工作声音，则该缸喷油器不工作。

③发动机怠速运转时，交替拔下各缸喷油器插头，观察发动机转速的变化，断开各缸喷油器插头，发动机转速应降低，且发动机转速降低程度基本相同。

④关闭点火开关。

(2)测量电阻

①关闭点火开关。

②拔下喷油器插头。

③用万用表电阻挡测量喷油器的电阻，其电阻值应为 10～13Ω。如果电阻值不符合要求，则更换喷油器。

④插上喷油器插头。

(3)检查电源线路

①关闭点火开关。

②拔下喷油器插头。

③打开点火开关。

④用万用表电压挡测量喷油器插头端子A与搭铁点之间应有约12V电压(蓄电池电压)。如果电压低或无电压,应检查熔断器25是否正常,或检查喷油器插头端子A和熔断器25之间的线路是否短路或断路。

⑤关闭点火开关。

⑥插上喷油器插头。

(4)测试喷油控制信号

①关闭点火开关。

②拔下喷油器插头。

③在喷油器插头端子之间连接LED测试灯。

④起动发动机,观察LED测试灯应闪烁,否则,应检查喷油器插头端子B和PCM插头对应端子之间的线路是否短路或断路,或更换PCM。

⑤取下LED测试灯。

⑥插上喷油器插头。

15. 怠速控制阀的检测

怠速控制阀安装在节气门体上,控制旁通空气。采用步进电动机式怠速控制阀,当步进电动机的转子转动时,螺母将带动螺杆轴向移动,螺杆带动阀门将旁通空气道开大或关小,步进电动机的工作范围为0~128步。PCM通过控制步进电动机的转动方向和转动角度来控制螺杆的移动方向和移动距离,从而达到控制怠速控制阀开度,调节怠速转速的目的。怠速控制阀电路如图10-216所示。怠速控制阀插头如图10-217所示。

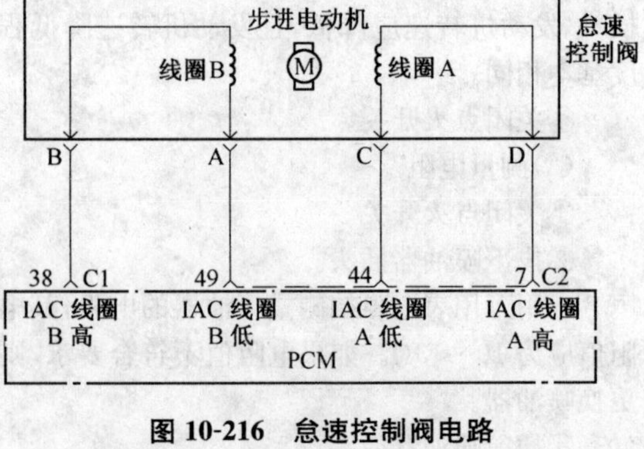

图10-216 怠速控制阀电路

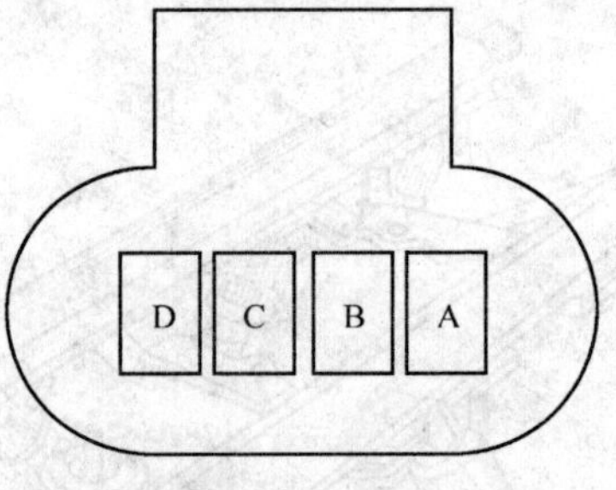

图10-217 怠速控制阀插头

A—线圈B低端子 B—线圈B高端子
C—线圈A低端子 D—线圈A高端子

(1)检查工作状况

发动机熄火时,应能听到怠速控制阀发出“咔嗒”响声,阀门预置于最大开度位置。

(2)测量电阻

①关闭点火开关。

②拔下怠速控制阀插头。

③用万用表电阻挡测量怠速控制阀端子A与端子B、端子C与端子D之间的电阻,其电阻值应均为45~60Ω。如果电阻值不符合要求,则更换怠速控制阀。

④插上怠速控制阀插头。

(3)检查线路

①关闭点火开关。

②拔下怠速控制阀插头。

③拔下PCM上C1和C2插头。

④用万用表电阻挡分别检查怠速控制阀插头端子A和PCM的C2插头端子49/C2、怠速控制阀插头端子B与PCM的C1插头端子38/C1、怠速控制阀插头端子C与PCM的C2插头44/C2端子、怠速控制阀插头端子D与PCM的C2插头端子7/C2之间的线路,应导通(电阻值≤0.5Ω)。

⑤插上PCM上C1和C2插头。

⑥插上怠速控制阀插头。

16. 点火控制模块的检测

点火控制模块接收7X曲轴位置传感器信号确定点火顺序和触发点火线圈,并向PCM发送3X参考信号。点火控制模块电路如图10-218所示。若PCM控制点火正时(IC模式),PCM向点火控制模块旁路电路提供5V电压,同时控制点火正时;若PCM未向点火控制模块旁路电路提供 5V 电压，或点火模块未接收到 5V 电压，由点火控制模块控制点火正时（旁路模式）。点火控制模块插头如图 10-219～图 10-221 所示。

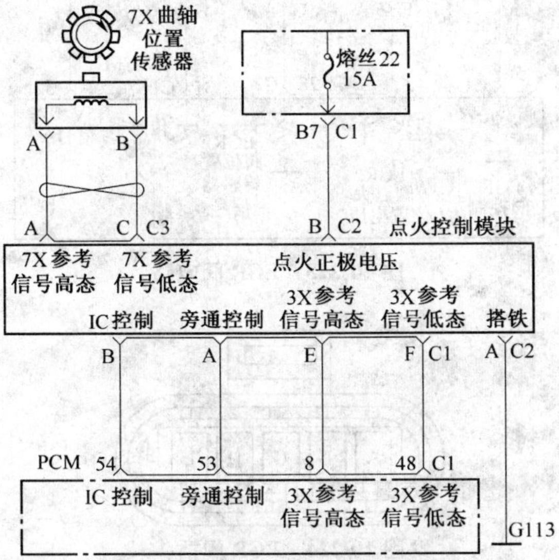

图 10-218　点火控制模块电路

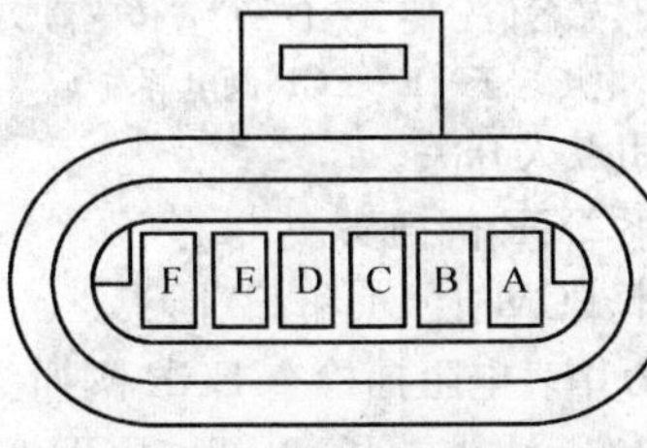

图 10-219　点火控制模块 C1 插头

A—旁路控制信号端子　B—点火控制(IC)信号端子
C—未用　D—未用　E—3X 参考高信号端子
F—3X 参考低信号端子

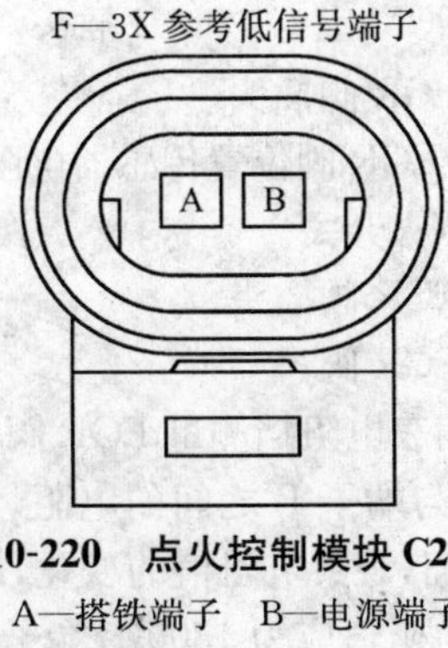

图 10-220　点火控制模块 C2 插头

A—搭铁端子　B—电源端子

(1)检查电源线路

①关闭点火开关。

②拔下点火控制模块 C2 插头。

③打开点火开关。

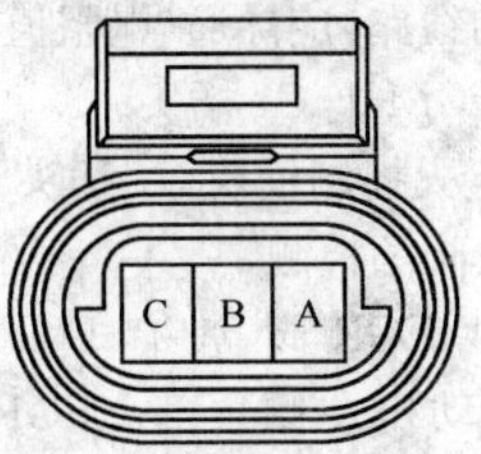

图 10-221　点火控制模块 C3 插头

A—7X 曲轴位置传感器输入信号端子　B—未用
C—7X 曲轴位置传感器搭铁端子

④用万用表电压挡测量点火控制模块插头端子 B 与搭铁点之间应有约 12V 电压（蓄电池电压）。如果电压低或无电压，应检查熔断器 22 是否正常，或检查点火控制模块插头端子 B 和熔断器 22 之间的线路是否短路或断路。

⑤关闭点火开关。

⑥插上点火控制模块 C2 插头。

(2)检查搭铁线路

①关闭点火开关。

②拔下点火控制模块 C2 插头。

③用万用表电阻挡检查点火控制模块 C2 插头端子 A 与搭铁点之间，应导通（电阻值≤0.5Ω），否则，应检查点火控制模块 C2 插头端子 A 和搭铁处(G113)之间的线路是否断路，或搭铁不良。

④插上点火控制模块 C2 插头。

(3)检查 3X 信号线路

①关闭点火开关。

②拔下点火控制模块 C1 插头。

③拔下 PCM 上 C1 插头。

④用万用表电阻挡检查点火控制模块 C1 插头端子 E 和 PCM 的 C1 插头端子 8/C1、点火控制模块 C1 插头端子 F 和 PCM 的 C1 插头端子 48/C1 之间的线路，应导通（电阻值≤0.5Ω）。

⑤插上 PCM 上 C1 插头。

⑥插上点火控制模块 C1 插头。

(4)检查 IC 控制与旁通控制线路

①关闭点火开关。

②拔下点火控制模块 C1 插头。

③拔下 PCM 上 C1 插头。

④用万用表电阻挡检查点火控制模块 C1 插头端子 A 和 PCM 的 C1 插头端子 53/C1、点火控制模块 C1 插头端子 B 和 PCM 的 C1 插头端子

54/C1之间的线路，应导通（电阻值≤0.5Ω）。

⑤插上PCM上C1插头。

⑥插上点火控制模块C1插头。

17. EGR阀的检测

采用线性EGR阀，带有EGR阀位置传感器，安装在发动机左侧顶部。EGR阀的作用是在发动机中、小负荷工况下将6%～15%的废气引入气缸中，以降低气缸内的最高燃烧温度，减少NO_x的生成，EGR阀位置传感器用于检测EGR阀的开启程度。EGR阀如图10-222所示，主要由电磁线圈、电枢总成、阀门、底座和EGR阀位置传感器等组成。其底座有两种不同尺寸的节流孔，废气经大节流孔流进阀体，再经阀门，从小节流孔流入进气支管。PCM始终监测着EGR阀位置传感器的输入信号，以确保EGR阀正确执行PCM发出的控制指令，由位于PCM内的点火正时驱动器控制EGR阀供电，点火正时驱动器能够检测到点火线路的故障。EGR阀电路如图10-223所示。EGR阀插头如图10-224所示。

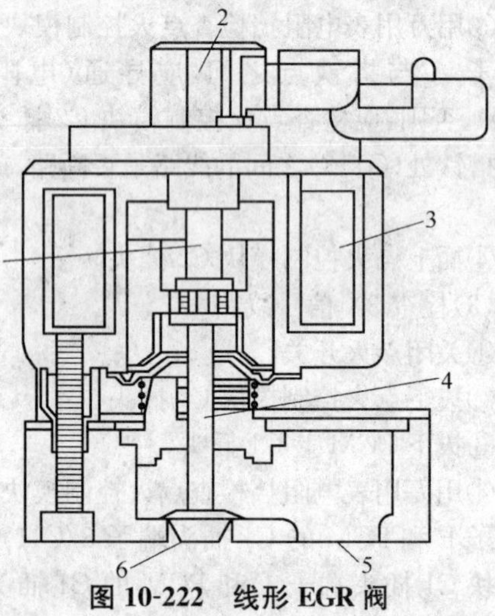

图10-222 线形EGR阀

1. 电枢总成 2. 位置传感器 3. 绕线管和线圈总成 4. 阀芯 5. 大节流孔 6. 小节流孔

(1)测量EGR阀线圈电阻

①关闭点火开关。

②拔下EGR阀插头。

③用万用表电阻挡测量EGR阀插头端子A与端子E之间的电阻，其电阻值应为10～20Ω。如果电阻值不符合要求，则更换EGR阀。

④插上EGR阀插头。

(2)检查EGR阀线圈线路

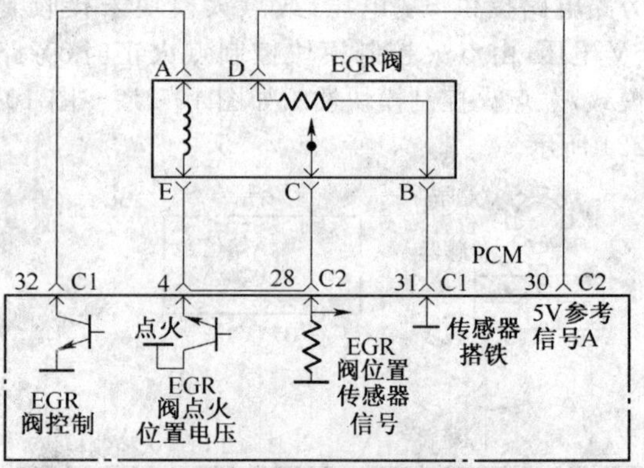

图10-223 EGR阀电路

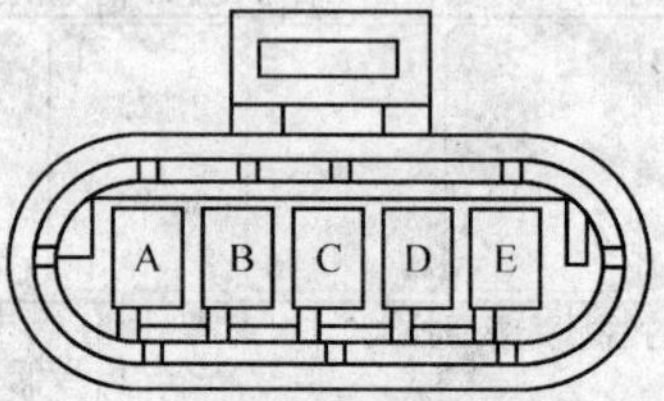

图10-224 EGR阀插头

A—EGR阀信号端子 B—位置传感器搭铁端子 C—位置传感器信号端子 D—位置传感器5V参考电压端子 E—EGR阀电源端子

①关闭点火开关。

②拔下EGR阀插头。

③拔下PCM上C1和C2插头。

④用万用表电阻挡检查EGR阀插头端子A和PCM的C1插头端子32/C1、EGR阀插头端子E和PCM的C2插头端子4/C2之间的线路应导通（电阻值≤0.5Ω）。

⑤插上PCM上C1和C2插头。

⑥插上EGR阀插头。

(3)测量EGR阀位置传感器电阻

①关闭点火开关。

②拔下EGR阀插头。

③拆下EGR阀。

④用万用表电阻挡测量EGR阀端子D与端子B、端子C与端子B之间的电阻，用旋具推动EGR阀的阀门，观察电阻值的变化，端子D与端子B之间的电阻值应为1300Ω，端子C与端子B之间的电阻值在300～1200Ω范围内连续变化。如果电阻值不符合要求，则更换EGR阀。

⑤装上EGR阀。

⑥插上EGR阀插头。

(4)检查 EGR 阀位置传感器 5V 参考电压线路

①关闭点火开关。

②拔下 EGR 阀插头。

③打开点火开关。

④用万用表电压挡测量 EGR 阀插头端子 D 与搭铁点之间应有约 5V 电压。如果电压低或无电压，应检查 EGR 阀插头端子 D 和 PCM 的 C2 插头端子 30/C2 之间的线路是否短路或断路，或更换 PCM。

⑤关闭点火开关。

⑥插上 EGR 阀插头。

(5)检查 EGR 阀位置传感器搭铁线路

①关闭点火开关。

②拔下 EGR 阀插头。

③用万用表电阻挡检查 EGR 阀插头端子 B 与搭铁点之间应导通(电阻值≤0.5Ω)，否则，应检查 EGR 阀插头端子 B 和 PCM 的 C1 插头端子 31/C1 之间的线路是否断路。

④插上 EGR 阀插头。

18. 炭罐电磁阀的检测

炭罐电磁阀安装在发动机左侧顶部，由 PCM 控制其开启与关闭。炭罐电磁阀插头如图 10-225 所示。

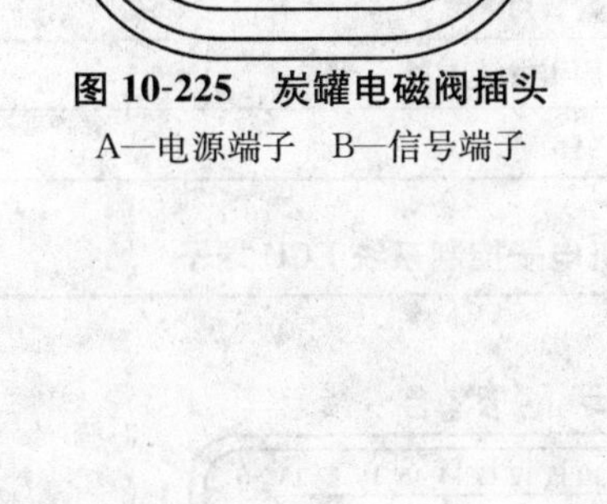

图 10-225　炭罐电磁阀插头

A—电源端子　B—信号端子

(1)测量电阻

①关闭点火开关。

②拔下炭罐电磁阀插头。

③用万用表电阻挡测量炭罐电磁阀端子之间的电阻，其电阻值应为 20～50Ω。如果电阻值不符合要求，则更换炭罐电磁阀。

④插上炭罐电磁阀插头。

(2)检查电源线路

①关闭点火开关。

②拔下炭罐电磁阀插头。

③打开点火开关。

④用万用表电压挡测量炭罐电磁阀插头端子 A 与搭铁点之间应有约 12V 电压(蓄电池电压)。如果电压低或无电压，应检查炭罐电磁阀插头端子 A 和点火开关之间的线路是否短路或断路。

⑤关闭点火开关。

⑥插上炭罐电磁阀插头。

(3)测试控制信号

①关闭点火开关。

②拔下炭罐电磁阀插头。

③在炭罐电磁阀插头端子之间连接 LED 测试灯。

④起动发动机并预热。

⑤发动机怠速运转时，观察 LED 测试灯应不亮；将发动机加速到 2000r/min 时，观察 LED 测试灯应亮，否则，应检查炭罐电磁阀插头端子 B 和 PCM 的 C1 插头端子 76/C1 之间的线路是否短路或断路，或更换 PCM。

⑥关闭点火开关。

⑦取下 LED 测试灯。

⑧插上炭罐电磁阀插头。

附　　录

附表一　天津夏利 2000 轿车 8A-FE 型发动机电子控制系统 ECU 端子

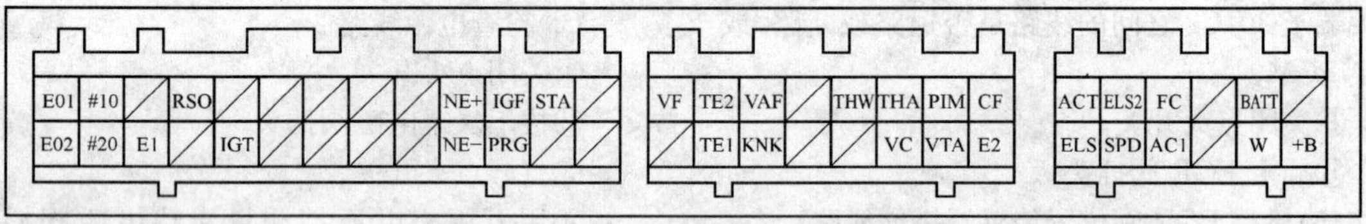

端子	用　途	端子	用　途
E01	电源搭铁	THW	冷却液温度传感器信号
E02	电源搭铁	THA	进气温度传感器信号
♯10	1、3 缸喷油器信号	VC	传感器 5V 参考电压
♯20	2、4 缸喷油器信号	PIM	进气压力传感器信号
E1	发动机搭铁	VTA	节气门位置传感器信号
RSO	怠速控制阀信号	CF	冷却风扇继电器
IGT	点火信号	E2	传感器搭铁
NE＋	曲轴位置传感器信号正极	ACT	A/C 放大器
NE−	曲轴位置传感器信号负极	ELS	尾灯继电器
IGF	点火反馈信号	ELS2	除雾灯开关
PRG	炭罐电磁阀信号	SPD	车速传感器
STA	起动机开关	FC	电路开路继电器
VF	检查用连接器	AC1	A/C 放大器
TE2	检查用连接器	BATT	蓄电池正极
TE1	检查用连接器	W	警告灯
VAF	可变电阻	＋B	EFI 主继电器
KNK	爆燃传感器信号	其他	空

附表二　奇瑞 SQR7160 轿车 CAC480M 型发动机电子控制系统 ECU 端子

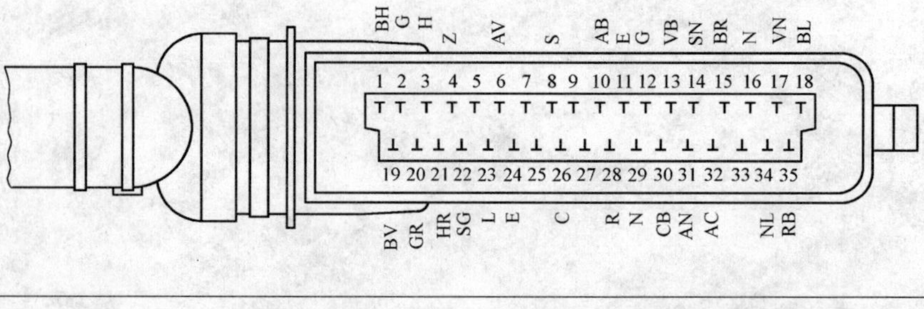

续附表二

端子	用 途	端子	用 途
1	1、4缸点火线圈信号	19	2、3缸点火线圈信号
2	B相怠速控制阀信号	20	A相怠速控制阀信号
3	D相怠速控制阀信号	21	C相怠速控制阀信号
4	保护继电器信号	22	炭罐电磁阀信号
5	空	23	双继电器(汽油泵继电器)/转速表信号
6	故障报警灯信号	24	空调继电器信号
7	空	25	空
8	空调开关信号	26	点火开关信号
9	空	27	空
10	诊断L线	28	曲轴位置传感器信号正极
11	曲轴位置传感器信号负极	29	氧传感器信号正极
12	氧传感器信号负极	30	节气门位置传感器信号
13	冷却液温度传感器信号负极	31	进气温度传感器信号
14	进气压力传感器与节气门位置传感器5V参考电压	32	进气压力传感器信号
15	诊断K线	33	空
16	冷却液/进气温度/进气压力/节气门位置等传感器搭铁	34	发动机ECU搭铁
17	发动机ECU搭铁	35	发动机ECU电源
18	喷油器信号	—	—

附表三　上海大众桑塔纳GLi轿车AFE型发动机M1.5.4电子控制系统ECU端子

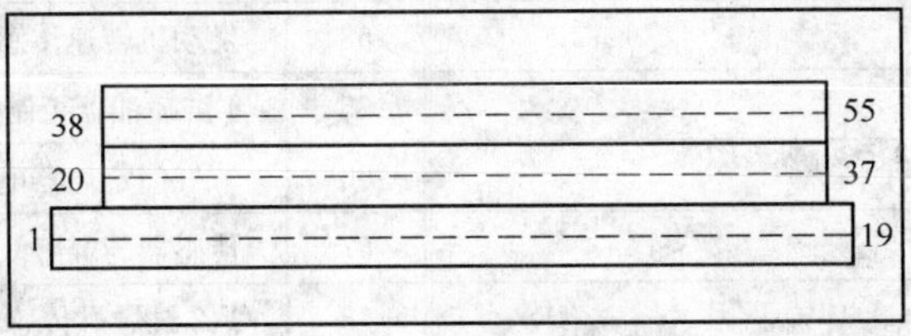

端子	用 途	端子	用 途
1	点火线圈一次绕组信号	16	2缸喷油器控制信号
2	"31"搭铁	17	1缸喷油器控制信号
3	汽油泵继电器控制信号	18	"30"电源及熔丝
4	怠速调节器控制信号	19	爆燃传感器屏蔽搭铁/"31"搭铁
7	进气压力传感器信号	24	"31"搭铁
10	氧传感器搭铁	26	怠速调节器控制信号
11	爆燃传感器信号	27	"15"电源
12	霍尔、进气压力、节气门位置等传感器5V电压	28	氧传感器信号
14	"31"搭铁	30	进气压力、节气门位置、冷却液温度、爆燃等传感器搭铁

续附表三

端子	用　途	端子	用　途
34	4 缸喷油器控制信号	44	进气温度传感器信号
35	3 缸喷油器控制信号	45	冷却液温度传感器信号
37	"15"电源	48	霍尔传感器信号搭铁
39	自诊断信号输出(L 线)	49	霍尔传感器信号
40	空调压缩机电磁离合器控制信号	53	节气门位置传感器信号
41	空调开关信号	55	自诊断信号输出(K 线)

注:发动机 ECU 共有 55 个端子,其余端子未用。

附表四　上海大众桑塔纳 2000GSi 轿车 AJR 型发动机 M3.8.2 电子控制系统 ECU 端子

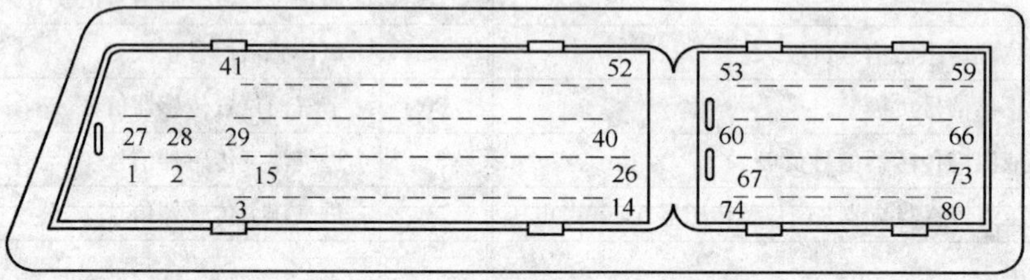

端子	用　途	端子	用　途
1	发动机 ECU"15"电源	58	3 缸喷油器控制信号
2	发动机 ECU 搭铁	59	节气门定位器电源负极
3	发动机 ECU"30"电源	60	3、4 缸爆燃传感器信号
4	汽油泵继电器控制信号	62	霍尔传感器、节气门电位计 5V 电源
6	发动机转速信号	63	发动机转速传感器信号负极
8	空调压缩机信号	65	4 缸喷油器控制信号
10	空调开关信号	66	节气门定位器电源正极
11	空气流量计电源	67	传感器与屏蔽线搭铁
12	空气流量计搭铁	68	1、2 缸爆燃传感器信号
13	空气流量计信号	69	怠速开关信号
15	炭罐电磁阀控制信号	71	2、3 缸点火线圈控制信号
19	自诊断"K"线	73	1 缸喷油器控制信号
20	车速传感器信号	74	节气门定位电位计信号
25	氧传感器信号负极	75	节气门电位计信号
26	氧传感器信号正极	76	霍尔传感器信号
27	氧传感器加热器控制信号	78	1、2 缸点火线圈控制信号
53	冷却液温度信号	80	2 缸喷油器控制信号
54	进气温度信号	其他	空
56	发动机转速传感器信号正极	—	—

附表五　上海通用别克轿车 L46 型发动机电子控制系统 PCM 的 C1 端子

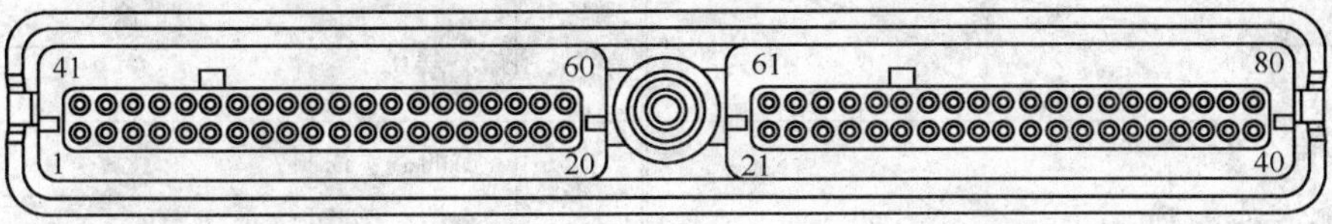

端子	用　途	端子	用　途
1	变速器油温(TFT)传感器搭铁	44	换档电磁阀 B 控制
2、3	未用	46	喷油器 3 控制
4	换档电磁阀 A 控制	47	喷油器 2 控制
5	高速风扇控制	48	5V 参照 B
6	低速风扇控制	49～52	未用
7	CMP 信号输入	53	旁路
8	3X 参照	54	点火控制
9	24X 参照	55	未用
10	MAP 高	56	PCM 搭铁
11、12	未用	57	PCM 搭铁
13	MAP/ECT 传感器搭铁	58	二级串行数据
14、15	未用	59	未用
16	PCM 搭铁	60	PCM 搭铁
17	IAT 传感器搭铁	61	节气门位置(TP)搭铁
18	未用	62、63	未用
19	点火正极电压	64	VSS 高
20	蓄电池正极电压	65	VSS 低
21～27	未用	66、67	未用
28	未用	68	变速器档位开关 B
29	HO_2S 传感器 1 信号低	69	MAF 传感器信号
30	TCC 制动器开关输入	70、71	未用
31	EGR 位置传感器搭铁	72	未用
32	EGR 阀控制	73	喷油器 5 控制
33	爆燃(KS)传感器信号	74、75	未用
34～37	未用	76	EVAP 炭罐电磁阀控制
38	IAC 阀 B 高	77、78	未用
39～42	未用	79	喷油器 6 控制
43	喷油器 1 控制	80	AC 压力传感器搭铁

附表六　上海通用别克轿车 L46 型发动机电子控制系统 PCM 的 C2 端子

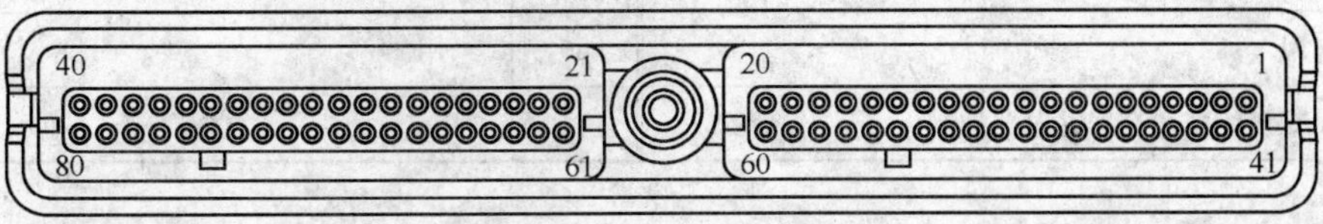

续附表六

端子	用　途	端子	用　途
1	未用	40、41	未用
2	未用	42	喷油器4控制
3	燃油泵继电器控制	43	未用
4	EGR阀正极电压	44	IAC阀A低
5	MIL控制	45～48	未用
6	未用	49	IAC阀B低
7	IAC阀A高	50	进气温度(IAT)传感器信号
8、9	未用	51～55	未用
10	HO_2S传感器1信号高	56	变速器档位开关C
11～15	未用	57	未用
16	变速器档位开关P	58	发动机机油液面开关输入
17	未用	59、60	未用
18	变速器档位开关A	61	发电机L端子控制
19	发动机机油压力开关输入	62～65	未用
20、21	未用	66	节气门位置(TP)传感器信号
22	A/C请求	67	未用
23	点火正极电压(仅限热起动)	68	变速器油温(TFT)传感器信号
24	点火正极电压	69	燃油液面传感器输入
25	MAP传感器信号	70	CKP蓄电池正极电压
26	ECT传感器信号	71	未用
27	A/C制冷剂压力传感器信号	72	CMP传感器蓄电池正极电压
28	EGR位置信号	73	CMP传感器搭铁
29	发电机F端子监视器	74	CKP传感器搭铁
30	5V参照A	75	未用
31、32	未用	76	起动机启用控制
33	5V参照A	77	未用
34	5V参照B	78	TCC PWM电磁阀控制
35	传感器搭铁	79	TCC电磁阀控制
36～38	未用	80	未用
39	A/C压缩机离合器继电器控制	—	—

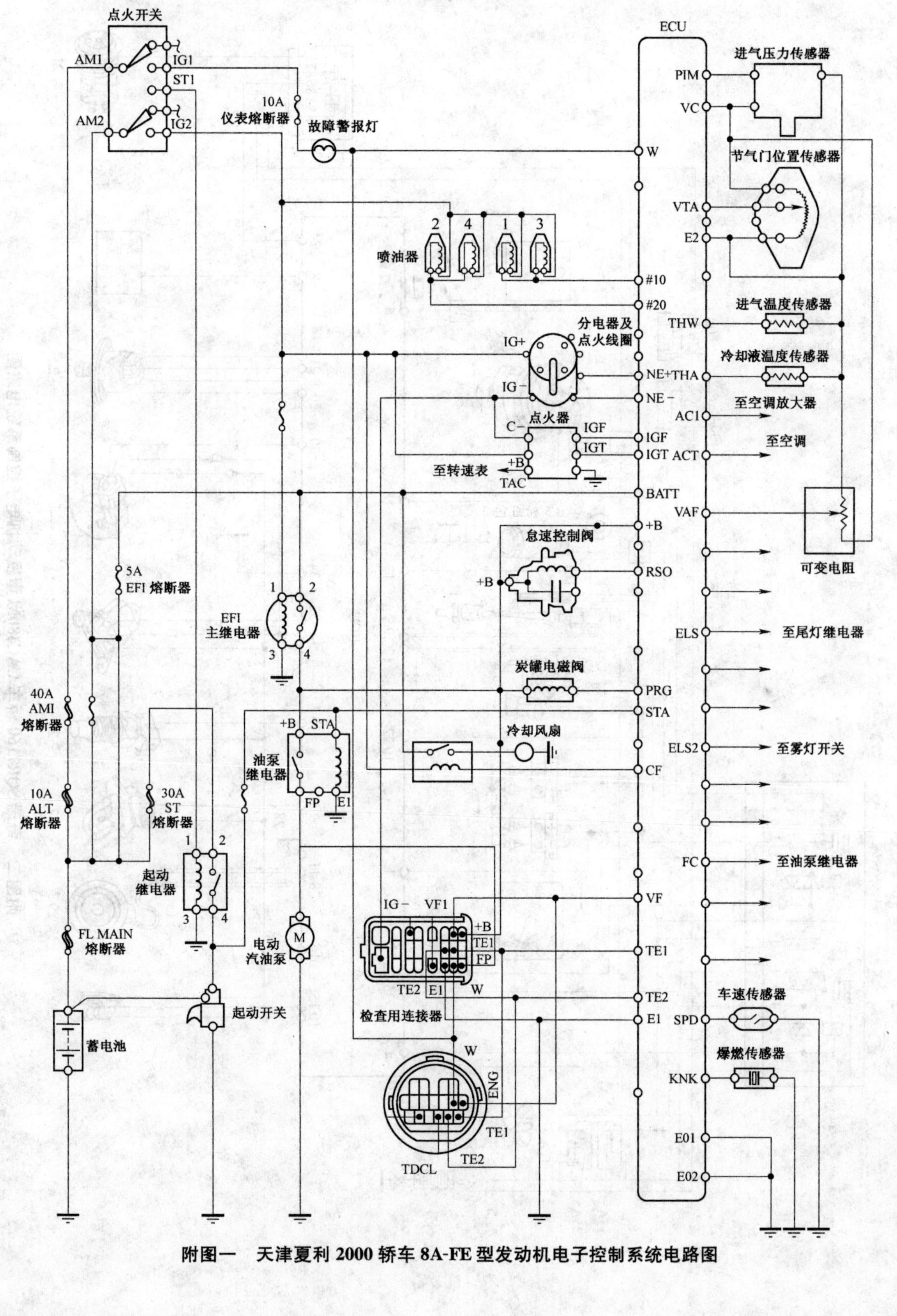

附图一 天津夏利 2000 轿车 8A-FE 型发动机电子控制系统电路图

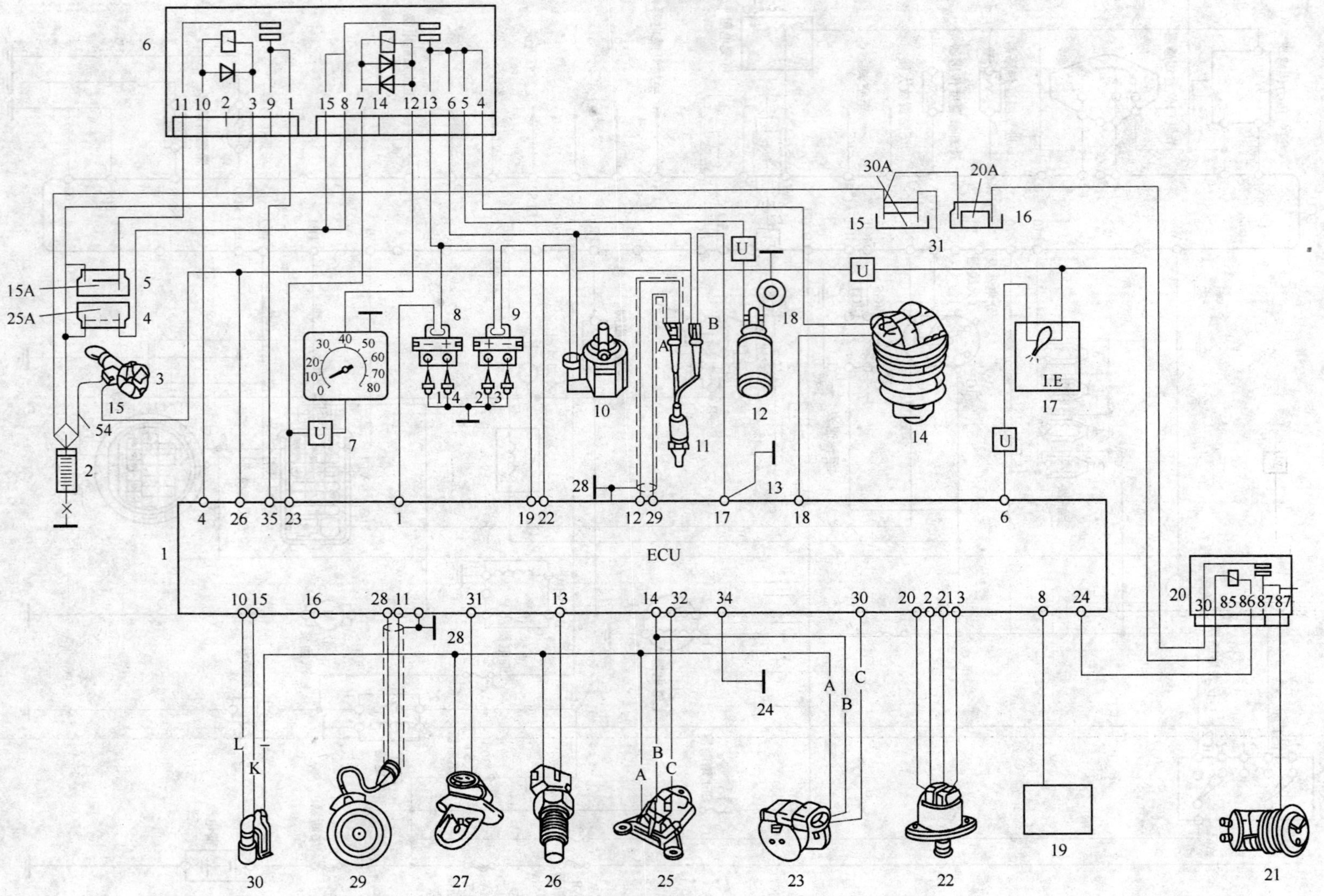

附图二　奇瑞 SQR7160 轿车 CAC480M 型发动机电子控制系统电路图

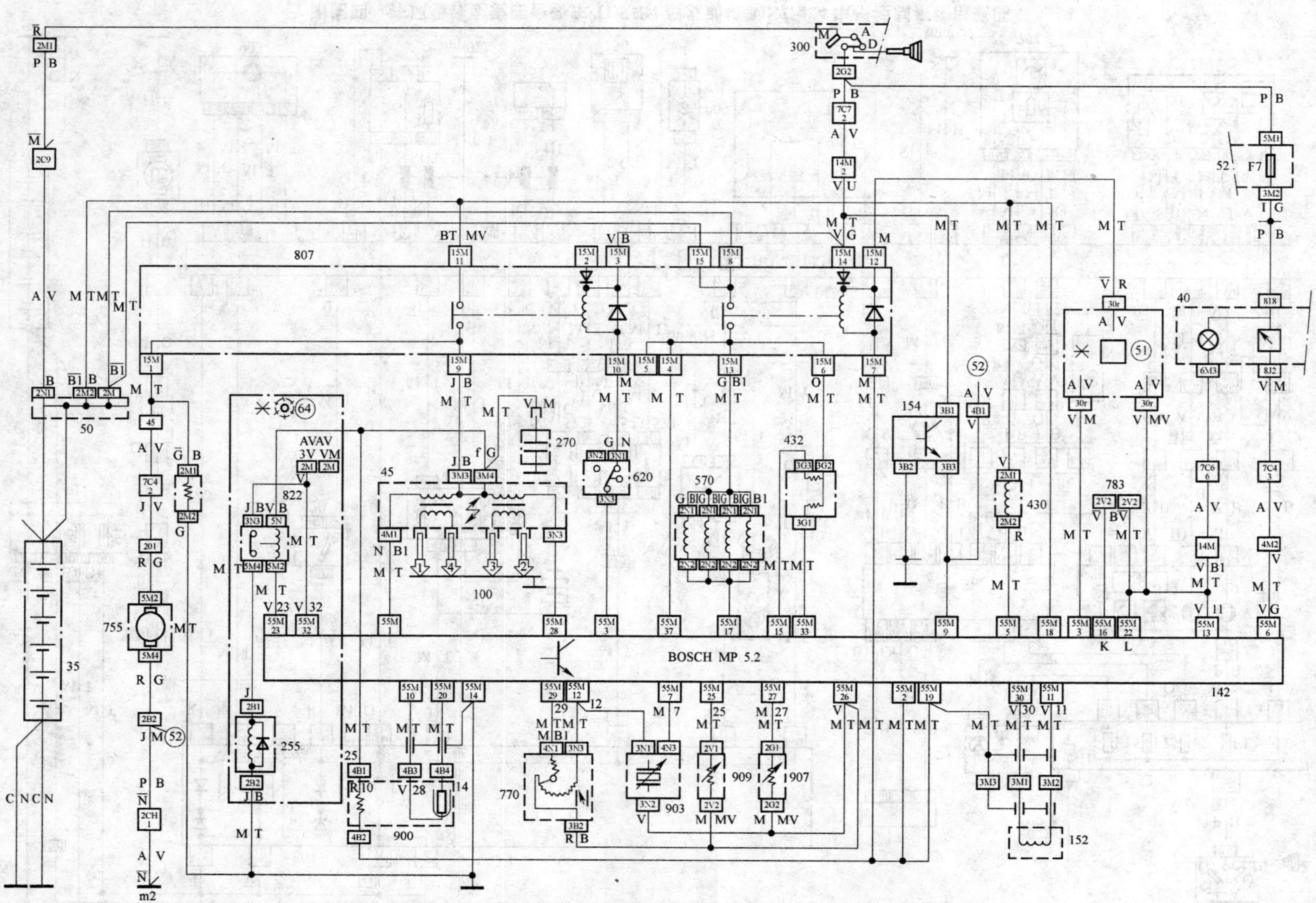

附图三　东风雪铁龙富康轿车 TU5JP/K 型发动机 MP5.2 电子控制系统电路图

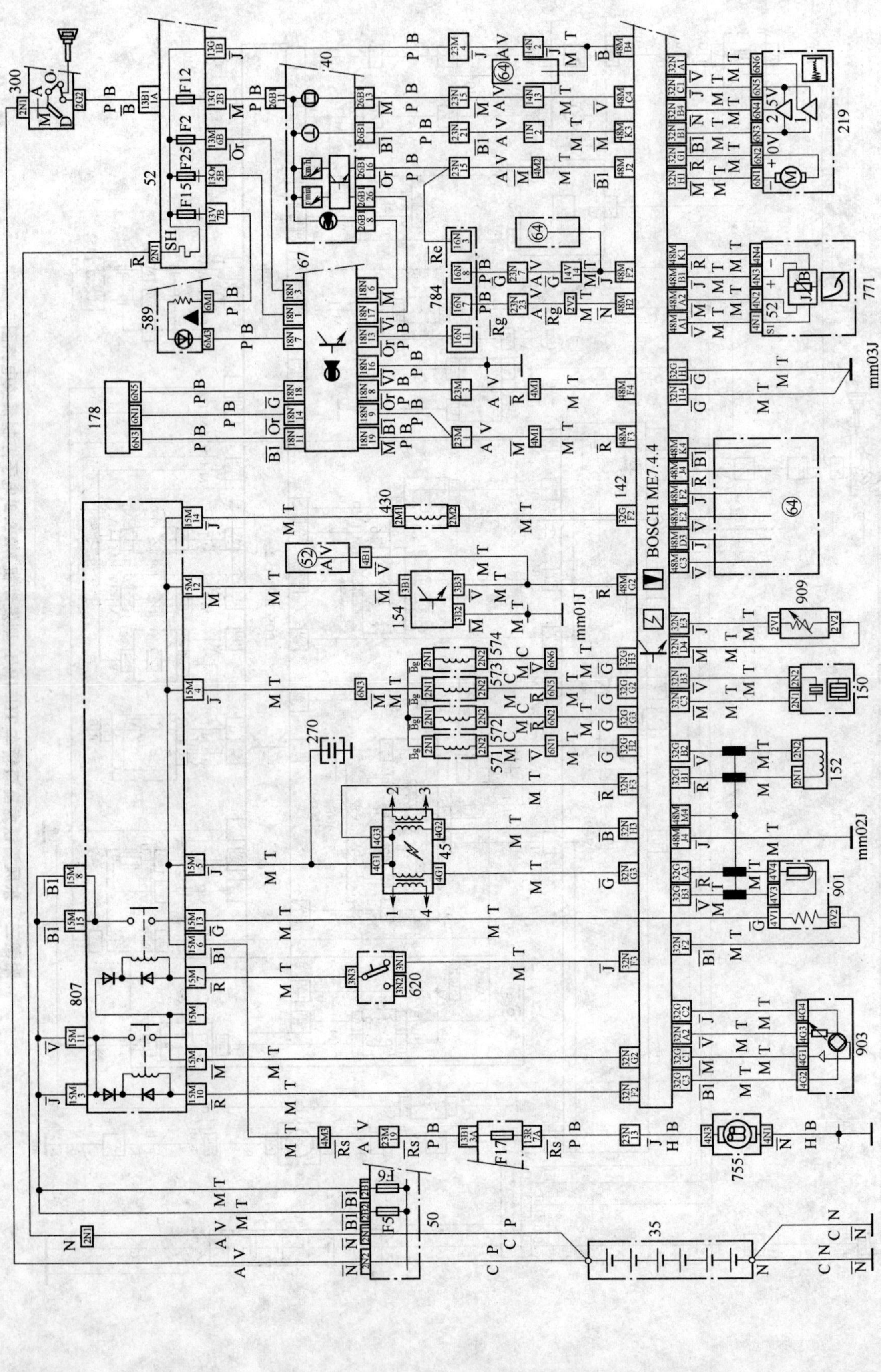

附图四 东风雪铁龙爱丽舍轿车 TU5JP4 型发动机 ME7.4.4 电子控制系统电路图

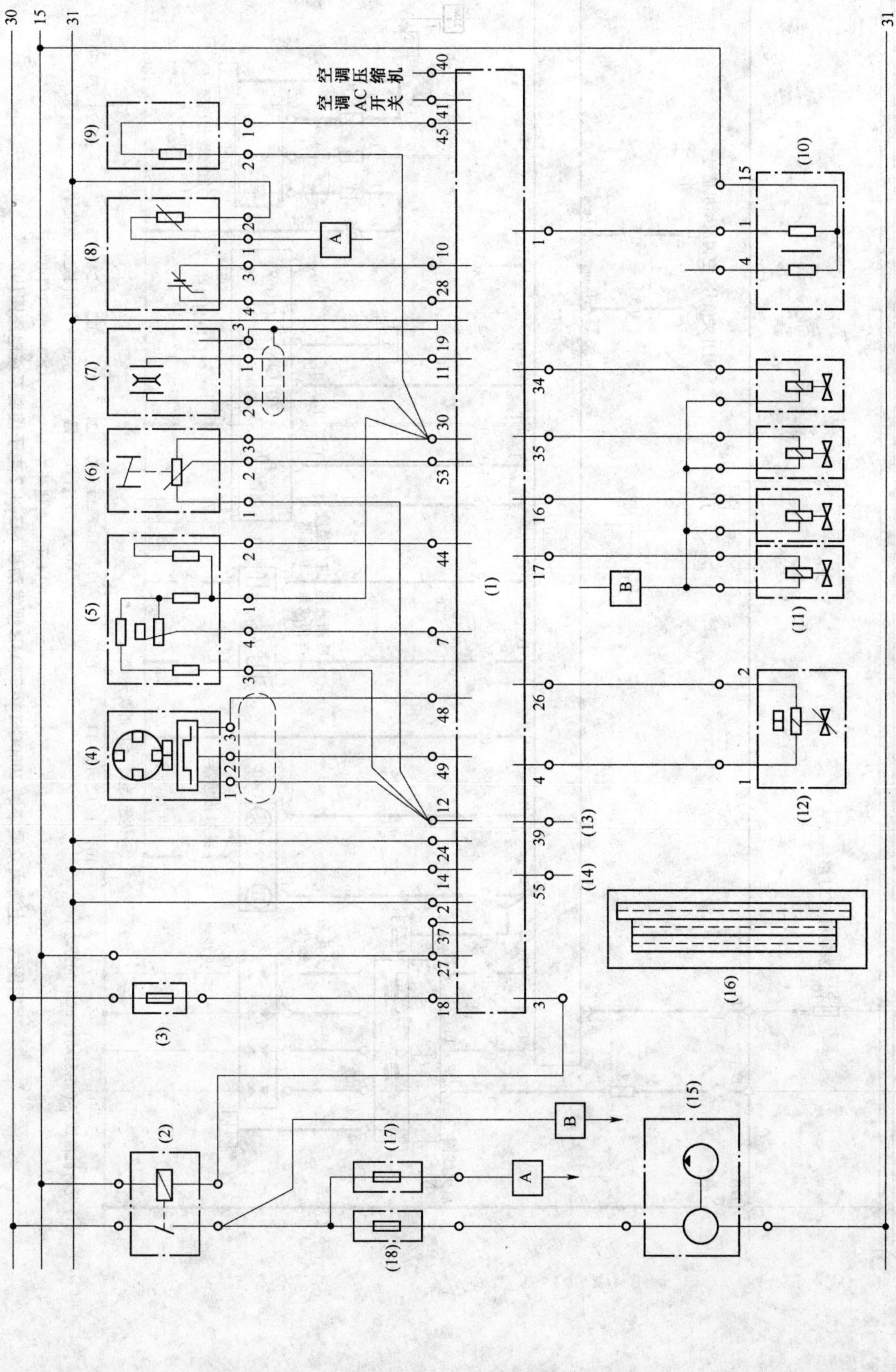

附图五　上海大众桑塔纳 GLi 轿车 AFE 型发动机 M1.5.4 电子控制系统电路图

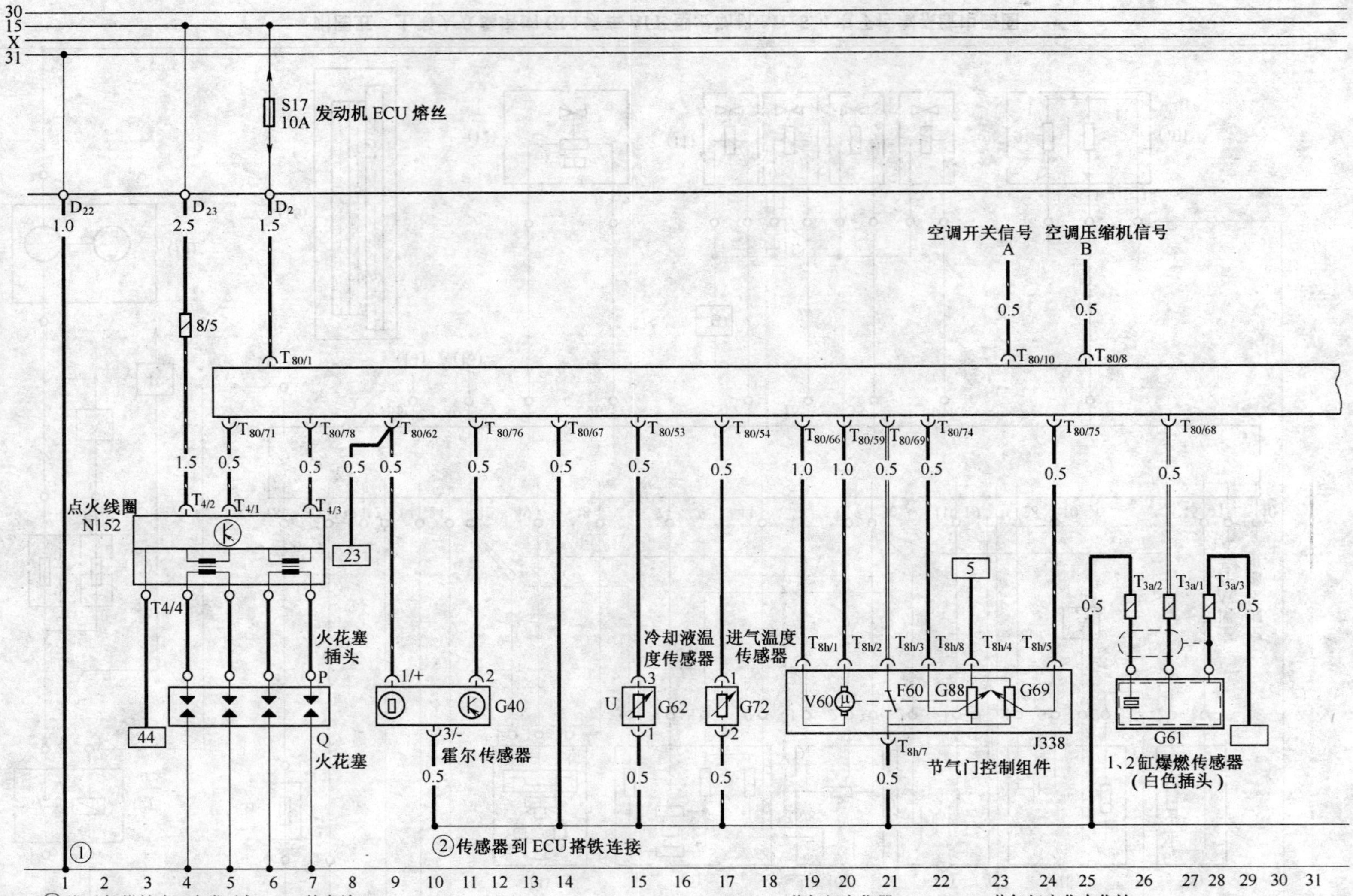

① 发动机搭铁点(在发动机 ECU 的旁边)

V60 — 节气门定位器　　G88 — 节气门定位电位计

F60 — 怠速开关　　G69 — 节气门电位计

附图六　上海大众桑塔纳 2000GSi 轿车 AJR 型发动机 M3.8.2 电子控制系统电路图(a)

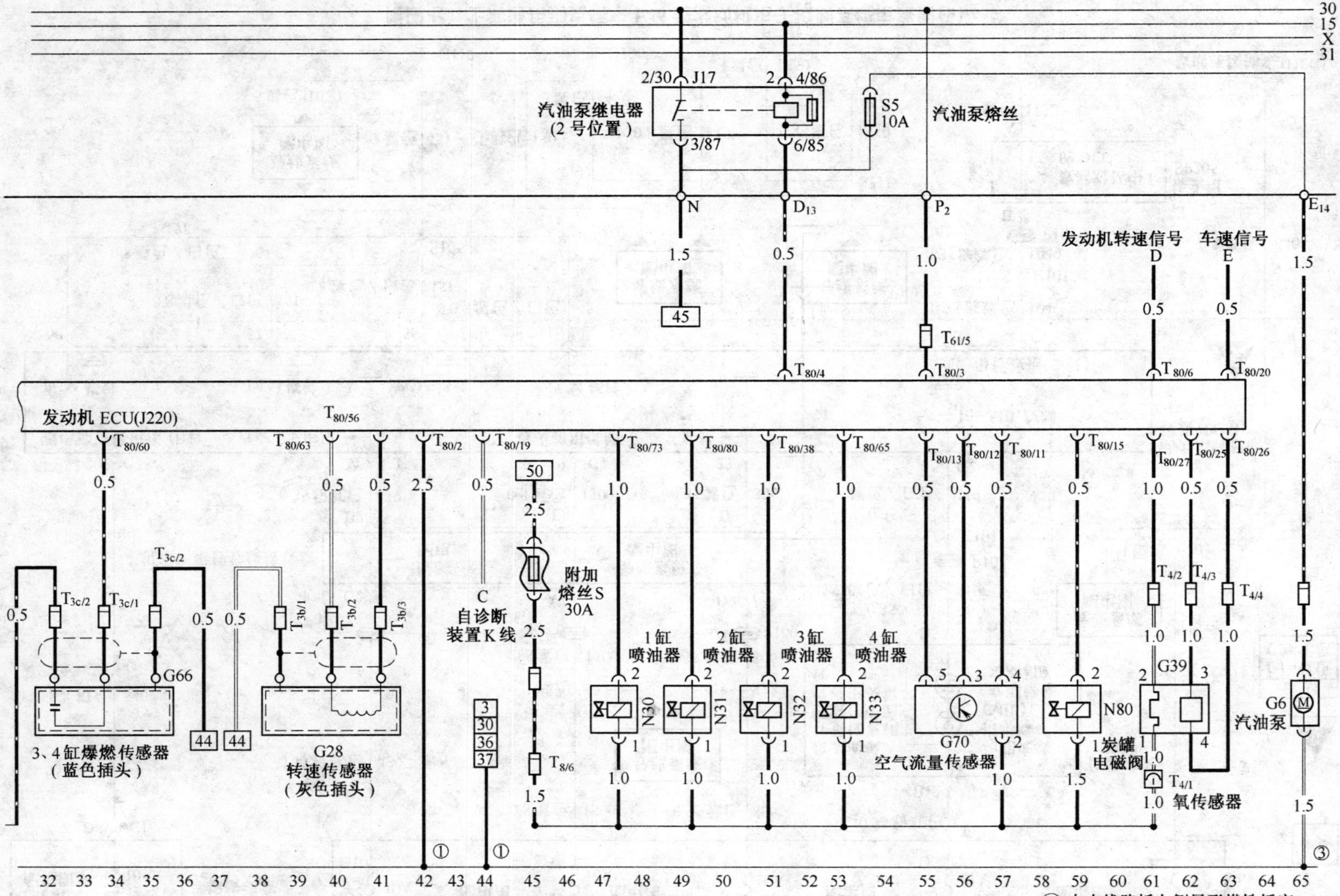

①发动机搭铁点（在发动机 ECU 的旁边）

③ 中央线路板左侧星形搭铁插座

附图六　上海大众桑塔纳 2000GSi 轿车 AJR 型发动机 M3. 8. 2 电子控制系统电路图(b)

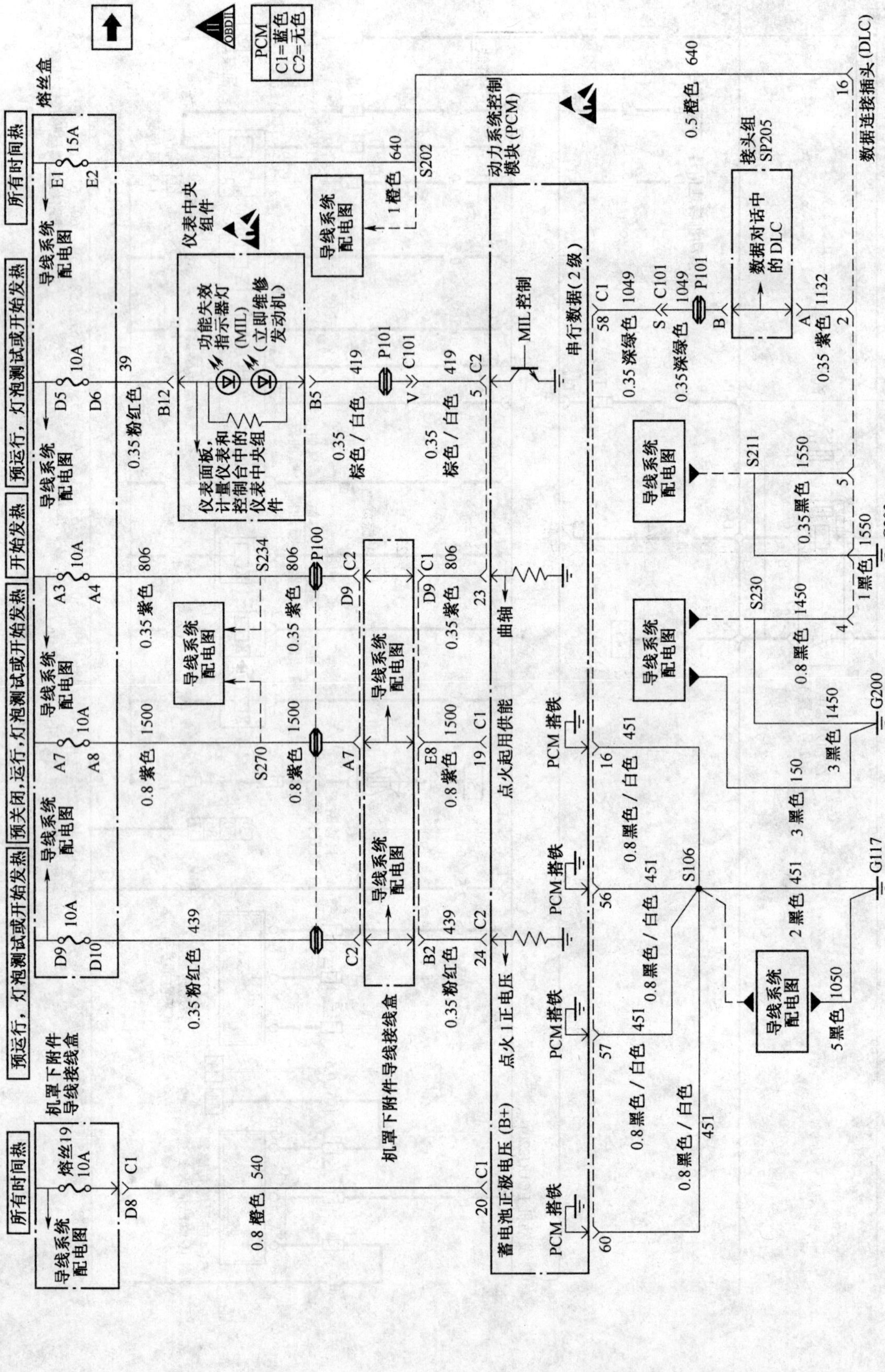

附图七 上海通用别克轿车 L46 型发动机电子控制系统电路图(a)

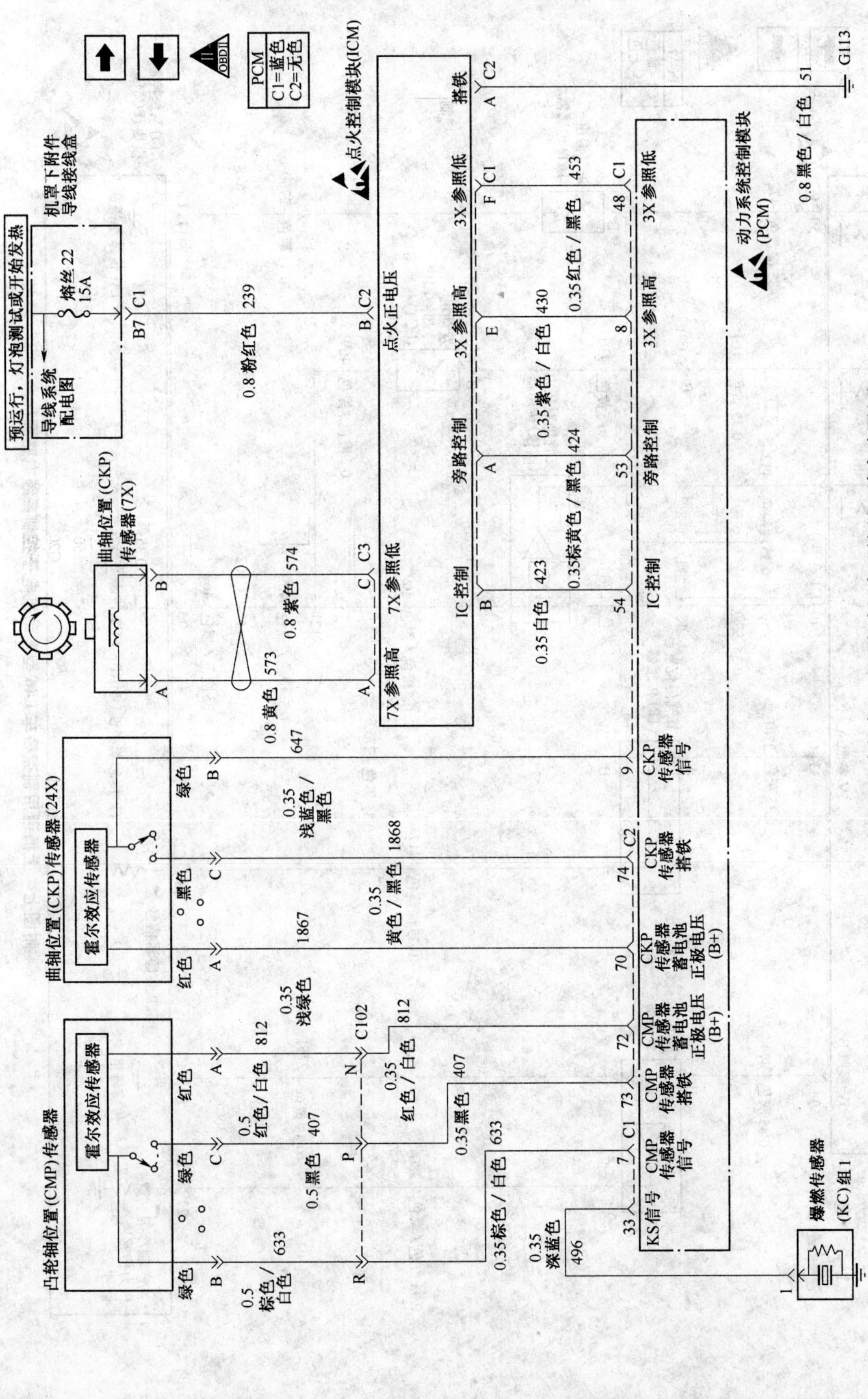

附图七 上海通用别克轿车L46型发动机电子控制系统电路图(b)

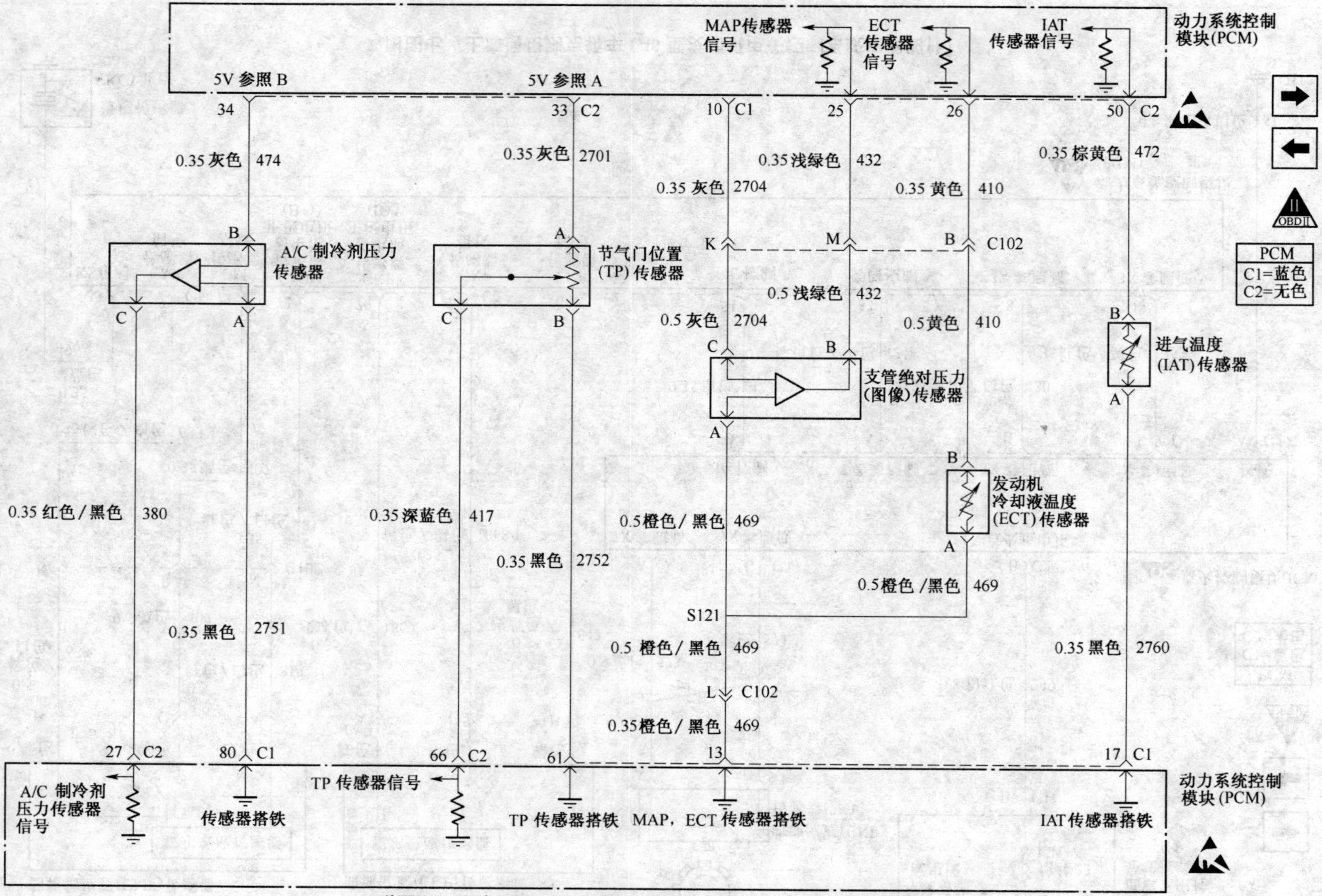

附图七 上海通用别克轿车 L46 型发动机电子控制系统电路图(c)

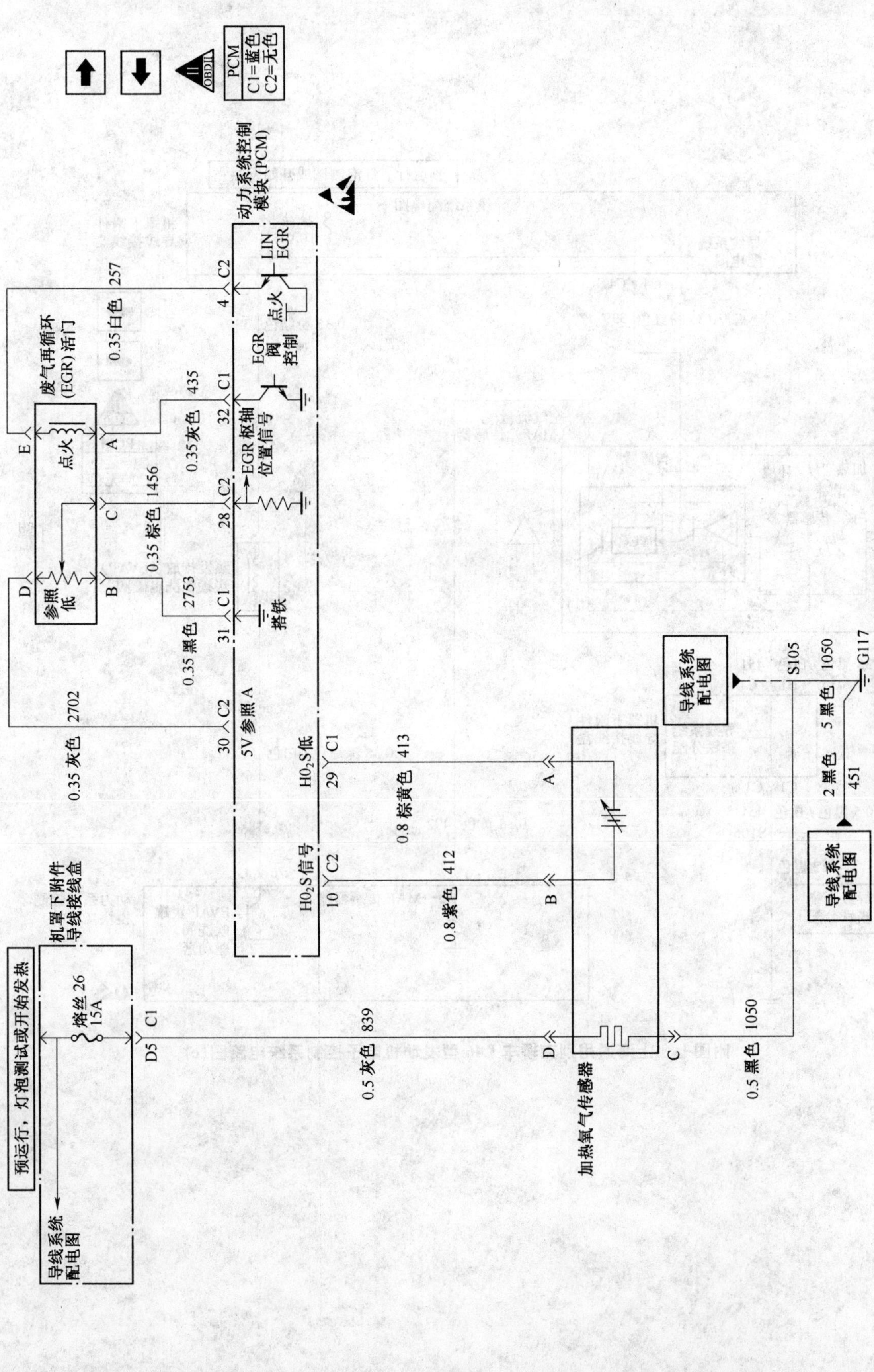

附图七 上海通用别克轿车 L46 型发动机电子控制系统电路图(d)

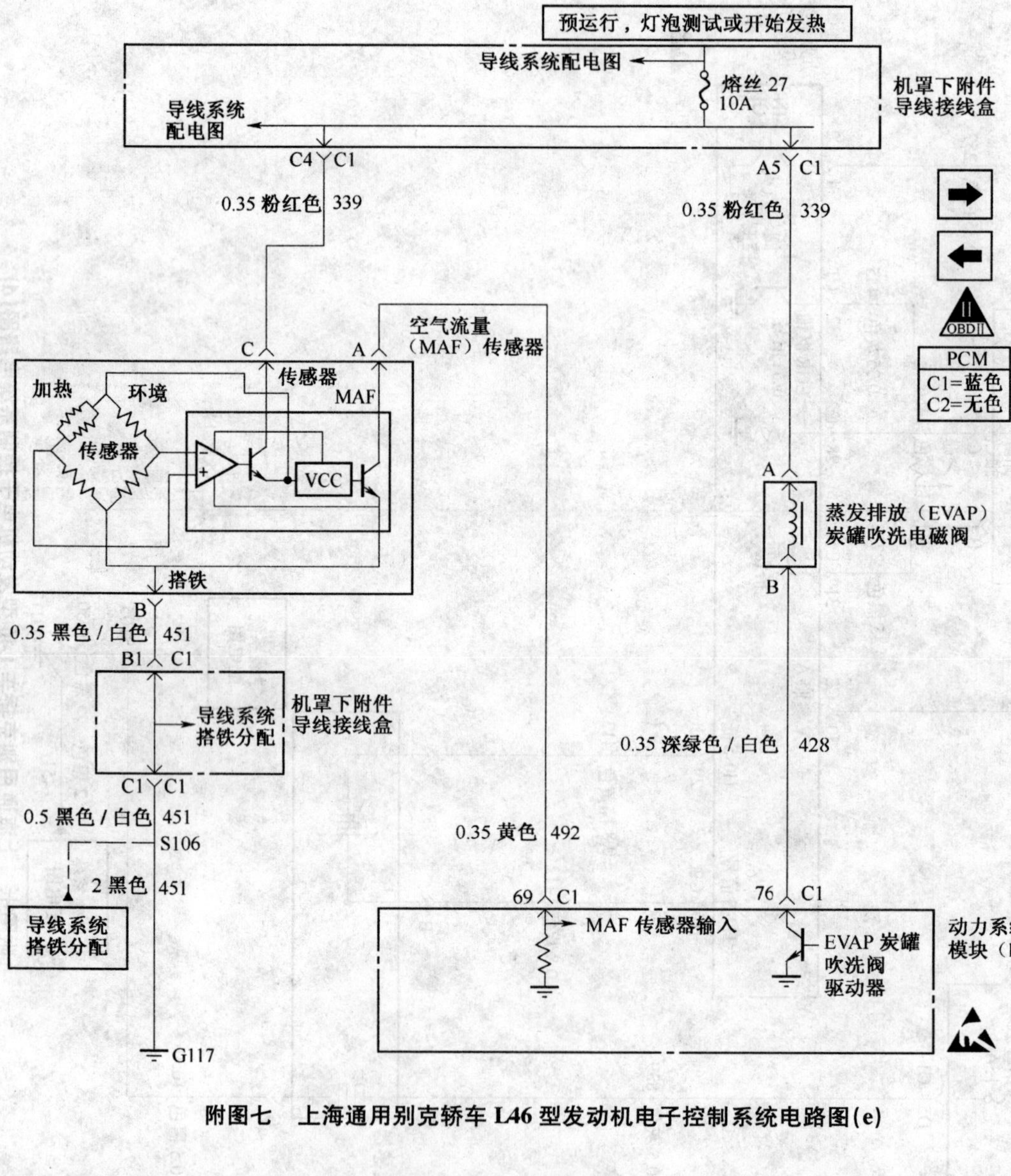

附图七　上海通用别克轿车 L46 型发动机电子控制系统电路图(e)

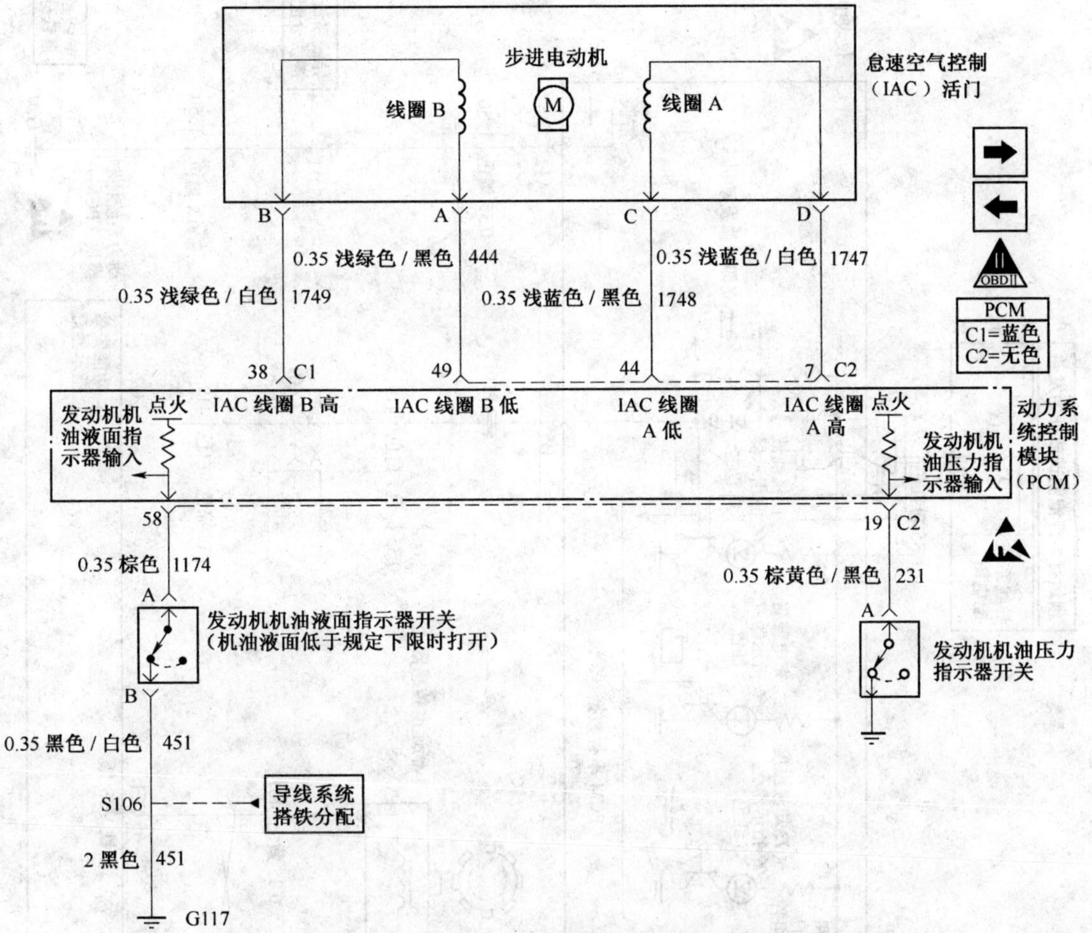

附图七　上海通用别克轿车 L46 型发动机电子控制系统电路图(f)

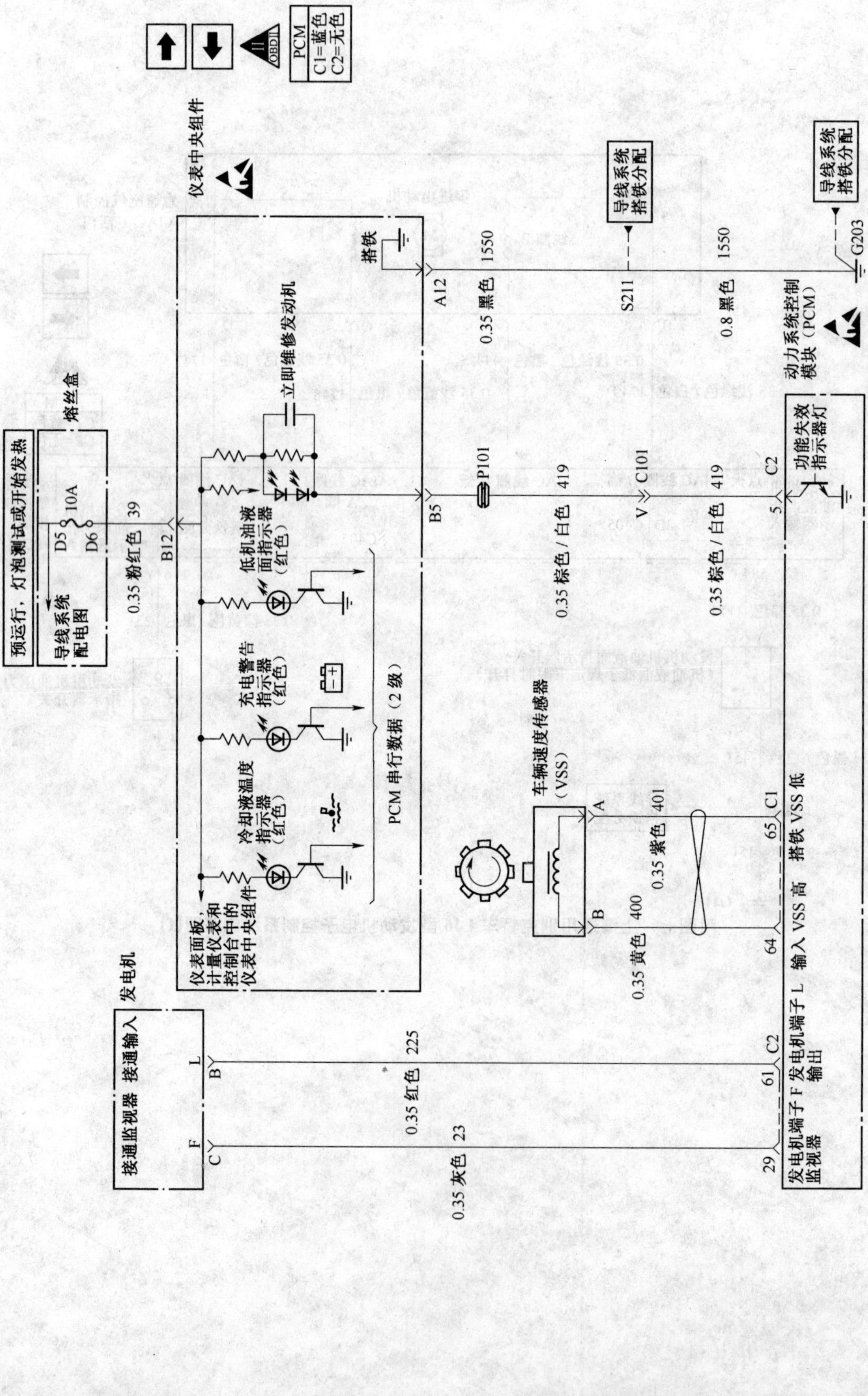

附图七 上海通用别克轿车 L46 型发动机电子控制系统电路图(g)

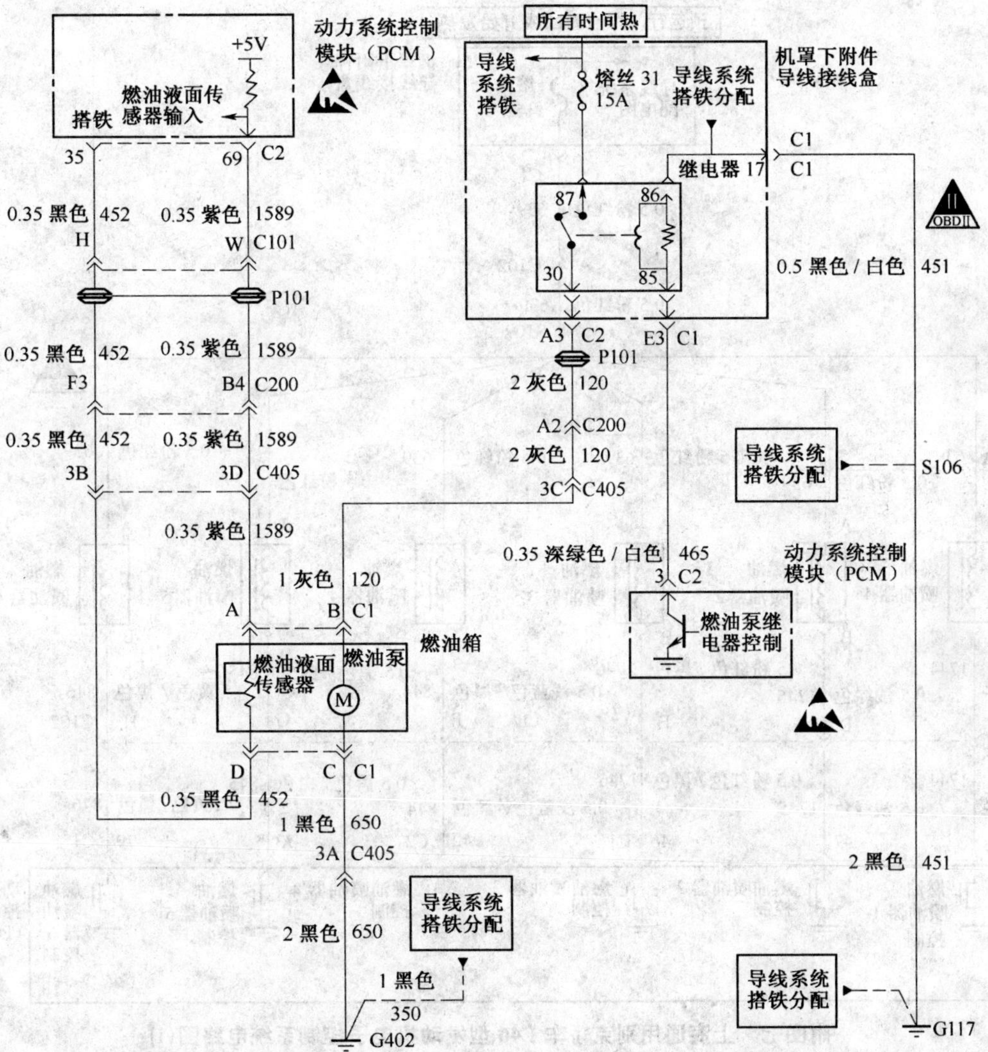

附图七 上海通用别克轿车 L46 型发动机电子控制系统电路图(h)

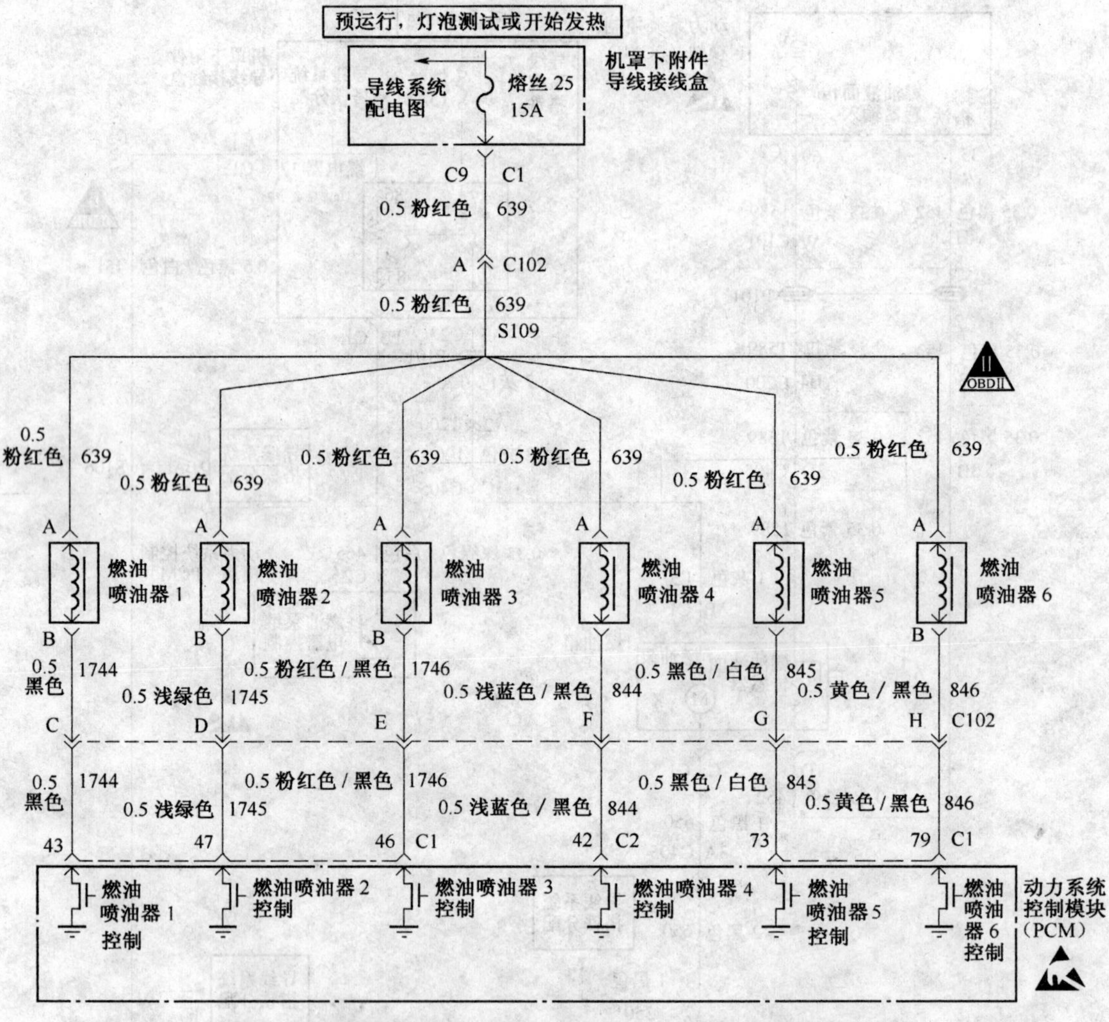

附图七 上海通用别克轿车 **L46** 型发动机电子控制系统电路图(**i**)